传媒蓝皮书

中国传媒融合创新研究报告

RESEARCH REPORT ON THE INTEGRATION AND INNOVATION OF CHINESE MEDIA INDUSTRY

（2024—2025）

主　编／崔海教　刘建华　卢剑锋

中国书籍出版社
China Book Press

图书在版编目（CIP）数据

中国传媒融合创新研究报告.2024—2025 / 崔海教,刘建华,卢剑锋主编. -- 北京：中国书籍出版社，2025.6. -- ISBN 978-7-5241-0346-2

I.G206.2

中国国家版本馆CIP数据核字第2025LM7428号

中国传媒融合创新研究报告（2024—2025）

崔海教　刘建华　卢剑锋　主编

责任编辑	李　新
责任印制	孙马飞　马　芝
封面设计	东方美迪
出版发行	中国书籍出版社
地　　址	北京市丰台区三路居路97号（邮编：100073）
电　　话	（010）52257143（总编室）　　（010）52257140（发行部）
电子邮箱	eo@chinabp.com.cn
经　　销	全国新华书店
印　　厂	北京九州迅驰传媒文化有限公司
开　　本	787毫米×1092毫米　1/16
印　　张	29.5
字　　数	546千字
版　　次	2025年6月第1版
印　　次	2025年6月第1次印刷
书　　号	ISBN 978-7-5241-0346-2
定　　价	178.00元

版权所有　翻印必究

中国传媒融合创新研究报告（2024—2025）出品方

中国新闻出版研究院传媒研究所
北京城市学院
昆明传媒学院

中国传媒融合创新研究报告（2024—2025）课题组

课题组组长　刘建华　卢剑锋
课题组副组长　杨晓芳　李嘉懿　张　玮
课题组成员　刘向鸿　刘　盼　熊春兰　段艳文　吕英莉
　　　　　　　王卉莲　黄逸秋　苏唯玮　邌　薇　薛　创
　　　　　　　张志军　鲁艳敏　方　贺　邹　波　郝天韵
　　　　　　　闫伟华　申玲玲　樊雅茹　黄欣钰　张欣然
　　　　　　　徐雅涵　文宇翔　金艺丹

中国传媒融合创新研究报告（2024—2025）编委会

编委会主任　崔海教　　中国新闻出版研究院副院长（正局级）
编　　　委（以姓氏笔画为序）
　　　　　　　方　玲　　南京市栖霞区融媒体中心主任
　　　　　　　王全鑫　　宜昌三峡融媒体中心办公室主任
　　　　　　　卢剑锋　　中国新闻出版研究院副研究员
　　　　　　　申玲玲　　西北政法大学新闻传播学院教授、博士、硕士生导师
　　　　　　　刘海繁　　江西广播电视台主任记者
　　　　　　　刘　恒　　江西省萍乡市委宣传部常务副部长
　　　　　　　刘建华　　中国新闻出版研究院传媒研究所执行所长、研究员
　　　　　　　刘韶清　　安徽财经大学文学院新闻与传播专业硕士研究生
　　　　　　　刘正华　　江西省萍乡市湘东区融媒体中心主任
　　　　　　　朱松林　　安徽财经大学文学院教授、硕士生导师
　　　　　　　朱婷婷　　北京交通大学语言与传播学院新闻与传播硕士研究生
　　　　　　　陈公放　　云南财经大学新闻与传播硕士研究生
　　　　　　　陈旭管　　中国传媒科技杂志社编辑部副主任

何　奎	生活·读书·新知三联书店副总编辑
李立新	大连市金普新区融媒体中心主任
李　婷	河北传媒学院智慧传媒研究院研究员
李　炜	西藏民族大学新闻传播学院教授、博士
李　文	人民邮电出版社社长
杨建蓉	新疆财经大学党委宣传部新闻中心副主任
杨青山	云南财经大学传媒与设计艺术学院党委副书记、副教授、硕士生导师
杨　钊	江西省萍乡市委宣传部
余小疆	新疆库尔勒市融媒体中心主任
张晋升	暨南大学新闻与传播学院教授、博士生导师，暨南大学出版社原社长
张佳宁	河北传媒学院硕士研究生
张　玮	北京城市学院教授、高级记者，北京传播技术研究会秘书长，河北传媒学院智慧传媒研究院院长、硕士生导师
张欣然	河北传媒学院新闻传播专业硕士研究生
郑书香	宜昌三峡融媒体中心党委书记、主任
周慧婷	西藏民族大学新闻传播学院硕士研究生
周俊杰	江西省政府文史馆馆员，江西广播电视台原副台长、高级编辑
周　丽	中国石油大学（北京）克拉玛依校区文理学院教授
周　密	江西广播电视台主任记者
段艳文	民进中央出版和传媒委员会秘书长，中国新闻技术工作者联合会副秘书长
黄小刚	贵州民族大学副研究员、博士
黄欣钰	河北传媒学院新闻传播专业硕士研究生

陆绮琪	北京城市学院2024级戏剧与影视专业硕士研究生
柴巧霞	湖北大学广电系主任、副教授
袁　平	湖北省宜昌市夷陵区融媒体中心主任
黄延红	科学出版社期刊发展中心主任、编审，北京中科期刊出版有限公司总经理
康霞萍	江西省萍乡市新闻传媒中心
董媛媛	北京交通大学语言与传播学院副教授、硕士生导师
熊春波	宜昌三峡日报新媒体有限责任公司总工程师、副总经理
潘曦阳	暨南大学新闻与传播学院硕士研究生
梁雪琴	北京市朝阳区融媒体中心主任
周济焕	广东省南雄市融媒体中心总编辑
郑兴丁	福建省德化县融媒体中心主任
张玉翠	新疆布尔津县融媒体中心主任
戴　岱	北京城市学院讲师

主编简介

崔海教

男，安徽固镇县人。中宣部中国新闻出版研究院副院长（正局级），高级编辑，主任记者。南开大学中文系中国现当代文学专业研究生毕业，获文学硕士学位。曾任新华社安徽信息社长兼总编辑，新华社新华网总裁助理，中央文明办一局副局长，中宣部党建杂志社总编辑等。2007年至2009年，挂职任中共萍乡市委常委、副市长。在新华社期间，采写的新闻作品连续多年获省部级一等奖。任党建杂志社总编辑期间，先后在《求是》《人民日报》《光明日报》《党建》《党建研究》《学习时报》等发表系列理论文章，2021年在中央党校出版社出版的专著《法宝的力量——新时代党建怎么看、怎么干、怎么验》，力图初步构建党建学的学科架构，2023年再版。2019年调入中国新闻出版研究院，在《人民日报》、《经济日报》、《学习时报》理论版，以及《出版发行研究》《中国出版》《中国记者》《传媒》《新阅读》等刊物上发表了新闻传播出版学系列理论文章，部分文章被《新华文摘》等转载。主编的"中国数字出版产业年度报告""版权产业发展报告"等系列蓝皮书获业界关注。

刘建华

男，江西莲花县人。中国新闻出版研究院传媒研究所执行所长、研究员，全国县级融媒体中心能力建设年会负责人，中国社科院哲学所文化研究博士后，中国人民大学新闻学院传媒经济学博士，中国作家协会会员，中国新闻文化促进会常务理事，高校毕业生就业协会宣传与全媒体人才培养工委会副理事长，中国记协新媒体专业委员会委员，中国人文社科期刊评价推荐专家。主持和参与国家及省部级课题90余项，出版著作《融媒发展十年洞见》《对外文化贸易研究》等50余部，长销书"一本书学会新闻采写"（7卷本）丛书主编，"国际传媒前沿研究报告译丛"（8卷本）主编，《中国传媒融合创新研究报告》与《中国传媒社会责任研究报告》蓝皮书主编。在《光明日报》等核心媒体发表文章160余篇。从事新闻传播理论、媒体融合、传媒经济与文化产业研究，多篇论文被《新华文摘》、人大复印报刊资料等全文转载。

卢剑锋

女，山西大同市人，中国新闻出版研究院传媒研究所副研究员。担任"中国传媒融合创新研究"系列蓝皮书主编之一，《中国传媒社会责任研究报告（2015—2016）》副主编，主要从事传媒管理、新媒体应用研究。

前言

"中国传媒融合创新研究"课题是中央级公益性科研院所基本科研业务费专项资金资助项目，是中国新闻出版研究院的重要研究课题，《中国传媒融合创新研究报告（2024—2025）》是该课题的研究成果。2017—2024年，中国新闻出版研究院已先后推出《中国传媒融合创新研究（2015—2016）》《中国报业融合创新研究报告（2016—2017）》《中国传媒融合创新研究报告（2018—2019）》《中国传媒融合创新研究报告（2019—2020）》《中国传媒融合创新研究报告（2020—2021）》《中国传媒融合创新研究报告（2021—2022）》《中国传媒融合创新研究报告（2022—2023）》《中国传媒融合创新研究报告（2023—2024）》系列蓝皮书，得到政府、业界与学界的一致肯定与好评。

党的二十届三中全会审议通过的《中共中央关于进一步全面深化改革、推进中国式现代化的决定》指出，"构建适应全媒体生产传播工作机制和评价体系，推进主流媒体系统性变革"。"主流媒体系统性变革"已成为习近平文化思想"掌握信息化条件下舆论主导权、广泛凝聚社会共识"中的重要内容。2013年，习近平总书记提出"推动传统媒体与新兴媒体融合发展"，2014年，媒体融合发展上升为国家战略，在党中央和各级党委、政府的支持下，四级媒体获得了十年的融合发展时间与空间，从理论上和实践上为"系统性变革"作好了充分准备。我国媒体融合发展的目标是建立全媒体传播体系，全媒体机构与融媒体中心是一块硬币的正反面，不论是哪一种新闻机构，都应具备多介质多形态传媒产品的生产传播能力。融合发展是量变式的持续性动作，系统性变革是质变式的累积性结果，量变不因质变而停止，系统性变革后的主流媒体仍将在新的层级继续融合发展。在生产机制、传播矩阵、技术赋能、评估体系等方面进行系统性变革，努力实现个体一张网（平台）、行业一张网（平台）、区域一张网（平台）和全国一张网（平台），真正建成我国全媒体传播体系。融合发展作为持续性动作，是一种浅层次、局部性和阶段性的个体革新，系统性变革作为累积性结果，是一种根本性、整体性和可持续的结构调整。系统性变革需要对相互关联的要素全面发力，实现系统运行逻辑和最终目标的重塑。

今年继续推出的《中国传媒融合创新研究报告（2024—2025）》，是全面反映最新中国传媒融合创新理论和实践的传媒蓝皮书，本书第一部分包括两个主报告，主报告一是关于全媒体传播体系建设态势研究。我国媒体融合发展的目标是建立全媒体传播体系，经过十余年的融合发展，主流媒体在生产机制、传播矩阵、技术赋能、评估体系等方面的改革取得了较大进步，正朝着系统性变革迈进，行业/区域全媒体机构（融媒体中心）悄然成型。当前，报纸媒体、广电媒体、地市级媒体、县级媒体、出版媒体、期刊媒体以及商业平台媒体的全媒体建设都取得了较大成绩，但仍面临着全媒体思维不足、全媒体人才匮乏、内容同质化、资金短缺以及发展不平衡等问题。需要在培养全媒体思维、加强人才队伍建设、突破同质化打造特色内容、提升媒体对技术更新的适应能力、探索多元化经营模式增强盈利能力、塑造媒体差异化格局等方面努力。未来，政策将推动各级媒体均衡发展，体制机制将更加灵活开放；媒体平台建设将成为必然趋势，人工智能技术将深入应用于媒体领域；媒介社会化进程将不断加深，全媒体人才的边界将不断扩展；各类全媒体之间的协作将进一步加强，用户的媒体参与度将不断提升；媒体将积极拓展产业连接，激发市场活力，并满足用户对媒体内容需求的不断升级。主报告二是关于主流媒体系统性变革的几个理论问题研究，主流媒体系统性变革是根本性、整体性、可持续的结构调整，是我国媒体十余年融合发展的必然结果，是促进主流媒体根本转型的发展手段。主流媒体系统性变革作为习近平文化思想"掌握信息化条件下舆论主导权、广泛凝聚社会共识"中的重要内容，亟须在实践中贯彻落实，这就需要对其思想研究源流、重要性与迫切性、基本内涵、目标定位及原则要求，有一个理论上的科学阐释与精准把握，从而指导实践工作的顺利开展。第二部分分报告按传播媒介进行案例分类，分为报业融合创新案例、广电业融合创新案例、期刊业融合创新案例、出版业融合创新案例、互联网新媒体业融合创新案例五个部分，每部分选择自2024年1月以来，在融合创新上表现突出的媒体进行案例解剖，分析问题，总结经验，旨在为我国传媒业融合实践的深入创新和发展提供借鉴。第三部分分报告是关于县级融媒体中心的专门研究和案例报告。

本书的研究对象是2024年传媒业融合创新，所说的融合创新是指因追求传统媒体和新兴媒体融合发展而导致的创新，与其他原因所导致的创新有着根本不同，这是本报告研究的立足点和出发点，也是本报告差异化研究的价值所在。

我们一直希望能以这个年度系列蓝皮书为交流平台，与业界精英和专家学者建立广泛而深入的合作，推动中国传媒的融合创新与历史转型，为行业发展提供智库服务。

在此，对参与本书撰写的各位专家所付出的辛勤劳动和大力支持表示诚挚的谢意。

"中国传媒融合创新研究"课题组

2025年3月

目　录

主报告

主报告一：全媒体传播体系建设现状、问题与发展趋势…………………… 3

主报告二：主流媒体系统性变革的几个理论问题…………………………… 28

报业融合创新案例

第一章　《经济日报》融合创新实践研究………………………………… 48
　　第一节　《经济日报》简介 ………………………………………………… 48
　　第二节　《经济日报》媒介融合的特色 …………………………………… 49
　　第三节　《经济日报》融合创新的主要路径 ……………………………… 52
　　第四节　《经济日报》媒体深度融合面临的挑战 ………………………… 56
　　第五节　《经济日报》推动媒体深度融合的建议 ………………………… 57

第二章　江西日报社媒体融合的探索与实践…………………………… 60
　　第一节　打造全媒体矩阵体系 ……………………………………………… 61
　　第二节　打造全媒体生产体系 ……………………………………………… 64
　　第三节　打造全媒体评价体系 ……………………………………………… 70

第三章 一张网一朵云：新疆主流媒体全融合共发力 ……… 73
第一节 覆盖三级媒体融合生产 ……… 74
第二节 新闻传播体制改革创新 ……… 76
第三节 各类媒体共同发力多点开花 ……… 78
第四节 打造生态级平台，创新社会治理 ……… 81
第五节 探索"疆味"发展方向 ……… 84

第四章 高原融媒破浪前行：《西藏日报》的创新发展 ……… 86
第一节 《西藏日报》：领航民族地区主流媒体新发展 ……… 86
第二节 《西藏日报》媒体融合的特殊背景 ……… 88
第三节 《西藏日报》融合发展的历程与特色 ……… 89
第四节 《西藏日报》融合创新发展模式探析 ……… 92
第五节 《西藏日报》媒体融合可持续发展的优化路径 ……… 94

第五章 《云南日报》的融合发展创新研究 ……… 98
第一节 《云南日报》概况 ……… 99
第二节 《云南日报》融合发展创新实践 ……… 101
第三节 《云南日报》融合发展的特点及问题 ……… 103
第四节 《云南日报》融合创新发展的路径与方法 ……… 106

广电业融合创新案例

第六章 江西广播电视台（集团）推进媒体深度融合与发展的核心引擎 ……… 110
第一节 提升融合创新能力，培植新质生产内容 ……… 111
第二节 "产品＋技术"创新，不断强化核心竞争力 ……… 115
第三节 数字化转型升级，新质生产力助推媒体版图更新 ……… 118
第四节 围绕融合创新和新质生产力，不断提升价值创造力 ……… 120

第七章　协同化·云端化·数智化：湖北广电融合创新的实践进路 …… 122

第一节　湖北广电融合创新的价值逻辑 …………………… 123

第二节　协同化：构建省市县三级融媒协同互联体 ……… 124

第三节　云端化："新闻+"的媒体融合在地实践 ………… 129

第四节　数智化：数字信息平台的技术创新 ……………… 132

第八章　新质生产力背景下的广播电视业传媒格局转型 …… 136

第一节　新产业：催生广播电视节目生产变革 …………… 136

第二节　新模式：拓展广播电视节目影响力 ……………… 139

第三节　新环境：广播电视产业的传播生态 ……………… 141

第四节　广播电视行业的发展困境与路径 ………………… 144

期刊业融合创新案例

第九章　中国社会科学杂志社融合发展的路径与思考 ……… 148

第一节　中国社会科学杂志社的融合创新实践 …………… 149

第二节　中国社会科学杂志社融合创新的特点和规律 …… 156

第三节　未来发展的几点思考 ……………………………… 157

第十章　《南风窗》融合转型实践 …………………………… 159

第一节　《南风窗》的基本情况 …………………………… 159

第二节　《南风窗》的融合创新实践 ……………………… 160

第三节　《南风窗》融合创新实践中的挑战与机遇 ……… 167

第十一章　《三联生活周刊》的全媒体融合转型 …………… 171

第一节　数字化时代内容行业的新变化 …………………… 172

第二节　《三联生活周刊》融合转型的战略与策略 ……… 173

第三节　《三联生活周刊》在融合转型中的内容特征 …… 177

第四节　《三联生活周刊》融合转型的主要成效及启示 …………… 178

第五节　未来规划：周刊融合转型的 2.0 版本 …………………… 181

第十二章　上海大学期刊社融合创新研究………………………………… 183

第一节　新兴媒介形态下的期刊融合探索 ………………………… 184

第二节　资源配置优化下的期刊出版生态重铸 …………………… 187

第三节　上海大学期刊社的融合创新启示 ………………………… 191

第十三章　SciEngine：学术期刊集群化发展创新实践报告……………… 194

第一节　建设期刊集群化平台 ……………………………………… 195

第二节　构建全方位传播服务体系 ………………………………… 199

第三节　探索高效的运行机制 ……………………………………… 202

出版业融合创新案例

第十四章　贵州出版集团融合创新发展实践……………………………… 206

第一节　做足做优传统出版主业 …………………………………… 206

第二节　推动出版深度融合发展 …………………………………… 209

第三节　推进印刷发行开拓创新 …………………………………… 212

第十五章　人民邮电出版社：做足"变"字文章，促进融合发展………… 215

第一节　时代之变：探索数字化生态，应对转型机遇挑战 ……… 216

第二节　发展之思：加强一体化建设，推进产业深度融合 ……… 218

第三节　实践之路：打造多元化体系，提升业务竞争优势 ……… 221

第十六章　果麦文化：用"互联网+AI"赋能出版流量…………………… 226

第一节　用科技创新生产模式 ……………………………………… 226

第二节　流量时代的新商业模式和合作方式 ……………………… 229

第三节　用创意为图书营销赋能 …………………………………… 231

第十七章　晋江文学城融合创新报告……234
　　第一节　晋江文学城基本概况……234
　　第二节　晋江文学城融合发展的主要举措……236
　　第三节　晋江文学城存在的问题……241
　　第四节　晋江文学城打造"破圈"文学的提升路径……243

互联网、新媒体业融合创新案例

第十八章　宜昌三峡融媒体中心"我的宜昌"客户端建设探索……248
　　第一节　坚持"一个方向"……249
　　第二节　把握"两个基点"……251
　　第三节　实现"三个转变"……252
第十九章　萍乡市新闻传媒中心媒体融合发展的探索实践……257
　　第一节　媒体融合改革发展实践……258
　　第二节　媒体融合改革变化成效……261
　　第三节　媒体融合改革未来憧憬……262
第二十章　长安街知事融合媒体融合创新研究……265
　　第一节　长安街知事融合创新实践……265
　　第二节　长安街知事媒体融合创新特点……272
　　第三节　长安街知事深化媒体融合的路径探索……273
第二十一章　智媒时代下知乎平台的生态建设研究……276
　　第一节　知乎发展概况……276
　　第二节　当下知乎平台融媒生态建设模式……278
　　第三节　知乎平台生态建设面临挑战……281
　　第四节　智能技术下知乎融媒生态建设的未来路径……284
第二十二章　小红书融合创新研究报告……288

第一节	小红书基本概况	288
第二节	小红书融合创新现状	289
第三节	小红书融合创新存在的问题	292
第四节	关于小红书融合创新执行力的深入分析与展望	295

第二十三章　省级党报集团客户端发展现状、问题与策略　299

第一节	省级党报客户端的历史和发展	299
第二节	省级党报客户端的传播现状和特点	300
第三节	省级党报客户端存在的问题	305
第四节	省级党报客户端创新发展策略	307

县级融媒体中心专论

第二十四章　大连市金普新区融媒体中心能力建设研究报告　320

第一节	大连市金普新区融媒体中心基本情况	320
第二节	金普新区融媒体中心发展亮点	321
第三节	金普新区融媒体中心舆论引导能力建设实证研究	327
第四节	金普新区融媒体中心舆论引导面临的问题与困境	330
第五节	提高融媒体中心舆论引导能力的路径与方法	331

第二十五章　湖北宜昌市夷陵区融媒体中心能力建设研究报告　333

第一节	宜昌市夷陵区融媒体中心基本情况	333
第二节	夷陵区融媒体中心发展亮点	335
第三节	夷陵区融媒体中心舆论引导能力建设实证研究	338
第四节	舆论引导面临的问题与困境	341
第五节	提高融媒体中心舆论引导能力的路径与方法	342

第二十六章　北京市朝阳区融媒体中心能力建设研究报告　344

| 第一节 | 北京市朝阳区融媒体中心基本情况 | 344 |

第二节　朝阳区融媒体中心发展亮点　345
　　第三节　朝阳区融媒体中心舆论引导能力建设实证研究　348
　　第四节　融媒体中心舆论引导面临的问题与困境　350
　　第五节　提高融媒体中心舆论引导能力的路径与方法　351

第二十七章　南京市栖霞区融媒体中心能力建设研究报告　355
　　第一节　南京市栖霞区融媒体中心基本情况　355
　　第二节　栖霞区融媒体中心发展亮点　357
　　第三节　栖霞区融媒体中心舆论引导能力建设实证研究　365
　　第四节　融媒体中心舆论引导面临的问题与困境　368
　　第五节　提高融媒体中心舆论引导能力的路径与方法　369

第二十八章　江西萍乡市湘东区融媒体中心能力建设研究报告　371
　　第一节　萍乡市湘东区融媒体中心基本情况　371
　　第二节　湘东区融媒体中心发展亮点　373
　　第三节　湘东区融媒体中心舆论引导能力建设实证研究　378
　　第四节　湘东区融媒体中心舆论引导面临的问题与困境　384
　　第五节　提高融媒体中心舆论引导能力的路径与方法　385

第二十九章　新疆库尔勒市融媒体中心能力建设研究报告　389
　　第一节　新疆库尔勒市融媒体中心基本情况　389
　　第二节　库尔勒市融媒体中心发展亮点　392
　　第三节　库尔勒市融媒体中心舆论引导能力建设实证研究　396
　　第四节　融媒体中心舆论引导面临的问题与困境　399
　　第五节　提高融媒体中心舆论引导能力的路径与方法　400

第三十章　广东南雄市融媒体中心能力建设研究报告　402
　　第一节　广东南雄市融媒体中心基本情况　402
　　第二节　南雄市融媒体中心发展亮点　404
　　第三节　南雄市融媒体中心舆论引导能力建设实证研究　408
　　第四节　南雄市融媒体中心舆论引导面临的问题与困境　411

第五节 提高融媒体中心舆论引导能力的路径与方法 …………… 412

第三十一章 福建德化县融媒体中心能力建设研究报告……………… 415
   第一节 德化县融媒体中心基本情况 ……………………………… 415
   第二节 德化县融媒体中心发展亮点 ……………………………… 417
   第三节 德化县融媒体中心舆论引导能力建设实证研究 ………… 422
   第四节 融媒体中心舆论引导面临的问题与困境 ………………… 425
   第五节 提高融媒体中心舆论引导能力的路径与方法 …………… 426

第三十二章 新疆布尔津县融媒体中心能力建设研究报告……………… 428
   第一节 新疆布尔津县融媒体中心基本情况 ……………………… 428
   第二节 布尔津县融媒体中心发展亮点 …………………………… 430
   第三节 布尔津县融媒体中心舆论引导能力建设实证研究 ……… 433
   第四节 布尔津县融媒体中心舆论引导面临的问题与困境 ……… 437
   第五节 提高融媒体中心舆论引导能力的路径与方法 …………… 438

参考文献……………………………………………………………………… 440

主 报 告

主报告一：全媒体传播体系建设现状、问题与发展趋势

崔海教　刘建华　卢剑锋　樊雅茹[①]

自2014年我国媒体融合上升为国家战略以来，在技术、政治及媒体转型需求这三重逻辑的推动下，其取得了长足的发展。但随着融合不断向纵深推进以及国家战略要求的进一步明确，越来越多的媒体意识到，融合只是手段，构建全媒体传播体系才是最终目标。2019年1月25日，在中共中央政治局第十二次集体学习时的重要讲话中，习近平总书记就首次提出，要"形成资源集约、结构合理、差异发展、协同高效的全媒体传播体系"[1]，这为媒体深度融合提出了战略目标。2020年9月，中共中央办公厅、国务院办公厅印发的《关于加快推进媒体深度融合发展的意见》明确提出，要建立以"内容建设为根本、先进技术为支撑、创新管理为保障"的全媒体传播体系[2]。党的十九届五中全会审议通过的《中共中央关于制定国民经济和社会发展第十四个五年规划和二〇三五年远景目标的建议》则明确提出推进媒体深度融合，实施全媒体传播工程，做强新型主流媒体。[3]2024年7月《中共中央关于进一步全面深化改革、推进中国式现代化的决定》指出："构建适应全媒体生产传播工作机制和评价体系，推进主流媒体系统性变革。"[4]从理论设想到工程实施，这些政策文件和指导意见的出台意味着全媒体传播体系的构建已由顶层设计迈入实践操作层面。这既是媒体行业自身发展之所需，亦是顺应信息时代发展趋势、满足公众信息需求的必然之举。借助这些战略部署与实践操作，全媒体传播体系的构建

[①] 崔海教，中国新闻出版研究院副院长（正局级）；刘建华，中国新闻出版研究院传媒研究所执行所长、研究员；卢剑锋，中国新闻出版研究院传媒研究所副研究员；樊雅茹，河北传媒学院新闻传播专业研究生。

正逐步将理念转变为现实，为我国媒体的发展开拓出全新道路。

一、建设现状

"全媒体"是在具备文字、图形、图像、动画、声音和视频等各种媒体表现手段基础之上进行不同媒介形态（纸媒、电视媒体、广播媒体、网络媒体、手机媒体等）之间的融合，产生质变后形成的一种新的传播形态。[5]习近平总书记进一步以"四全"媒体——全程、全息、全员、全效这四个重要特性，对全媒体的基本内涵进行了深入阐释。而全媒体传播体系，则是在各媒体实现"全媒体"转型之后，综合构建起来的整体战略部署。这一体系既强调资源集约、结构合理、差异发展、协同高效，又突出以内容建设为根本、先进技术为支撑、创新管理为保障的重要原则和工作重点。[6]

在数字化、智慧化浪潮的席卷下，全媒体的构建已经成为媒体发展的重要实践，其范畴不仅包括报刊、广播和电视等传统媒体，也包括网络、手机及移动终端等新兴媒体。[7]通过对当前各媒体机构全媒体建设现状的梳理与分析，在全面把握整体局势的基础上，从中发掘出可供参考且极具价值的实践经验，进而预测未来媒体的发展路径。

（一）报纸全媒体

在互联网冲击和"报纸消亡论"的压力和挑战下，纸媒较早地开始了融合转型的探索之路。早在2011年，李鹏就指出，在中国报纸全媒体孕育探索发展过程中，报纸早已经不再是一张新闻纸，而是一个蓬勃发展的全媒体产业。[8]这不仅显示了报纸在媒体融合进程中的前瞻性和领先地位，也能够反映出报纸在融合这一领域积累了相对丰富的实践经验。

1.中央级。中央级报纸，作为与国家政策顶层设计紧密相连的权威媒体机构，凭借拥有的技术、人才、政策、资金、管理等优势，其在全媒体体系构建中发挥着"旗舰""航母""灯塔"的引领作用。目前，中央级报纸的全媒体传播格局已经基本完成。

一是实现了内容生产的全媒体化。中央级报纸凭借敏锐的洞察力和前瞻性的战略眼光，在媒体融合中率先构建了一体化的全媒体生产机制，实现了对资源的深度整合与优化配置。2015年两会报道中，人民日报社运用了"中央厨房"的工作机制，将"一次采集、多种生成、多元传播"的工作模式带入了媒体行业。

2016年2月，人民日报"全媒体平台"正式上线，在组织架构上，设立总编调度中心，建立采编联动平台，统筹策划、编辑、采访、技术等力量，实现集中指挥、高效协调、采编调度等功能。目前，中央级报纸的一体化内容生产机制全面建立，如《光明日报》建立的全媒体采编平台，实现了报纸、网站、微博、微信、客户端等不同媒体的新闻选题策划、任务布置、内容采编、稿件发布等新闻生产环节的统一管理。

二是建成了全媒体传播矩阵。中央级报纸媒体依托客户端、微博、微信、抖音、快手、B站等多元化渠道，在国内成功构建了广泛的传播网络。以《人民日报》为例，它从传统报纸发展为拥有报、刊、网、端、微、屏等十多种载体以及400多个媒体平台的"人民媒体方阵"，综合覆盖受众超13亿人次。[9]同时，凭借其国家级媒体的独特定位，积极拓展国际传播版图，铸就了强大的国际传播矩阵。如中国日报客户端全球累计下载量超4200万，海外用户占比达55%以上，脸书账号粉丝数超1.05亿，位列全球媒体账号粉丝数第二位，X（原推特）账号粉丝数420万。[10]这些数据充分证实了中央级报纸在对外传播渠道建设方面的卓越成就。此外，在自主可控平台的建设上，中央级报纸媒体也取得了显著成果。例如人民日报客户端下载量突破2.85亿次，人民日报视频客户端"视界"下载量突破2260万次。[11]

三是深化技术创新应用。中央级报纸成功地将先进技术融入媒体内容生产与传播之中，成为其强有力的支撑。其一，将前沿技术融入新闻内容呈现。如虚拟现实（VR）和增强现实（AR）技术，为用户带来沉浸式阅读体验；视频、音频、动画和H5等多媒体元素则使新闻内容更生动有趣，满足用户多样化阅读需求。其二，人工智能对内容生产的积极影响。如《人民日报》2020年推出的"创作大脑"，具备直播智能拆条、在线视频快编、图片智能处理、智能字幕制作、可视化大数据、实时新闻监测等18项重点功能，内容生产工具覆盖了策划、采集、编辑、传播效果分析等各环节和业务场景，大幅提升了新闻产品的生产效率。[12]其三，报纸媒体利用大数据技术建立算法推荐机制，以主流价值观为导向进行内容推送。如人民日报社媒体技术公司建设的"全国党媒信息公共平台"以"党媒算法"为核心，革新用户画像体系和内容标签体系，对海量聚合内容进行智能化和自动化处理，构建主流价值观知识图谱和智能标签体系。[13]

2. 省级。省级报纸作为中央媒体与地方媒体之间的关键纽带，凭借其覆盖全省的媒介资源优势，在全媒体发展的道路上已取得一定成就。在借鉴中央级报纸建设经验的基础上，省级报纸紧密结合自身的区域定位，打造出独具特色的全媒体建构模式。

一是通过集团化模式，有效整合各类媒体资源。早在2000年前后，我国多数省级报纸便成立了报业集团，集团化发展成为行业常态。面对互联网新媒体的猛烈冲击，传统报纸媒体积极寻求转型之路，在此过程中，经济发达地区的报业集团，如南方报业传媒集团、浙江日报报业集团等，凭借其丰富的资源和先进的技术优势，成为行业变革的引领者。它们大多将报纸、网络、客户端、社交平台及国际传播渠道等多种媒体资源融为一体，打造出一个覆盖广泛、立体多元的传播网络。以南方报业传媒集团为例，其全媒体传播矩阵不仅涵盖了多家报纸和期刊，还延伸至网站、移动客户端、社交媒体账号、出版社以及户外大屏等多种媒介形态，成功覆盖超过4.6亿用户。其中，"南方+"客户端下载量接近2亿，入驻机构超过7000家，共建频道接近600个，2023年的营收更是突破5亿元，[14] 成为省级党报自有App中的佼佼者。而对于经济发展相对滞后的地区，报业集团同样通过整合新旧媒体资源，实现了传播范围和影响力的显著提升。例如，湖北日报传媒集团打造的楚天都市报·极目新闻全媒体用户总量超1.23亿。[15]

二是打造全媒体生产链，融合地方特色内容。省级报纸不仅实现了内容生产、编辑、发布等环节的连接，还紧密结合地方特色，打造了一系列具有地域性、差异性的精品内容。根据《2022—2023报业融合发展观察报告》，在2022年，众多报纸媒体积极构建适应全媒体生产和传播的一体化组织架构和新型采编流程。在调查的1330家报纸中，所有32家省级党报都完成了传统报纸与新媒体采编部门的一体化融合，其中65.6%的省级党报建立了跨部门的融媒体工作室。[16] 例如，《羊城晚报》建立的全媒体指挥中心，通过线上线下的集中管理，实现了全程指挥、监控和留痕。通过技术系统支持了"一次采集、多元生成、多次发布"的工作流程。在内容生产方面，省级媒体在发布基本信息的同时，也注重将本地区的独特内容融入报道中，以打造差异化内容并增强其独特性。《四川日报》利用"三星堆"考古的契机，推出了16个版面的特刊报道《三星堆——再醒惊天下》，赢得了文博考古界、媒体界和公众的广泛好评。

三是筑牢本地宣传阵地，打造地方服务平台。省级报纸与中央级报纸有所不同，省级报纸需着眼于所在省份的发展，其提供的内容与服务紧密围绕本省发展实际，具有较强的地域性。为此，多数省级报纸不断加强与地方政府、社区以及民众的互动交流，致力于打造服务地方、贴近民生的综合性平台，以此提升服务质量，提高用户满意度。以四川日报全媒体的"问政四川"网络理政平台为例，它从单一网站栏目发展成为一个全媒体理政平台，实现了对四川教育、医疗、环保等42个民生领域的全面覆盖。此外，《四川日报》还推出了"豌豆尖""萤火虫""榕榽实验室""Panda Guide"等一系列针对农业、医疗、国际传播等领域的垂直新媒体品牌产品，并打造了"智媒产教云""天府社区云"等新型服务功能模块，进一步丰富了其服务地方的综合平台。[17]

（二）广电全媒体

面对庞大的资产规模、复杂的人员构成和烦琐的业务流程等现实情况，广电媒体在推进媒体融合的道路上确实面临较大挑战，起步相对滞后。然而，经过持续的努力和创新，这些传统媒体已成功迈入与移动互联网深度融合的新阶段。在构建全媒体传播体系的过程中，展现出其在数字化时代的新活力和广泛影响力。

1. 中央级。我国中央级广电媒体只有一个，是2018年4月19日正式挂牌的中央广播电视总台，截至2023年底，共开办51个电视频道、22套对内广播频率；采用68个传播语种、建设近200个海外站点，构筑起遍布全球的海外传播格局；运维央视新闻、央视频、CGTN、云听等19个新媒体客户端和央视网、央广网、国际在线3个中央重点新闻网站。[18]作为中央主流媒体和国家广播电视台，自成立以来就依托自身优势资源，在内容生产、"5G+4K/8K+AI"技术应用以及管理机制上不断发力，在"思想＋艺术＋技术"的融合传播实践当中取得了重大进展，为主流媒体构建全媒体机构做出了有效示范。

一是深化内容生产供给侧结构性改革，打造全媒体内容生态。内容是媒体发展的核心竞争力，中央广播电视总台在这方面持续发力，突破了以往的线性制播模式，在坚守主流舆论思想阵地的基础上积极创新，打造出契合现代受众需求的内容产品，塑造了以主流内容为引领的全媒体内容生态阵地。在重大时政主题宣传报道方面，不断创新内容角度，拉近与受众的距离。例如，总台时政微视频工作室，产出涵盖时政快讯、时政微纪录、大国外交最前线等17类产品；同时，央广网结合自身定位，发挥声音媒体优势，推出《习声回响》《每日一习话》《看图学习》等依托金句原声的时政专栏新媒体产品。在此基础上，中央广播电视总台构建起时政全样态、全链条、全平台的立体传播模式，形成"拼时效、争独家、比深度、拓广度"的报道资讯流和产品生态系统，这极大地提升了时政报道的效率、效力和效能。

二是以先进技术为支撑，打造全媒体技术新生态。中央广播电视总台十分重视技术应用，不断推动传统技术布局向"5G+4K/8K+AI"战略格局转变，以巩固拓展总台科技实力引领地位。目前，总台已基本建立了全球联通的"云网一体"技术架构，并完成了基础资源"一张网"的建设工作。通过"百城千屏""总台算法""央视听媒体大模型"等技术，为节目内容的融合呈现和多端传播提供了强有力的技术支撑。

三是以创新管理为保障，着力构建全媒体管理生态。总台深化"台网并重、先网后台、移动优先"战略，打破传统广播电视媒体的路径与形态束缚，全面推进组织架构、业务流程、平台渠道和管理机制创新，探索媒体深度融合发展的有效路径。在顶层设计方面，2020年底，总台成立由慎海雄担任组长的媒体深度融合发展领导小组，负责组织领导和战略决策。同时，研究制定并印发《中央广播电视总台关于加快推进媒体深度融合发展的意见》《中央广播电视总台"十四五"发展规划》《中央广播电视总台媒体深度融合发展三年行动计划》等规划，保障总台全媒体顺利发展；业务上，制定了独特考核管理体系，出台《中央广播电视总台全媒体平台业务考核办法（试行）》、《中央广播电视总台地方总站业务考核办法（试行）》、《中央广播电视总台海外总站业务考核办法（试行）》及实施细则等，健全业务评价考核标准；人才管理方面，构建"干部人才队伍建设全链条机制"，在干部人才选、育、管、用上下功夫，使大批优秀干部人才脱颖而出，形成良好的使用机制。[19]

2. 省级。各省经济发展水平和传统电视、广播事业的基础存在差异，导致了省级广电全媒体建设的不平衡态势。湖南、浙江、四川、江苏等地的广电媒体在全媒体建设上已取得显著进展，而中部及一些经济欠发达地区的广电媒体进展较为迟缓。但从总体来看，各省级广电媒体都在积极适应全媒体建设要求，在全媒体内容生产、传播矩阵构建以及技术创新等方面都实现了不同程度的发展与应用。

一是推动体制机制改革，实现内部资源的有效利用。2023年各级广电媒体持续深化以新媒体生产传播为核心的新闻制播机制，探索"以端为台"，打通新闻中心、新闻频率频道、官方网站、客户端等媒体资源，打破条块分割和媒体形态界限，系统化整合资源，实现平台、功能、人才等多层次整合融合。[20]"一体化生产、多形态产品呈现、多终端发布"的全媒体生产流程得以实现。如湖北广电集团推出了"长江云平台"，提供"PC站+手机网站+手机客户端+微博+微信"的全方位新媒体产品研发和技术支撑。此外，为更好地适应市场化竞争和一体化发展机制的要求，众多广电媒体开始积极探索并实施项目制、团队制的节目制运营方式。以湖南卫视和芒果TV为例，双平台共设立了8个节目内容主理人赛道，拥有49个节目自制团队、24个影视自制团队以及39家"新芒计划"战略工作室。其中，湖南卫视拥有26个团队，芒果TV则拥有86个团队。[21]这样的团队架构不仅增强了内容生产的灵活性和创新性，也为节目的多样化和精品化提供了有力保障。

二是升级自有平台，全媒体传播矩阵不断完善。目前几乎所有广电媒体都将目光聚焦于自有客户端的打造，并致力于将其塑造成具有独特价值的IP，并以此为核心，拓展至其他各类媒体平台，从而构建起更具影响力和传播力的媒体传播矩阵。如四川广播电视台，以四川观察客户端建设为坚实基础，全方位构建全平台账号矩阵。在抖音、快手、视频号等当下极具流量和影响力的新媒体平台上，纷纷开设四川观察账号。通过这样的布局，形成了以"四川观察"为品牌引领的全媒体矩阵，在信息传播领域展现出强大的影响力，实现了内容的广泛传播和深度触达。

三是强化技术创新应用，打造全媒体新闻产品。随着5G、云计算、大数据、AI、VR、虚拟主播等前沿技术的不断涌现与融合，省级广电媒体正以前所未有的速度朝着智能化、交互式、沉浸式的方向转型升级，智慧广电媒体建设已然成为其发展战略中的重中之重。如浙江广播电视台深度依托"中国蓝云"这一先进的技术体系，精心建设蓝云分布式数据中心。不仅如此，还全力打造了"新蓝算法"融合数据中台以及智能媒资系统，并且在技术研发方面持续发力，积极推广蓝云现场、蓝云智剪、蓝云包装等一系列创新性项目。这些举措共同推动了浙江台全媒体新闻制播朝着智慧化的方向大步迈进，为新闻产品的质量和传播效果带来了质的飞跃。

四是打造"广电 +"生态，构建全媒体服务平台。省级广电作为与本省区域发展紧密相关的媒体平台，其功能早已突破了传统的信息发布范畴，而是将重心放在了"广电 +"生态的构建上。当前，众多省级广电充分利用自身媒体平台优势，成功打造出集"广电 + 政务""广电 + 服务""广电 + 文旅""广电 + 商务"等多功能于一体的综合性媒体平台。以湖北广电为例，该媒体平台已与纪检、文旅、工会、卫生健康委、教育、公安、交管、残联等多个单位展开广泛合作，共同在直播、短视频、小程序开发等前沿领域推进项目合作。

（三）地市级融媒体中心

从媒体融合的历程来看，在实现中央级、省级、县级融媒体中心的完善和覆盖后，地市级融媒体中心才逐渐开始发力，据观媒·传媒大观察不完全统计，截至 2024 年 7 月 8 日，全国挂牌成立的地市级融媒体中心为 155 家；在全国 333 个地级市（地区、自治州、盟）中，地市级融媒体中心挂牌数量占比超过 46%。[22] 由此可见，地市级融媒体中心建设正处于初级阶段。但它们是在我国媒体深度融合背景下诞生的，所以其融合过程本身恰好贴合了全媒体传播体系建设的需求。也正因如此，地市级融媒体中心的全媒体建设虽然缓慢，但也取得了一些成果。

一是着力打造自主可控平台，优化全媒体传播矩阵建设。许多地市级媒体由于经济、技术及市场规模的限制，最初主要依靠第三方平台来扩大影响力。例如，银川市新闻传媒中心深化"移动优先"战略，打造了如"直播银川""银川新闻网"等具有较大影响力的新媒体账号。然而，当下越来越多的地市级媒体意识到想要在深度融合发展过程中加速进程，迎头赶上，自主可控的平台建设是关键所在。[23] 2023 年，佛山市新闻传媒中心推出了"佛山 +"移动客户端 7.0 版本，该版本不仅升级了原有的 UGC 社区，还创新性地推出了"友趣社区"和"活动中心"两大线上线下互动板块，为用户提供了丰富的内容创作、社群交流及活动资讯服务。在平台建设的过程中，部分地市级融媒体中心还打破了原有平台的界限，通过合并重组冗余的客户端，实现了资源的优化配置与影响力的显著提升。例如，江苏无锡广播电视台将"无锡博报"与"智慧无锡"两大平台整合为"无锡博报"单一品牌，整合后的平台粉丝数量实现了超过 40% 的增长，充分彰显了平台整合的积极效果。

二是深化内部改革，推动生产流程全媒体化。面对媒体融合后普遍存在的部门职能重叠、利益交织及人员结构复杂等挑战，众多地市级媒体已积极采取行动，通过内部改革寻求突破。例如，河北邯郸新闻传媒中心对行政、采编和经营三大板块进行了重新划分与整合，行政序列实施了合并与精简措施，采编序列则构建了指挥调度、新闻采集、内容编发、技术保障及产业发展五大核心中心。此外，这些内部组织架构与运行架构的调整，使地市级媒体更加贴合全媒体时代对新闻生产流程的新要求。以江西南昌日报社为例，其自主研发的"洪观云"平台，作为南昌市融媒体中心的采编技术系统，建立了统一的指挥调度平台，实现了报社、广电及县级融媒体多元内容的深度融合与高效协同，进而构建了丰富的融媒体数据库，为新闻生产的全面升级提供了坚实的技术支撑与资源保障。

三是融合"新闻+政务/服务/商务"，拓展全媒体综合服务。地市级融媒体中心充分发挥自身信息资源优势，积极融入区域城市发展和社会综合治理体系，并尝试通过优质服务推动市域媒介化创新。目前，绝大多数地市级融媒体中心已构建起互动平台，实现了服务资源的有效聚合。如宜昌三峡融媒体中心"我的宜昌"客户端深度集成政务服务平台，汇聚了社保、医保、公积金等15大类200多项高频政务服务场景，实现了用户统一认证和应用打通融合；深度对接政府信息公开平台，将1300余个政务公开节点的规范性文件、政策文件、政策问答信息进行整合，市民能够一键访问、查询；对接市民热线平台，建成一键登录、在线提交、及时交互的运转体系，畅通群众诉求主通道；自主研发"好剧""影院购票""话费充值"等十余个高频服务场景，对接"宜生活"小程序，接入公交乘车、城市停车、客运购票、找充电桩等180多项市民生活场景，打造便民生活平台。地市级融媒体中心正不断拓展全媒体综合服务的新领域，通过创新服务模式和升级服务平台，积极参与区域城市发展和社会综合治理，为提升城市治理效能和数智政府建设做出了积极贡献。

（四）县级融媒体中心

截至2022年8月，全国共建成运行2585个县级融媒体中心，[24]至此1.0阶段的要求已经完成。当前县级融媒体中心正致力于推进系统性变革，力求实现全媒体传播体系的构建，取得了一些成绩。

一是以顶层设计为引领，全方位迈向全媒体建设新征程。县级融媒体中心在内容生产、人才管理、运营策略、考核体系和技术应用等多个方面进行了深入的调整和优化。其自我定位从单一的信息传播者转变为舆论引导者、综合服务提供者和智慧县域治理的参与者，实现了向"全"媒体认知的转变。这一转变体现了县级融媒体中心在媒体融合中的独特角色和价值。例如，温岭市融媒体中心提出了"全媒体思维，全域变革，打造全国一流的县域治理现代化服务平台"的目标，并为此实施了机构改革、新闻重塑、产业转型"三大改革"，成为县融改革的"浙江样本"；尤溪县融媒体中心通过不断完善考勤管理、内容审核、学习培训、安全保障、应急处置等一系列管理制度，构建起了"一体策划、线索汇聚、一次采集、多元生成、多端发布"的高效采编播发体系，为内容的多元化传播与精准送达提供了坚实保障。[25]

二是优质内容供给攀升，基层主流舆论力量壮大。县级融媒体中心必须牢牢占据舆论引导、思想引领、文化传承、服务人民的传播制高点，成为基层社会思想文化的中流砥柱。近几年来，县级融媒体中心为达成这一目标，在内容创新和优质内容供给方面持续发力。一方面，是积极传播主流舆论声音。县级融媒体中心紧密围绕党和国家的方针政策，将宏观的政策解读转化为通俗易懂、贴近群众生活的内容。另一方面，是聚焦地方特色，充分展现本土风采。如玉门市融媒体中心聚焦本地"凡人微事"，推出系列纪实节目《玉门》，讲好玉门人自己的故事，还推出了《百姓有话说》《问政》《随手拍》等栏目，发挥舆论监督作用，记者全程跟踪记录问题解决情况，帮助百姓的诉求得到妥善处理，使融媒体中心成为百姓心目中值得信赖的发声平台和权益维护者。

三是自主平台建设升级，多元服务助力地方发展。自主可控的平台建设已成为县级融媒体连接政府、企业等资源，进而为公众提供多样化服务的重要桥梁。当下，众多县级融媒体中心都将目光聚焦于自主可控平台的打造，并涌现出了一批极具代表性且在本地区广泛应用、影响力巨大的媒体自主可控平台，如长兴县融媒体中心的"掌心长兴"、尤溪县融媒体中心的"智慧尤溪"、双流区融媒体中心的"云上双流"、浏阳县级融媒中心的"掌上浏阳"等。而县级融媒体中心具备独特的运营优势，也助力着其多元经营的实现。如安吉县融媒体中心研发"安吉优品汇"，系统地联系起生产、销售、市场三个端口，通过对农产品的保值收购、销售环节的简化，为农民带来实实在在的收益，让消费者获得了最大的实惠。

（五）出版全媒体

出版全媒体的兴起，可追溯至媒介融合的浪潮。2015年，国家新闻出版广电总局与财政部携手，共同发布了《关于推动传统出版和新兴出版融合发展的指导意见》，为出版业的融合发展指明了方向。此后，出版融合的步伐日益加快，成为行业发展的必然趋势。2021年5月，国家新闻出版署正式印发了《关于组织实施出版融合发展工程的通知》，这一举措标志着出版融合发展工程全面启动。而2022年4月，中共中央宣传部发布《关于推动出版深度融合发展的实施意见》，进一步为出版行业的深度融合发展提供了政策支持和指导。面对当下的全媒体时代和媒体发展的倒逼，出版单位和出版集团积极转变思维方式，采用新技术手段来满足融媒体时代读者的阅读需求，创新内容呈现形式、拓展传播渠道，以增强受众关注度。虽然出版集团在集约化、一体化程度上还有待提高，尚未完全构建起相辅相成的全媒体传播体系，但它们已经在全媒体思维和全媒体出版载体建设等方面取得了积极成效。总体来看，出版集团正逐步适应全媒体时代的挑战，努力实现更深层次的融合发展。

一是树立全媒体理念，适应新时代信息环境。出版媒体作为传统媒体的典型代表，长期以来形成的工作流程和思维模式，呈现出单一线性的特征，从内容创作、编辑校对到出版发行，各个环节紧密相连，但相对封闭。随着互联网的迅猛发展，出版媒体逐渐意识到互联网所蕴含的巨大潜力和深远影响。在这一背景下，出版媒体开始逐步树立起互联网思维，将数字化视为新的发展方向和理念。这种思维的转变促使出版媒体开始探索数字化转型的路径，通过数字化手段来拓展传播渠道，提升内容的影响力。在全媒体理念的引领下，出版媒体积极投身于全媒体的顶层设计之中。它们不仅关注单一传播载体的优化，更致力于构建一个多元化、立体化的传播体系。这一转变涉及管理革新、人才培养、渠道拓展、技术升级以及内容创作等多个关键领域。

二是布局多元平台，构建全媒体传播矩阵。这一战略已经成为业界的共识，传统出版单位在纸媒的投入上减少，更多布局微博、微信、小红书、抖音、快手等新媒体平台。例如，中国大百科全书出版社通过其数据库和微信公众号，以及人民文学出版社利用抖音等短视频平台积累了113.9万粉丝，成功拓展了作品的传播渠道，并建立了以文学为特色的短视频品牌。除了利用第三方平台外，出版集团还在积极开发自己的软件和网站平台，如机械工业出版社推出的天工讲堂支持 PC 站、移动 App、小程序等多端发布，为教师和学生提供系统学习科技知识的场景。此外还打造了九州云播直播平台，培养了一批优秀的主播人才。通过这一平台，机械工业出版社广泛开展了科技行业的在线会议直播、展会直播、在线课程讲座直播以及直播带货等多种直播活动，成功积累了数十万名私域流量用户。[26]这一系列的举措不仅提升了机械工业出版社的传播力，也为其在多元化知识服务领域树立了典范。

三是应用数字技术，推动出版数字化进程。在科技迅猛发展的今天，许多出版集团迅速响应，积极拥抱数字化和多媒体化的趋势。VR、AR、混合现实（MR）等尖端技术的发展，为出版业带来了创新的活力，它们与图书内容的结合极大地丰富了其表现形式，为读者提供了更加丰富的阅读体验。如人民文学出版社的融合出版作品《朗读者》，在书中融入 AR 技术，用户下载安装 App，扫码即可直接观看视频内容，满足视听需求。利用这一模式，人民文学出版社还融合出版了《经典咏流传》《谢谢了，我的家》《开学第一课》等产品。[27]尽管这些技术在图书出版中的应用前景广阔，但仍需持续的研发和改进，以便提高其操作的便捷性和技术的稳定性。北京体育大学出版社成立的"体育融合出版可视化技术重点实验室"，致力于将动作捕捉技术和 3D 可视化技术与体育专业出版相结合，开发数字出版产品和提供可视化出版解决方案。此外，人工智能技术的应用也在出版行业的数字化转型中扮演着重要角色。多家出版机构开始接入百度的"文心一言"，探索将 AI 大模型应用于选题策划、编辑校对、美术设计等出版流程，以提高工作效率和质量。一些出版单位甚至根据自身业务需求，自主开发 AI 大模型，从内容生产层面进行智能化变革，这进一步推动了出版媒体的技术应用和创新发展。

四是优化管理体系与人才建设，契合全媒体发展需求。全媒体的发展不仅要求技术上的革新，更呼唤与之相匹配的管理体系的调整与完善。众多出版媒体已经深刻认识到这一点，并积极采取行动。在优化过程中，出版媒体从组织架构、流程管理、资源配置等多个方面入手。如高等教育出版社 2020 年进行组织机构优化调整，构建起教育出版、学术出版、在线教育与服务三大业务体系，为出版融合发展提供了组织保障。以规范管理、优化流程、问题导向、风险防控为目标，高等教育出版社初步建成支撑融合发展业务快速发展的研发、生产、技术、运营和管理服务制度体系和标准体系。此外，出版媒体也注重培养和引进具备全媒体素养和创新能力的人才。如内蒙古出版集团组建了技术研发团队、内容制作团队和运营推广团队，通过集团所属漠尼公司培养了65名数字出版人才，集团所属出版单位近200名编辑转为数字编辑，为数字出版、融合出版提供了人才保障。[28]

（六）期刊全媒体

我国的期刊业具有数量多、体量大、品类多样、供给丰富、产业体系比较完备等特点。[29]面对互联网浪潮的冲击，期刊媒体充分依托自身在内容创作、专业人才、资源储备等方面的优势，主动拥抱新技术和新媒体。尽管从目前的情况来看，依然存在着部分期刊尚未完成数字化转型，但从行业整体的视角审视，绝大多数期刊都已经成功构建起多元传播渠道。部分顶尖的期刊更是在全媒体构建方面展现出卓越的前瞻性和实践能力。

一是技术应用，实现期刊的智能化生产。大数据与人工智能技术的深度应用，逐步推动期刊向智能化生产转型。如《社会》杂志通过大数据分析进行学术热点关键词抓取，提前预判未来学术热点并锁定该领域高被引作者，先人一步组稿、约稿，准确把握乃至引领学术热潮。这种基于数据的组稿、约稿模式，不仅提升了期刊的学术影响力，也为其在激烈的市场竞争中赢得了先机。更进一步，上海大学期刊社研发的期刊集约化智能管理系统，以及《中国科学》杂志社自主研发的 SciEngine 平台，更是将期刊智能化生产推向了新的高度。前者通过数字化学术平台的搭建，将学术编辑、学术专家、作者、读者紧密联系在一起，实现了投稿、评审、编辑、出版、交流等功能的全面整合；后者则构建了符合国际学术数据交流规则和标准的科技期刊全流程出版平台，实现了自动化排版和全流程管理，为期刊的国际化传播提供了有力支撑。这些技术的广泛应用，极大地促进了期刊媒体的内容生产效率和质量。众多期刊正积极拥抱技术变革，将其视为应对当下媒体环境挑战、实现长远发展的必由之路。

二是坚守内容核心，巩固期刊在全媒体时代的竞争优势。期刊包含的种类很多，从一般期刊到学术期刊、行业期刊等，它们共有的最大优势在于精细、前沿和优质的内容。在当前碎片化阅读盛行的环境中，期刊媒体正努力利用这一优势，通过创新的传播方式来加强自身在全媒体时代的竞争力。期刊媒体不再局限于以往的论文出版、文献检索、数据库推送等单一的文字内容传播，而是增加了知识图谱、学科智库快报、科普短视频等新兴服务内容，通过融媒体广泛推广等智能多元服务。如西北研究院携手读者杂志社联合推出"科学家做客直播间"系列活动，期刊编辑和论文作者在直播间基于"南极科考""风沙灾害防治""高原气象监测"等研究方向，做了多场科普直播，单场观看人数均超过 8000 人次，有效发挥了刊群的学术桥梁和纽带作用，也为刊群融媒体知识服务平台进行了有效引流。[30]

三是构建全媒体传播矩阵，期刊全媒体建设的重要渠道。从传统的纸媒向 PC 端、移动端的拓展已成为行业共识。绝大多数期刊已经完成了纸质期刊、官方网站、微信公众号、微信视频号、微博等多渠道传播矩阵的构建。这种多元化的传播渠道使得期刊能够迅速将新内容推送给广泛的用户群体，增加订阅量和扩大读者基础。除了利用第三方平台，一些发展良好的期刊媒体还积极建设自有平台，以增强影响力和传播力。例如，《中华医学杂志》推出了专属的知识服务 App，用户可以通过 App 观看直播、录像，并与编辑、作者进行交流互动。

（七）商业平台全媒体

商业平台媒体是随着互联网技术的蓬勃发展而新兴的一种媒介形态，它天然地集成了先进的技术支持、专业的人才队伍以及高效的运营模式等优势。在全媒体建设的过程中，这类媒体不仅致力于在自身优势内容方面持续深耕，更着重于探索如何有效联结传统媒体，以及如何扩展服务内容。

一是积极拥抱新技术，迎合受众需求。当前，几乎所有的商业平台媒体都投身于技术领域的探索之中，这促使商业媒体能够更好地适应并引领当前的媒介技术应用。互联网时代最重要的资产便是数据，商业媒体很早便敏锐地察觉到这一点，率先开启了利用数据进行内容分发的模式。以字节跳动公司为例，其早期发展起来的今日头条，核心优势就在于强大的平台算法。而抖音更是将这一算法优势发挥到了极致。抖音通过算法对用户进行深度剖析，精准计算出用户的兴趣点，从而在短时间内完成对内容的挖掘和推荐。而随着人工智能技术在内容生产、传播等环节的渗透，各媒体都在积极探索 AI 技术的应用，如微博逐步构建起以知微大模型为核心的智能应用体系，加入大量具有微博特色的语料，这使得该模型成为更契合微博使用场景的多互动大语言模型。此外，平台媒体也积极利用新技术来强化内容传播的优势。例如，抖音、快手等以视频内容为主的平台不断强化音视频技术，如采用超低延时（RTM）直播技术，为用户提供更加流畅、实时的观看体验。

二是迎合主流内容，实现平台内容的优化与价值提升。在商业平台媒体的发展历程中，内容的娱乐化与碎片化是一把双刃剑。一方面，娱乐化和碎片化内容在一定程度上满足了用户在快节奏生活中的消遣需求，是吸引用户流量、促使平台发展壮大的重要因素；而另一方面，过度的娱乐化和碎片化容易导致内容深度不足、价值导向模糊等问题，这对平台的长期稳定发展形成了阻碍。鉴于此，众多平台媒体致力于寻求与主流媒体或主流内容的连接。主流媒体所具备的权威性、公益性以及在内容生产与把关方面的专业性，能够有效弥补其不足，进而提升整个平台的内容价值。新闻联播、《人民日报》、新华社等权威媒体的入驻，为抖音、微博以及 B 站等平台提供了严肃、有深度的内容补充。商业平台媒体通过与主流内容的连接，积极参与社会公益和价值传递。如抖音举办的美好乡村论坛上，农业农村部农村经济研究中心联合抖音公益发布了《激发乡村新可能·美好乡村案例集》，从电商、旅游、组织、文化、人才五个维度，对数字平台助推乡村发展的 14 种实践经验和模式进行了总结和提炼。通过这样的方式，抖音等商业平台媒体将自身的平台优势与乡村发展这一主流内容相结合，既为乡村发展提供了展示和交流的平台，又丰富了平台自身的内容内涵，实现了平台价值与主流内容价值的双赢。

三是提供多元服务，把握产业运营思维。商业平台媒体敏锐地意识到产业运营思维的重要性，并通过积极提供多元化服务来牢牢把握这一方向。平台凭借庞大的用户优势，不断拓展服务的边界和范围，为用户打造了一个集娱乐、购物、生活、学习等多功能于一体的综合性数字服务平台。以抖音为例，它从最初的短视频分享平台，逐步进化为一个涵盖电商购物、生活服务、知识付费、小游戏娱乐等多领域的超级应用。同样，快手也在不断探索和拓展其服务范畴，从娱乐内容创作到在线教育、从社交互动到商业营销，快手正逐步构建起一个全方位、多维度的数字生态体系。这种多元化服务的拓展，不仅是对用户需求和市场变化的高度敏感和积极响应，更是这些商业平台媒体在复杂多变的市场环境中寻求差异化竞争、实现可持续发展的必然选择。

二、当前问题与对策建议

随着全媒体建设的深入推进，各类媒体在实践中取得了一定的成就，呈现出良好的发展势头。但是，在人才、资金、内容、技术、运营等多个维度，不同媒体均存在不同程度的挑战。这些问题的存在，不仅阻碍了单个媒体的发展，还影响了构建"资源集约、结构优化、特色鲜明、协作高效"的全媒体传播体系的进程。为了突破这些瓶颈，媒体行业必须深入分析当前面临的问题，并采取切实有效的改革措施，以建立一个更加健全和高效的全媒体传播体系。

（一）面临问题

1. 全媒体思维不足。全媒体思维，是一种基于全媒体视角，全面审视媒体发展进程中各类问题的思维范式。它涵盖了媒体组织内多个层面，从领导层面制定宏观战略规划时所需的思维模式，到具体运营与管理环节中应有的全媒体考量，再到一线记者、编辑等业务人员在实际工作中的思维转变。在媒体的整体架构中，全面培育这种全媒体思维困难重重。以地方融媒体中心来说，其在互联网思维方面存在先天性短板，而资金短缺、技术落后、人才匮乏等现实状况，进一步加剧了其向全媒体思维转型的难度。这些融媒体中心往往缺乏足够的资源和动力去推动思维模式的根本性转变，从而难以适应全媒体时代对信息传播速度、互动性、多元化和便捷性的高要求。

2. 全媒体人才匮乏。全媒体人才是指确保全媒体组织机构有效运作的一专多能性人才，并非是指对所有媒体内容生产总过程都通晓的人才，[31]而是拥有互联网思维、掌握两项或以上新媒体工作技能的复合型人才。在全媒体时代的浪潮中，从经营策略的制定到日常管理的实施，从内容的精心创作到广泛分发，从信息的有效传播再到与用户的深度互动，每一个环节都迫切需要新型人才的有力支撑。传统媒体在转型过程中，特别缺乏具备新媒体思维和技能的管理、运营人才，这些人才的稀缺成为转型的障碍。尤其是省市级报纸媒体，它们急需这样的人才来推动内容创新、渠道拓展和用户连接；地市级和县级融媒体中心则面临吸引和留住人才的双重困境；出版和期刊媒体则要求工作人员不仅要有扎实的内容创作能力，还要熟悉新媒体的传播形式和受众喜好；互联网新媒体在筛选、创作和传播有价值内容方面，缺乏对主流内容输出和把握的专业人才。因而几乎所有媒体在发展过程中，都普遍面临着全媒体人才短缺的问题。

3. 内容同质化导致媒体特色缺失。媒体的本质永远是传递有价值的信息、思想和观点，优质的内容永远是"硬通货"和"稀缺品"，[32]正因为如此，无论媒体在技术、形式等方面如何演变，内容始终是媒体的核心竞争力所在，尤其是在当下全媒体时代，"以内容建设为根本"是重要要求之一。然而，审视当前媒体的发展现状，除了中央级媒体以及部分发展较为出色的地方主流媒体和商业媒体外，大量媒体在发展过程中偏离了内容核心。以部分主流媒体的新媒体平台为例，它们推送的内容大多是爆款视频的转载以及这些视频的采访。虽然这些内容在短期内可能吸引了一定的流量，但从长远来看，却未能形成属于自己的独特媒体风格，使其无法在受众心中树立起鲜明的品牌形象，难以培养受众的忠诚度；而大多数地市级、县级融媒体中心，其新闻内容大多转自上级媒体，内容相接近缺乏原创性。这种"拿来主义"的做法，不仅无法满足受众的多元化信息需求，也难以激发受众的参与热情和互动性。长此以往，这些融媒体中心将逐渐失去自己的声音和影响力。

4. 技术快速更新下媒体的滞后性。在全媒体的背景下，以先进技术为支撑已成为媒体在当下发展的必然选择和要求。然而，目前大多数发展规模较小的媒体机构，正艰难地挣扎于追赶技术变革的困境之中。一方面，新技术的研发和引入需要大量的资金投入，而这些媒体可能由于资金有限，无法及时购置新的技术设备和软件系统。另一方面，技术更新往往伴随着人员技能的重新培训和知识结构的更新，但媒体内部的人员可能由于缺乏足够的时间和资源进行学习，难以迅速掌握新的技术操作和应用方法。以地方广电媒体为例，其技术体系往往建立在重资产之上，这意味着在新技术投入应用时，需要承担更高的成本和风险。例如，当4K高清技术刚刚应用不久，8K技术便迅速崛起，这种技术的快速迭代给媒体行业带来了巨大的挑战。媒体机构在跟进新技术的过程中，往往难以迅速适应，导致技术上的相对滞后。

5. 资金短缺与发展失衡。资金短缺与发展失衡是当前构建全媒体传播体系面临的重要困境。我国众多主流媒体机构，尤其是那些位于经济欠发达地区的机构，正陷入盈利模式不清晰、经营困难的窘境。尽管"媒体+"模式正蓬勃发展，为媒体行业带来了新的机遇，但这些地方媒体却难以借此东风实现稳定发展，资金短缺和造血能力不足，严重制约了媒体机构的日常运营、业务拓展以及长远发展，更影响了媒体的均衡发展。在同一层级的媒体机构中，如省级媒体、地市级媒体以及县级媒体，呈现出东部强、西部弱、南方强、北方弱的发展格局。经济发达地区的媒体机构拥有更多的资源和机会进行技术创新和内容生产，进而形成良性循环，不断提升自身的竞争力和影响力。而经济欠发达地区的媒体机构则在这一竞争中逐渐落后，加剧了媒体发展的不平衡，也进一步阻碍了全媒体体系的建设。

6.体制机制改革滞后于全媒体发展。体制机制在全媒体建设进程中处于顶层设计的关键地位，指引着媒体的发展方向，其改革的科学性与及时性对媒体发展有着至关重要的影响。然而，对于传统媒体而言，实施系统性的体制变革却困难重重。全媒体时代是一个信息爆炸、技术飞速发展、用户需求多元化的时代，它迫切呼唤着与之相适应的新的工作流程与评价体系。传统媒体现有体制机制虽然经历了一定程度的变革，但这种变革并不彻底。在全媒体发展的新要求下，诸多问题逐渐暴露出来。例如，新的媒体形式需要不同专业背景的人员协同工作，但当前的体制机制使部分媒体呈现出表面融合，但实际存在部门分割，职能不清的问题。工作人员协作困难重重，导致工作效率低下，资源浪费严重。此外，许多传统媒体由于事业单位的性质，其行政管理方式往往较为严格，在薪酬分配、绩效考核等方面难以达成预期目标。[33]在评价体系方面，传统媒体以发行量、收视率等为主要评价指标的体系已无法适应全媒体环境。现有的评价体系调整缓慢，无法准确衡量媒体内容在新环境下的价值，这使得媒体难以根据真实的市场反馈来调整发展战略，进一步阻碍了全媒体发展的步伐。

7.差异化格局缺失与媒介其他功能虚化。全媒体传播体系的构建要求实现"资源集约、结构合理、差异发展、协同高效"。这意味着报纸、广电、地市级融媒体中心、县级融媒体中心以及商业平台媒体等不同的媒介，应当体现出各自的差异化特色。然而，当前虽有部分媒体的定位分类已然明确，但仍有一些媒体的定位存在模糊或在发展之中形成的重复，如地市级与县级媒体的定位尚未完全成型，两者在受众层面存在较多的重合，其提供的功能和服务也存在相似之处。这种相似性影响了媒介功能的发挥。此外，一些媒体打造的生活服务类功能，如在线购物、便民信息查询等，在设计上不够完善，商品种类有限、信息更新不及时等问题频发。在与专业的电商平台、生活服务类应用竞争时，媒体的服务功能缺乏核心竞争力。用户在使用过程中体验不佳，导致这些服务功能未能真正满足受众的生活需求，逐渐被用户忽视，无法成为媒介优势以吸引受众。

（二）对策建议

1. 培养全媒体思维。首先必须认识到全媒体思维的培育是一个长期、系统的过程，要不断强化媒体内部对其的认知。这一目标的达成可以从三方面着手：一是各类媒体定期开展政策解读学习培训会议。在这些会议中，深入剖析国家及行业相关政策对于全媒体发展的指导意义，帮助媒体工作者从思想根源上理解全媒体发展的必然性和必要性，从而促使他们在思维层面实现转变，进而积极接受全媒体环境下的工作要求和工作方法。二是构建层级联动的学习机制。充分发挥中央级、省级等发展水平较高媒体的引领作用，这些媒体要加强与下级媒体的互动与联合。上级媒体凭借自身丰富的经验、先进的技术和成熟的运营模式，定期为下级媒体提供全面且具有针对性的培训和指导。培训内容涵盖从宏观的全媒体战略规划到微观的具体业务操作技巧，包括但不限于内容创作的多形式融合、传播渠道的拓展与整合、用户互动模式的创新等方面。下级媒体则要保持积极学习的态度，主动借鉴上级媒体的成功经验，并结合自身实际情况进行吸收和应用。三是在实践过程中践行全媒体思维。通过创新性项目，不断提升工作人员的全媒体思维。如这些创新性项目可以是形式多样的，比如开展跨媒体的大型专题报道项目，要求记者、编辑、摄影摄像师、新媒体运营人员等不同专业背景的工作人员紧密协作，打破传统媒体之间的界限，运用多种媒体手段共同完成报道。在这个过程中，工作人员能够亲身体验到全媒体思维在内容生产、传播和互动环节中的具体应用和巨大价值。

2. 加强人才队伍建设。对于人才培养而言，关键在于制定科学合理的人才吸引和培养计划，打造一支"文章高手""视频能手"和善于开展数据分析、产品运营的复合型人才队伍。需要明确的是，人才队伍建设是一个长期的、动态的过程，不可能一蹴而就，必须依据媒体行业的发展不断调整和及时优化。一方面是对新鲜"血液"的吸收。在媒体技术快速更新的当下，各类媒体都有对于人才引进的需求，要在清晰识别自身人才缺口的基础上，有针对性地选拔合适的人才。例如，芒果TV作为领先的网络媒体平台，深知自己在算法、人工智能、计算机等领域的人才短缺，于是通过举办首届"马栏山杯"国际音视频算法大赛，以高额奖金和创新的游戏化招聘模式，成功吸引了来自麻省理工、卡耐基梅隆大学、哥伦比亚大学以及中国顶尖高校和互联网企业的众多技术团队。另一方面是对已有人才的培养。面对复杂多变的媒体环境，各媒体机构既要以市场为导向进行培养，又要依据自身媒体转型发展的需求进行人才培训。值得注意的是，人才培养不能陷入追求"全"的误区，而应构建多层次、全方位的培训体系，以满足不同岗位员工的发展需求。如对于管理运营人才，提供新媒体战略管理、运营模式创新等培训课程；对于一线业务人员，加强新媒体技术应用、内容创作与分发技巧等培训。同时，建立内部培训师队伍，由在新媒体领域有丰富经验的员工担任培训师，分享实践经验。

3.突破同质化。打造特色内容。各媒体机构必须深入挖掘各自区域内的独特内容资源，以彰显自身的不可替代性。中央级媒体作为主流思想的传播者，应充分发挥其主导地位，通过高质量的内容传递国家声音，引领社会思潮。而地方媒体则需深耕本土文化，紧密贴近当地民众的生活与情感，打造具有地域特色的内容，从而吸引并维持受众的关注。在挖掘地方特色的同时，各媒体也要利用自身已有的优势，实现地方特色与自身优势的完美融合，从而进一步提升内容的独特性和吸引力。如澎湃新闻以主攻移动端，以时政与思想作为特色定位，这既符合了互联网传播需要"与众不同"的规律，也契合了原先《东方早报》对时政新闻和思想文化类报道比较擅长的优势。此外，媒体内部应建立起内容质量评估机制，除了传统的点击率、浏览量等指标外，还要综合考虑内容的深度、创新性、社会价值、对受众的启发作用等因素。据评估结果，调整内容创作方向和重点，引导创作者生产高质量、有特色的内容。加大推广力度推广优质内容，通过多种渠道进行传播，提升其影响力，形成品牌效应，进而逐步摆脱内容同质化的困境。

4.提升媒体对技术更新的适应能力。提升对技术更新的适应能力是媒体在当今快速发展的技术环境中生存和发展的重要一环。为了有效协同技术与媒体发展，要求媒体对预算进行合理规划，专门安排一定比例的资金用于技术研发或引进。对于大型媒体而言，它们有能力专注于相关技术的创新。可以依据自身特点以及整个媒体行业的需求，开发针对性的技术。例如，新华社推出的智能采访终端App与音讯盒子，为记者的采访工作带来了极大便利。智能采访终端App具有强大的适应性，无论何种移动报道场景，记者仅需一部手机就能轻松处理融媒体稿件。音讯盒子集语言识别、3D打印等多种功能于一身，可与多样化的采访设备完美适配，实现一键式语音转录并直接接入采编系统。而对于那些发展速度相对缓慢、规模较小的媒体，在技术发展方面则需另辟蹊径。

它们可以更多地借助上级媒体的技术服务，或积极与其他媒体展开合作，通过共享资源、分摊成本，实现以最小的成本获得最大的技术成效。除此之外，也可建立技术监测和评估机制，借助这一机制，媒体可以全面、及时地了解行业内的技术发展趋势，深度评估新技术对自身业务可能产生的潜在影响。基于这样的评估结果，媒体能够迅速、精准地做出反应，适时调整战略和业务布局。

5. 探索多元化经营模式增强盈利能力。在全媒体建设中，多元化经营既是实现经济自给自足和增强盈利能力的有效途径，也是对"媒体+"理念的具体实践与深化。面对资金短缺这一现实挑战，各媒体机构应当积极寻求创新，探索适合自身的多元化经营模式。对于传统媒体而言，其长期积累的良好信誉度和广泛影响力，是其在品牌塑造和线下推广活动方面的独特优势。因此，传统媒体可以充分利用这一优势，通过举办会展、论坛等线下活动，吸引更多受众的关注和参与，进而增加营收来源。此外，媒体机构还可以进一步拓展其经营范围，融入户外广告、图书发行、物资印刷、物流配送等多个领域。这些领域的拓展不仅能够为媒体机构带来更多的盈利机会，还能够促进媒体机构与其他行业的深度融合，实现更加多元化、综合化的发展。特别值得一提的是，对于规模较小、发展较为缓慢的融媒体中心来说，更应充分利用自身优势资源，积极推动"融媒+"产业体系的形成，通过打造产业链、供应链和售后服务体系，实现经营收入的增长。例如，长兴县级融媒体中心就通过积极探索"融媒+"产业体系，成功实现了从广告营收为主向智慧信息产业、文创产业和数字网络产业构成的多元结构转变，不断增强自身造血能力，取得了显著的成效。

6. 完善体制机制适应全媒体发展趋势。在现有融合体制机制的基础上，应确保在稳定发展的同时，实现更加灵活与开放的转型。在体制改革层面，首要任务是打破传统媒体内部存在的部门壁垒与职能模糊现状。这要求媒体重新规划业务流程，依据全媒体内容生产和传播的新要求，整合相关职能部门，构建起跨部门的协同作业机制。针对传统媒体事业单位性质可能导致的行政管理僵化问题，应积极探索改革路径。在确保公共服务职能得以履行的前提下，适度引入企业化管理理念，以此提升决策效率与运营灵活性。例如，可以借鉴企业的项目管理制，对一些重点报道或新媒体项目进行专项管理，明确目标、责任和时间节点，提高执行效率；在财务管理上，引入成本核算和预算控制机制，优化资源配置，提升资源利用效率。

在机制建设方面，则需构建与全媒体发展相契合的绩效考核与薪酬分配体系。这一体系应综合考虑网络流量、用户互动、内容质量等多维度指标，以全面、准确地评估员工的工作成效。薪酬分配方面，应加大对关键岗位与优秀人才的倾斜力度，以此激发全体员工的积极性与创造力。同时，还应建立创新激励机制，鼓励员工勇于探索新的业务模式、技术应用与内容创意。

7. **塑造媒体差异化格局，落实媒介功能。** 构建全媒体传播体系的目标并非是将所有媒体机构塑造成千篇一律的实体，而是要塑造一个具有差异化特色的媒体格局，以满足不同受众群体的多元化需求。如报纸媒体应充分利用其在深度报道和观点评论方面的优势，致力于提供深刻且富有洞见的内容。同时，它们需要创新工作流程，以适应全媒体传播矩阵的需求，从而最大化地提升主流思想的影响力。广电媒体则应发挥其在视频制作和现场直播方面的专长，制作高质量的视听节目，以吸引和维系观众；地市级融媒体中心应强调地方特色，集中精力报道本地新闻、文化和生活服务，成为地方信息传播和服务的核心枢纽；县级融媒体中心则应更贴近基层群众，专注于服务本地居民的生产生活，传播与乡村振兴、民生保障相关的信息。出版和期刊媒体应创新数字化内容表达，采用富媒体形式推广优质和专业内容，以实现广泛传播；而商业平台媒体，如抖音、快手等，在提供丰富多样的娱乐消遣视频内容的同时，也积极利用自身庞大的流量资源，助力公益项目、乡村振兴等内容的传播与升级，实现商业价值与社会价值的双赢。

三、发展趋势

（一）政策促使各级媒体均衡发展

由于经济水平、文化背景以及受众媒体素养等多方面存在的客观差异，使我国各级媒体的发展呈现出不均衡的状态。这种现象不仅影响了媒体行业整体的协调发展，也在一定程度上限制了信息在不同地区、不同受众群体间的传播。随着全媒体传播体系的逐步建立，这种不均衡的发展状态已经不能适应新的发展需求。因此，未来会出台一系列旨在促进多元均衡发展的全媒体建构政策。这些政策将从多个维度入手，综合考虑不同地区的经济发展状况、文化特色以及受众特点，为各级媒体提供公平的发展机会和有力的支持，促使媒体在全国范围内实现更加均衡、健康的发展，打破当前存在的地域发展差异困境，为构建一个和谐、统一且富有活力的全媒体传播环境奠定坚实的基础。

（二）体制机制更加灵活开放

全媒体传播是一种为了更好地适应网络媒体快速发展和变化应运而生的媒体形式。在这种发展趋势下，未来，媒体会朝着更加灵活开放的方向变革其体制机制。在保障自身稳定发展这一基本前提下，主流媒体内部将逐渐打破原有的部门、层级等界限，促进各岗位、各部门之间的人员交流与工作协同，使得信息的流通与资源的共享变得更为频繁与高效。此外，为了激发媒体工作人员的活力与创造力，主流媒体的考核评价体系也将迎来深刻的变革。这一变革的方向是逐步向新媒体的考核模式靠拢，采用更加灵活、多元的评价标准。

（三）媒体平台建设成为必然

当下，几乎所有媒体都投身于多元传播平台的构建与运营工作，努力实现全平台的渠道覆盖。不过，在未来的发展进程中，主流媒体甚至出版集团、期刊媒体等都将朝着自主可控平台建设这一方向积极进发。当媒体拥有自主平台时，就意味着将用户数据的控制权掌握在自己手中。如此一来，媒体在内容生产环节能够依据对用户数据的分析，更精准地把握用户的兴趣点、需求倾向以及行为习惯，进而有的放矢地开展内容创作。同时，自主平台为媒体与用户之间创造了一个专属的互动空间，媒体可以借助平台功能，积极收集用户的反馈信息，无论是对内容的评价、建议，还是对新话题的期待，都能成为媒体调整和优化内容策略的重要依据。而用户在这个平台上能够更便捷、更深入地参与到内容的讨论、分享以及传播活动中。

（四）人工智能技术深入应用

人工智能技术尤其是生成式人工智能技术在媒体行业有着广阔的发展前景。未来，它将在多个方面深刻改变媒体行业的发展轨迹。在内容创作环节，凭借强大的学习和生成能力，能够基于海量数据迅速产出多样化的内容，无论是新闻报道、故事创作还是评论分析，都能在数量和质量上实现新突破，极大地提高内容生产效率。在传播渠道方面，会推动形成万物皆媒的个性化传播模式，使信息能通过各种设备和物体精准送达用户，每个用户都能接收到符合自身兴趣和需求的内容，实现传播的高度定制化。对于用户而言，人们将可以随时随地接收信息，同时在使用过程中产生的数据会即时反馈至生产端，形成一个不断循环优化的数据链，进一步反哺内容生产和传播策略。此外，在媒体的运营管理上，人工智能技术可以优化资源分配、预测市场趋势等，助力媒体在复杂多变的市场环境中保持竞争力，从而推动整个媒体行业朝着更加智能化、高效化和个性化的方向发展。

（五）媒介社会化进程不断加深

在科技发展的强力推动下，媒体不再局限于以往特定的形式和范围，其触角正向着个人生活的各个维度延伸。未来，媒介的社会化进程将不断加深，有望达成对个人生活"全方位""无死角"的覆盖。新媒体技术，如移动互联网、物联网和人工智能，正推动社会进入一个高度网络化、数字化和实时交互化的新纪元。在这个时代，人们几乎始终在线，信息的传递变得极为便捷和迅速，构建了一个无所不在的"泛在化"网络环境。在这个网络中，人与人、人与物、物与物之间的连接变得前所未有的紧密。这种广泛的连接不仅极大提升了信息传播的效率和广度，还催生了新的知识生产方式、商业模式和社会治理模式。因此，随着媒介社会化进程的加深，媒体内容对个人生活的全方位覆盖将成为现实，几乎渗透进生活的各个时段和方面。

（六）全媒体人才的边界不断扩展

全媒体人才的范畴正在经历着前所未有的扩展，这一趋势不仅表现在人才来源的多样化上，也体现在对人才能力结构的全面要求上。未来，全媒体人才将不再局限于特定教育背景或职业领域，而是包括那些来自不同学科、拥有广泛兴趣爱好的个体，他们都有可能成为全媒体领域的新兴力量。同时，全媒体人才需要具备的不仅是深厚的专业知识，还包括卓越的跨领域合作能力以及对市场动态的敏感洞察力。这种趋势意味着全媒体人才的培养将更加重视实践与理论的紧密结合，以及跨学科知识的整合。为了适应未来媒体生态的演变，全媒体人才的培养将更加注重培养个体的创新思维、技术应用能力以及全球视野。

（七）各类全媒体协作加强

未来，全媒体协作的强化将成为媒体行业的一大趋势，各媒体依托差异化定位将实现更为高效的合作机制。这一合作框架将深度整合各类媒体的内容资源与功能特性，形成互补效应，满足用户日益多元化的信息需求。协作模式不仅极大地优化了用户体验，还能够显著提升内容的传播广度与深度。通过资源共享与优势互补，媒体能够迅速响应市场变化，灵活调整策略，共同构建一个涵盖广泛、层次分明的全媒体传播网络。这一网络不仅增强了信息的流通效率，还促进了媒体行业的整体创新与可持续发展，为构建一个更加开放、协同、智能的媒体生态奠定了坚实基础。

（八）用户的媒体参与度更强

随着全媒体传播体系的建构完成，用户在媒体生态中的角色将变得更加活跃和重要。未来，媒体将更加依赖用户数据来优化和定制媒体产品，以更好地满足用户的期望和需求。用户的每一次互动，如评论、点赞、转发，甚至是在内容上的停留时长，都将成为媒体内容生产和优化的关键参考。这种以用户为中心的转变意味着用户的媒体参与度将达到前所未有的水平。同时，全媒体对信息的实效性要求更高，用户生成的内容，尤其是来自事件现场的第一手资料，将成为媒体内容生产的重要组成部分。这种趋势强调了用户不仅是信息的接收者，也是内容的创造者和传播者。媒体平台将越来越多地利用用户数据来提升用户体验，通过个性化推荐和定制化内容来增强用户的参与度和满意度。

（九）媒体拓展产业连接，激发市场活力

在未来，全媒体的构建过程中，"媒体+"范式将进一步完善，媒体将成为连接各行各业的桥梁，推动产业间的深度融合和创新，在服务、商务等多元领域，形成全新的产业生态，"媒体+旅游""媒体+体育""媒体+文创""媒体+游戏"等模式，媒体将成为促进产业升级和经济增长的新引擎。通过整合媒体资源和技术优势，可以为旅游、体育等产业提供更丰富的内容支持和营销渠道，同时也为文创和游戏产业带来新的增长点。这种跨界合作不仅能够增强媒体自身的竞争力，也能为其他产业注入新的活力，推动数字经济的全面发展。

（十）媒体内容需求升级

传播门槛的降低不仅促进了信息的爆炸式增长，也带来了民众对媒介内容要求的提高。在未来，民众对主流专业媒体内容的需求将变得更加精细化，他们不再满足于基础、娱乐信息的获取，而是开始追求内容的深度、质量和美感。这意味着专业媒体的内容生产将更加注重高质量、文化内涵和情感共鸣。传播者通过各种手段构建具有美感的传播内容，以激发用户对美的追求与向往，这将成为媒体未来的重要趋势。因此，精细化内容生产将成为主流专业媒体发展的必然方向，以满足用户对高品质内容的期待和需求。

主报告二：主流媒体系统性变革的几个理论问题[1]

刘建华[2]

党的二十届三中全会审议通过的《中共中央关于进一步全面深化改革、推进中国式现代化的决定》提出"构建适应全媒体生产传播工作机制和评价体系，推进主流媒体系统性变革"。这是我党深刻把握现代传播规律、深刻洞察媒体发展趋势后提出的重要改革举措。我们要全面梳理主流媒体系统性变革的思想研究源流，准确理解其基本内涵、变革动因、目的定位、原则要求，从理论上作出科学阐释与逻辑推演，立足媒体十年融合发展的实践基础，实施"毕其功于一役"的媒体全行业整体与个体的结构调整，实现"惊险的一跃"，建成全媒体传播体系，牢牢占据舆论引导、思想引领、文化传承、服务人民的传播制高点，为强国建设和民族复兴伟业提供更为强大的精神力量和舆论支持。

一、主流媒体系统性变革的源流

库尔特·勒温（Kurt Lewin）在《社会科学中的场论》（1951年）一书提出变革是现实中推动力与阻碍力相互作用的结果。这种理论从力的相互作用角度，为理解变革的发生机制提供了基础。贝尼斯（Warren Bennis）在《变革组织》（1966年）一书中，把变革划分为"计划性变革""强制性变革"和"互动性

---

[1] 本文为国家社科基金特别委托项目"推进主流媒体交流性变革研究"（项目批准号：25@ZH019）、中央级公益性科研院所基本科研业务费专项资金资助项目"主流媒体系统性变革的理论框架与实践方向研究"（课题编号：2025-Y-D-CM-032）部分成果。

[2] 刘建华，中国新闻出版研究院传媒研究所执行所长，研究员。

变革"。薛求知认为一直存在渐进式变革和激进式变革两种观点，前者强调对组织要素的逐步调整，后者则主张对组织进行全面而彻底的变革。

张莹等认为，系统性变革主要指从根本上改变产生环境或社会问题的条件或要素，其要求不仅仅是针对问题成因做出调整，而是通过系统的根本性改变来解决问题[①]。蔡雯等人认为"系统性变革"是系统论与社会改革实践相结合的新概念[②]。吴湘韩指出系统性变革不是零敲碎打，而是系统谋划，注重顶层设计，纲举目张，路径清晰；不是单兵突进，而是统筹部署，立柱架梁，点面结合[③]。Anderson认为系统性转变是指系统结构和行为的根本变化，不仅包括单个组件，还包括整个交互和关系网络[④]。Steve waddell等认为系统性变革包含试验、重新设计和优化三种类型，分别对应着目标、价值观、规则和流程以及实施层面的变革。

系统性变革在2022年党的二十大报告中首次明确提出，坚持系统观念作为习近平新时代中国特色社会主义思想的重要内容，已广泛应用于多个行业领域。魏际刚提出了中国物流业系统性变革与高质量发展问题，认为物流业应以"完善体系、优化网络、调整结构、增强功能、合理布局、创造价值、整合资源、互联互通、融合发展、一体化运作、节能环保、惠及民生"为着力点。[⑤]杨雷提出构建新型能源体系系统性变革。潘家华等人研究了碳中和进程中经济社会能源的系统性变革。浙江国资委成为国企改革的典型案例，构建国资监管大格局实现系统性变革；车企的系统性变革成为一个可借鉴的典型案例，比亚迪、广汽集团、上汽集团等大型车企从产品、营销、产业链协同、干部队伍建设等多个方面入手，全面提升自身的竞争力和适应能力。

Lisa Dreier等提出了系统领导力的概念，认为创新和适应性的方法以及广泛利益相关者的参与是推动系统性变革的关键。Michael Quinn Patton强调了变革理论在公益领域和社会发展工作中的重要性。随着社会整体危机的加剧，转

---

① 张莹，吉治璇，潘家华. "双碳"目标下的经济社会系统性变革：特征、要求与路径[J].北京工业大学学报（社会科学版），2024，24（1）：101-115.
② 蔡雯，汪惠怡.中国主流新闻媒体走向系统性变革的道路及挑战[J].编辑之友，2025（1）：5-10.
③ 吴湘韩.试论推进主流媒体系统性变革[J].智慧东方（新传播），2024（4）：8-13.
④ Anderson, P. Complexity theory and organization science [J]. Organization Science 1999, 10（3）：216-232.
⑤ 魏际刚.迈向物流强国：中国物流业系统性变革与高质量发展[M].上海：上海人民出版社；上海远东出版社，2024.

型理论逐渐兴起，强调对社会、经济和文化等系统的深层次变革。Beverly L. Anderson 基于美国教育中系统性变革的经验，提出了"系统性变革连续体"矩阵，为利益相关者提供了共同的视角来沟通和决策变革过程。Petri uusitalo 等研究了建筑行业的系统性转型，在研究中确定的四个关键发展路径——产品驱动、产品平台驱动、流程集成驱动和商业模式驱动。[1]

主流媒体系统性变革的相关研究可分为两个层面。一是对理论框架、发展趋势及认知层面的深入探讨。蔡雯等通过宏观、中观、微观三个维度，系统剖析了中国主流新闻媒体迈向系统性变革的路径及其面临的挑战。李彪等从战略、政策、问题及主体四个维度，论述了系统性变革的必要性和深刻内涵。胡正荣等认为，我国主流媒体系统性变革应围绕全媒体思维、技术系统、用户系统、产品系统、业态系统、体制机制和人才队伍等七大方面综合施策。丁和根等认为，"主流媒体系统性变革要从系统论的理论逻辑出发，把它放在推进中国式现代化的全局、适应媒介化生态性革命的背景以及推动中国传媒业高质量发展的任务中进行系统思考"[2]。张志安等在分析 2024 年中国新闻业发展实践的基础上，认为"新闻业要以系统性变革的根本要求作为遵循目标，实现平台打造的影响升级、流程再造的效能提升、机制创造的绩效创新，以系统性变革推动全媒体传播体系建设"[3]。黄楚新认为，"主流媒体系统性变革是一场自我革命，目标就是建设全程媒体、全息媒体、全员媒体、全效媒体"[4]。李芸认为，"要坚持导向为魂、内容为王、创新为要，做优做强主业。遵循顶层设计、统筹安排、一媒一策、各美其美的原则，做优全媒体传播布局，做精全媒体内容品牌，构建全媒体评价体系，拓展全媒体经营模式"[5]。双传学认为，"改革要注重系统性、整体性、协同性，要把顶层设计和摸着石头过河结合起来，既在全局上谋划，

---

[1] Petri U., Antti P., Olli S., et al.Towards systemic transformation in the construction industry: a complex adaptive systems perspective[J]. Construction Innovation, 2024, 24（7）：341-368.
[2] 丁和根, 李威. 推进主流媒体系统性变革的理论逻辑与行动方向 [J]. 传媒观察，2024（S2）：5.
[3] 张志安, 丁超逸. 主流媒体系统性变革中的新闻生产与融合实践——2024 年度中国新闻业年度观察报告 [J]. 新闻界，2025（1）：9.
[4] 喻瑾, 曹雅芳. 识变　求变　应变 深入推进主流媒体系统性变革 [J]. 新闻战线，2025（3 上）：15.
[5] 张博, 雷萌, 张君成, 朱子钰. 系统性变革让"老字号"焕发"新气质" [N]. 中国新闻出版广电报，2025-03-05（4）.

又在关键处落子，防止畸重畸轻、单兵突进、顾此失彼"[1]。

一是对具体案例的实证分析。慎海雄在《扎实推进主流媒体系统性变革　牢牢掌握信息化条件下舆论主导权　奋力打造国际一流新型主流媒体》一文中以中央广播电视总台为例，认为其"媒体深度融合、推进系统性变革的最大成效之一，就是推进各类媒介形态聚合反应，电视、广播、新媒体不再泾渭分明，视频、音频、多模态交相作用"[2]。赵磊对浙江广播电视集团的深度剖析，龚荣生和赵洪潭对江西广播电视台的细致研究，以及崔学章对合肥日报传媒集团的个案考察等，揭示了媒体在系统性变革中的实践路径和成效。有学者从供应链管理、组织架构优化、内容创新等多个环节，对媒体的系统性变革进行了详尽的分析和探讨。其中值得一提的是澎湃新闻所做的大规模调整，从内容取向到AI技术再到人员架构，以及评价体系倾向于有影响力的产品和优秀人才等，都做了较大的改革，反映出澎湃新闻企业内部的再重构。

国外媒体的系统性变革主要聚焦于单个媒体机构内部的整体转型。以迪士尼公司、华纳兄弟探索公司、派拉蒙环球公司和康卡斯特集团等大型媒体集团为例，它们凭借长期积累的资源优势，包括雄厚的资金实力、丰富的版权资源、强大的品牌影响力、专业的人才队伍以及广阔的市场渠道，逐渐构建起横跨电影业、电视业、通信业和网络视频等多个产业领域的超大型化传媒集团。同时，美国有线电视新闻网（CNN）在面对快速变化的媒体环境时，采取了一系列具有系统性变革特征的举措。通过裁员6%，[3]CNN对人员结构进行了调整，同时在内容优化和传播渠道拓展等方面进行了全面改革，力求一次性达成改革目标。这一过程不仅涉及组织架构的优化，还包括内容生产流程的重新设计和传播渠道的多元化拓展，体现了系统性变革的深度和广度。越南媒体领域进行了大刀阔斧的改革，超大型国家电视台VTC停播，[4]VOVTV、VNATV等至少16个国营电视频道陆续关停，大批报纸、杂志等出版物也面临停办。[5]这是越南

---

[1] 张博,雷萌,张君成,朱子钰.系统性变革让"老字号"焕发"新气质"[N].中国新闻出版广电报,2025-03-05（4）.

[2] 慎海雄.扎实推进主流媒体系统性变革　牢牢掌握信息化条件下舆论主导权　奋力打造国际一流新型主流媒体[J].时事报告（党委中心组学习），2025（1）：35.

[3] 界面新闻."观众去哪我们就去哪"，CNN继续裁员、转向流媒体与付费服务[EB/OL].（2025-01-23）[2025-03-12]. https://www.jiemian.com/article/12293077.html.

[4] https://seabusinessnews.com/2025/01/15/vietnam-cuts-major-tv-broadcaster-in-sweeping-reform/

[5] https://www.zaobao.com/news/sea/story20250115-5737066

第二次大规模改革的一部分，旨在通过精简媒体机构，优化资源配置。

我国在系统性变革方面的研究涵盖物流业、新型能源体系、汽车业、传媒等多个领域，有清晰的思想源流与逻辑轨迹，为主流媒体系统性变革作了理论上与实践上的准备。当然，当下的变革实践与理论研究还只停留在探索阶段，以百家争鸣的方式试图确立明确的变革路径，但在对主流媒体系统性变革的实践基础、基本内涵、目标定位、基本要求、突破方向，以及融合发展与系统性变革的关系把握上，都尚显不足，需要有深刻的思想洞察和理论推演，为当前全国主流媒体系统性变革提供强有力的理论支撑与实践抓手。

二、主流媒体系统性变革的动因

1. 是为强国建设、民族复兴伟业凝聚共识提供精神动力支持的需要。加强社会主义文化建设，壮大主流思想舆论，重点推动统一思想，是为强国建设、民族复兴伟业凝聚共识提供精神动力支持的需要，是实现中华民族伟大复兴的基础支撑。意识形态工作是党的一项极端重要的工作，是为国家立心、为民族立魂的工作。主流媒体是党进行意识形态工作的主阵地，是传播社会主流思想、引导社会前进方向的主战场。党的十八大以来，以习近平同志为核心的党中央高度重视媒体融合发展和主流媒体系统性变革，从性质宗旨、发展进路等方面作出了系统性谋划和战略性部署。从习近平总书记亲自谋划、部署、推动媒体融合发展，到中央政治局以"全媒体时代和媒体融合发展"为主题进行集体学习；从2014年中央印发《关于推动传统媒体和新兴媒体融合发展的指导意见》明确要求"推动传统媒体和新兴媒体在内容、渠道、平台、经营、管理等方面的深度融合"，到2020年印发《关于加快推进媒体深度融合发展的意见》强调"建立以内容建设为根本、先进技术为支撑、创新管理为保障的全媒体传播体系"；从党的十八届三中全会提出推动媒体融合发展重大任务，到"十四五"规划中明确提出推进媒体深度融合，做强新型主流媒体，再到党的二十大提出"加强全媒体传播体系建设，塑造主流舆论新格局"，党的二十届三中全会进一步提出"构建适应全媒体生产传播工作机制和评价体系，推进主流媒体系统性变革"，这些要求既指出主流媒体深度融合发展的可能性空间，亦为主流媒体高质量发展锚定了方向和目标，媒体融合发展、推进主流媒体系统性变革已成为新时代一项意义重大、影响深远的国家战略，对于更好地塑造主流舆论新格局、凝聚共识提供精神动力支持具有重要意义。随着经济科技快速发展和社会格局深刻调整，社会思想观念和价值取向日趋活跃。特别是以互联网、人工智能等为代表的信息技术日新月异，DeepSeek、Sora等AI大模型被广泛应用，深刻重塑媒体形态、舆论生态、文化业态。在强国建设、民族复兴伟业的伟大进程中，"不仅有风和日丽，也会有疾风骤雨甚至惊涛骇浪"，各种挑战和挫折在所难免，主流媒体要形成网上网下同心圆，使全体人民在理想信念、价值理念、道德观念上紧紧团结在一起，让正能量更强劲、主旋律更高昂，为我们的伟大实践提供更为强大的精神力量和舆论支持。

2. 是贯彻落实习近平文化思想、实现全媒体传播体系建设目标的需要。习近平总书记把宣传思想文化工作摆在治国理政的重要位置，围绕新时代文化建设提出一系列新思想新观点新论断，构成了习近平新时代中国特色社会主义思想的文化篇，形成了习近平文化思想。主流媒体的系统性变革是贯彻落实习近平文化思想的需要。习近平总书记指出，"做好党的新闻舆论工作，营造良好舆论环境，是治国理政、定国安邦的大事"，明确要求"掌握信息化条件下舆论主导权、广泛凝聚社会共识"，要求"把马克思主义新闻观作为党的新闻舆论工作的'定盘星'"。新形势下，习近平总书记提出"七个着力"，尤其是"着力建设具有强大凝聚力和引领力的社会主义意识形态""着力提升新闻舆论传播力引导力影响力公信力"等，都要求主流媒体系统性变革，破除体制机制积弊，充分释放创新创造活力，奏响引领主流思想舆论的最强音。具体而言，主流媒体系统性变革的目标就是建成全媒体传播体系。10余年来，习近平总书记关于推动传统媒体与新兴媒体融合发展的论述，展示出一条清晰的演进轨迹，从你是你我是我，到你中有我我中有你，到你就是我我就是你，到"四全"媒体，最后到全媒体传播体系。我们正全力以赴突破全媒体传播体系建设的结构性障碍，以时不我待的紧迫感，努力在体制机制、组织结构、生产流程、传播矩阵、技术赋能、评价体系、人才队伍等方面实现根本性的改变，以强大的实力挺进网络主阵地、成为网民主心骨。当然，我们也要清醒地认识到，当前媒体融合发展遇到了较大的瓶颈，十年发展实践依然还未实现真正的化学融合，有些媒体甚至躺在财政包干的安乐窝里，以各种借口放弃努力与拼搏，不愿做创新的引领者和推动者，甘做保守者与落后者，甚至成为改革发展的绊脚石。系统性变革将成为一种巨大的推动力，促进我国媒体全行业整体与个体发生根本性、整体性与持续性的结构调整，赋能媒体社会生产总过程的生产、流通与消费环节，优化媒体劳动者、劳动资料与劳动对象，形成与中国式现代化相适应的传媒新质生产力，提升优质产品和服务的生产能力与传播能力，精准把握受众认知态势，不断增强用户黏性，打造个体、行业、区域一张网（平台），实现持久有效传播，成为有强大"四力"的新型主流媒体，传播好主流价值观和社会主义意识形态。

3. 是抢抓人工智能发展历史机遇、确保智能文明时代主流媒体传播主体地位的需要。当前，人工智能领域已成为国际竞争的核心战场，作为新一轮科技革命与产业变革的重要驱动力，它将深刻影响全球经济社会的发展与人类文明的演进。回溯媒体融合的探索之路，技术始终是推动媒体融合发展的基石。从数字化技术助力传统媒体实现内容的线上迁移，到互联网技术促成信息的共享与互动，再到大数据技术推动媒体精准洞察用户需求，直至如今人工智能技术深度融入新闻生产、传播以及用户互动的全流程，技术的每一次创新突破都为媒体融合注入了新的活力。从全球范围看，媒体智能化进入快速发展阶段。主流媒体必须加快适应新技术、新应用，才能牢牢占据舆论引导、思想引领、文化传承、服务人民的传播制高点。而强调统筹部署、立柱架梁、点面结合的系统性变革，在生产机制、传播矩阵、技术应用等多个维度，为人工智能的深入应用创造了有利条件，为媒体抢抓人工智能发展机遇提供了显著优势。抢抓人工智能发展机遇是主流媒体重夺舆论主导权的核心问题。随着新一代人工智能的迅猛发展，人类文明正加速迈向以数据为基本生产要素、以算法和算力为核心生产力的智能文明时代。[1] 网络传播从"数字化"迈向"数智化"，以生成式人工智能为代表的新兴科技正深刻影响和改变着信息传播格局和媒体行业生态，颠覆了原有内容生产传播的底层逻辑。[2] 信息传播生态发生了深刻变革，舆论环境复杂多变，主流媒体的传播主体地位面临着诸多严峻挑战。通过系统性变革整合各类传播渠道，推动不同平台与终端的互联互通，凝聚起强大的传播合力。借系统性变革之东风，全面优化内部运行机制，积极拓展外部合作空间，以人工智能技术赋能主流媒体，更好地发挥舆论引导、价值传播和文化传承作

---

[1] 徐凌验，关乐宁，单志广. GPT类人工智能对我国的六大变革和影响展望[J]. 中国经贸导刊，2023（5）：35-38.

[2] 邵鹏，杨舒羽. 历史脉络与实践策略：主流媒体系统性变革的路径方向[J]. 声屏世界，2024（16）：5-10.

用，为党和国家事业发展营造良好舆论氛围，提供坚实思想文化支撑，确保主流媒体智能文明时代传播主体地位。

4.是为中央和地方各级党委政府治国理政、定国安邦提供综合服务的需要。自中国共产党诞生以来，始终高度重视并精准把握新闻舆论在国家治理中的关键作用。在革命、改革、建设的各个历史时期，历届领导人都就此作出重要论述。毛泽东同志明确指出，要"利用报纸作为自己组织和领导工作的极为重要的工具"。邓小平同志强调，"报刊、广播、电视都要把促进安定团结，提高青年的社会主义觉悟，作为自己的一项经常性的基本的任务"。江泽民同志将新闻工作视作"党的生命的一部分"，强调舆论工作"是党和国家的前途和命运所系的工作"。胡锦涛同志指出，"舆论引导正确，利党利国利民；舆论引导错误，误党误国误民"。面对百年未有之大变局，习近平总书记也多次强调新闻舆论工作的极端重要性，指出"做好党的新闻舆论工作，事关旗帜和道路，事关贯彻落实党的理论和路线方针政策，事关顺利推进党和国家各项事业，事关全党全国各族人民凝聚力和向心力，事关党和国家前途命运"。这五个"事关"，将党的新闻舆论工作与国家工作大局紧密相连，与人民群众的根本利益深度契合。历史与现实充分证明，新闻工作在治国理政、定国安邦进程中，发挥着稳定民心、维护社会和谐稳定的关键作用。《决定》将"基本实现国家治理体系和治理能力现代化"确立为进一步全面深化改革的总目标。主流媒体因其公共传播属性，天然成为国家治理现代化的重要力量，新媒体新应用日益成为信息传播的主渠道、主平台。10余年的融合发展，各媒体机构基本形成"媒体+政务、服务、商务"的格局，成为集政务服务、民生服务、商务服务、社会治理等多元功能于一体的综合服务平台，在增强党委政府社会治理效能、优化数字化公共服务体系、构建数字化问政新平台、加速智慧城市建设步伐以及培育城市品牌IP等方面，展现出了强大的推动力，促进了地方党委政府现代化治理能力的跃升。然而，当前互联网舆论阵地信息繁杂，受众在信息获取上呈现碎片化、娱乐化、猎奇化倾向。同时，部分媒体未能充分发挥综合服务功能，导致主流媒体在严肃议题设置、舆论引导能力提升、主流价值观传递以及发挥应有服务效能方面，面临严峻挑战。推进主流媒体系统性变革，借助技术赋能与平台搭建，为国家治理现代化筑牢坚实基础，有效推动国家治理体系和治理能力现代化目标稳步实现，提升国家治理能力。

5. 是塑造主流舆论新格局、把握社情民意引领社会生存方式的需要。掌握信息化条件下舆论主导权、塑造主流舆论新格局，是主流媒体系统性变革的重要出发点。当前，我国正处于经济体制深刻调整、社会结构全面重塑、利益关系复杂多变、就业方式灵活多样的关键时期，这使得社会思想意识日益多元化，舆论场愈发复杂。主流舆论与非主流声音相互交错，积极观念与消极思维不断碰撞，思想文化领域中的交流、融合与对立变得更为频繁且剧烈。特别是互联网的迅猛发展，深刻地"整合"与"重构"了人们的生产生活方式，极大地推动了舆论生态向多元化、复杂化方向发展。许多新情况、新问题在网络环境中滋生并迅速扩散，一些错误思潮也借助网络得以发酵蔓延。主流媒体需通过整体性规划与系统布局，强化互联网思维，全面推进组织架构、管理流程、运营模式、话语构建、媒体形态、平台技术等关键环节的革新，扩大主流舆论的传播力与影响力，切实走好网上群众路线，提高舆论引导的效能与水平，构建一个更加清晰、有力且高效的主流舆论新格局。塑造主流舆论新格局还必然要求主流媒体精准把握社情民意，引领积极向上的社会生存方式。社情民意是经济发展与社会运行的"晴雨表""风向标"。在我国，社情民意多体现为社会心态，反映了特定时期内多数社会成员共有的价值理念、社会态度、社会情绪和社会需求等社会心理。社会心态作为一种宏观的社会心理现象，与社会变迁过程紧密相连。个体的心理需要影响整体社会心态。当个体对"美好生活的向往"未能得到满足时，不满情绪可能通过媒介传播，形成群体情绪，进而影响社会行为的整体走向。网络暴力、炫富、谣言等不良网络心态与行为，不仅扰乱网络生态，也影响人们的认知观念与生存方式，对社会的和谐稳定构成潜在威胁。媒体需要担负起精准了解全面掌握社会心态并作出积极干预引导的重任，使不利舆情消弭有利舆情长起，而这依然是当前主流媒体的不足与短板。主流媒体系统性变革是破解这一问题的必然选择，要求主流媒体"破圈""增效"，以"政治为先、导向为魂、内容为本、价值为要"的原则，构建科学、健康、积极的舆论格局，积极促进自我革新，巩固壮大主流舆论，精准把握社情民意，引领积极向上的社会生存方式，为国家发展和社会进步提供强大的舆论支持。

6. 是构建更有效力的国际传播体系、提升国际传播效能的需要。国际传播能力是一个国家或执政党有组织、有目标地运用本国和他国媒体向全球公众传播信息，以塑造其国家或政党形象，进而影响他国舆论并获得国际公众认同的能力[1]。国际传播能力关系国际话语主导权的掌握，关系文化传播高地的占据，更关系到"第二个一百年"奋斗目标和中华民族伟大复兴中国梦的实现。在数字媒体技术迭代更新的推动下，国际传播格局正经历着深刻变革。然而，国际传播不合理秩序依然存在，国际舆论"西强东弱"的格局尚未根本改变，"中国音量"与"中国体量"严重不匹配。[2]在"世界大变局"和"中国大发展"交汇的历史节点，重塑国际传播格局迫在眉睫。习近平总书记在党的二十大指出，要"加强国际传播能力建设，全面提升国际传播效能，形成同我国综合国力和国际地位相匹配的国际话语权"，[3]从"能"到"力"包含着国际传播影响力、中华文化感召力、中国形象亲和力、中国话语说服力、国际舆论引导力等丰富内涵，是对主流媒体能力的全面检验，是对工作力度的更高要求。作为国际传播的中坚力量，主流媒体的综合实力提升是提高国际传播效果的关键所在。当前，如何有效地增强国际传播能力，已经成为媒体机构迫切需要解决的时代课题。推动主流媒体的系统性改革成为突破现状的关键策略。要充分利用海外社交平台传播潜力，创新国际传播体制机制，全面提升国际传播效能。这将有助于提升国家的文化软实力和中华文化的全球影响力，最终形成与我国国际地位和综合国力相称的国际话语权。主流媒体系统性变革在构建更有效力的国际传播体系、提升国际传播效能的征程中扮演着无可替代的关键角色，不仅是顺应时代发展的必然选择，更是彰显国家实力、提升文化软实力、塑造良好国家形象的战略之举。

三、主流媒体系统性变革的内涵

主流媒体系统性变革是一种激进式变革，是由媒介技术革命性突破、生产传播要素创新性配置、传受方式颠覆性改变而促进主流媒体根本转型的发展手段，融合发展是量变式的持续性动作，系统性变革是质变式的累积性结果，量

---

[1] 高金萍. 习近平国际传播系列重要论述的核心要素及价值意蕴[J]. 现代传播（中国传媒大学学报），2023, 45（5）：1-9.
[2] 方平凡. 主流媒体系统性变革：动因审思、逻辑进路与行动策略[J]. 特区实践与理论，2024（5）：24-32.
[3] 习近平. 高举中国特色社会主义伟大旗帜 为全面建设社会主义现代化国家而团结奋斗[M]. 北京：人民出版社，2022.

变不因质变而停止，系统性变革后的主流媒体仍将在新的层级继续融合发展。主流媒体系统性变革以生产机制、传播矩阵、技术赋能、评价体系、运营模式、人才发展为基本内涵，对这些相互关联要素进行全面、深层次的调整与优化，实现主流媒体系统运行逻辑和最终目标的重塑。

生产机制是生产体系的构造和运行规律，涵括一系列相互关联的要素与过程，它们的相互作用实现生产活动的有效运行和管理。2014年实施媒体融合国家战略以来，就行业系统而言，我们的目标是建立全媒体传播体系，就行业个体来说，是建成新型主流媒体。这就要求媒体在生产机制上进行全面深刻的变革，构建适应全媒体生产的工作机制。"第一，从整个传媒大行业来看，新型主力军共同构筑综合性全媒体传播体系，传统媒体和新兴媒体都有自己的位置和职责，共同为社会主义意识形态塑造与主流价值观传播发挥作用，合力为党和人民各项事业服务，构建网上网下一体、内宣外宣联动的主流舆论新格局。第二，从具体媒体组织机构来看，要生产出多模态与多介质传媒产品，实现线上线下综合传播。新型主流媒体作为一个个新闻机构，系统性变革的结果就像是太阳光一样，看起来是一种颜色，但实际上是由红、橙、黄、绿、蓝、靛、紫七种色光组成。在全媒体这个太阳光之中，涵括了文字、图片、音视频等不同模态和原子、电子、数字等不同介质的各种色光，这些多元媒体介质既是一个结构整体，又各自独立存在，真正实现了全媒体社会生产总过程的一体策划、一次采集、多种生成、多端发布。第三，从内容传播业务来看，全媒体传播并不是指所有媒体机构所有时候对同一新闻题材都得进行全媒体传播，全媒体传播只是一种理论要求和能力具备，并不是说每一个媒体机构都得要把报刊、图书、广播电视、网站、微博、微信等各种介质的产品生产出来，根据不同题材进行或新媒体产品或传统媒体产品或全媒体产品传播，灵活进行新闻生产，最大化节约生产成本，最佳化实现传播效果。"[1] 当然，新媒体生产是全媒体机构（融媒体中心）的必备基础能力。

传播矩阵指的是传播渠道布局问题，即联接传播者与受众之间的信息通道，是传播者通过多渠道、多平台和多形式的手段，实现信息最大覆盖和影响力最大限度发挥的战略布局。数字技术、网络技术、移动技术和智能技术背景下，

---

[1] 刘建华.建成新型全媒体：中国传媒融合创新的六大机遇和入口[J].编辑之友，2022（7）：46.

客户端是传播矩阵的主要组成部分，它既是生产平台与发布平台，又是流通平台与接触终端。主流媒体在传播矩阵的构建上，要充分发挥好移动优先的第一定律：一是建立自己能够把控的移动生产传播机制。要充分利用人工智能瞬时生产适于移动传播的产品，形成快速科学的三审三校机制，使传媒产品在第一时间通过移动端传播出来。二是借船出海实现矩阵式移动传播。要借用强国号、人民号、新华号、澎湃号、抖音、小红书、脸书、推特等国有和商业移动传播平台，构建传播矩阵，使自己的声音最大范围抵达各个层级消费者。三是在内容生产上以适合移动传播的短视频、微短剧作为第一拳头产品，充分占领传播渠道，主导全社会传播矩阵的建设运营发展。

技术赋能指的是先进技术对媒体社会生产总过程的创新改造，促进媒体新质生产力的形成。要求对劳动者、劳动资料和劳动对象综合发力赋能，抢抓先进技术第一红利，迸发强大生产力，提供适销对路的内容产品与服务，满足人们日益增长的追求美好精神生活的需要。技术是人类改造自然和社会的有力手段，每一次革命性的技术创新，都极大提高了人类的社会生产力，改善了人类的生存条件。在人类漫长的发展过程中，根本性的技术革新并不频繁，往往要几千年甚至上万年才碰上颠覆性的技术革命，人类的基本生存方式才发生根本性变化。当前及今后较长一段时间，真正革命性的技术依然是数字技术、网络技术、移动技术与智能技术，层出不穷的新概念新技术新应用是这四种基础技术的延长与深化。这四种基础技术不但是媒介生态的基本生存方式，而且也是人类的基本生存方式，是有别于原子媒介时代、电子媒体时代的数字时代人类生存方式，并将持续较长一段时间。在主流媒体系统性变革中，从行业到个体都要积极布局人工智能的研发与应用创新，用大模型、大数据、算力、算法等赋能生产传播全过程，提升媒体生产环节生产力与流通环节生产力，真正建成有强大"四力"的新型主流媒体。

评价体系是对主流媒体传播效果进行多维度、多层次、系统化的评估与判断的机制，由表征传播效果各方面特性及其相互联系的多个指标组成，具有科学性和实用性。在传媒"四力"中，传播力指的是媒体的生产能力，包括生产环节生产力和流通环节生产力；影响力、引导力、公信力指的是媒体的传播效果，即对用户的认知、态度、行为是否产生了作用，产生了多大作用，是正向还是负向作用，最终是否有利于主流价值观维护和社会整体进步。对于主流媒体而言，评价体系要考虑传播效果的三个层面，宏观层面是牢牢占据舆论引导、思想引领、文化传承、服务人民的传播制高点，中观层面是业务效果如信息服务、党建服务、政务服务、公共服务和增值服务等，微观层面是用户使用和满意度。原则是社会效益和经济效益评价相结合、系统性与有效性相结合、科学性与可操作性相结合、定量评估与定性评估相结合等。在具体指标设计上，要全面注重数据权重，这些数据要避免唯流量，要考虑真正有价值的数据，考虑真实性数据。有价值的数据源于用户认知、态度和行为的动态变化，用户导向的生产思维是评价体系设计的内在逻辑，评价的最终落点就是生产者。总体而言，评价体系可以主流媒体客户端传播效果为评价对象，着力阅读量、转发量、点赞量、评论量等数据的甄选计量，评出真正有影响力的作品和优秀人才，拉开差距，加大激励，以动态考核、分层级考核的方式推动优质作品与优秀人才的不断涌现。对于不同类型媒体，根据其具体特性和要求，指标体系可以有动态优化，真正发挥评价体系对于主流媒体的"指挥棒""度量衡"作用，激发人的创新创造活力。

　　运营模式指的是主流媒体实现自身价值目标而采用的独特策略和管理模式，是其在日常运营活动中对内部和外部资源的组织、运作和管理的一种系统性方案。运营过程是一个投入、转换、产出的过程，是一个劳动过程或价值增值的过程，包括运营战略的制定、运营系统设计以及运营系统运行等内容。主流媒体具有精神与商品双重属性，决定了其必须以社会效益为首位、社会效益与经济效益相统一，现代化企业经营管理是其发展壮大的应有之义。系统性变革强调的是根本性、整体性、持续性的结构转型，传统媒体与新兴媒体融合发展的结果就是一体化，即真正成为基于数字技术、网络技术、移动技术和智能技术而生产传播的新型主流媒体。这种新型主流媒体的组织呈现是全媒体机构或融媒体中心（尽管依然是某某日报、某某电视台之类的名称，但已经不是原来的报社、电视台等组织机构实体了），形成了适应信息时代要求的个体生产传播生态系统。一般的企业经营模式强调的是对市场作出反应的范式，这种范式不适应新型主流媒体生态系统的生存发展需要，实践呼唤新的运营模式，媒体社会效益与经济效益相统一也需要科学的运营模式。运营模式包括组织架构、管理制度、生产管理、财务管理等方面，根本目的是整合媒体内外资源，生产优质产品，提供有效服务，黏合破圈用户，引导主流舆论，吸引社会关注，促进社会进步。

人才发展指的是要培养建设一支全媒体人才队伍，宣传部门、媒体、高校应联动协作，共同打造能够担当时代大任的新型主流媒体的生产者与建设者。全媒体人才主要包括管理人才、采编人才、技术人才和运营人才等，主要问题是人才结构不合理，聘才引才育才留才难，技术和专业人才短缺，创新意识不足，人才队伍管理方式落后，人才储备和后续动力欠缺等。一般的解决办法是优化现行管理体制，建立健全激励约束机制，优化考评机制，多元化的创新思路，做好选才、育才工作，完善人员流动机制，推行共建模式，推动人才融合等。然而，这依然难以达到新型主流媒体建设和成为网民主心骨的人才要求。作为一种内容生产机构，新闻媒体竞争的关键是人才竞争，其优势核心就是人才优势，需要优秀人才进行不断的创意，生产出人民群众喜闻乐见的产品，符合党和人民的需要，符合时代的需要。习近平总书记指出，"新闻舆论工作队伍的政治素养、理论水平、政策水平、业务能力，直接关系党的新闻舆论工作效果。要适应新形势新任务的要求，加快培养造就一支政治坚定、业务精湛、作风优良、党和人民放心的新闻舆论工作队伍"。主流媒体系统性变革的核心关键是人才队伍变革：一是要求新闻人才教育机构的系统性变革，教师队伍、课程设置、教学方式方法等都要进行根本性的结构调整，以满足新型主流媒体的人才需求；二是要求媒体机构内部人才培养模式的系统性变革，在岗位培训、继续教育、激励机制、社会保障等方面给予全新的设置，确保人才队伍有序健康的代际更替和升级；三是要求现有媒体从业人员的全面换血与果断分流，十年融合发展实际上是为主流媒体的系统性变革争取时间与空间，资源、生产、技术、管理、人才等生产要素的更新升级已完成阶段性任务，对于那些无法更新与升级的存量生产要素，特别是人员队伍，要果断实施分流，为主流媒体系统性变革提供全行业人才保障。

四、主流媒体系统性变革的定位

1. 目标。继续推进媒体融合深度发展，实现主流媒体成功转型，建成全媒体传播体系。到"十五五"末，全面建成以内容建设为根本、先进技术为支撑、创新管理为保障的全媒体传播体系，主流媒体不但挺进了网络主阵地，也成为网民主心骨，牢牢占据舆论引导、思想引领、文化传承、服务人民的传播制高点，巩固马克思主义在意识形态领域的指导地位，巩固全党全国人民团结奋斗的共同思想基础，为实现中华民族伟大复兴中国梦提供强大精神力量和舆论支持。

聚焦顶层设计与制度供给，充分调研征询各方面意见，摸清十年融合发展家底，梳理有益经验，找到问题与不足，明晰系统性变革突破方向，做好全行业变革发展的顶层设计，中央出台针对性很强的政策保障与制度供给，地方各级党委政府根据本地实际提供相应的配套政策与制度支持。

聚焦生产传播工作机制建设，适应全媒体传播体系建设需要，着力在生产传播工作机制上进行根本性、整体性、持续性的结构调整，提高主流媒体生产环节生产力与流通环节生产力，提供适销对路的优质产品与综合服务，有效传播主流价值观塑造社会主义意识形态，引导主流舆论，引领信息时代生存方式，建成有强大传播力、影响力、引导力与公信力的新型主流媒体。

聚焦科技创新与赋能，持续集中投入资金与人力，扶持大型主流媒体机构自主研发前沿技术，尤其是智能技术，鼓励全行业积极进行技术应用创新，成为前沿技术应用的引领者，实现先进技术对媒体社会生产总过程的全面赋能，尤其是人工智能对媒体劳动者、劳动资料和劳动对象的持续改造与深度赋能。

聚焦传播效果评价体系，紧紧围绕系统性变革主题，促使唯流量论转向，强化有真实价值的数据权重，评估主流媒体的影响力、引导力与公信力，侧重激励有影响力的作品与优秀人才，实施动态分类分层考核，持续激发创新创造活力。

聚焦融媒体产业生态，促进传统媒体与新兴媒体的一体化发展，形成全新的全媒体产业生态系统，横向的多介质业态为主干，纵向的上下游产业为支撑，各种业态互相转换与循环，形成相互依存、共生发展的多维度系统，在协同社会系统和相关行业效益的基础上，促进融媒体产业结构功能优化，实现全行业社会效益与经济效益的最大化。

聚焦全媒体人才队伍建设，创新改革新闻传媒教育机构人才培养模式，有效构建媒体自身人才培养体系，分流现有队伍人员，激励复合型人才，提升新闻从业人员职业荣誉感，引导优秀人才向新型主流媒体集聚，实现人才辈出人尽其才才尽其用。

2. 定位。我国媒体融合发展的目标是建立全媒体传播体系，全媒体机构与融媒体中心是一块硬币的正反面，不论是哪一种新闻机构，都应具备多介质多模态传媒产品的生产传播能力。融合发展是持续性动作，系统性变革是累积性结果，全媒体机构（融媒体中心）是指向性目标。在生产机制、传播矩阵、技术赋能、评估体系等方面进行系统性变革，努力实现个体一张网（平台）、行业一张网（平台）、区域一张网（平台）和全国一张网（平台），真正建成我国全媒体传播体系。融合发展作为量变式的持续性动作，是一种浅层次、局部性和阶段性的个体革新，系统性变革作为质变式的累积性结果，是一种根本性、整体性和可持续的结构调整。系统性变革需要对相互关联的要素全面发力，实现系统运行逻辑和最终目标的重塑。

从党和国家战略层面来说，推进主流媒体系统性变革关乎主流媒体是否真正挺进网络主阵地、成为网民主心骨的问题，是否真正掌握信息化条件下舆论主导权、广泛凝聚社会共识问题。当前主流媒体在这方面还有差距，只有通过根本性、整体性和持续性的结构调整，构建适应全媒体生产传播的工作机制与评价体系，才能实现主流媒体行业系统与市场个体的彻底转型，建成新型主流媒体，占领舆论引导、思想引领、文化传承、服务人民的传播制高点，巩固全国人民团结奋斗的共同思想基础，为实现第二个百年奋斗目标和中华民族伟大复兴中国梦提供强大精神力量和舆论支持，这对党的前途命运、国家长治久安、民族凝聚力和向心力极为重要。

从社会发展层面来说，主流媒体除了提供新闻信息之外，还可以提供国家治理、社会建设、经济发展、民生改善、文化繁荣等政务、社会、商务等综合服务。综合服务可以有力黏合受众，为主流价值观传播与社会主义意识形态塑造提供强大助力。承载综合服务的平台主要是指主流媒体的客户端，客户端作为一种平台型媒体，可以容纳不同功能的媒介形态，报刊图书、广播电视、新兴媒体等所有媒介传播都可以在客户端呈现，同时，客户端还可以提供新闻信息之外的综合服务。通过客户端这个入口，人们可以进行社交互动、办理政务、生活缴费，甚至可以利用它解决所有的生存方式问题。客户端是继报刊、广播电视、网站之后的又一党的重要喉舌，并且将会作为新型主力军的主要力量发挥关键的信息传播和舆论引导作用，党端将成为主流媒体的第一抓手，系统性变革的结果就是实现全媒体传播全国一张网（平台），如同京东、抖音等客户端一样，主流媒体对于受众而言，也是一端在手，吞吐万象。系统性变革在夯实主流媒体内宣优势地位的同时，可以构建更有效力的国际传播体系，全面提升国际传播效能。

五、主流媒体系统性变革的要求

1. 做好顶层设计，提供政策支持与制度保障。党的领导、政策的强力支持以及完善的制度保障，始终是我国媒体融合与创新发展的核心引领与坚强后盾。当前，我国媒体行业经过十多年的融合发展，已取得了较大成绩。面对信息化与全媒体时代的大势，主流媒体的系统性变革需要做好顶层设计，需要有更高维度的机制体制突破和更有效用的政策保障。这要求我们不仅要巩固现有成果，更要通过外部政策的精准赋能，激发媒体内部的变革活力，为媒体行业的转型升级提供不竭动力。

要充分利用全面深化改革的契机，彻底解决主流媒体长期存在的"事企不分、不事不企"等体制性障碍，为系统性变革扫清障碍。同时，要针对全媒体时代传播环境的新变化，系统应对媒体机构在传播能力、运行机制、反应速度等方面存在的不适应问题，通过优化内部管理机制，提升媒体机构的灵活性与响应速度；在人事人才、薪酬分配、绩效额度、经营制度等多个关键领域，应赋予主流媒体更多的自主权，鼓励其根据自身特点与市场需求，大胆探索、自主创新。通过建立健全激励机制，激发媒体人的工作热情与创造力，为打造具有强大影响力、竞争力的主流媒体提供坚实的人才保障与智力支持。

2. 聚焦人工智能，强化技术研发与应用创新。传媒行业作为与新一代信息技术紧密相连的领域，历经从"铅与火""光与电"到"数与网""云与端"的发展历程，现已步入"智与境"的新阶段。人工智能对媒体行业的影响极为深远，正全方位推动媒体运作流程各环节的深刻变革，成为媒体深度融合、迈向智能化发展的核心驱动力。推进主流媒体系统性变革，强化以人工智能技术为主的研发与应用创新，是顺应新时代媒体发展趋势、提升主流媒体影响力的必然选择。

主流媒体应充分认识到人工智能在新闻领域的关键作用，坚持以主流价值导向驾驭"算法"，确保技术应用符合社会主义核心价值观，全面提升舆论引导能力。在此基础上，主流媒体需以人工智能为引擎，综合应用其他前沿技术，积极拓展媒体服务新业态，推动媒体与社会治理、公共服务、文化教育等领域的深度融合，实现从单一传播功能向多元社会服务功能的转型升级。在技术研发方面，主流媒体应将人工智能作为系统性变革的重要抓手，推进技术自主创新。一方面，要加强与商业平台和科研机构的合作，依托合作研发和技术转化，引入先进的技术成果，提升媒体生产的技术水平；另一方面，要结合自身优势，聚焦新闻业务场景，研发具备自主知识产权的人工智能系统，形成独特的技术竞争力。自主研发并不排斥应用创新，要紧盯前沿先进技术，做新概念、新技术与新应用的应用引领者。同时，主流媒体必须高度重视技术的安全性和可靠性。在应用人工智能技术的过程中，应加强内容审核机制，确保新闻内容的真实性和可信度，避免技术滥用带来的信息失真和舆论误导。

3. 多方协同整合资源，构建全媒体生态。媒体融合实际上是一个系统性资源整合与化学融合的过程，不仅是某一行政区域内"横向"的资源整合与调适，更是从中央到地方"纵向"的技术指标与实践的耦合过程。协同整合资源是媒体融合发展的显著优势，也是其不断深化的必然产物。在这一过程中，媒体的功能不断扩展，由传统的信息服务转型为集政务服务、民生服务、商务服务、社会治理等多元功能于一体的综合服务平台。

主流媒体系统性变革是一种根本性、整体性且可持续的结构调整，其在资源整合与协同运作方面将产生更强大的效应。主流媒体应充分发挥自身优势，打破内部各部门之间的壁垒，实现新闻生产的全流程协同。通过建立智能中台等技术基座，推动数据、内容与技术的共享互通，进一步对接政府数据资源、服务资源和文化IP，形成资源共享、优势互补的协同发展格局，将制度优势转化为巩固壮大主流思想舆论的综合优势。同时，主流媒体应以人工智能等新技术为依托，积极拓展媒体服务新业态，提升自身的造血功能，从而更好地适应新时代的传播需求，实现横向业态一体化与纵向产业链企业一体化，构建具有强大生命力的全媒体生态体系。

4. 重塑全媒体人才培养方式，提升主流媒体从业者职业荣誉感。"媒体竞争关键是人才竞争，媒体核心优势是人才优势"，要努力营造传媒领域"人才辈出人尽其才才尽其用"的生动局面。随着信息技术、传播格局、产业边界的不断迭代和升级，尤其是社交媒体的普及和影响力提升，新闻传播方式、媒体格局、舆论环境都在不断演化和重塑。全媒体时代，媒体形态的多样性和互动性对新闻人才提出了更高的要求。新闻工作者不仅需要掌握传统的新闻业务知识和技能，还需要具备跨领域的综合素养和创新能力以适应新的媒体生态。这就要求主流媒体通过系统性变革重塑人才培养方式，在具体实践中，应注意以下几点：一是完善人才培养体系，通过线上线下结合、实操演练、比赛选拔等多种方式，提升从业者的专业能力；二是加强与高校、科研院所的合作，建立联合培养机制，为媒体发展储备更多急需紧缺人才；三是推动媒体内部机制改革，打破传统用人模式，建立以业务能力为导向的评价和晋升体系，激发人才活力。

同时，职业荣誉感是激励新闻从业者坚守岗位、追求卓越的重要动力。当前，媒体融合加速推进，新闻工作者面临着新的机遇和挑战。提升职业荣誉感，不仅是对从业者个人价值的认可，更是推动主流媒体高质量发展的关键。媒体机构应减少从业者"创收+创作"的双重压力，明确岗位分工，让新闻工作者专注于内容创作。同时，给予一线新闻工作者更多技能提升空间和良好的薪资待遇，增强其职业归属感和获得感。媒体机构应加强对新闻工作者的马克思主义新闻观教育，引导他们心怀"国之大者"，坚守人民情怀，将个人职业追求与国家发展紧密结合。通过记录改革实践、讲好发展故事，新闻工作者能够更好地履行社会责任，展现时代风貌。

5. 坚持全局性、整体性视角，持续评价变革效果管控变革风险。主流媒体所进行的系统性变革，是一项极为复杂的系统工程，深度交织体制机制的革新、内容生产的重塑、技术应用的迭代以及人才队伍建设的优化等多个关键方面。鉴于此，必须从宏观的全局视角出发，以统筹协调的方式稳步推进媒体融合与系统性变革，确保各环节之间相互配合、协同共进，达成整体最优的变革成效。

持续精准地评估变革效果，是保障主流媒体系统性变革沿着正确轨迹前行的核心要点，同时也是有效管控变革过程中潜在风险的关键所在。为此，需建立科学合理的评价指标体系，定期监测和分析相关数据，及时、准确把握变革进展与成效，为后续调整与优化提供有力依据。在评价过程中，坚持效果导向，将是否有利于社会效益与经济效益相统一、是否提升主流媒体舆论引导能力、是否满足人民群众日益多样化和多层次的信息需求、是否增强主流媒体在新媒体环境下的竞争力等作为核心衡量标准。同时，高度重视变革中的风险管控。一方面，强化技术安全管理，建立健全风险预警机制，加强对新技术应用的监测与评估，确保技术应用安全可控；另一方面，积极应对内容风险，坚守正确舆论导向，加强内容审核机制建设，完善审核流程与标准，确保传播内容真实、合法，坚决杜绝虚假信息、有害信息传播，维护良好网络传播秩序。（樊雅茹、郝天韵、徐雅涵、张欣然对此文有贡献）

报业融合创新案例

第一章 《经济日报》融合创新实践研究

申玲玲[①]

《经济日报》近年来积极顺应媒体融合的大势，在转型发展方面迈出了实质性步伐，其融合创新的实践具有重要的行业示范作用。本文通过对《经济日报》融合创新实践的研究，系统总结传统媒体在数字化转型过程中的具体举措、成效以及面临的挑战，希望可以为其他媒体提供有益的借鉴和参考，为媒体行业的创新实践提供新的思路和方向。

第一节 《经济日报》简介

《经济日报》创刊于1983年1月1日，是全国首份以"经济"命名的中央级党报，是党中央、国务院指导全国经济工作的重要舆论阵地，现在已发展为集报网端微于一体的新型媒体集团。目前，该报设有36个国内记者站和26个海外记者站。2023年发行量超过120万份，连续20年稳定增长。

2023年，《经济日报》各新媒体账号粉丝数量超过2.96亿（2021年的粉丝数量为1.4亿），其中《经济日报》和中国经济网"两微一端"粉丝总量近6000万；微信平台日均发稿约20余篇，总阅读量超2.3亿；微博粉丝超过500万，日

---

① 申玲玲，西北政法大学新闻传播学院教授，硕士生导师，中国人民大学博士，陕西师范大学博士后，主要从事新媒体方向的研究。

均发稿45条，总阅读量约7亿；客户端累计发稿近6万条。短视频全平台粉丝量近2300万，日均发稿约10条，总播放量超4.3亿。[34]近几年，《经济日报》制作了不少融媒体爆款作品，其中原创的系列短视频"强信心 看数据"和"盛世中国"，总传播量分别超过3亿、4.3亿，传播力、影响力和引导力显著提升。

第二节 《经济日报》媒介融合的特色

在媒介融合的背景下，《经济日报》社深入学习《关于加快推进媒体深度融合发展的意见》，增强报社全员推进媒体深度融合发展的紧迫感，多措并举提高采编人员的新媒体能力。2021年对部分采编部门和机构进行调整，将原新媒体部人员作为种子队员配置到其他采编部门，初步形成所有采编人员都做新媒体报道的局面。

将"调研兴报""理论强报""开门办报""评论立报"作为高质量发展的工作重点，在聚焦主责主业的前提下，守正创新，积极探索，不断提高影响力和公信力。

一、定位清晰，目标明确，规划科学

《经济日报社深度融合发展五年（2021—2025）规划》提出要将该报打造成习近平新时代中国特色社会主义经济思想宣传高地和经济领域新型主流媒体，并明确推进媒体深度融合发展的目标任务、工作重点和方法路径，此后，以《规划》为依据，加快内容、技术、平台的多方位融合发展，以创新精神持续深化媒体融合发展，牢记使命，坚守主流媒体的社会责任。《经济日报》社确立并强化"学习宣传习近平经济思想高地"的主责主业主角意识，全力构建"评论理论矩阵、深度调研矩阵、融媒传播矩阵"三大战略支撑，不断提高经济舆论引导的公信力、影响力。[35]

二、聚焦主责主业，守正创新推进融合发展

近年来，《经济日报》积极响应中央号召，结合《关于加快推进媒体深度

融合发展的指导意见》与自身实际，持续深耕经济宣传报道，在报纸和各新媒体平台开设"治国理政进行时""经济日报e学习"等专栏，制作各地践行习近平经济思想的融媒体产品等，对习近平总书记的重要讲话进行深入剖析阐释。

一方面，《经济日报》以权威、特色、融合和服务为关键词，开展优势再造，制定融合发展模式路径。另一方面，深耕经济宣传报道，坚持发展主业主线，提高内容生产质量和数量，以互联网思维最大限度凝聚网络共识，占领舆论主阵地。[36]此外，该报精心组织习近平新时代中国特色社会主义思想主题教育宣传报道，开设"学思想、强党性、重实践、建新功"专栏，推出"主题教育·一起学习"融媒体产品，全平台累计阅读量超14亿。[37]

三、集中骨干力量，打造品牌栏目

《经济日报》坚持深度融合、移动优先的原则，注重用户需求与体验，集中力量生产高质量内容，以差异化传播，将优势产品与新媒体平台传播特质相结合，塑造了多个品牌栏目（版面）。

1. 体现权威性和专业性的深度调研报道。《经济日报》的深度报道与专题策划，注重选题的前瞻性和针对性，紧跟国内外经济形势和热点话题，对重大经济事件和政策能深入挖掘和全面分析，对新兴领域和热点问题能深入剖析。

从2020年底开始，由编委会成员或者部门负责同志带队，聚焦习近平总书记特别关心关注、做过重要指示批示或者亲自调研、考察过的地方，前往北京、上海、广东等20多个省、自治区、直辖市进行调研。长篇深度调研成果以多种形式刊发在《经济日报》、网、端、微等平台。[38]该报的诸多深度调研成果，实现累计近60亿次的全网传播量，并多次获得中央领导同志和地方主要负责人批示，其中《耕地问题调查》得到习总书记和中央领导同志重要批示。[39]《经济日报》以深度调研报道为引领，成功打造了报网端微一体、内宣外宣协同联动的深度调研全媒体系列产品，让基层声音和主流舆论传得更广、更远。

2. 践行"评论立报"，拓展主流舆论阵地。近年来，《经济日报》坚持"评论立报"，构建融媒体评论矩阵，针对重大经济问题、市场热点和百姓关注话题，设置议题，主动发声，正本清源。[40]

2020年8月23日以来，《经济日报》在一版常态化开设统一以"金观平"署名的"经济论坛"栏目，并在全媒体平台推广。截至2023年7月，该栏目稿件被重点网站转载近 10 万次；学习强国转发近 500 篇，总阅读量近 1.5 亿次；在微信平台转发近 400 篇，阅读量达 2.8 亿次。[41]

2023 年以来，《经济日报》启动评论委员会工作机制，通过每两周召开例会、建立台账制度、优化考评体系等举措，切实提升评论的数量和质量，构建起包括社论、编辑部文章、12 位青年记者个人专栏、时评版、"头条热评"（与今日头条合建）等在内的"融媒体评论矩阵"，并创建了一批优秀的评论员队伍。2024 年，该报还将评论专栏的文章整理汇集出版"《经济日报》记者丛书"《房地产周评》《科创之声》《能源广角》和《文体市场面面观》，进一步扩大报社和优质内容的影响力。

3. 丰富内容表达形式，注重视频转化。多媒体内容生产方面，《经济日报》既注重内容的深度与广度，还注重运用技术手段，以图片、视频、海报等形式增强内容的吸引力。为此，《经济日报》投资建设了大中小配套的视频演播室，组建了专门的视频制作团队和数据新闻团队。此举也使融合报道成为内容制作的常态，为后续多个爆款融媒体作品打下了坚实的基础。

围绕当前经济热点问题与社会发展成绩、经济数据等内容，报社将相关优质内容转化为短视频，分别以《经济日报》、《经济日报》视点、中国经济网三个账号在抖音等短视频平台进行差异化传播。

4. 差异化生产、一体化推送。在日常的内容生产与传播过程中，《经济日报》充分利用"中央厨房"优势，实现"一鱼多吃"，根据不同平台生产差异化的内容，并注意将内容制作与渠道推广一体化考虑，尽可能保障内容传播的效果。

以《经济日报》的数据版为例，团队根据不同平台的差异与传播规律，推出不同的产品——微博的"一图读懂 + 言论点睛"、短视频平台的精编版视频内容、视频号上的"长视频"，此外还有动态海报、长图等形态。报社的视听部还会将专栏文章"二次加工"，将之视频化，并在短视频平台分发，尽可能拓宽内容的传播范围。

5. 关注用户需求，吸引用户参与互动。在选题策划和内容生产过程中，《经济日报》注重将权威性和可读性相结合为用户提供有吸引力的高质量内容；在互动环节，该报主要通过设置讨论话题、征集活动、日常打卡、趣味抽奖、开设评论区、论坛等方式，鼓励用户参与；在分发环节，《经济日报》通过数据分析技术，对用户的阅读行为和兴趣进行深入分析，实现个性化内容推荐。

第三节　《经济日报》融合创新的主要路径

《经济日报》锚定"融为一体、合而为一"的目标，率先推行频道制改革和各平台一体化运作机制，在研究并尊重各主流平台传播规律的基础上，充分挖掘优质内容的传播潜力，通过差异化传播策略，提升内容的传播范围，并从平台建设、人才培养、流程再造等方面进行创新，全力推动报纸与新兴媒体的深度融合。此外，报社大力推进"减量化改革，高质量发展"，加大直属媒体改革力度。

一、创新体制机制，重塑全媒体生产流程

在推进媒体融合发展的过程中，《经济日报》创新机制体制，积极推动新闻生产组织架构的调整与优化，从顶层设计、生产流程等维度推动媒体融合实践。

为了适应融媒体运行、加强对媒体融合发展的领导，该报形成"编委会成员共抓共管、值编委负责总调度"的指挥格局，并于2020年10月调整和优化新闻生产组织架构，将报社统为一个全媒体，一个调度中心，社长兼总编辑是全媒体的总负责人。其主要机构设置和业务归属调整具体如表1-1所示[①]。

表1-1　《经济日报》社主要机构设置

编辑部、采访部、新媒体部三者打通，合并总编室和新媒体传播部成立全媒体总编室	一支编辑队伍负责所有渠道，总编室负责客户端的主要频道（头条、热点、视觉等）及总体协调工作。
记者部、评论理论部、综合采访部、产经新闻部、财经新闻部、国际部等其他采编部门转型为融媒体业务部	负责对应领域的全媒产品的生产与推广工作
原新媒体传播部	负责音视频制作

---

①　本表根据下文以及公开资料整理．郑庆东．推进《经济日报》深度融合发展　构建新时代全媒体传播格局 [EB/OL]．（2021-11-24）[2024-08-10]．https://www.cmgchengdu.com/content-27-1692-1.html.

（续表）

品牌推广办公室和融合推广办公室	负责推广报社的优质内容
战略规划和项目统筹办公室	
技术创新与服务部	

生产流程方面，《经济日报》坚持深度融合发展理念，重塑并打造符合全媒体需求的"集、策、采、编、发、推、馈"为一体的新流程，依靠精准的数据分析融合报刊网端微各种资源，打通不同传播渠道壁垒，实现资源有效整合、差异化制作与分发。

工作机制方面，报社先后建立两大工作委员会（评论工作委员会、深度报道工作委员会）和一个企业报道团队、高质量发展产业调研协调机制等，由编委会统筹理论、评论、调研（主要包括深度调研、企业调研、产业调研）等重点内容的全媒策划、采访与写作、编辑制作与传播等工作，大幅提高了重点内容的制作和传播质量及效率，有力推动了报社的精品内容生产。

二、强化技术驱动，赋能全媒体传播体系

在推动媒体融合实践过程中，《经济日报》社坚持技术引领，明确了"做大前端平台阵地、做实后方支撑体系、孵化未来创新产品"的发展思路[42]，重视引进新技术，强化技术驱动、优化技术路径，将先进技术运用于加快构建全媒体传播体系的各个方面，逐步完善采编技术平台、发挥舆情分析系统的重要作用。

2009年开始，《经济日报》逐渐展开了以技术为重要驱动力的新一轮技术改造；2017年上线"中央厨房"，实现报纸、网站群、微博、微信、客户端的联动互通互动以及多个信息系统的集成；2021年8月，上线全媒体三期采编系统，并实现了与客户端、中国经济网等8个已有系统的集成和对接，实现了技术平台与生产支撑体系的融合；2023年，优化升级融合采编平台，推动"报、网、端、微、视"的融合生产和管理；2023年8月，《经济日报》海外社交账号打造虚拟数字人"Lian Ge"对CE Style栏目进行升级。

此外，《经济日报》社还与北京经济技术开发区联手打造融媒产业服务基地，成立融媒体指挥、生产、演播和直转播四大中心，并深入研发应用5G、大数据、

物联网、高清视频等技术。2024年,《经济日报》又投资近300万对"中经云端四期高质量内容生产制作和融媒体服务、推广采购项目"进行招标,进一步推动媒体融合实践迈向纵深。

三、加强与外部平台、机构的合作

数字化的转型过程中,《经济日报》采用"平台+内容"的合作模式,促进媒体与多方社会资源的有机结合。一方面,与高校、研究机构等合作打造融媒体智库;另一方面,加强与外部机构的合作,开门办版面、办新媒体——与京东消费及产业发展研究院合办数据版,并探索出"选题策划能力在报社内、数据整合环节在报社外;版面把关环节在报社内、版面制作环节在报社外"的办报新机制,[43]与今日头条合作推出"头条热评"、与腾讯财经合办"快问快答"栏目等,累计传播量数十亿。

此外,《经济日报》还与学习强国、今日头条在内容共建、精准传播等方面开展系列合作。

四、重塑内容优势

为了更好地聚焦主责主业,《经济日报》新一届编委会提出了"减量化改革、高质量发展"的思路,要求压缩战线,突出重点,发挥优势,强化特色。[44]

1.建立跨部门融媒体工作室。近几年,《经济日报》社全面推行工作室机制,这些工作室丰富了《经济日报》社的内容产品,强化了差异化竞争优势,也为实现深度融合夯实了基础。工作室机制打破了现有部门设置,实现了跨部门的组织方式,报社的采编业务人员在不影响部门及本职工作的前提下,根据兴趣、专长、资源等结合成内容主创团队,生产了一大批各具特色的融媒体产品。

2.建立"内外合作"的跨平台融合机制。建立"内外合作"的跨平台融合机制是《经济日报》社实现深度融合的重要举措。首先,《经济日报》社加强与抖音等平台的沟通和合作,通过数据支持、产品形态设计、选题内容策划等,打造用户喜欢的爆款产品;其次,充分挖掘与整合传统媒体的内容资源优势,借助新媒体平台打造特色产品,制作短视频等可视化较强的融媒体产品,同时也将优秀的融媒体产品的创意思路运用于纸质版的设计中,提升报纸的可读性。

五、用专业的报道和评论引导舆论

《经济日报》通过打造评论品牌"经济论坛"和为10余名中青年记者开设评论专栏等诸多方式，形成了"版版有评论"，采编人员"人人写评论"的氛围。做到针对重大经济政策、重要经济话题及时主动发声、积极引导舆论、充分发挥主流媒体的舆论监督作用。其中"经济论坛"2023年全年刊发292篇评论，中青年记者评论专栏刊发近900篇评论文章，品牌效应凸显。

六、优化人才管理机制，激发人才活力

2019年，《经济日报》社重点进行新媒体运营机制改革，以期全面提高新媒体平台独立发展能力。在这一过程中，报社构建了主编负责制，打破了以往的行政级别划分与制约，通过目标考核机制全面启用有能力的年轻人。[45] 在人才队伍建设方面，根据深度融合发展需要，重点引进视频制作、创意策划、产品设计、运营推广等专业人才，并通过建设常态化、分层次的全媒体技能培训体系推动全员转型，鼓励并激励扶持有能力、有名气、有水平的编辑记者开通运营新媒体账号。通过诸多举措，调动全员工作的积极性和创造性。新制定的《经济日报社绩效考核管理办法》等多项制度，鼓励采编人员深入基层一线的同时也加大奖励力度，尤其是那些质量高、创新性强、传播效果好的作品。此举在一定程度上具有引导效应，有助于提高记者编辑的积极性和创造性。

七、品牌建设与推广

《经济日报》专门成立有品牌推广办公室和融合推广办公室，负责推广报社的优质内容，对接不同新媒体平台的内容需求，并制定不同的推广策略与方案，全面提高内容覆盖范围和传播效果。《经济日报》的品牌推广工作并不局限于发行、广告等传统方式，而是将"请进来"与"走出去"有机结合，逐步建立起品牌引领、全员参与、顶层设计与策划活动协调配合的有效举措，有效地推广了报社品牌，提升了品牌的知名度。

总体而言，通过守正创新、优化管理、重塑全媒体生产流程等举措，《经

济日报》实现了内容的高质量生产和多渠道差异化分发，在弘扬主流价值观、引导舆论、树立权威财经媒体品牌形象等方面取得了优异的成绩，彰显了媒体融合的重要成果，对全方位宣传习近平新时代中国特色社会主义思想、讲好中国经济故事、提升公众的财经素养等起到了积极作用，也为专业媒体的融合之路和数字化转型实践提供了有价值的经验。

第四节 《经济日报》媒体深度融合面临的挑战

一、持续提高内容生产质量

技术的飞速进步极大地提升了新闻报道的实时性。社交媒体和直播技术使得信息能够及时、快速地传播至全球各地。这要求《经济日报》不仅要具备敏锐的新闻捕捉能力，还需在短时间内完成深入分析和报道，以满足读者对实时新闻的高需求。此外，大数据和人工智能技术的崛起使新闻产业对数据的依赖程度日益加深。这就要求《经济日报》的内容要兼具权威性、贴近性、实用性和指导性，实现新媒体端的流量与社会反响双优双增长。

目前，该报已经建立有不少品牌栏目，但在媒体深度融合的背景下，如何站在用户角度生产更高质量、既能传递主流声音、又能深刻阐释重大经济问题、推动社会经济发展的优质文章，提升品牌栏目相关报道的权威性和影响力，还需要进一步思考。

二、扩大专业影响力

随着媒体融合迈向深入，专业媒体的内容生产质量与规模等都需要进一步提升，财经类媒体之间的竞争也日趋激烈。这就要求《经济日报》践行"四全媒体"建设，一方面充分利用其在财经领域的资源和专业优势，加大技术辅助力度，创新管理和激励机制，进一步激发采编人员的创造性，为生产提供更多专业优质内容；另一方面，需要建立平台意识，加大在新媒体平台的传播力度，吸引更多的内容供给者和合作伙伴参与到内容生产和商业实践中，在报道中国经济发展、凝聚社会共识和力量的同时，营造良好的氛围、传递权威声音、扩大自身影响力、提升公信力。

三、在国际传播中讲好中国故事

当前国际形势变乱交织、百年变局加速演进、全球经济面临增长分化、起伏不定、经济下行风险依然存在，国际舆论话语场面临重构的机遇与挑战。作为中央级专业媒体，《经济日报》未来还需要进一步加大外宣力度，进一步提升在国际传播中的影响力和话语权。虽然《经济日报》国际版通过不断扩充和优化其栏目设置，强化了经济报道的专业性和评论的深度，成功塑造了一系列具有鲜明财经特色和品牌影响力的专栏，但未来如何通过新颖的视角和深入的分析，讲述新时代中国经济的发展故事，为推动经济的高质量发展贡献力量；如何在国际舞台上更好地发声，"透视"经济热点问题，提升报道的深度与广度，成为《经济日报》媒体需要研究的重要课题。

四、探索多元盈利模式

在数字化浪潮中，《经济日报》媒体正积极应对广告收入下降的挑战。2020—2022年该报实现纯利润超过8亿元[46]。如何在稳步提升报纸广告和发行收入的同时拓宽新媒体端的盈利模式将流量转化为收入，在未来开发策展等方面的赢收成为当务之急。

第五节 《经济日报》推动媒体深度融合的建议

一、以优质报道打造经济舆论场压舱石

作为央级"经济"类党报，《经济日报》的权威性不言而喻，尤其是在全球经济发展形势较为复杂多变的当下，既是党中央、国务院指导全国经济工作的重要舆论阵地，也是国际社会观察中国经济的窗口。《经济日报》不但要履行大报职责使命，也要创新经济报道理念和方式、唱响中国经济光明论，报道国内外的重大经济事件、深入分析新闻背景及其影响，通过独家报道和高水准的评论文章推动中国经济高质量发展，面向国内外用户讲好新时代中国经济发

展故事。

二、用智能技术赋能内容生产

技术驱动，提升内容生产效率与质量。《经济日报》可以积极采用大数据、人工智能、云计算等技术，以提升内容生产的效率和分发的精准度。这些技术的应用将使其能够更快速、准确地捕捉和分析信息，优化新闻采编流程，提升报道质量。同时，结合虚拟现实、增强现实等前沿技术，可以为读者呈现更加丰富、多元的阅读体验，使新闻报道更加生动、直观。

此外，可以通过采用开发交互式图表、数据可视化和在线调查等元素，提高用户参与度和内容的吸引力。通过探索区块链技术在版权保护、内容溯源等方面的应用，保障创作者权益，促进内容生态的健康发展。

三、创新商业模式

《经济日报》作为权威的经济类专业报纸，不仅承载着传递经济信息、分析经济趋势的重要使命，还依托其专业智库资源，在深度解读、政策研究等方面具有显著优势。在推动媒体深度融合的进程中，创新商业模式，探索面向不同人群和机构的多元化服务成为专业媒体转型的必要举措。收入的增加关乎媒体未来的内容和服务品质的提升，也会影响到媒体深度融合的成效。

笔者认为，《经济日报》可以在继续整合所属各单位媒体资源，探索新媒体端的新业务和新产品，从内容付费、版权转让、商业活动、数据销售等方面拓展盈利模式。以《第一财经》为例，在2020年其新媒体端收入已经超过传统媒体端，其中非广告收入占总营收的45%。

《经济日报》除了聚焦主责主业外，还可以充分发挥其智库的专业能力，生产高质量的深度报告、行业白皮书、独家经济分析等高质量内容，为决策者、投资者、研究人员等提供具有前瞻性和实用性的信息。同时，还可以针对不同用户群体的需求，提供定制化的经济信息服务，如企业市场分析报告、行业趋势预测、政策解读咨询等，通过精准匹配用户需求，实现内容价值的最大化。此外，可以通过将相关内容打包成套餐销售，或与其他行业媒体、研究机构进行跨界合作，共同开发付费产品的方式，拓宽收入来源。

四、人才培训与组织优化

媒体发展的核心在于人才，媒体的融合创新离不开掌握新媒体内容生产和传播技能的优秀人才。《经济日报》新媒体从业者都是由内部人才转化而来，为了提高采编人员的新媒体素养和能力，该报主要通过培训和选聘两种方式强化全员的业务能力，并将2024年定为"队伍建设年"。未来还可以引进具备新媒体技能和跨领域知识的高素质人才，也可以优化现有的人才管理和考核激励机制，充分调动采编人员的积极性和创造性。

五、构建内容新生态

在过去的几年，《经济日报》坚持"开门办新媒体"，凝聚不同主体的合力，整合不同类型的资源，与京东集团等机构展开合作，取得了社会效益和经济效益的双提升。考虑到长远持续发展，笔者认为《经济日报》也可以吸纳优质内容创作者，构建专属的内容生态，增加内容供给量，并在此基础上盘活既有资源，尤其是对于各类经济数据，进一步做好差异化分发，实现内容价值的最大化。

《经济日报》的融合创新实践起步较早，至今已建立了全媒体传播矩阵，并制作了诸多爆款融媒体作品，传播力、影响力显著提升的同时也面临着不少挑战。未来，该报需继续坚持守正创新，强化责任感和使命感，提高核心竞争力，传播并阐释权威经济信息，做好公众、企业和政府之间有效沟通的桥梁，共同唱响中国经济光明论、增强在国际传播领域的话语权。

第二章　江西日报社媒体融合的探索与实践

江西日报社

近年来，江西日报社以加快打造具有全国影响力的新型主流媒体集团为目标，大力推进媒体融合，建设全媒体传播体系。本研究报告从报社自身实践出发，着眼于分析报社在全媒体传播体系构建上的一系列积极探索，也就是从全媒体矩阵体系、全媒体生产体系和全媒体评价体系建设三个方面入手，打破党媒传统的新闻采编方式，形成全媒体传播的完整体系，从而推进主流媒体系统性变革。这一新的探索模式，不仅充分体现了江西日报社自身的特点，也为其他党媒打造全媒体传播体系提供了借鉴，具有一定的研究价值。

党的二十届三中全会提出，构建适应全媒体生产传播工作机制和评价体系，推进主流媒体系统性变革。这是我们党深刻把握现代传播规律，深刻洞察媒体发展趋势提出的又一项重要改革举措。从2013年习近平总书记提出"传统媒体与新兴媒体融合发展"的要求，到2014年党中央下发《关于推动传统媒体和新兴媒体融合发展的指导意见》；从"推进媒体深度融合，实施全媒体传播工程"被写入"十四五"规划，到党的二十大报告再次强调，加强全媒体传播体系建设，塑造主流舆论新格局，再到党的二十届三中全会进一步深化对媒体变革的认识，媒体融合已经从量变走向质变，进入加速推动主流媒体实现系统性变革的关键阶段。

江西日报社作为媒体融合的全程参与者，始终按照习近平总书记和党中央擘画的媒体融合蓝图，牢记党媒的职责使命，着眼于清醒识局、前瞻布局、精准破局，通过强化顶层设计、总体谋划，破立并举、先立后破，摸索了一条以全媒体矩阵体系建设为框架、以全媒体生产体系建设为支撑、以全媒体评介体系建设为保障的全媒体传播体系建设之路，做出了推动主流媒体系统性变革的一系列努力，为打造具有全国影响力的新型主流媒体集团奠定了基础。

第一节　打造全媒体矩阵体系

主流媒体是主流意识形态阵地的守护者、建设者，是实现党对意识形态工作领导权的主阵地，也是党的新闻舆论工作的主力军，具有特殊重要的地位和作用。然而，在新媒体和智媒体时代，面对以抖音、快手为代表的短视频平台，以微信、微博为代表的社交平台，以小红书、B站为代表的社区平台的集群竞争，以及这些商业化平台在算法、互动、时效、内容和个性化，甚至是资本、人才等方面的巨大优势，人们获取信息、传播信息、分享信息的方式发生了翻天覆地的变化，主流媒体的影响力被迅速稀释，常常淹没于新的多主体的、分散的、流动的传播生态之中。

破解困局，江西日报社以强化顶层设计为抓手，结合所属各媒体平台的传统优势和自身特点，持续实施"一二三四"战略，逐步在全社架构起100多个新媒体平台，形成一个由"报、刊、网、端、微、云、屏"组成，融入全省平台、对接海外平台的全媒体矩阵，覆盖人群超过1个亿，初步搭建起了媒体融合发展的"四梁八柱"。通过矩阵式传播，再次增强了主流媒体在舆论场的声量。

一、紧跟国家战略，做好系统规划

媒体融合是一项复杂的系统工程，报社坚持以系统观念应对媒体融合的国家战略。这是习近平新时代中国特色社会主义思想的世界观和方法论的要求，也是推进媒体融合实践的要求。为此，报社成立媒体深度融合发展领导小组，制定出台关于加快推进媒体深度融合发展的实施方案。2021年，根据国家"十四五"规划对媒体融合的部署，结合自身"十四五"规划的编制，进一步提出媒体融合"一二三四"战略："一"是重点打造江西日报社"全媒体采编中心"；"二"是打造"江西新闻"客户端和"大江新闻"客户端两大新媒体平台；"三"是努力打造图文、视频、音频三种传播媒介；"四"是聚焦时政传播、经济服务、民生服务、法治服务四大细分领域，打造特色鲜明的新媒体产品，实现新媒体矩阵建设和内容产品形态全覆盖。

通过"一二三四"战略的实施，报社着力推动各项融合举措在政策取向上相互配合、在实施过程中相互促进、在融合成效上相得益彰，朝着全面深化媒体融合的总目标聚焦发力，并针对融合的难点堵点，着力处理好三个关系。

一是整体推进和重点突破的关系。媒体融合千头万绪，必须找到突破口和切入点，从而以点带面，引发整体的系统性变革。报社把主攻方向锁定在全媒体采编中心建设上，集中全社力量，依托先期打造的"赣鄱云"平台，建成"一次采集、多种生成、全媒传播"的内容生产分发系统，以及集指挥调度、策划采编、高效协同、信息沟通功能于一体的全媒体指挥调度中心。由此，打破了《江西日报》采编部门和新媒体采编部门各自为政、信息阻隔的状态。同时，围绕新的全媒体采编中心，重构了采编全链条，重组了采编各部门。原新媒体部主力分散到《江西日报》各采编部门，成为推动各部门生产方式转变的催化剂，新组建的"江西新闻"客户端成为《江西日报》的数字编辑部，《江西日报》各采编部门则围绕全媒体采编中心，为"江西新闻"客户端生产内容，实现部门与频道合一。《江西日报》的变化，在全社产生了强烈的示范效应，带动大江网、江南都市报、新法制报等社属媒体也借助"赣鄱云"相继建立一体化运行平台，纷纷跨入"一次采集、多样生成、多元推送、全媒呈现"的全新阶段。

二是传统媒体和新兴媒体的关系。习近平总书记强调："坚持传统媒体和新兴媒体优势互补、一体发展。"报社也深刻认识到，传统媒体和新兴媒体之间不是取代关系，而是迭代关系；不是谁主谁次，而是此长彼长；不是谁强谁弱，而是优势互补。《江西日报》作为省级党报，具有影响力公信力优势，党报新媒体只有继承和发扬这一优势，才能在与其他新媒体的竞争中立于不败之地。否则，就是无源之水、无本之木。报社一方面坚定不移做强党报，围绕重大主题主线、重要会议活动、民生热点话题，在重点报道、言论评论、版面呈现等方面加大策划和创新力度，进一步凸显党报在舆论场上引导方向、一锤定音的重要作用；另一方面坚持不懈做大"党网、党端"，着力把新媒体的传播优势，与党报的影响力公信力优势嫁接起来，打造发布省内时政要闻的"江西发布"微信公众号，推动江西新闻客户端成为省委主要领导新闻报道首发平台，使党报新媒体传承了党报基因，具备了特殊影响力。同时，探索"网与报""端与刊"的多样化融合模式，围绕大江网和江西新闻客户端，分别整合《信息日报》《传媒论坛》《报刊精萃》和《新参考文摘报》等传统媒体，做到报网端一体策划、一体生产、多介质传播，实现优势互补、资源共享、双赢发展，呈现"1+1"远远大于2的聚变效应和联合作战、各擅胜场的良好局面。

三是造船出海和借船出海的关系。面对由海量App和庞大受众组成的互联网舆论场，要实现新闻内容的最大化传播，就不可能只靠一两个App包打天下，必须在自有平台建设和商业平台合作上做到两端发力、协同发力，形成具有多类载体、多个层次、多种元素的传播矩阵。为此，报社既在自有平台建设上倾尽全力，重点打造江西新闻客户端和大江新闻客户端两大新媒体平台，实现两个客户端的差异化发展，确保新闻发布平台的自主可控；又在与商业平台的合作上积极作为，不断加强与商业平台在内容、技术、载体等方面的协作，充分运用商业平台的优势拓展各类分发渠道。目前，报社以江西日报"两微一端"（微博、微信、江西新闻客户端）为核心，已形成由《江西日报》《江南都市报》《新法制报》《信息日报》和大江网等各报刊和事业部微信公众号、微博，以及抖音、快手等新媒体平台和学习强国《江西日报》官方账号组成的新闻传播矩阵和《江西日报》新闻品牌矩阵，形成了强有力的资源聚合能力和终端投送能力。

二、聚焦体系培育，打造传播生态

一枝独秀不是春，百花齐放春满园。江西日报社作为全省新闻舆论宣传的主力军，不但自身要在推进媒体融合上先行一步、走深一层，还要当好领头雁，示范带动全省党媒在融合上凝心聚力，形成江西媒体深度融合的聚变反应。2016年，江西日报社利用大数据、云计算技术，创新打造"赣鄱云"融媒体智慧平台，致力于借助内容、用户、技术、数据、传播平台的打通共享，将省市县三级媒体融合连成全省"一张网"，创造出了国内媒体深度融合的"江西样本"。进入新时代，江西日报社继续发挥自己在媒体融合上的资源、技术、平台和人才优势，以开放的心态、共享的理念，积极布局有利于媒体深度融合的生态体系，更好反哺自身融合工作。

1. 是主导建设江西融媒大脑，强化全省"一朵云、一张网、一体化"的媒体融合发展格局。江西融媒大脑的建设，全过程遵循开放共享的模式。在合作模式上，创新探索"市场机制＋国有控股"的公司组建方式，由江西报业传媒集团主导，联合江西广电传媒集团、江西出版传媒集团、江西文化演艺发展集团等其他三家省属文化集团，共同发起建设；在发展战略上，则着眼于省市县"一朵云、一张网、一体化"的媒体融合模式。特别是随着平台的组建，还将推动"赣鄱云"和"赣云"合而为一，进一步形成一个纵向贯通省市县三级媒体，横向连接政府部门、企事业机构，能够实现场景协同、资源共享、数据共融、内容汇聚、运营共助的全媒体生态系统。报社新媒体矩阵由此走出自己的有限天地，做到与全省新媒体矩阵融为一体、合而为一，实现传播层级、传播范围、传播声量的几何式倍增。

2.是运营建设江西国际传播中心，形成内宣外宣联动的融合传播体系。2024年4月28日，在江西省委宣传部的指导支持下，由江西日报社建设运营的江西国际传播中心正式成立，"Meet Jiangxi"海外传播矩阵也随之同步上线。这一矩阵，覆盖英文网站、App英文频道、X、Facebook、Ins、Youtube、TikTok等社交平台，下设MeetJiangxi、JiangxiDaily、青花等11个机构账号，运维KOL网红账号20余个。中心还通过报社内宣矩阵的影响力、渗透力，以优质内容为载体，积极联动央媒和地方主流媒体，提高国际传播的覆盖面；努力整合海内外电视、广播、网络、出版物等多方传播渠道，实现江西新闻报道的海外落地；加强与省内相关部门、涉外企业、国际组织建立合作关系；帮助支持各设区市组建市级国际传播中心，打造全方位、多层次的国际传播网络，形成江西国际传播"大合唱"。截至2024年6月，通过内宣和外宣两个矩阵的相互支撑、相互促进，江西国际传播中心"MeetJiangxi""JiangxiDaily"两个海外社交媒体平台矩阵粉丝量共计56.3万，粉丝量较2024年一季度增长22万，主要覆盖亚洲、欧美等地区，形成了内外联动、优势互补、各具特色的融合传播生态，进一步实现了报社全媒体矩阵规模和覆盖的有效拓展。

第二节　打造全媒体生产体系

2019年，党的十九届四中全会审议通过的《中共中央关于坚持和完善中国特色社会主义制度、推进国家治理体系和治理能力现代化若干重大问题的决定》指出，必须"建立以内容建设为根本、先进技术为支撑、创新管理为保障的全媒体传播体系"。党中央对推动媒体融合发展作出的这一系列重大部署说明，以内容建设为出发点，加快形成高品质内容生产体系，始终是媒体融合的根本。无论媒体技术和传播方式如何变革，全媒体传播体系的传播力、引导力、影响力、公信力的建立，都要以内容的生产力为基础。

但是，融媒体时代的内容生产，因为移动互联网传播方式、生产模式、语境对象的不同，又有许多自身的特点。江西日报社在推进媒体深度融合的过程中，始终坚持内容为王，通过内容创新、载体创新、工具创新，把为受众生产创作大量形式新颖、思想深刻、见解独到、能为用户提供独特价值的专业优质内容，作为建立全媒体传播体系的关键。

一、突出可视化，围绕多态呈现，强化内容优势

在融媒体时代，抢占互联网的舆论制高点，唯快不破的特点更加明显，可视化特别是短视频作品，因为"短快新"的特点，更加适应移动互联网传播，不仅成为抖音、快手等商业平台的杀手锏，也成为主流媒体壮大主流价值的重要抓手。由此，江西日报社在注重动态新闻、权威报道通过新媒体首发快发的同时，出台《报社可视化内容生产工作方案》，建设全社影像中心和演播中心，推动纸媒进行视觉创新，不断强化音视频和视觉类内容生产，全力抢抓第一落点，提升报道的时度效，并以可视化为引擎，推动内容生产的供给侧结构性改革。截至2023年底，全社月均生产可视化产品达到2400多件，产能同比增长45%。

一是注重轻量传播，打造年轻态话语体系。针对年轻人这一"互联网原住民""互联网主群体"的需求，把握好移动化、社交化、可视化、轻量化的传播趋势，注重以短视频、H5、AIGC等轻量化的视觉产品，实现党媒年轻态的理想目标、时效价值、传播理念。比如，以"影视片"的方式制作 rap 短片《宝藏江西》，用年轻人喜爱的说唱方式讲述江西之美，一度霸屏抖音热榜、微博热榜等，点击量超2000万人次；以"纪录片"方式拍摄反诈骗片《水果店老板出境考察被骗进"电诈窝点"》，通过亲历者现身说法，帮助年轻人增强防范诈骗的意识和能力，仅抖音平台播放量就超过1.2亿人次；以年轻人常用的体验打卡的方式，推出"江西小炒"系列短视频产品，抖音、微博话题总阅读

量达 10 亿。这些可视化产品一改传统党媒新闻宣传说教色彩浓厚、不易为年轻人接受的短板，使文化涵养、思想引领、满足需求与教育引导有机融合，赢得了年轻受众的热捧、信赖。

二是延伸表达边界，形成丰富的视觉体验。以党媒的内容优势为依托，借助丰富多样的可视化手段，在多维空间延伸、拓展、提升党媒体传统的文字、图片等平面内容，打造沉浸式视听体验。比如，利用海报、图解、手绘、动漫、视频等可视化手段对权威数据进行提炼整合、分类处理，提升信息的针对性、可读性和吸引力。2023 年 6 月 1 日，在中央决定实施"全面三孩政策"两周年之际，江西日报推出《爱的"三次方"——全面三孩政策下的家庭生活影像》视觉版，把党的好政策以"整版图片新闻报道＋二维码链接视频"的形式传递给读者；又比如，注重提炼报纸版面和网端页面的核心意象，在版式和页面编排上突出图片、图表、视频等可视化素材，创作了一批主题突出、图文并茂、形神兼备的融媒作品。2023 年全国两会期间，《江西日报》连版大型策划《诗"话"江西》，以"满园春色惹人醉"等诗词为标题，搭配跨版水墨春景为底图，清新精美、夺人眼球。再比如，充分考量互联网语境下报纸内容的传播，以二维码等形式，对当日报纸和党端重要稿件进行二次创作，将平面化的报纸版面立体化。2024 年 5 月，《江西日报》联合中部其他 5 省党媒，开展"中部向'新'促崛起"主题联动采访报道，在连续推出报纸版面报道的同时，在江西新闻客户端开设同名专题，以"报端联动式融媒体报道＋行进式（蹲点式）视频＋综合专题视频＋开机海报＋H5"的形式，按各个报道主题有序推送，凸显新媒体传播的特点，全网总阅读量近亿次。

三是培育品牌栏目，打造可视化产品矩阵。为扩大党媒可视化报道的影响力，倾力打造一批各有所长、各具特色，又立得住、叫得响的可视化栏目和品牌，形成了具有一定规模的可视化产品矩阵。重点打造"江报视频"品牌，把《江西日报》和江西新闻客户端创作生产的所有短视频产品，进行规范化包装，全部标注"江报视频"LOGO，形成统一的产品设计，进行全平台推送，除自有平台外，还逐步覆盖抖音、头条号、微博等各大商业平台，使播放量、留言数、点赞量快速上升，"江报视频"品牌形象逐步深入人心。聚焦更好发挥党报作为党和人民群众连心桥的作用，在江西日报"党报帮你办"品牌栏目的基础上，开通"江西日报党报帮你办"抖音号、"帮帮和办办"今日头条号，突出民生报道的可视化呈现，更好地解决百姓的急难愁盼事。主题教育期间，《江西日报》推出"民呼我为心连心"重大策划，以"江西日报 1 版消息 + 民生版整版深度报道 + 专题视频"的可视化报道形式，推出系列融媒体报道，取得良好效果。围绕提升党报理论评论的网上影响力，精心打造"社科咚咚锵""理论大家谈""与君热聊"等可视化专栏，"社科咚咚锵"以全动漫形式，推出"古人说"系列视频，让优秀传统文化在寓教于乐中薪火相传；"理论大家谈"则立足高端、深度理论阐释，颇受业内赞誉；"与君热聊"以短、小、精、新的形式对社会热点话题进行评述，先后推出《今天，我们为什么要重温"寻乌调查"》《"读原著"的意义何在》等视频产品，一度登上抖音热榜，总阅读量超 1500 万人次，让党报的理论评论报道更加可感可亲可信。

二、突出智能化，围绕技术赋能，提升传播效率

2022 年 11 月，美国 AI 研究实验室 OpenAI 发布了自然语言处理工具 "ChatGPT"，以强大的文字处理和人机交互功能，开启了全新的人工智能时代，也为以人工智能为代表的新一代信息技术大规模运用于新闻采集、创作、分发、接收、反馈等各环节提供了新机遇。江西日报社始终保持对技术创新的高度敏感性，紧紧抓住新一波信息技术革命的浪潮，积极把 AIGC、"5G+XR"、数字人、大模型等前沿数字技术融入新闻生产全过程、各方面，通过技术赋能，不仅使新闻媒体传播效率得到了提升，而且使党报内容优势得以进一步转化为传播优势。

一是迈向"智媒体"，发展传媒新质生产力。主导建设江西融媒大脑平台，"坚持完全自主可控 + 引进消化吸收"的研发路径，引入新华智云、传播大脑（浙江）等第三方先进技术，推动重构融合技术底座、重建传媒底层逻辑，破解一直以来困扰党媒的技术研发能力不强、技术应用水平不高等难题。在此基础上，充分运用采编机器人、虚拟数字人主播等技术，从新闻采编、多端内容展示、精品创作引导等全链条赋能江西新闻客户端和省市县各级融媒体中心。特别是依托以 AIGC 为代表的人工智能新技术建立"人工智能实验室"，依托以 AR、VR、区块链为代表的元宇宙技术建立"元宇宙实验室"，依托以云计算和 5G 为代表的云端化技术建立"云端实验室"，全力打造全国一流省级技术平台，不断培育发展传媒新质生产力。目前，通过持续不断的技术赋能，江

西新闻客户端已从 1.0 升级到 5.0，逐步实现了数字人主播、语音读报、AR 看报、5G 直播、H5 交互、问政帮办等智能化功能。

二是追求"智创作"，推动新闻生产智能化。江西日报社积极把人工智能技术融入新闻生产创作全过程，使生产效率大幅提升，使新闻产品更加新颖。在平台建设上，江报 AI 记者数媒应用平台 V1.0 已通过国家版权保护中心审核认证，能提供线索征集、文案生成、三审三校、全平台分发等 AI 智能服务。在新闻采写上，上线江西首款垂直领域 AI 服务平台"文书守正"，依托海量数据资源，构建新闻大模型，可提供文本自动生成、续写、改写、扩写、审稿等 AI 服务。在内容创作上，把 AIGC（生成式人工智能）应用于新闻产品创新，主题教育期间，应用 AI 技术打造的视频专栏《学而时习之》，成为党员干部学习教育新阵地；AI 技术重绘作品《China 江西，绽放新姿！》用"China"和"AI"讲述了新时代中国经济发展的故事，全网总阅读量突破 6000 万人次。

三是打造"智新闻"，实现新闻产品全息化。在智媒体的基础上，借助物联网、人工智能、云计算等技术支撑，把视频、游戏、VR/AR、动漫等多元化呈现手段，植入新闻产品当中，使新闻更加全息化、现场化，给用户带来前所未有的全新阅读体验。从 2018 年世界 VR 产业大会开始，《江西日报》连续引领技术潮流，连续推出多张 AR 报纸。全国首张 AR 连版报纸，在国内第一次实现 AR 技术在纸媒的大规模应用，把报纸变成哈利·波特的魔法书；全国首张 AR 直播报纸，在国内第一次实现 AR 与直播的全面融合，带来了在报纸上看直播的神奇体验；全国首张 AR 动漫报纸，不仅可以把实景变成 3D 模型，而且融入动漫、游戏等丰富元素，让读者在虚实之间感受到全新的视听体验。2024 年全国两会期间，江西日报再次策划推出融媒体连版报道《从神山到石门——江西乡村振兴微观察》，综合运用 AR、音视频、三维建模、AI 互动等技术，实现了报纸的可读、可看、可听、可闻，进一步提升了报纸阅读的维度，全网阅读量达 5000 万。

三、突出平台化，围绕新闻服务，丰富产品供给

媒体融合发展，赋予了媒体更多"互联网+"的能力，推动"新闻+政务商务服务"的新闻服务模式应运而生。这一模式既基于媒体、又超越媒体，既注重服务、又强化连接，既细分领域、又延伸链条，使媒体得以通过各种"融服务"平台，不断嵌入社会治理。江西日报社作为省级党报，同样在推进媒体

深度融合的过程中，积极发挥自己整合社会资源的能力，结合江西经济社会发展的实际需要，不断通过"互联网+"和"新闻+"，寻找服务社会治理的嵌入点，以此打造新闻平台，丰富新闻产品，扩大新闻服务的影响力，更好地承担起党媒的社会责任。

一是打造民生平台，畅通党和人民群众联系。媒体具有天然敏感的新闻触角，在移动互联网等新技术加持下，这种敏感性更加突出。早在2015年，江西日报社就充分利用媒体的这种能力，联合有关部门推出了"法媒银·失信被执行人曝光台"，以平台为载体，嫁接三方优势，在全国开创了"法（院）媒（体）银（行）"联手共筑诚信的先河。与此同时，不断优化提升"问政江西"网络问政平台，通过强化"接诉即办"的点对点效应，坚持解决人民群众"急难愁盼"问题，持续为党委、政府与企业、公众之间搭建一个直接、高效的互动空间。仅2023年，栏目就转办群众帖文2.94万条，回复率达99.98%，在主题教育期间，栏目的相关经验做法得到中央指导组高度肯定。2021年9月，报社进一步推出全国首个聚焦营商领域的江西营商全媒体平台。平台以新闻生产为基础，以用户需求为指向，在努力讲好江西优化营商环境的好故事的基础上，推出"营商帮办"应用程序，搭建起"政企媒"互动平台；启动江西营商大数据中心建设，以热点新闻采集、舆情监测、数据分析、数字创新等功能，进一步加强传统媒体内容生产智慧化、服务智库化的探索。截至目前，平台累计为经营主体办实事解难题3000余起。

二是打造服务平台，助力全省数字经济发展。媒体深度融合，让媒体拥有了越来越强大的技术能力，形成了一定的技术溢出效应。江西日报社借助区块链技术的成熟，积极搭建各类与确权、交易有关的技术服务平台。2022年4月，报社上线江西版权云平台，可以通过版权交易、确权服务、侵权发现、维权服务等核心功能模块，为客户实现"一站式"的版权服务，并先后与甘肃日报、广西日报、川网传媒、湖南红网签订版权合作协议，与河北日报、宁夏日报达成合作意向，推动版权云平台"走出去"取得初步成效。2022年6月，报社所属赣商传媒和XMETA公司联合，搭建了国内头部数字藏品平台——城市数藏，先后发行"城市名片系列·英雄城南昌""赣商杂志封面"等数字藏品2.2万件，为国内数字藏品爱好者搭建了一个发行、确权、交易新平台。

三是打造专业平台，服务各行各业宣传需要。积极利用报社在媒体融合方面的技术和人才优势，推动新闻生产向专业领域、行业板块渗透。2023年12月，报社所属新法治报"赣法云"融媒体平台完成上线。这一专攻政法领域的新媒体平台，以服务政法工作现代化，服务人民群众，服务基层干警为目标，致力于实现"政法宣传提质增效、人民群众喜闻乐见、基层干警爱不释手"，打造出新时代政法宣传"一张网、一盘棋、一朵云"的共建共治共享新发展格局，成为报社服务行业领域的典型应用。此外，依托"赣鄱云"的技术能力，报社还联合省妇联建设了"巾帼云"；携手省卫生部门打造了"江西健康云"；服务江西科技学院，推出了"江科云"；甚至走向省外，在新疆援建了"克州云"。

第三节　打造全媒体评价体系

在媒体迈向深度融合发展的新形势下，媒体评价的方式方法必然要与时俱进，形成与媒体深度融合、迭代发展相适应的全媒体评价体系。这一新型评价体系的构建，是全媒体传播体系建设的"风向标"和"指挥棒"，是推进媒体融合健康发展、使新闻媒体更好承担起自身职责和使命的内在要求，也是激发新时代党媒工作人员干事创业热情的制度保障。江西日报社高度重视全媒体评价体系建设，着力构建一套以"四力一体"（传播力、引导力、影响力、公信力）为核心的媒体、作品和个人评价机制，为打造全媒体传播体系，加快建设新型主流媒体集团创造持续动力。

一、树立流量思维，对新媒体平台以数据为驱动

在融媒体时代，衡量一个媒体的传播力、引导力、影响力、公信力大小，离不开以下载量、日活量、浏览量等客观数据为代表的主要流量指标。着眼打造面向未来的核心竞争力，江西日报社提出，以江西新闻客户端为基础，整合各方面资源和力量，举全社之力打造一个旗舰型的重大移动传播平台，同时，着力在垂直领域培育两至三个具有相当影响力的专业化、服务型客户端，推动《江西日报》微博、微信公众号等第三方平台的传播力指数进入全国省级党报前列。实现这一系列目标，就必然要创建以流量为重要导向的新媒体评价机制，

推动这些平台的下载量、日活量和覆盖用户等关键数据实现大幅攀升，进入全国同类新媒体平台的第一阵营。

一是紧盯"日活"，以流量数据形成赛马机制。立足打造国内头部新媒体，同兄弟省份的新闻客户端比下载、比"日活"，做到对标赶超。在江西新闻客户端实施"推广下载、提升日活'一号工程'"，通过赛马机制，形成"人人推广、事事推广、时时推广、处处推广"的鲜明导向，每周召开"日活"工程调度会，分析"日活"情况，拿出引流举措。强化省级党端优势，借助省内时政新闻的首发功能，扩大形成一批忠实的稳定用户。完善江西新闻客户端的便民服务内容，打造出生活帮手、赣服通和举报专区三大板块，推出20多项服务。开通积分商城，以积分制激励用户经常使用客户端，不断增强客户端黏性。特别是推动各部门加强线上线下活动策划，仅2024年以来，就先后通过"爱国奋进 筑梦前行"主题征稿、为江西省"最美科技工作者"点赞、银河左岸音乐节抽奖等重点活动集聚了大量人气，并有效地转化为客户端的下载和"日活"。

二是紧盯"爆款"，以"正能量"澎湃"大流量"。在月度好稿评选、年度好稿评选中，把流量作为重要评价指标，推动记者编辑抓住热点话题，引导网络舆论，打造具有正能量的"爆款"产品。2024年上半年，江西新闻客户端就抓住"江西小炒"受网络热捧的机遇，推出"江西小炒"系列报道，通过持续互动，抖音、微博话题总阅读量达10亿，带来了粉丝量的有效增长。2023年，报社打造阅读量"1000万+"作品21个、"500万+"作品58个。在此带动下，江西新闻客户端下载量已突破2500万，江西日报抖音号进入"全国优秀融媒体产业创新发展综合影响力抖音号TOP10"。

二、强化精品意识，对记者编辑以作品论英雄

融媒体时代，越来越多的新闻作品是以信息技术为支撑的全息化呈现、数字化传播。因此，融媒体时代的记者编辑，除了要有驾驭信息技术的十八般武艺，还要树立以互联网为导向的创作思维，才能使"四力"相得益彰，成为一个有机整体，才能在竞争激烈的互联网舆论场发挥出主流媒体应有的声量。江西日报社最初在进行媒体融合顶层设计的时候，就把推动采编人员思维意识的转变作为一项非常重要的基础工作，通过修订《记者编辑全媒体考核办法》，力争以一套较为完善的采编人员评价机制，引导记者编辑强化全媒体采编意识和能

力，为全媒体传播体系建设提供智力支撑。

一是以融合为方向，形成精品创作激励机制。大力实施新闻宣传提质工程和新闻精品攀峰行动，在报社架构起以中国新闻奖作品为引领，以江西新闻奖作品、报社年度好稿为梯队，以月度好稿、及时奖励为支撑，以全媒体考核为基础的精品创作激励机制。倡导"以作品论英雄"，坚持"凡重大，必创新；凡精品，必奖励"，以职级晋升、职称评聘、首席评聘、物质奖励等方面的各项激励，推动大家心无旁骛聚焦内容生产，形成了一个以创作为导向的记者编辑评价和考核机制，使报社精品创作的氛围日益深厚。第32届中国新闻奖中，江西日报社4件作品获奖，其中一等奖一件。第33届中国新闻奖，江西日报社再接再厉，又有6件作品获奖，其中一等奖两件，特别是媒体融合类、新闻摄影类、新闻编排类奖项获得历史性突破。

二是为融合做保障，打造人才引进培养机制。人才是一切事业的基石。融媒体人才的引进培养更是建设全媒体传播体系的基本保障。报社认真把握好融媒体人才存量和增量的辩证关系，积极深耕存量、开拓增量，坚持培养和引进两手抓、两手都要硬。一方面，持续深化"让人人都有出彩机会""让实干者得实惠"的人才发展体制机制改革，完善人才评价体系，充分释放人才活力、激发人才红利，把更多熟悉媒体融合工作的中青年人才充实到关键岗位，让更多优秀人才担当起引领媒体深度融合发展重任；另一方面，目光向外，引凤聚才，加强对融媒体人才的招聘和引进，给政策、给待遇，营造拴心留人的干事创业好环境，加快培养造就一批适应媒体融合发展的"专家型""大师级"的名记者、名编辑、名主持人，实现领军人才、青年英才、拔尖人才等各类优秀人才梯次成长，努力打造一支"政治过硬、本领高强、求实创新、能打胜仗"的融媒体采编队伍。

第三章 一张网一朵云：新疆主流媒体全融合共发力

周　丽　杨建蓉[①]

新疆报业传媒集团在媒体融合发展过程中，逐步形成"一张网""一朵云"格局，按照"一报一台一刊一网（云）"的战略部署，在媒体大融合发展趋势中，2018年底，新疆经济报社、今日新疆杂志社、天山网整合到新疆日报社（同时挂牌"新疆新媒体中心"），新疆报业传媒集团正式成立。自治区级融媒体技术平台石榴云的建设运营任务由报社（集团）承担。

石榴云客户端的建设运营，在技术方面优势显著，平台可以同时、统一为自治区、地州、县三级媒体的融合发展提供技术支撑，一方面，作为技术支撑保障全区各级各类媒体的内容生产和技术支撑；另一方面，通过"报刊网端微"的深度融合，形成了覆盖全疆的智能全媒体传播体系，这是符合新疆实际的、具有可操作性的融合转型之路。

目前，新疆日报社（集团）拥有四种文版《新疆日报》、四种文版《今日新疆》杂志、三种文版《新疆画报》、两种文版的《新疆法治报》，及外宣期刊《大陆桥》《友邻》等19种报刊，石榴云客户端、天山网、"学习强国"新疆学习平台、第三方公众号等70多个平台端口，建成了集各类媒介于一体的全媒体、多语种传播矩阵，覆盖用户总数超过5000万。

[①] 周丽，中国石油大学（北京）克拉玛依校区文理学院教授；杨建蓉，新疆财经大学党委宣传部新闻中心副主任。

第一节　覆盖三级媒体融合生产

自治区级融媒体技术平台石榴云，按中宣部要求高标准建设。石榴云成为新疆日报社（集团）发展的契机，也成为推动三级融合发展技术主动力。石榴云平台一期建成运行，成为首批按照国家规范标准要求建设的省级融媒体技术平台，为区、地、县三级100多家媒体融合生产传播提供技术支撑。该项目获得我国媒体行业最高科技奖——"王选新闻科学技术奖"项目奖一等奖。

一、平台融合：构建"1+85+N"运作体系

媒体平台化和平台媒体化是新闻业的重要变化。媒体融合的实现过程最基础的准备是搭建基于云计算、大数据、人工智能等技术的综合性平台。作为传播媒介，平台是内容生产机构和运营机构；作为技术结构，平台利用数据、算法、人工智能技术等对社会关系产生影响；作为商业资本，平台通过聚合连接，实现对市场资源的匹配和再分配。[47]因此，以主流媒体自主可控的互联网平台为核心、以其数据平台为内核、以县级融媒体中心为基础的现代传播体系，将成为未来社会的数据总汇和运营枢纽。[48]"石榴云"作为自治区、地州、县三级媒体融合发展技术的统一支撑平台，实现了三级党媒同频共振。构建了"1+85+N"运作体系："1"代表新疆日报社，"85"代表全区85个县级融媒体中心，"N"代表其他区内媒体或政企单位宣传机构。平台是形成覆盖区、地、县三级媒体融合生产传播格局的重要基础。

作为经济较为落后的边疆地区，新疆维吾尔自治区存在着多语种传播能力不足、信息生产传播方式落后、网络基础设施承载力弱等问题，石榴云的建成运营，不论是技术还是资源的整合利用，都帮助地县两级融媒体中心走出了困局。

1.一个平台融合全疆全媒体。石榴云平台十大系统的不断完善，为全区各级宣传部门和各级各类媒体提供了强有力的技术支撑。在融合发展过程中，石榴云平台项目实现了"建设云端化""流程一体化""生产智能化""资源共享化"，实现了全疆媒体、生产渠道、数据资源的融合，为主流媒体宣传阵地建设奠定了基础。

2. "1+85+N"体系实现三级媒体融合。平台型媒体＝网络平台＋产出内容。石榴云平台构建的"1+85+N"运作体系，成功打造了超级编辑部、客户端矩阵、政务服务入口，凸显跨媒体融合效应。通过自治区媒体融合"一张网一朵云"建设，打造贯通区地县三级媒体平台，破除资源内容分散的体制机制壁垒，共用平台、共享技术，推动区市县三级媒体在内容、平台、产业方面的联动贯通。组建近百人的专业技术服务团队，协助14个地州、85个县（市、区）建成地县两级融媒体中心，并全部入驻石榴云平台。

3. 全面提升生产与传播效率，确保网络安全。"1+85+N"超级编辑部，解决了能力欠缺的媒体在媒体生产能力和传播效率方面的短板和不足。为各入驻媒体提供一体化采编工具、人工智能工具、大数据分析工具、共享资源库，同时最大程度地保障播出安全。

做好全疆地县两级融媒体中心的日常运维、迭代升级、业务培训等服务保障，聚焦融合发展需求，协助阿克苏、巴州、阿勒泰建成地级融媒体中心接入石榴云平台，助力新疆媒体提高融合生产传播能力。2023年，报社（集团）协助完成和田、阿克苏、巴州等10个地州市级融媒体中心建设，做好全疆地县两级融媒体中心的日常运维、迭代升级、业务培训等服务。石榴云平台具有强大的应对网络攻击的技术力量，州、县两级融媒体中心就不用考虑网络安全问题，最大限度地保证了新闻播出安全。

二、端口融合：打造新疆主流媒体宣传"航母"

依托石榴云平台先进技术，石榴云客户端2020年8月上线运行，维吾尔文版2021年12月上线运行。目前累计下载量2700多万人次，日均阅读量"60万+"，已成为自治区重要新闻首发端口、疆内外媒体重要新闻来源"新疆第一端"。

打造"1+85+N"客户端矩阵，形成各客户端既独立运作体现自身特色，同时又可渠道共享、协同作战，持续增强全媒传播矩阵影响力。

2022年全年，集团旗下的刊物，如《新疆日报》《今日新疆》《新疆法制报》《当代传播》《新疆画报》《大陆桥》《友邻》等，总发行量超60万份；2023年，天山网通过打造名栏目、名活动、名工作室、名编辑，吸引读者关注，提升网站整体影响力，天山网全年总传播指数位居全国省级新闻网站前列；集团旗下新媒体账号影响力进一步扩大。推动子报子刊融合发展,"今日新疆""法治新疆"学习强国号分别上线。

三、管理融合:宣传管理与媒体生产无缝衔接

将宣传管理部门引入石榴云平台是该平台运营过程中的创新之处,可以实现宣传管理部门和各级媒体的高效对接,宣传管理与媒体生产一体化,推动了自治区宣传体系的技术性改革。在实际操作过程中,宣传管理平台和媒体生产平台基于石榴云平台可以实现共用资源、共享数据,并且两个平台互不干扰、互不影响。

这种运营模式中,两个平台之间的联动能力得以展现,宣传管理部门能够实现对媒体单位进行任务指令一键下发、执行状态一键查看、重要稿件一键置顶、问题稿件一键撤销等快捷操作,解决了协作难题。在"党的二十大主题宣传""脱贫攻坚"等重大报道中,即时、全面、深入的报道,体现了平台优势。

第二节 新闻传播体制改革创新

新疆日报社(集团)根据全媒体内容生产传播需要,及时开展了部门及科组设置、人员调配和干部配备工作,及时完善配套制度,在体制机制上做好保障。

一、重塑了一个机构

按照"一体发展、移动优先"原则优化机构设置,以石榴云客户端为牵引,成立融媒体编委会,新增9个新媒体部门,为达到让主力军全面挺进主战场的整体效果,按照融合生产需求重构部门设置、人员配备,传统媒介的内容生产者向新媒体转型。

二、重构了一套流程

强化互联网思维，打破内部机构、平台系统、采编流程、资源共享等方面的壁垒，将多媒体内容生产纳入一个后台、一个流程，"一站式"传送到全平台、各渠道审核发布，建立"一支队伍同时服务多个平台、服务多种生产"的一体化运行机制。

三、创新了一套机制

建立了决策领导、绩效考核、融合生产、技术服务等一整套全媒体运行机制，深化内容生产供给侧结构性改革。经过近几年的平台建设、县融服务、融合实践，升级了全媒体技术服务管理系统，适应各类媒体形态的素材处理。

新疆日报社（集团）建立了"新闻立社、移动优先、人才为宝"的全新绩效考核体系。以创新能力、工作质量、传播效果和贡献为导向，实行以岗定薪、多劳多得、优劳优酬的激励收入分配机制，向采编一线、新业务形态倾斜，调整后的考核机制，更能激发一线采编队伍的积极性、主动性、创造性。全新绩效考核办法正式实施当月，视频类产品环比增长77%，融媒类产品环比增长113%，视觉图片类产品环比增长339%，产能得到极大释放、产品结构更趋合理。

新疆日报社（集团）目前实施移动优先战略，所有原创稿件、产品在客户端首发，然后再由其他端口转发。以客户端发布为牵引，采编队伍实现常态化跨部门、跨业务类别融合生产，实现了"主力军全面挺进主战场"，促进融合转型。

四、再造了一支队伍

拥有一支高技能、专业化、多语种全媒体人才队伍，特别是经过几年来的平台建设、县融建设和融合实践，培养了一支600多人的融媒生产团队、技术服务团队、视频直播团队、活动营销团队。

融合部门人才使用方面多措并举，一方面用好现有干部人才资源，把业务强、技术精的全媒体人才充实到重要管理岗位；另一方面，把没有编制和职级但对新媒体业务能力突出的人员，以"部门负责人"方式任用到管理岗位上。同时，通过专业技术职务聘用、岗位选任转任中层管理岗的制度办法选任合适岗位的人员。

第三节　各类媒体共同发力多点开花

喻国明认为，内容始终是核心资源，把内容作为社会媒介化的载体去激活关系、组织圈层，这是未来主流媒体的核心价值逻辑。[49]近年来的新发展形势要求党报、党刊、党网、党端、党微功能不断扩宽影响力覆盖面，党报党刊延续突出"厚""重""深"的权威发布，新媒体平台根据其传播特点更注重"新""快""活"即时播报。在内容生产方面，融合媒体要求"一次采集、多种生成、全媒传播"，不同形态的产品，满足不同受众的需求。

一、谋划重大主题报道，多点开花讲故事

重大主题报道是新闻媒体在多元社会意识中发挥引领作用、实现舆论引导的重要手段，在新疆，重大主题报道如何能做到传播党的声音，讲好中国、新疆的故事，同时获得各族群众的喜爱和认可，是集团服务大局能力和传播力的重要体现。"微传播"时代的媒体格局发生变化，人人都是传播者，应用新手段，满足受众的接受习惯，扩大影响力是主流媒体共同面对的新挑战。

庆祝中国共产党成立100周年专题栏中，开展"风展红旗　党在新疆100年"等大型全媒体实践活动，立体呈现共产党人在新疆的奋斗历程和辉煌成就。32版特刊以及融媒体产品，英模事迹，对"七一勋章"获得者买买提江·吾买尔和魏德友先进事迹等加大宣传力度。

关于党的二十大的系列报道贯穿全年，不同系列的集中呈现较好展示出报社（集团）的报道特长。会前推出的感恩关怀厚爱的"足迹"系列报道，反映基层变革的"巨变"系列报道，展现南疆日新月异发展的"南疆新貌"大型全媒体采访活动，反映新时代党的治疆方略在新疆成功实践的"十年答卷"栏目以及"奋斗者　正青春""我们的新时代""走进县城看发展""非凡十年　地州巡礼""喜迎二十大"等系列子栏目，各平台累计刊播相关报道7000余篇（件）。

党的二十大召开之际，"天山南北共度二十大时光"系列短视频及混剪专题视频《聆听了党的二十大报告，他们这样说……》、石榴图说、音频、海报、

"对话党代表·视频连线""党代表们的'热话题'"系列视频等，生动呈现了党的二十大代表履职风采、各族干部群众收听收看的热烈反响和真挚心声，新疆各族人民幸福生活和努力奋斗的景象通过不同形式展示出来。

党的二十大胜利闭幕后，持续开设一批专栏，"全面深入学习宣传贯彻党的二十大精神""党的二十大精神基层微视频'云宣讲'大赛展播"等专题专栏，主做反响、政策解读、贯彻落实等报道。

其他重大主题报道中，创新推出奔腾之路——共建"一带一路"倡议十周年大型全媒体采访活动，"追着花儿看新疆""沿着河湖看新疆""走进口岸看新疆""追着雪花看新疆"等主题报道登上时政新闻榜。

2024年，围绕八大产业集群、自贸试验区建设、水利建设、乡村振兴、民生改善等重点工作，持续做好"牢记殷殷嘱托 建设美好新疆""高质量发展调研行"等栏目，推出"出访归来话发展""八大产业年中看""吹响项目冲锋号""中国（新疆）自由贸易试验区启航""石榴访谈·共话乡村振兴"等系列报道；启动"新疆高质量发展调研行"大型全媒体主题采访活动，全方位展示完整准确全面贯彻新时代党的治疆方略的生动实践和工作成效。

二、内外宣一体发展，中国新疆的动人故事走向世界

加强国际传播矩阵和外语种能力建设，整合天山网英文、俄文网站、外宣期刊《大陆桥》《友邻》资源，俄文、塔吉克文、英文、哈萨克文四刊上线电子杂志，同步开通微信公众号，放大国际传播效能。

成立"新疆国际传播中心"，打造天山网英语频道《Expat Eyes》（远方来信）、《Xinjiang story》（新疆故事）等一批有分量的外宣栏目，打开外宣新通道，塑造新疆良好形象。

1. 加快国际传播能力建设，用事实说话用真相讲理，讲好中国新疆故事。天山网持续刊播《明天更美好》中文、英文、俄文专题，向世界展现全面真实立体的新疆。针对西方涉疆荒谬言论，开设"任何外来势力都阻挡不了美好新疆前进的脚步"专题，累计发布文章、视频5000余篇（部）。

石榴云客户端开设《新疆棉 中国心》、天山网开设《一朵开启幸福的花》专题，开展全媒体大型移动直播《新疆的棉花开了》《新疆的棉花丰收啦！》，全国213家媒体和平台同步播出，传播量超3亿次。推出"推动高质量发展调

研行·一线探疆棉"专题报道，展现新疆棉农的产业自信和文化自信。

2. 所属报刊共同发力，讲好新疆故事。报社（集团）所属各类报刊，精心做好各项主题宣传。《今日新疆》杂志实现全新改版，进一步优化栏目设置；《新疆法制报》《法治人生》紧紧围绕依法治疆，讲好新疆"政法故事"；《当代传播》坚守学术品质，严格学术规范和标准，进一步提升品牌影响力；《新疆画报》步入良性发展轨道，用影像讲好新疆故事，展现大美新疆；《大陆桥》《友邻》多语言对外传播力覆盖面逐步扩大，向国内外的读者讲述美丽新疆的故事。

3. 中国新疆故事议题，对外传播效果凸显。推出"人民幸福生活是最大的人权""我劳动我快乐"等栏目报道，展现自治区全力保障和改善民生，用群众最真实的生活让谎言不攻自破。

"新疆棉"系列报道较为典型，天山网推出"新疆棉花朵朵开"专题，在2022年4月15日，携手新华社、央视频、《环球时报》等全国111家媒体平台和莎车等5家县级融媒体中心，推出《全国百家媒体同步直播/新疆的棉花播种了》，展开一场跨越天山南北，传播全国范围的联动大直播，让网友全面了解新疆现代化农业生产能力的提升，向世界展现新疆良好形象，直播全网单日传播量9000万+。围绕新疆棉花，推出系列直播，其中2023年10月中英文同步直播《6小时联播"瞰"新疆机械摘棉花》，累计观看"500万+"，微博话题累计阅读"680万+"。

在"奔腾之路"境外采访活动中，与哈萨克斯坦图兰电视台记者、吉尔吉斯斯坦媒体一起采访、联合生产，推出《在冼星海大道背台词》等全媒体产品，充分展现核心区媒体开放、自信的形象。报道《海边的"新疆巴郎"》被今日哈萨克斯坦通讯社、哈萨克斯坦时代网站第一时间转发；吉尔吉斯斯坦《丝路新观察》报，整版刊发石榴云｜新疆日报记者采写的"奔腾之路"栏目稿件，实现了在国际传播上的新突破。新疆妇科医生玛依努尔·尼牙孜的典型事迹，实现七语种生产、五大洲落地，引发国内外媒体积极转载和海内外网友广泛关注。"二十四节气"专题实现中、英、俄多语种联动，用群众喜闻乐见的方式对外展示中华文化的深厚底蕴。

第四节　打造生态级平台，创新社会治理

县级融媒体中心和基层网络政务服务是新媒体环境下两个重要的基层治理创新体系。[50]从"技术—内容—机制"维度，到"媒体传播—互联网—数字社会治理"三维结构，融媒体技术的不断发展，已经逐渐超越受众对媒体的传统印象，并且平台功能扩展到党群干群、社情民意的新的联结方式。

社会治理是以政治职能为首的社会深度连接。从新闻信息型产品到社会服务型产品。深度媒介化环境下的各项社会服务迁移至线上，为主流媒体的新闻产品功能的扩充提供了机会，即从新闻信息型产品扩展为新闻服务型产品。新闻服务型产品覆盖政务服务、公共服务、商务服务等各个领域。[51]

对于国家治理来说，县域是一个核心承接点，是国家上层与地方基层、中央领导与地方治理、权力运作与权力监控的"接点"部位[52]。近年来，可以看到各地媒体采用不同的方式参与到政府"治理"过程中，发挥着积极的作用。

以移动互联网为基础的各类新媒体平台因其传播速度和海量内容的特点，对民族地区的基层治理带来挑战。诸如在部分民族地区面临舆论引导难度大、谣言频发、境外敌对势力干预频繁、中华文化一体性遭遇挑战等问题。[53]新疆的基层治理，要满足独特特点、维护民族团结、保持中华文化一体性和捍卫国家安全等。

随着网络的普及和发展，部分网民选择在互联网上发表自己的诉求和见解，媒体参与政府治理的过程环节可以发挥有效协同作用，网民通过平台这个介质，跨越空间限制，人人都有机会平等参与到共建、共治、共享中。

一、评论员文章紧跟热点，引导读者的言论走向

报社（集团）开展大量的正面舆论引导，始终站稳主力军主渠道主阵地。在重要会议、重要节点精心撰写编辑部文章、社论、评论员文章，刊发"辛识见""辛言"文章10余篇，推出"短平快"的天山时评、石榴快评、大家谈、天山论坛栏目评论等近500篇，制作视频评论"新视评"30多期，围绕经济、

社会、民生、文化等方面，回应关切、解疑释惑、澄清谬误。推出江仲平、辛识见、社论、评论员文章、天山时评、天山论坛、石榴快评等评论言论600余篇。

紧跟"海产品"热点推介新疆，其中《新疆三文鱼"跃"上世界餐桌》抖音播放量278万，被二次转引后登上热搜榜，使"新疆三文鱼""新疆海鲜"等话题在抖音播放量均超1.5亿人次。

二、网上渠道畅通，人人都能参与社会治理

为走好新时代网上群众路线，进一步拓宽群众反映诉求渠道，发挥主流媒体的责任和担当，报社（集团）按照"新闻＋政务服务商务"运营模式，集合疆内媒体、机构和各类政务新媒体的特色内容，服务项目3000余项，"石榴云12345问政"平台正式开启，成为新时代网上群众路线的缩影，深度参与社会治理服务。7×24小时持续关注人民群众"急难愁盼"问题，当年留言总量达5万多条，上万条留言经过记者追踪报道或与相关部门联系得到解决。同时，以问题为导向推出舆论监督类评论。

2023年不断丰富"石榴云12345问政"功能，在投诉、求助、咨询、记者追踪等栏目基础上，建好十大民生实事建议征集、涉企问题征集、旅游服务诉求、供暖服务等专区，成为党委政府了解民情民意的便捷渠道，发挥了连心桥作用，实现"新闻＋政务"的融通。在自治区两会、全国两会期间，开设"你提问　我代言"活动专区，搭建群众与代表委员之间的沟通桥梁，为代表委员沟通民情民意、更好地参政议政起到助推作用。

三、全媒体传播优势，多形式提升服务能力

依托新媒体平台优势和影响力，开展各种互动式、服务式、体验式新闻信息服务，把专业难懂的政策信息转换为通俗易懂的语言，通过新媒体方式及时解疑释惑，有效发挥党媒信息服务作用。

报社（集团）运营了自治区党委宣传部"新疆发布"微博、自治区党委统战部主办的"新疆民族团结一家亲"和自治区文化和旅游厅主办的"新疆是个好地方"微信公众号、自治区政务服务和公共资源交易中心"新疆政务服务"微信公众号、网站、视频号和中国石化西北石油局微信公众号、微博等，20余

个各类新媒体平台,拓宽了报社(集团)的服务领域。

依托全媒体传播优势,关注惠民惠企政策、营商环境、农业农村等热点信息,开设为农服务专版和频道,及时发布权威政务信息和惠民政策信息。同时,天山网维吾尔、哈萨克、蒙古文等民语网,维吾尔文石榴云客户端加大少数民族语言报道及产品推送力度,方便少数民族受众获得信息。特别策划的"今日学习"专题,主要发布内容为不同语言的习近平总书记重要讲话,以海报形式每日推送。

四、关注群众热点,全方位服务新疆发展

1. 关注民生。关注医疗、就业等民生热点话题,聚焦群众"急难愁盼"问题。策划"关爱老年群体"系列报道,反映自治区推进适老化社会建设的努力;关注新疆各界救助和田断臂男孩,推出"断臂男孩 生命接力"系列专题,生动诠释大爱无疆;报道新疆男孩跨越4000多公里在广州进行角膜移植的救治行动,展示各民族在守望相助中共担风雨、共享阳光;推出"温暖返校路"系列报道记录暖心护航下的新疆班学生返(入)校之路;刊播"大专家进万家"医学系列科普讲座直播7场、系列短视频46部。

2. 关注经济。各平台先后开设"记者帮问""靠前服务 纾困解难"等相关专题专栏;刊发《我区出台15条措施为中小微企业和个体工商户纾困解难》等报道,从筑牢疫情防线、服务群众的角度发声,宣传解读自治区政策举措,展现各地各单位为民为企纾困解难,用心用力用情做好服务。

3. 关注旅游。报刊网端"新疆是个好地方"栏目,石榴云客户端开设的疆游、宝地频道,推出"追着花儿游新疆""推进冰雪经济高质量发展试验区建设""飞鸟迁徙季""推进新疆旅游高质量发展""红色珍宝"等系列报道让更多人了解新疆、向往新疆。

4. 关注历史。围绕中华民族传统文化及节日,策划推出"我们的节日""疆疆展新颜 融融过大年"等主题报道。推出"我在新疆修文物""新疆考古发现""在新疆与历史对话""打开博物馆的N种方式"等栏目,精彩呈现新疆历史文化。

五、文化与历史并重，用生动故事以文化人

新疆日报报史馆是"自治区爱国主义教育基地""自治区中小学生研学旅行实践教育基地"，荣获首批"自治区特色博物馆""自治区国家安全教育实践基地"称号，被列入自治区干部教育培训第一批现场教学基地（教学点）精品路线备案目录。已接待百余场中小学生走进报史馆开展研学活动，累计接待万余人次入馆参观。

依托报社（集团）传播矩阵打造的"新疆日报报友分享会"已经成为一个弘扬特色文化，引领先进文化，体现文化润疆的品牌活动，线上线下累计160余万观众参与互动。

以增强认同为目标，深入开展文化润疆工作，突出做好"丝路瑰宝""品读新疆""夜读""童绘新疆"等融媒栏目，重磅推出《一地一非遗》《乐魂——致敬中国新疆维吾尔木卡姆艺术抢救者万桐书》等融媒产品，以文化人。"学习强国"新疆学习平台联合新疆维吾尔自治区文学艺术界联合会共同开展"童绘新疆·畅想2035"中小学生绘画作品征集活动，让新疆各族少年儿童用画作表达他们内心不断增强的文化认同和文化自信。

第五节 探索"疆味"发展方向

新疆的发展受地理位置、国家战略、历史文化等方面的影响，具有特殊性，新疆媒介融合发展的功能方面也会区别于其他省份。需要在满足独特需求的同时学习、借鉴其他融媒体的成功经验，本地化后寻求结合点再不断优化自身发展方案，避免水土不服。

新疆日报社（集团）的发展目标是围绕高质量发展"一"条主线，牢牢坚持内容"一"个主业，塑造新疆日报、石榴云、天山网"三"大品牌体系；实施移动优先、平台优先、数据优先、用户优先、质效优先、触达优先"六"大发展战略，实现政治价值、传播价值、品牌价值、平台价值、产业价值"五"大价值，打造具有强大影响力和竞争力的国内一流现代化主流媒体和具有强大

实力的国有文化传媒企业集团。

  在实现目标的过程中需稳扎稳打、逐层推进、优势互补，在巨大的发展体量中，各项目能够产生联系、形成助力，互相促进融合，有助于媒体融合未来的发展。

第四章　高原融媒破浪前行：
《西藏日报》的创新发展

李　炜　周慧婷[①]

数字化浪潮席卷全球之际，媒体的功能角色与传播网络需要重新定位和规划，媒体融合成为时代发展的必然趋势。媒体形态的多样化和信息的爆炸式增长，使民族地区的媒体发展迎来前所未有的机遇，也面临着严峻挑战。唯有加速推进传统媒体与新兴媒体的深度融合，不断创新信息传播的方式与路径，方能占据民族地区信息传播的战略高地，牢牢把握舆论导向的主动权。《西藏日报》深耕在地化新闻内容，积极拓展多元化传播形态，致力于构建一个全方位、立体化的全媒体生态体系，发挥媒体融合的综合效能。通过实施一系列创新策略，《西藏日报》在融合创新的道路上走出了一条具有边疆民族地区和雪域高原特色的媒体发展之路，展现出独特的魅力和价值。

第一节　《西藏日报》：领航民族地区主流媒体新发展

媒体融合的浪潮中，西藏自治区始终注意把握信息传播与舆论引导的制高点，勇于探索、积极引领高原媒体生态的健康发展。作为西藏自治区党委机关报，《西藏日报》自1956年4月22日正式创刊以来，始终走在西藏媒体改革发展

[①] 李炜，传播学博士，西藏民族大学新闻传播学院教授，研究方向为新媒体传播；周慧婷，西藏民族大学新闻传播学院2023级硕士研究生。

的前列，是名副其实的媒体排头兵。进入媒体融合新时期，《西藏日报》积极构建"互联网+新兴媒体"的传播体系，通过提供优质新闻内容、开展多元信息服务、搭建媒体平台、创新传播方式，不断夯实传统媒体与新媒体空间的舆论高地，不仅引领了民族地区主流媒体的发展方向，在促进西藏地方经济发展、文化传承、社会进步等方面都发挥了重要作用，为民族地区主流媒体的新发展树立了典范。

一、深耕新闻宣传，创新拓展主阵地

作为边疆民族地区的信息传播和舆论体系的中坚力量，西藏的主流媒体不仅肩负着传递党和国家的政策主张、沟通社情民意、维护社会稳定的重大使命，也拥有改革发展的重要契机。在媒介融合的浪潮中，《西藏日报》始终坚持服务国家和地方发展大局，及时传递党中央和自治区政府的政策主张，传播西藏经济、社会、文化等全方位信息，营造民族团结和稳定发展的舆论空间。同时，面对日益丰富的传播渠道和更加多样化的受众需求，《西藏日报》积极应对挑战，在新闻宣传中不断推进媒体融合，持续创新党报改革新路径，建设多平台发布体系，通过新技术、新渠道扩展影响力和受众覆盖面，确保在新的传播格局中稳固主流媒体地位，牢牢把握舆论引导的主动权。

二、创设全媒集群，打造报业新生态

在涉藏新闻信息传播与舆论场中，西藏主流媒体具有明显的在地化优势，拥有广泛的用户基础和公信力，在经历媒介形态与传播环境的变革之际，仍然引领着西藏新闻传播事业的发展方向。《西藏日报》的融合转型路径及全媒体集群建设，成为西藏地区传统媒体融合发展的范本。《西藏日报》坚持"正确导向，扩大信息，贴近群众，突出特色"的办报宗旨，通过提升汉文报与藏文报的内容质量与影响力，优化商业报纸的发行方式，强化网络平台服务功能，构建起一个以创新报刊品牌为核心，带动整个传媒集群大型化、专业化发展的全新格局[54]。

第二节　《西藏日报》媒体融合的特殊背景

西藏地处高原边疆，长期处于反分裂斗争的前沿，西藏主流媒体是涉藏信息传播的高点和舆论斗争的焦点，其媒体融合发展既有普遍性又有特殊性。作为主流媒体的中坚力量，《西藏日报》充分发挥党报职责，加强主流舆论阵地建设，为西藏长足发展和长治久安创造了良好的舆论环境。

一、媒体融合发展的时代要求

日新月异的传播科技持续推动媒体形态与传播方式的变革，媒介融合已逐渐成为我国传播战略的核心方向。当前的媒介传播技术呈现出"高效、便捷、可视、可感"等显著特征，不断促进传统媒体与新兴媒体间的深度融合与互补共生。处于边疆民族地区，西藏的媒体发展在享有独特地域文化优势的同时，更承载着维护社会稳定、引导正面舆论的重要使命。《西藏日报》的融合发展不仅是顺应时代潮流的必然选择，也是引领并推动西藏传媒业创新发展的关键举措。面对互联网及传播新科技催生的传媒新业态，西藏主流媒体必须深刻认识内容生产与传播网络的核心价值，有效整合生产要素与媒介资源，优化区域媒体生态，更好地契合西藏现代化社会的发展趋势与民族地区受众多元化需求。

二、边疆党报传媒的特殊使命

边疆民族地区的主流媒体在内容策划、信息审核、信息分发等方面有着更加全面严谨的考量与要求。这不仅关乎媒体自身的发展，更是维护国家安全、意识形态安全及舆论主导权的现实需求。凭借独特的地理环境与文化特色，在日益互连的全球化网络中，西藏媒体具备较强的传播潜力和发展空间。如何破解经济基础薄弱、广告市场受限、技术升级延时、专业人才缺乏等问题，提升新媒体的传播力与影响力成为《西藏日报》发展的重要挑战。《西藏日报》应积极拥抱媒体融合，建设多平台分发体系，运用新技术手段拓宽传播渠道，增强内容的创新性与互动性，提升传播效率与影响力；通过全方位的媒体建设与运营，确保在新传播格局中占据舆论制高点，巩固主流媒体的核心地位，为边疆地区的社会和谐与繁荣发展创建良好的信息舆论环境。

三、西藏特殊区情的必然选择

深刻把握并紧密贴合西藏独特的区情实际，是确保西藏主流媒体融合成效与方向正确的关键所在。西藏地处意识形态斗争的风口浪尖，分裂与反分裂、渗透与反渗透的斗争形势尖锐复杂，主流媒体一直面临着与西方反华势力和十四世达赖集团在意识形态领域争夺话语权[55]。加快推动西藏传媒业的融合发展，不仅是适应媒体变革趋势的必然要求，更是维护意识形态安全、巩固执政安全的战略选择。面对意识形态领域尖锐复杂的斗争形势，西藏传媒业必须坚守舆论阵地，毫不松懈地开展反分裂斗争，这是保障西藏团结稳定、实现长治久安的基石。西藏的特殊区情要求传媒业在融合发展的过程中，既充分利用新技术提升传播效能，又要始终坚守政治立场，强化舆论引导，积极有效应对意识形态领域的不良渗透与干扰。西藏自治区传媒业的融合发展对推进边疆民族地区传媒业的整体进步具有重要意义。

第三节 《西藏日报》融合发展的历程与特色

《西藏日报》的融合发展之路，经历了从传统纸媒的网络化转型、数字化平台的多终端拓展，再到全媒体传播体系构建的不同阶段，其媒体融合历程深刻反映了省区级主流媒体在媒介革新浪潮中的蜕变与发展。报社通过实施多平台运营策略，深入挖掘在地化特色内容，不仅精准对接了西藏各族群众的信息需求，还极大丰富了民族地区的媒体生态，推动了西藏传媒体事业发展的现代化进程。

一、组建新媒体中心，激活内部创新力

为有效适应互联网时代媒介形态的快速变化，确保主流媒体在新媒体环境中主导地位和舆论引导力，《西藏日报》于2014年12月12日成立新媒体中

心内设机构，明确其三大职责：一是监督管理全社的新媒体运营，确保导向正确，管理运营规范；二是负责本部门新媒体产品的运营、管理、发布；三是协助规划《西藏日报》社新媒体发展的项目和媒体融合的未来路径方向，不断完善媒体结构，整合优化报社资源，逐步打造报社全媒体矩阵[56]。新媒体中心构建出一套完善的内容生产体系，涵盖了MG动漫、直播、VR、AR等媒体技术手段，实现了新闻内容的多媒体、交互式呈现，将传统纸媒中单一的文本信息，拓展为直观、生动的新闻新样态，丰富了信息传播方式，提升了用户体验。《西藏日报》通过再造新闻生产流程，实现信息系统的数字化升级，集成在线稿件选择、编辑、审核以及在线设计画板等多种功能，在提升各阶段工作效能的同时，也使各部门能够实时掌握新闻采编、分发的各个环节，实现高效的指挥调度。

二、搭建多语种平台，拓宽传播新路径

《西藏日报》积极探索媒体融合发展的多元路径，精心打造出业态丰富、功能的多元化传播网络，创新性开发设计了涵盖汉语、藏语及英语等多语种网络系统，在满足不同语言编辑的工作需要的同时，也优化了针对民族地区用户的内容供给，极大增强了媒体信息服务的普适性和便捷性。通过持续建设，《西藏日报》旗下已覆盖《西藏日报》（汉、藏文）、《人民日报》（藏文）、《西藏法制报》（汉、藏文）、《西藏商报》以及《高原新农村》藏文杂志在内的纸质出版物，和《西藏日报》App、中国西藏新闻网、抖音、快手短视频账号、"快搜西藏"客户端及微博、微信等社交平台官方账号。新媒体矩阵的构建，极大地拓宽了《西藏日报》的传播渠道，拓展了广泛的受众群体，提升了信息传播的效率和互动性，为提升民族地区媒体的传播力和影响力奠定了坚实的基础。

三、部署移动矩阵网，实现信息全覆盖

2015年7月，西藏传媒集团推出"快搜西藏"客户端。该平台整合了西藏自治区的新闻资讯、政务服务网站、官方社交媒体（微博、微信等），构建起一个功能强大的西藏综合新闻数据库，提升了涉藏新闻信息检索与查询的效率。2018年是《西藏日报》在移动端发力的关键年份，《西藏日报》微信公众号传播力和影响力显著提升，其粉丝数量在一年内从年初的8万增长逾14万，全

年总阅读量更是高达1384万次,充分彰显了其在涉藏信息传播领域广泛的受众基础与强大的影响力。《西藏日报》微信公众号的两篇推文——《重磅发布!西藏冬游盛惠来袭,景点全免,交通住宿半价享……》及《视频直击:泪点满满,你有多久没对妈妈说声"我爱你"》,凭借内容信息量和真挚情感,经《人民日报》客户端转载后阅读量迅速破百万。《西藏日报》的媒介融合进程也促进了西藏媒体生态体系的完善,西藏自治区逐步构建起了覆盖PC端网站、移动客户端、社交媒体账号、手机报及党建App等在内的多终端新媒体阵营。这些新媒体平台紧密围绕政府的中心工作布局内容,精准对接并满足受众需求,提供包括政务公告、信息咨询在内的全方位服务,有效促进了媒体融合业务模式向纵深拓展,进一步提升了媒体的综合服务效能。

四、驱动融合性项目,构建融媒新业态

新闻援藏是援藏机制的重要体现。人民日报社作为对口援藏单位,充分发挥了其先进的技术优势,为《西藏日报》社媒体融合发展提供了有力支持。在援助框架下,《西藏日报》媒体融合发展项目全面推进,创设了包括移动报道指挥系统、投稿平台中心、全媒体藏汉文公共稿库、纸媒与新媒体编排系统、新媒体矩阵管理演示平台,以及全媒体多渠道发布与绩效考核系统等共计17个关键组成部分[57]。为了进一步丰富传播内容,2012年4月11日《西藏日报》社在拉萨市成功设立了分支机构,并同步上线了中国西藏新闻网拉萨频道,正式宣告了《西藏日报》全面迈向全媒体时代转型的新篇章,创办的分支机构从促进媒体深度融合,优化转型路径等战略高度出发,对报社的整体发展目标进行了重新的审视与调整[58],力求在信息采集、传播与发布方面,紧密围绕受众群体的多元化需求,精心策划并制作涵盖纸媒、音频、视频在内的多样化新闻产品,以更加丰富、生动的形式满足广大受众的信息需求。

五、打造新媒体平台,共绘融媒新图景

《西藏日报》积极投身移动新媒体集群建设,以多形态内容创作、多渠道传播路径以及多平台融合运营作为核心策略,打造出一个兼容汉语、藏语、英语等多语种界面的信息传播平台,全方位提升主流媒体的传播效能,优化用户

体验，扩大国际影响力，引领信息时代的舆论导向。新媒体中心相继推出了"西藏日报藏文媒体""图说西藏""今日西藏""新西藏"等多个新媒体品牌，创建"西藏日报""快搜西藏"客户端，开通微博、微信等新媒体账号，形成了"八报、一刊、两网、一端、13微、一网群"[59]的新媒体矩阵。《西藏日报》旗下的客户端、微博、藏汉语微信公众号、抖音号、快手号都成为具有一定影响力的涉藏信息传播渠道。信息传播体系的完善促进了涉藏信息的传播与用户交往，进一步激发了新型主流媒体的内在活力。

第四节 《西藏日报》融合创新发展模式探析

通过面向数字化的转型探索和实践，《西藏日报》的融合创新取得了显著进展，打造出内容更丰富、传播方式更高效的媒体产品，提升了新闻传播的效率，进一步增强了主流媒体的传播力和影响力。

一、"中央厨房"改革传统新闻生产方式

2017年，《西藏日报》社正式启动了"中央厨房"项目建设。在人民日报社的技术加持下，《西藏日报》社随后制定了《西藏日报客户端建设方案》《西藏日报多功能音视频演播室与藏文编辑部、新媒体中心规划与理念》和《西藏日报全媒体中心厨房建设方案》《西藏日报全媒体中心厨房建设方案》等一系列规划[60]，积极推动了全媒体记者站与媒体"中央厨房"建设。2016至2017年间，人民日报通过对口援藏项目实施，对《西藏日报》的新媒体选题策划、新闻采写、内容编辑、稿件分发等关键环节进行了全面革新。相较于内地媒体的"中央厨房"模式，《西藏日报》不仅依托新媒体重塑了采编发流程，实现了"一次采集、多种生成、多元传播"的现代化作业模式，还在此基础上构建了汉、藏、英多语种内容编辑发布体系，充分体现了地域特色、国家战略与国际视野的有机融合。"中央厨房"技术与模式的采用，提升了新闻采编的效率与发布的时效性，改革了传统新闻生产方式。2019年西藏自治区两会期间，一个集《西藏日报》

客户端、全媒体"中央厨房"、全媒体采编中心以及多功能音视频演播室四大核心建设内容于一体的新媒体综合中心正式亮相。该中心通过 VR 全景体验、视频访谈、权威重磅解读以及独家首发报道等多种形式充分展现出新部门、新内容、新形式所具备的传播潜力。

二、"新媒体集群"强化媒体传播效力

在新媒体建设过程中，面对内部基础条件相对薄弱、外部资金与编制受限等多重挑战，《西藏日报》不断探索融合传播的新渠道。通过不懈努力，成功创建"快搜西藏"客户端、"西藏日报"双语客户端、"新西藏（英文）""缘藏""图说西藏""西藏宝物""西藏找工作""精读西藏""西藏手机报"等 20 余种新媒体产品，全面构建起报社的新媒体矩阵。《西藏日报》新媒体集群的发展态势已稳步跃居西部少数民族地区的前列，展现出强大的创新活力和引领力。《西藏日报》将进一步巩固和扩大主流舆论阵地，构建全媒体传播格局，为应对激烈的媒体竞争、舆论斗争奠定坚实的基础，持续推动西藏地区新媒体事业的繁荣发展。

三、"政策领航"强化制度保障根基

秉持构建坚实平台、夯实发展基础、强化内部管理、促进深度融合的发展理念，《西藏日报》先后通过关于加强新媒体管理的 4 个暂行文件——《西藏日报社新媒体运营管理方案》《新媒体平台信息审核发布和安全管理制度》《新媒体集群绩效考核方案》《西藏日报工作人员使用微博微信等社交媒体的规定》，旨在进一步规范与强化新媒体运营与管理的流程，确保各项工作有序开展。为确保平台及覆盖 74 个县（区）的网站能够稳定运行，日报社制定了《网络安全协调机制和分工制度》《西藏自治区地县两级网络安全服务技术平台应急预案》等方案，提升了西藏全域 74 个县（区）网群新闻宣传品质，确保了舆论导向的正确性，同时有效维护了网络环境的平稳与安全，为《西藏日报》在新媒体领域的持续发展奠定了坚实的基础。

四、深耕"在地化"内容赢取发展优势

西藏高原自然风光、民族风情、传统文化对全国和全球受众都具有很强的吸引力，这为西藏媒体的发展提供了独特的信息内容资源。《西藏日报》的报道内容覆盖西藏的政治、经济、文化、社会等各个领域，不仅迅速捕捉并报道西藏本土发生的重要事件和最新动态，确保信息的时效性，还深入报道西藏自然环境、经济建设、民生发展等议题，提供专业分析，积极引导社会舆论，培育各民族受众的价值观念。通过在新媒体领域的积极耕耘，《西藏日报》凭借权威性、多样性和信息整合等优势，积极拓展了区内外、国内外的用户群体，在信息传播、政策宣传、文化推广以及公共服务等方面发挥了重要作用，成为维护国家统一、社会稳定、民族团结舆论环境的中坚力量。

第五节　《西藏日报》媒体融合可持续发展的优化路径

《西藏日报》媒体融合的成功实践，提升了高原广阔空间的信息传播效率，增加了民族交往交流交融的手段与渠道，激发了用户的参与热情。如何通过媒体融合激发改革活力，持续优化媒体生态，释放媒介的生产力是未来进一步探寻的方向。

一、适应国家发展需求，精准把握发展新契机

作为西藏自治区的重要官方媒体，《西藏日报》积极响应治边稳藏的新目标和新要求，在新闻报道、内容策划、服务功能等关键领域着力创新，为民族团结、社会稳定营造了健康的舆论氛围。面对未来全球传播的新趋势，《西藏日报》需进一步加强对外宣传和国际交流，借助国际化的信息平台，全面展示西藏社会治理的政策实践与民生发展，提升国际社会对西藏现代化的理解与认知。在传播策略方面，应着重加强数据分析，完善反馈机制，精准把握公众对治边稳藏政策的关注焦点和意见倾向，及时调整新闻报道策略。当前西藏新媒体改革虽已取得一定进展，但在数据分析应用方面仍有较大提升空间，《西藏

日报》应紧跟媒介技术发展与媒体平台化发展的转向，重视用户分析和精准传播，不断提升涉藏信息传播的效能和质量。

二、强化媒体创新能力，深化全媒体融合实践

《西藏日报》通过全面整合官方网站、移动应用程序、社交媒体平台（包括微信公众号、微博、抖音等）以及传统纸质报纸等多种传播渠道，以实现新闻内容的广泛覆盖。未来，应开发集成式新闻发布平台，对不同的媒体形式（文字、图片、视频、音频等）进行统一管理和发布，以提高运营效率并优化用户体验。在官方网站及移动应用中开放更多的互动功能，如评论区、在线投票、问卷调查等，激发用户参与热情，增强用户黏性。通过跨部门协作，有效整合新闻采编、技术开发、设计和市场推广等各方面资源，合力提升媒体运营效率，增强其在开放媒体环境中的影响力和竞争力。

三、巩固舆论宣传阵地，抢占信息传播制高点

在纷繁复杂的网络空间中，部分境外媒体无视事实真相，肆意散布关于我国边疆民族地区的负面舆论与虚假信息，严重损害了我国政府和西藏的发展形象，国际新闻舆论场中涉藏话语权的争夺依旧紧张激烈。《西藏日报》应通过媒体改革，借助融媒传播优势，加强西藏地方新闻的深度报道和分析，提供科学视角与见解，满足用户对信息的深层次需求，创新新闻评论的形式。同时，建立健全舆情监测系统，追踪分析社情民意与舆情动向，守牢涉藏信息传播与舆论宣传的主动权。

四、倡导多方合作共赢，完善人才激励机制

《西藏日报》与西藏广播电视台、人民日报西藏记者站、新华社西藏分社、中央广播电视台西藏记者站等央媒驻藏机构建立了友好合作关系，提升了西藏新闻传播的时效性和覆盖面。为了充分发挥协同效应，《西藏日报》应探索构建更为紧密广泛的媒体合作机制，促进信息资源的共享融通与优势互补，共同推动边疆新闻传播事业的发展。内部协作方面，为激发创新活力，促进新媒体内容创作与传播质量的提升，《西藏日报》需持续完善适应新媒体工作特征的

人才激励措施，根据网站的访问量、阅读数据、转发频次、点赞数量等关键指标建立科学合理的评价体系，鼓励创造性工作和融媒团队建设，优化人才结构，为新媒体发展注入持久动力。

五、融合民族文化特色，传播民族文化风貌

借助于媒体转型发展，《西藏日报》应成为创新民族文化传播的排头兵，通过报道西藏多彩的民族文化和生活习俗，展现西藏各族人民精神风貌，呈现立体、生动的中华多民族文化图景。为增强用户对西藏文化的认知和兴趣，《西藏日报》应注重深入挖掘文化历史根源和当代变迁，尝试建设文化报道数据库；同时发展多语种平台，鼓励各族群众借助媒体平台分享民俗与生活故事，让民众成为文化传播的参与者，增进民族交往。通过积极报道民族文化融合和社会和谐的生动故事，展现西藏地区各民族团结一心、共同发展的美好图景，进一步增强各民族的凝聚力和向心力。

六、积极融入媒介治理，提升治理现代化水平

西藏自治区宣传思想工作会议强调"要把各个领域的行政管理、行业管理、社会管理紧密结合起来，形成齐抓共管的大宣传格局"。作为党的重要喉舌，《西藏日报》在扎实做好宣传思想工作，及时反映社会舆情的同时，也要为政府决策提供有效反馈，积极发挥监督和评估作用，对社会治理中的难点、痛点问题进行报道，推动问题解决和政策改进。在报道内容上，要聚焦政府政策、法律法规以及社会治理新措施；在报道倾向上，致力于帮助公众理解和把握国家政策，倡导法治建设，引导各族群众抓住发展机遇，实现共同富裕。此外，也要借助"新闻+服务"的方式进一步创新媒体参与社会治理的新方式、新渠道。

七、持续探索市场化路径，激发媒体发展活力

党和国家始终将边疆民族地区新闻事业的发展置于重要战略位置。国务院发布的《关于进一步繁荣发展少数民族文化事业的若干意见》明确指出："加大对民族类新闻媒体的扶持力度，加快设备和技术的更新改造""对涉及少数民族事务的重大宣传报道活动、少数民族文字重大出版项目，给予重点扶持"。

《西藏日报》需继续深入探索新闻内容产品化的创新路径,通过与企业、文化机构等合作,共同开展品牌推广、活动策划和内容营销,不断拓宽合作领域。同时,通过多元化收入来源和数字化转型,开发广告、赞助、订阅服务等收入渠道,逐步减少对政府资金的依赖。加强线上平台建设,充分利用社交媒体和移动应用拓展读者群体,提升广告和内容收入,优化运营管理,实施成本控制,奠定新时代创新发展的坚实基础。

第五章　《云南日报》的融合发展创新研究

杨青山　陈公放[①]

随着媒体行业的深刻变革，传统媒体面临数字化转型与融合发展的挑战。本文以《云南日报》为研究对象，探讨其在当前媒体融合发展背景下的创新实践和探索路径。《云南日报》作为云南省的主要新闻媒体，在地方新闻传播、社会舆论引导以及政府与公众之间的桥梁关系方面发挥了重要作用。然而，随着新媒体技术的迅速发展，传统纸质媒体的市场份额逐渐被压缩，迫使其转型并寻求创新发展路径。通过分析《云南日报》的具体案例，发现媒体融合不仅仅是技术层面的升级，更是内容、形式、渠道以及产业链的全面整合与创新。特别分析了《云南日报》在全媒体传播矩阵、数字化平台建设、跨媒体协同合作等方面的创新实践，并提出了其在推动跨领域合作、拓展新业务模式中的成功经验。同时，探讨了《云南日报》在融合发展过程中遇到的多重挑战等，本文提出了多平台建设、本地内容深耕、专业人才队伍建设等对策建议，以帮助传统媒体在数字化时代保持竞争力并实现可持续发展。

---

① 杨青山，云南财经大学传媒与设计艺术学院党委副书记、副教授、硕士生导师，主要从事财经新闻理论与实务、媒体融合与发展研究；陈公放，云南财经大学新闻与传播2023级硕士研究生。

第一节 《云南日报》概况

一、历史沿革

《云南日报》于1950年3月4日创刊,其成立背景与中华人民共和国的建立和云南的解放密切相关。1949年,为支援解放后的新地区办报,中共中央和中共北平市委决定停办《北平解放报》,并动员报社工作人员南下支援西南地区的新闻事业。同年,云南解放,中国人民解放军第二野战军第四兵团司令员陈赓宣布了云南省的解放。随着云南进入新的历史时期,中共云南省委迅速成立,作为省委机关报的《云南日报》正式诞生。自创刊以来,《云南日报》始终坚持党的路线、方针和政策,秉持宣传党的声音、传播党的理念的职责。早期的《云南日报》主要以报道地方政务、宣传党的政策和引导社会舆论为主。毛泽东亲笔题写的报头不仅展现了该报的政治背景,也成为其品牌象征。

进入改革开放时期,《云南日报》与时俱进,逐步从单一的纸质媒介发展为一个多元化的新闻平台。特别是1996年,《云南日报》率先在省级党报中与美国《国际日报》合作,创办了第一份海外新闻专刊《国际日报·今日云南》,为报社开辟了国际传播的新渠道。

二、当前概况

如今,《云南日报》已经走过了70多年的发展历程。它在云南新闻界乃至全国都有着举足轻重的地位。随着媒体行业的转型和数字化浪潮的来临,报社不仅在内容生产、数字化传播和产业融合方面做出了积极探索,也为云南省经济、社会和文化的宣传作出了重大贡献。

1. 全媒体发展与数字化转型。为适应信息技术的快速发展和读者需求的变化,《云南日报》逐步从传统的纸质媒体转向全媒体发展模式,构建了"报、网、端、微、屏"五位一体的传播矩阵。云南日报报业集团旗下不仅包括纸质媒体,还通过数字平台进行新闻传播,如官方新闻网站、手机客户端、微信公众号等,使得信息传播的渠道更加丰富、便捷。数字化转型是《云南日报》近年来的重要战略之一。通过建设智能化的内容管理系统和大数据平台,报社能够实现个性化的新闻推荐，更加精确地满足读者需求。与此同时，报社还通过可视化新闻、数据新闻等新兴报道方式，提升了新闻内容的可读性和互动性。

2. 内容创新与多样化。在内容生产方面，《云南日报》持续创新，力求覆盖更广泛的社会议题，并通过多样化的报道形式提升新闻的影响力。除了传统的文字报道，报社还积极引入图片、视频、数据可视化等多媒体元素，丰富了报道形式。报社的深度报道和专题策划一直广受好评。尤其是在重大事件报道和政策解读方面，《云南日报》常常推出具有高度权威性的深度报道，充分发挥了党报在舆论引导和信息传播中的作用。通过一系列专题策划，报社能够全面、立体地展示社会问题和政策实施情况，帮助读者更好地理解国家和地方政策。

3. 跨界合作与产业拓展。近年来，《云南日报》在跨界融合和产业拓展方面也取得了显著成绩。作为传统媒体，报社积极寻求与其他行业的合作机会，以扩大其影响力和经济收益。在文化产业方面，《云南日报》也通过举办文化活动、参与书籍出版和影视制作，进一步提升其在文化产业中的话语权。例如，报社曾举办云南地方文化推广活动，推介当地的民族文化和旅游资源，不仅扩大了其文化影响力，也带来了额外的经济效益。

4. 社会责任与荣誉。作为中共云南省委机关报，《云南日报》在宣传党的政策和引导社会舆论方面始终不遗余力。它不仅是云南省党委和政府与人民群众沟通的重要桥梁，也通过大量的扶贫报道、公益活动为社会进步贡献力量。2019年，《云南日报》因其在扶贫领域的突出报道，荣获"全国党媒优秀扶贫报道"奖项，充分展示了其在推动社会进步中的积极作用。

5. 挑战与未来发展。尽管《云南日报》在数字化转型、全媒体布局和产业拓展方面取得了一定成绩，但也面临诸多挑战。数字化转型需要大量的资金投入和技术支持，对于传统媒体而言，如何在有限的资源条件下保持技术领先和内容创新是一大考验。此外，随着新媒体的快速崛起，传统媒体的读者群体正在逐步流失，如何在新的媒体生态中重新获取用户的关注和信任，仍然是《云南日报》需要解决的难题。

面对这些挑战，《云南日报》正在不断加强与科技企业的合作，利用大数据、人工智能等先进技术优化新闻生产流程和用户体验。同时，报社还在积极探索新的盈利模式，努力寻求在内容、平台和产业上的进一步突破，以在未来竞争激烈的媒体环境中继续保持其核心竞争力。

第二节 《云南日报》融合发展创新实践

作为云南省的党报,《云南日报》在媒体融合方面也取得了显著的成绩,并通过多元化、数字化的媒体运营,逐步实现了从"相融"走向"深融"的转型。

一、全媒体传播矩阵的构建。《云南日报》通过构建"报、网、端、微、屏"五位一体的传播矩阵,极大地扩展了新闻的覆盖面和传播渠道。报纸除了传统的纸质媒介外,还通过官网、App、微信公众号、微博等多平台同步发布新闻,使其内容可以快速、精准地到达不同的用户群体。这一全媒体模式不仅提高了传播效率,还增强了与受众的互动性。用户可以通过多种途径接收新闻、参与讨论,甚至提供新闻线索,这为报社拓宽了新闻来源,也提升了读者的黏性。

二、数字化转型与智能化应用。《云南日报》的数字化转型与智能化应用主要聚焦于内容生产、传播渠道优化、大数据分析与用户互动服务等多个层面,推动其传统媒体业务向现代数字化媒体的深度转型。在内容生产方面,《云南日报》引入了人工智能技术,实现了采编流程的智能化。例如,利用自然语言处理技术快速生成新闻摘要,提高了新闻发布的时效性。此外,借助智能图像识别与视频处理技术,丰富了新闻报道的多媒体形式,满足了读者对图文和视频新闻的需求,使报道内容更加生动和多样化。

传播渠道的优化是《云南日报》数字化转型的另一核心环节。通过搭建官方网站、移动应用程序和微信公众号等数字平台,《云南日报》将传统纸媒的优势延展至线上,打破了时间和空间的限制,为用户提供了随时随地获取新闻的便捷途径。借助个性化推荐算法,这些数字平台可以根据用户的兴趣与浏览行为推送定制化内容,提升了新闻内容的精准触达率,增强了读者黏性。同时,《云南日报》在大数据分析方面的应用也取得了显著成效。通过分析用户的阅读行为和热点趋势,编辑团队能够精准把握公众的关注焦点,为新闻选题和内容策划提供有力的数据支持。这不仅帮助媒体提高了内容的相关性与吸引力,也增强了《云南日报》在舆论引导和公共信息传播中的影响力。

在用户服务和互动方面，《云南日报》采用了智能客服系统，能够快速响应读者的咨询和反馈，为用户提供及时、高效的服务。此外，通过社交媒体平台和在线互动功能，读者可以参与评论、分享和投票活动，加强了用户与媒体之间的互动联系。这种智能化互动模式不仅提高了用户的参与感，也为内容优化和用户体验提升提供了有价值的反馈。总体而言，《云南日报》的数字化转型与智能化应用实现了从内容生产到用户互动的全面升级，不仅提升了传播效率和内容质量，还增强了用户体验与市场竞争力，为其在数字时代的持续发展奠定了坚实基础。

三、跨媒体协同合作。《云南日报》的国际化运营主要集中于服务国家开放战略，特别是在南亚和东南亚地区的传播影响力。作为中国面向南亚、东南亚的窗口，云南日报报业集团通过成立国际传播中心，专注于讲述"七彩云南"的故事，传播中国文化和云南特色。《云南日报》与国内外多家媒体机构建立了跨媒体合作关系，积极拓展与国际媒体的合作，例如与印尼的《国际日报》建立合作关系，将云南的新闻和信息带入印尼，进一步加深两国在文化、经济和旅游方面的联系。这一合作不仅是云南日报"走出去"战略的具体表现，也提升了云南在东南亚国家中的影响力。

《云南日报》长期以来致力于东南亚的内容输出，自2019年起，其海外新闻专版已发行超过24年，成为该地区读者了解中国的窗口。并且，通过在内容上针对当地受众人群的兴趣和需求进行定制，《云南日报》加强了中国文化的传播效果，有效应对不同文化背景下的传播挑战。云南日报报业集团积极响应国家对外传播能力建设的号召，不断优化顶层设计和落地策略，以提升传播效能。其国际传播中心定位为"服务中国面向南亚、东南亚的辐射中心"，并被誉为中国媒体"走出去"的典范。这一定位推动了《云南日报》在国际传播上的品牌效应，进一步巩固了其在南亚、东南亚区域的媒体影响力。

四、内容创新与多样化呈现。技术驱动的创新是《云南日报》提升内容多样性的重要手段。依托大数据分析读者兴趣，《云南日报》在内容策划和呈现上精准定位，不仅提高了内容的相关性，还有效增强了读者黏性。此外，《云南日报》利用多媒体技术，创新运用图文、视频、VR等形式，使信息传达更为直观、生动。主题多元化与文化特色的融合也是《云南日报》创新的关键。

通过设置具有云南地域特色的栏目，如"七彩云南""有一种叫云南的生活"等，《云南日报》展示了当地的生物多样性与文化多样性，增强了内容的吸引力。此类专题报道不仅满足了本地读者对地域文化的认同感，也吸引了国际受众对云南的关注。新媒体平台的多渠道分发进一步扩大了内容的传播广度。《云南日报》不仅通过传统纸媒发布信息，还在微信、微博等社交媒体上实现内容的实时发布与互动，通过数字化平台实现跨区域传播，增强了传播的时效性与广泛性。通过以上措施，《云南日报》实现了内容创新与多样化呈现，不仅提升了自身的品牌价值，也为中国媒体的国际化传播提供了借鉴。

第三节 《云南日报》融合发展的特点及问题

《云南日报》作为云南省的主流媒体，在媒体融合发展的大潮中，积极探索创新实践路径，以实现传统媒体和新媒体的深度融合，不断提高传播力、引导力、影响力和公信力。

一、《云南日报》在融合发展中的特点

1.技术创新推动媒体融合升级。媒体融合发展离不开先进技术的支撑。《云南日报》积极采用大数据、人工智能等前沿技术，打造了集报纸、网站、移动端为一体的多渠道传播矩阵，增强信息传播的即时性和覆盖面。通过大数据分析，能够更精准地把握受众兴趣和需求，从而实现内容的精准推送，提升传播效果。同时，人工智能技术在新闻内容生产中的应用使得《云南日报》可以高效生成新闻摘要、视频剪辑等内容，极大地提升了新闻生产的效率。这些技术创新不仅增强了媒体自身的竞争力，也为实现媒体融合提供了技术基础。

2.内容创新丰富传播形式和内容。在媒体融合的背景下，内容创新是《云南日报》保持活力和吸引力的核心所在。《云南日报》通过整合自身的内容资源，推进"全媒体＋全程媒体"报道模式，打造了一系列富有地方特色和民族特色的新闻产品。在报道云南少数民族节日和乡村振兴等主题时，《云南日报》

不仅提供图文报道，还通过视频直播、短视频、互动图文等多样化形式，使受众能够更直观地了解云南的地方文化和社会发展。内容创新使《云南日报》的传播手段更加多元化，同时满足了不同层次受众的需求，进一步扩大了内容的受众群体。

3. 构建新媒体平台推动全方位传播。《云南日报》依托"云报"品牌，推出了如"云报客户端"等一系列新媒体平台，形成了立体化的传播网络。这些平台集新闻资讯、社交互动、政务服务等多功能于一体，成为连接政府、社会和公众的重要桥梁。疫情期间，云报客户端提供了实时疫情数据、疫情防控知识等信息服务，充分发挥了新媒体平台的优势。通过打造多元平台，《云南日报》突破了传统媒体在时间和空间上的局限，实现了全天候、全地域的新闻传播，进一步提高了新闻报道的广度和深度。

4. 重视人才培养提升媒体融合发展能力。媒体融合不仅需要技术和内容的创新，还需要具备跨领域能力的复合型人才。《云南日报》在媒体融合发展过程中，注重培养一批既具备新闻专业能力又懂新媒体技术的"全媒型"人才。通过内部培训、外部合作、岗位轮换等方式，《云南日报》提高了员工在数据分析、视频制作、内容策划等方面的能力，以适应媒体融合发展的需求。同时，鼓励员工创新内容生产和传播方式，使其能够在媒体融合的环境中更灵活地应对新的传播挑战。人才的创新能力为《云南日报》在媒体融合发展中提供了强大的智力支持。

5. 推动"内容+技术+服务"的深度融合。《云南日报》不仅关注内容的生产与传播，还注重将服务理念融入媒体融合发展中，实现"内容+技术+服务"的深度融合。通过"云南日报"微信公众号、微博等社交平台、抖音官方账号，《云南日报》在内容推送的同时，还提供政务咨询、便民信息、民生服务等功能，提升了用户黏性。这种内容与服务的结合模式不仅拓宽了《云南日报》的传播渠道，也增加了用户与媒体的互动性，为构建良好的用户关系提供了基础。《云南日报》在媒体融合发展中通过技术赋能、内容多元、平台建设和人才培养，有效推进了媒体融合发展，拓展了信息传播的广度和深度，增强了自身的竞争力与影响力。未来，随着媒体融合进程的进一步推进，《云南日报》将继续深化实践探索，为云南省的文化传播和社会服务作出更大的贡献。这一探索不仅为其他地方主流媒体提供了有益借鉴，也为我国主流媒体的融合发展提供了实践参考。

二、《云南日报》融合发展存在的问题

1. 技术转型的挑战。随着大数据、云计算、人工智能等技术在新闻领域的广泛应用,传统报业必须进行全方位技术升级。然而,《云南日报》在这一过程中,面临着技术基础薄弱等严重问题,最明显的问题就是传统媒体基础设施和新技术的契合度不高。其次,技术更新成本高也作为显著问题,传媒产业新技术的研发和应用需要大量资金投入,而目前《云南日报》存在诸多技术短板加剧了发展压力。媒体融合需要既懂新闻又熟悉技术的复合型人才,但技术人才匮乏使《云南日报》的转型步伐放缓。技术型复合人才不足也成为当前的严重问题之一。

2. 内容生产与管理的挑战。媒体融合要求新闻生产适应多元化、互动化的内容传播体系。《云南日报》面临内容模式单一的问题,因为传统新闻无法摆脱新闻内容以文本报道为主,且现如今未能有效适应短视频,做到文本内容与短视频深度结合,以及社交媒体的高速传播等新媒体需求。同时,在追求市场份额与追求速度的过程中,报道内容在一定板块内缺乏深度和特色,难以形成差异化的品牌优势。《云南日报》作为地方主流媒体,应充分发挥地缘优势,打造具有云南本地特色的新闻内容,吸引本地读者以增强市场竞争力。

3. 盈利模式创新的挑战。随着广告市场被新媒体逐步瓜分,传统纸媒的盈利模式逐渐失效。盈利模式单一是传统媒体老生常谈的问题,《云南日报》同样存在广告收入锐减和传统广告模式难以与新媒体的精准投放和互动性竞争的严峻局势。并且现如今免费新闻与文字内容盛行,读者早就摆脱了曾经的付费阅读纸质版报纸的习惯,并且习惯于通过搜索引擎及社交媒体的推送免费获取新闻,现如今因为此种原因,《云南日报》的付费模式推进明显存在极大的困难。《云南日报》虽然作为云南省的本土影响力最大的报纸,在与新媒体融合的过程中积累了大量用户数据,然而数据资源并没有依托此优势充分开发,未能将其转化为良好的经济效益。

4. 人才队伍建设的挑战。媒体融合发展需要大量具备多种技能的复合型人才,受制于《云南日报》特殊性质的影响以及高速发展的传媒业,部分老员工仅掌握传统纸媒的业务技能,无法适应多媒体新闻制作需求。且当复合型人才

的缺失以及年轻人对于编制的追求导致在人才市场上很难招聘到既熟悉新闻业务又掌握新媒体技术的专业人才。同时，传统媒体的薪资受限以及发展前景不乐观，新媒体公司可提供更有吸引力的薪酬和发展空间，导致原有的人才外流严重。

第四节 《云南日报》融合创新发展的路径与方法

在当今媒体融合和创新发展的浪潮中，《云南日报》作为地方主流媒体，如何在传统媒体和新兴媒体的融合过程中寻找突破路径，是提升其传播力和影响力的关键。结合已有研究成果和业界实践经验，本节将分部分探讨《云南日报》在融合创新发展中的路径与方法，具体从平台建设、内容创新、人才培养和技术应用四个方面入手。

一、多平台一体化建设

1.构建全媒体平台。《云南日报》可以通过打造全媒体平台，实现纸媒、网媒、视频、社交媒体等多元渠道的融合，构建一体化的传播体系。借助微信公众号、抖音官方账号、微博官方账号等新媒体平台，打破单一传播方式的限制，实现内容的广泛覆盖和分发，满足多样化受众需求。

2.强化媒体矩阵联动。在媒体矩阵的建设中，《云南日报》应充分整合旗下各平台的资源，形成信息流动顺畅、资源共享的生态系统，提升整体协同效应。将《云南日报》纸媒内容与官方新媒体联动，通过短视频、直播等形式放大信息传播效果，增强与受众的互动性。

二、内容创新与本地特色深耕

1.聚焦本地特色，构建差异化内容。基于云南独特的地域和民族文化资源，《云南日报》可深挖本地特色，打造具有地域辨识度的原创内容，旅游、美食、少数民族风情等主题报道，以满足受众的个性化需求，增强品牌影响力。《云南日报》曾经在亚洲象的系列报道中极具地方特色，应发掘类似具有本地特色的话题以提升差异化内容。

2. 推动深度和调查性报道。在信息爆炸的时代，受众对新闻内容的真实性和深度要求越来越高。《云南日报》可以加强调查性和深度报道的投入，以独到的视角挖掘本地热点问题和社会关切，为受众提供更多具有启发性和参考价值的内容，提升内容竞争力。目前《云南日报》的深度报道内容更新较为缓慢，多为每日一篇或两日一篇，应酌情增加深度报道板块的内容。

三、专业人才队伍的培养

1. 开展跨领域人才培训。媒体融合发展要求从业人员具备文字、视频、数据分析等多方面技能。因此，《云南日报》应加大对媒体融合人才的培养力度，定期组织跨领域培训，提升编辑、记者等人员的多媒体技能。目前《云南日报》已经与云南省内多家高校开展联合培养工作，并且成为省内多家高校的新闻人才培养基地，高校内的学生可以成为《云南日报》人才的种子储备库，以适应高速发展的媒体时代。

2. 引入新兴媒体人才。为了进一步提升创新能力，《云南日报》可以引进具备数字媒体、数据分析、用户运营等技能的新兴媒体人才，推动传统媒体团队与新媒体人才的融合发展，打造多元化的团队结构。高校内部的学生具有较高的素质，但缺乏实际操作经验，《云南日报》应布局于高校，吸收优秀毕业生及在校生，培养新兴媒体人才。

四、技术赋能与数据驱动

1. 运用大数据精准传播。大数据技术的应用能够帮助《云南日报》更好地了解受众需求，实现内容的精准推送。通过数据分析工具，精准把握不同群体的兴趣点和行为特征，实现个性化内容分发，增强用户黏性。云南报业集团下属的云南网全媒体指挥中心应充分利用大数据技术的优势，增强精准推送能力以增加用户黏性。

2. 推进人工智能辅助生产。人工智能在内容生产方面的应用，能够提升《云南日报》的生产效率。可以通过自动化编辑系统实现新闻信息的快速采集、筛选与发布云南省内各州市所发生的热点新闻以及热门现象，提升热点事件的报道效率。同时，利用自然语言处理技术自动生成基础性稿件，以提高基础性新闻的生产效率。

在媒体融合发展深入推进的过程中，《云南日报》应立足时代脉搏，洞察受众需求，不断探索新兴媒体形态和内容创新路径，积极整合资源，突破传统媒体的边界。通过与社交媒体、移动互联网等新兴媒介的广泛协作，构建多元传播渠道，以实现优质内容的更广泛传播。同时，《云南日报》应保持对新闻主业的坚定坚守，将内容质量作为媒体的核心竞争力，并视其为扩展主流舆论影响力的根本。

面对媒介融合带来的技术革新，《云南日报》须坚持"技术服务内容"的原则，以内容为导向，推动高质量新闻产品的生产，并在新媒体语境中建立与用户的深度联系。为此，需要在机制创新和运营模式上持续优化，以充分把握新媒体时代的战略发展机遇，确保媒体融合向纵深发展，为构建具有竞争力的主流舆论场提供保障。

广电业融合创新案例

第六章 江西广播电视台（集团）推进媒体深度融合与发展的核心引擎

周俊杰　刘海繁　周　密[①]

习近平总书记提出加快传统媒体和新兴媒体融合发展的重要指示，为我国媒体的融合发展描绘了宏伟蓝图。江西广播电视台（集团）顺应媒体发展趋势，通过创新技术应用场景打破媒体传播边界，构建了"台+网+云+端"的全新传播体系，不断巩固壮大媒体宣传主阵地，同时也搭建了服务江西、覆盖全域的数字生活主场。2021年12月，今视频客户端正式上线以来，通过技术创新应用引入智趣社区和PUGC内容生产模式，以新产品、新服务、新体验驱动平台发展，加强优质内容供给，加快推进新技术应用，成为媒体融合创新的生力军，实现了全网传播力的爆发式增长。

今视频是江西广播电视台（集团）官方客户端，以"江西人的数字家园"为使命愿景，突出"新闻+政务+服务+商务"媒体平台定位，以新产品、新服务、新体验驱动平台发展，在自主研发、运营、技术创新方面取得突破性发展，让传统媒体不断融进烟火生活，成为推进媒体深度融合的核心引擎，使江西广播电视台（集团）全面挺进互联网主战场。2021年今视频上线以来，通过构建"App平台+矩阵账号+海外传播"三位一体的传播体系，打造区域传播平台；秉承"全球视野、中国视角、江西特色"的理念建设"长天新闻"，培育新媒体品牌；自行研制推出智能媒资应用平台——"问象"，智能语音应用平台——"问音"，诗词文旅智能体——"问月"，智能审核平台——"问鉴"等"AI

---

① 周俊杰，江西省政府文史馆馆员，江西广播电视台原副台长、高级编辑；刘海繁，江西广播电视台主任记者；周密，江西广播电视台主任记者。

四问"系列产品，全面拥抱人工智能时代。

截至 2024 年上半年，今视频全网总用户已突破 1 亿，App 累计用户下载量超过 3200 万，跨平台传播指数排名全国前五、"三微播阅量"增速全国排名前三，传播力、影响力、引导力、公信力进一步提升。荣获国家广播电视总局"新时代·新品牌·新影响"全国广电媒体融合新品牌——平台品牌、蝉联 TV 地标 2022 及 2023 年度优秀广电新媒体客户端、2023 年和 2024 年连续两年荣获全国广电媒体融合新品牌、全国广播电视媒体融合典型案例、优秀广电新媒体客户端，首批入选全国广播电视新媒体联盟，并获得中国新闻奖一等奖、江西省网信普法教育示范基地等，向全国推广经验。今视频人工智能实验室先后在人工智能应用创新大赛、国际大数据竞赛、科技精英赛等国际、国内大赛上获得 15 个技术创新大奖。江西广播电视台（集团）以"今视频"平台为核心引擎，推动"广电赣军"全面挺进互联网主战场，全力推进媒体融合向纵深发展，努力探索出一条具有江西特色的媒体融合发展之路，新闻融合传播的效果与发展水平跻身全国一流行列，"今视频"官方抖音号多个月登上江西主要媒体机构排行榜第一，在中国广视索福瑞媒介研究（CSM）发布的跨平台账号传播指数榜单中，今视频 2023 年度跨平台账号传播力排名全国第六，2024 年一季度排名进入全国前五，挺进全国广电新媒体平台跨平台传播第一方阵；"今视频"官方抖音号多个月登上江西主要媒体机构排行榜第一，"三微播阅量"增速 2023 年全国排名第三，推动江西台新闻融合短视频指数排名跻身省级台第四。

第一节 提升融合创新能力，培植新质生产内容

作为主流媒体的江西广播电视台（集团）今视频，持续加强全媒体传播平台建设，进阶内容能力，培育新质生产内容，提升全媒体传播影响力。

一、重大主题报道"融"出精彩

江西广播电视台（集团）今视频始终贯彻落实移动优先策略，以"互联网+"赋能重大主题宣传报道。围绕习近平总书记考察江西，今视频首次全程参与并自主策划预热，持续开设《学习进行时》《深入贯彻习近平总书记考察江西重要讲话精神》《全面深入学习贯彻党的二十大精神》等专题专栏，并在今视频客户端首屏导航位突出开设"主题教育"频道，频道下细分"学思想建新功""学习报告""江西实践""民呼我为心连心""优秀节目、影视剧展播"等重点栏目，全面展示江西学习贯彻习近平新时代中国特色社会主义思想主题教育的进度和成果，创新的舆论监督协商解决模式，受到国家广电总局专题表扬。在主题教育中，承接了江西省委宣传部视频内容制作，推出了系列融媒产品、评论言论和《民呼我为心连心》等专栏专题，创新了舆论监督的协商解决模式，也受到国家广电总局专题表扬。

2023年全国"两会"和江西省"两会"期间，今视频策划推出的《重温习近平两会金句，读懂治国理政的中国智慧》《微观政府工作报告的"关键词"》《AI主播"说"两会》《AI主播画两会》《向总书记报告——九省（区）媒体共"画"乡村振兴 俺们村有了大变化》等融媒体报道获得国家广播电视总局《广播电视"两会"宣传阅评》《广电视听评论》等点赞表扬，在互联网上取得了良好的反响。

杭州亚运会期间，今视频派出精锐采访力量参与现场采访，以最新、最快和鲜活的方式在今视频App平台和媒体账号同步最新动态，共播发系列短视频报道150条，抖音单平台传播量超1.8亿，在全媒体亚运话题中阅读量排名前十，在江西省媒体中排名第一。

在国家广播电视总局宣传司的指导下，由今视频联动上海、江苏、浙江等13家长江沿岸兄弟媒体共同打造的大型全媒体融合传播项目《文物里的长江——十三省区市文明探源全媒行动》，以长江流向为纵轴，从源头顺流而下，通过新媒体移动直播、慢直播、短视频、电视新闻报道、电视特别节目等多种表现样态相结合，大小屏联动、立体探源生生不息的长江文明，荣获国家文物局2023年度"文物好新闻"奖。

二、重大典型报道"亮"出新招

今视频精心打造的新闻纪录片《跨越 90 年的"重逢"》获得第 33 届中国新闻奖一等奖。国家广播电视总局《广电视听评论》专报点评江西广电今视频主题宣传实践："做强主流宣传矩阵，让主旋律有大流量"，从精准发力、技术赋能、协同联动上表扬今视频的创新做法。

在 2023 年烈士纪念日，今视频策划推出短视频《烈士纪念日：幸福是什么？听听老兵怎么说……》，引爆全网网友的爱国主义情怀。该片以"幸福是什么"开篇，以"幸福是山河无恙、烟火寻常、人间皆安"作答，史料翔实、细节生动、结构严谨，从对几个人的怀念上到了对一群人的纪念，升华了主题，感人至深，反响强烈，让更多人记住了为革命英勇牺牲的先烈，弘扬了英雄事迹，传承了英雄精神。作品发布后全网播放量超 1200 万，点赞过百万，被"中国军号"、央视频等全国多家媒体和平台转载，成为一次现象级传播，成功地在烈士日到来之际为全网营造出满满的红色正能量。

"老阿姨"龚全珍逝世后，今视频历经 5 个月的打磨，推出了原创手绘漫画作品《初心跃然——追忆"老阿姨"龚全珍》，从求学、理想、婚姻、返乡、家风等八个篇章，以第一视角重温"老阿姨"传奇的一生，再现龚全珍永葆共产党员本色、坚持理想信念的光辉形象，弘扬"老阿姨"坚定信念、一心为民、艰苦奋斗、情操高尚的精神，实现重大典型报道的创新表达，获得一致好评。同时，推出了《送别龚全珍丨180 秒重温老阿姨直抵人心的那些话》《泪别龚全珍丨这个奶奶不一样》等系列报道，引发省内外媒体大量转载与推送。

三、短视频报道"策"出新意

今视频始终坚持以人民为中心的创作导向，今视频着力打造精品工程，制造各类爆款。近两年，今视频相关报道获得中宣部、国家广电总局表扬 44 次。在第三十一届江西新闻奖评选中，有 13 件作品获奖，其中一等奖作品 5 件，创历史新高。

运用 AI、借助互动 H5、XR 增强现实、沉浸式 VR、MG 动画等一系列数字化融媒体形式，今视频团队创作了《600 里加急！给江豚送"外卖"》《你，就是最好的礼物》《我在"一带一路"上收集阳光》《丹尼尔：把中国唱给你听》《"村漂"青年造梦记》《台风"杜苏芮"登陆，今视频记者追风直播》等一系列融媒产品。其中，《你，就是最好的礼物》《600里加急！给江豚送"外卖"》获国家广播电视总局2023年"弘扬社会主义核心价值观，共筑中国梦"主题原创网络视听节目征集推选活动优秀作品；《我在"一带一路"上收集阳光》列入国家广电总局"丝绸之路视听工程"项目。

2023年"八一"当天，今视频策划推出的特效短视频《万里山河，有你心安！致敬最可爱的人》获得学习强国江西平台首页首屏重点大图推荐，在《人民日报》客户端、学习强国、央视频以及中国人民解放军"中国军号"等央媒平台及海外平台全网推送，累计播放量超892万，"#军旗升起的地方"话题累计播放量达到9354.4万，登上抖音热榜第二，同城榜第一，成为"八一"建军节一大现象级爆款。

当前，越来越多的青年到乡村发展，乡村青年逐步成为乡村振兴的"生力军"。今视频策划推出了"村漂青年造梦记"系列短视频，主打"微综艺""微记录"形式，围绕中共江西省委十五届四次全体会议精神，聚焦省内不同领域的"村漂"年轻人，结合江西实际，认真总结近年来实施乡村振兴战略的典型经验，提出符合地域特点的创新做法，让观众更加贴近地感受到乡村生活的乐趣，在优美的画面中让人们看到心中向往的农村。一经发布，"向往的生活""农村生活原来如此绚丽"等网友评论呈刷屏之势，反响热烈。

四、α创新计划"创"见未来

创新无疑是推动今视频持续发展的核心引擎，在融合转型的关键路口，今视频坚持创新驱动，推动全台打造一批精品节目、向全社会征集一批金点子、孵化一批有潜力有前景的项目、培育一批破茧而出动力十足的创新人才。在台（集团）"α创新计划"举行的第六次、第七次创意征集评选中，今视频共有《赣地密码》《新一代人工智能大模型媒资应用平台》等多个方案入围初评，其中4个方案入选创意工程目录。

第二节 "产品+技术"创新，不断强化核心竞争力

一、着力打造"智慧型"客户端，助力传播服务升级

2023年以来，今视频不断创新"玩法"，全新升级客户端，重构"新闻""推荐"两个主页的版面布局，上线了"看短剧""签到中心""星球活动"等新业务板块，以期为群众提供"优质内容+有效社交+解决民生问题"为一体的新型都市主流融媒创新平台。

创新打造"智趣社区"，将传统社区的优势融入数字化平台中，为用户提供一站式服务，满足各种生活需求。目前，今视频客户端已开设105个智趣社区，覆盖了青少年教育、相亲交友、情感咨询、泛知识、网络问政和节目互动等多个垂直领域和应用场景，是今视频App用户增长最快的版块之一。例如，今视频《江西少年诗词大会》社区创新地将线上答题与线下活动相结合，推出了诗词集市、班级PK、积分换图书、AI变身等新"玩法"，实现了省、市、县全覆盖和三级联动运营，活动覆盖全省400所学校，单季参与人次超过8000万，五季活动总曝光量突破3亿人次，引发全省中小学的国学热潮。

同时，提供节目IP的衍生服务，通过将传统电视节目与智趣社区产品结合，实现了节目IP的重塑和新生，促进了老牌节目的焕新迭代，实现了小屏反哺大屏的良性循环。例如，江西卫视的《金牌调解》是全国首档调解类节目，通过今视频社区提供情感调解、心理咨询和法律援助等服务，"社区+小程序"的用户数超过213万，情感问答功能服务了1.9万人次；江西都市频道的《都市情缘》栏目曾因"假靳东"事件在全国范围内引起广泛关注，通过今视频搭建了《都市放心爱》婚恋服务社区，突出单位背书、靠谱放心、精准匹配等功能，吸引了超过2万名单身职工加入，全年举办了超过200场相亲活动，脱单成功率超过30%，赢得了良好的口碑。

为了在全媒体时代走好群众路线，解决社会治理的"最后一公里"，今视频客户端推出网络问政平台——"赣问"，通过"智能+人工"审核，推动解决网友的"急难愁盼"问题、营商环境问题。截至2023年12月，"赣问"平台总访问量超过9200万人次，用户留言总量达到40000多条。

今视频传播力、影响力、引导力、公信力不断提升，客户端下载量已经超过 3200 多万的目标，全网总用户数突破一亿，App 日活跃用户数提升 300%，峰值高达 1000%。

二、加强传播矩阵号建设，释放传播新动能

根据广播电视与网络视听发展新形势、新要求，今视频有效整合江西省广电新媒体资源力量，新媒体矩阵号已覆盖《人民日报》客户端、新华社现场云、央视频、学习强国等央媒平台，今日头条、抖音、微信、快手、百度、一点资讯、爱奇艺等头部互联网平台，全网新媒体账号总粉丝数超 6000 万，短视频传播量较 2023 年同期增长近 400%，助推江西台新媒体传播指数大幅提升，挺进全国前十。其中，今视频抖音号粉丝数达 890 万，连续两个月综合媒体影响力居全省第一；今视频头条号点播量位列全国广电媒体前三；今视频百家号粉丝数位居全国广电媒体榜第一。同时，今视频运营的 Youtube、Facebook、Instagram 海外矩阵用户数达 49 万，各项数据均居江西媒体海外传播力第一，海外影响力在全国省级广电排名稳居前列。

三、打破媒体传播边界，优化"赣云"融媒结构

为让主流媒体全景融入百姓生活，今视频以自研产品力和技术力为支撑，坚持用主流价值导向驾驭"算法"。"赣云"全省市县融媒体服务版图不断扩大，落定省教育厅融媒体中心二期项目，并积极为多家省直单位提供定制化技术服务。

2023 年，"赣云"融媒体平台共响应各合作县（市、区）级融媒体中心提出的需求或问题 4148 件，24 小时内直接处理了 92%；为合作方提供培训 49 次，培训时长 292 小时，参训人数达到 804 人次；服务的广昌县融媒体中心 App 连续半年多总分及日活排名全省县融第一。

四、紧抓技术创新"牛鼻子"，增强核心竞争力

瞄准 AI 时代来临的机遇，带领今视频成立了全省首个人工智能实验室，着力打造"新一代人工智能大模型媒资应用平台"，并获得江西省文化产业

资金的扶持。今视频技术团队自主研发 AI 大模型内容智能创作中心、新闻生产智能助手、AI 主持人等智能产品，推动今视频甚至全台向数字化、智能化转型。

2024 年，为更好地实现发展目标，提高今视频客户端的竞争力和影响力，今视频客户端技术团队在新技术应用领域、增强用户体验感等方面进行了系统升级和优化，为平台的持续发展提供了强有力的支持。重点抓好智能媒资平台建设，自主研发新一代 AI 媒资平台，为人工智能时代媒体入口奠定基础；与技术领先的人工智能公司合作研发内部管理智能助手、新闻生产智能助手、AI 主持人等智能产品，带动今视频甚至全台向数字化、智能化转型；瞄准 AI 时代来临的机遇，为实现"换道超车"做好技术和人才上的准备。

为推动更多高质量内容的创作和生产，今视频 AI 大模型内容智能创作中心自主研发新一代人工智能大模型媒资应用平台，实现对媒资内容利用的彻底革新与智能创作界限的突破创作。同时，通过融合最新的自研和外部 AI 大模型算法应用，推动了多维内容创作与生产、全台素材搜索与生成、视频特效设计与植入的全流程智能化，极大提升了内容创作的智能化水平和艺术表现力。

凭借扎实的技术基底和先进的创新思维，今视频在人工智能技术应用上获多项国家级大奖和荣誉，今视频技术团队及创新产品荣获第五届"一带一路"国际大数据竞赛决赛国际三等奖、中国人工智能学会商业 AI 技术创新大赛区域一等奖、华东电视技术年会科技进步奖一等奖等国家级、省级各类奖项 15 个，并通过了 ISO9001 国际质量管理体系认证；在 2024 年第四届 ATEC 全国科技精英赛线上赛，今视频人工智能实验室郑雨轩团队在网络安全大模型赛道、AI 生成新闻检测赛道分别荣获第一和第二的好成绩，成为本年度该项赛事唯一获奖的省级媒体科研机构。今视频网股公司通过国家高新技术企业、省级企业技术中心"双认定"，获得国家广电总局第三届高新视频创新应用大赛"大屏云游戏场景"二等奖。截至目前，通过不断筑牢核心自研技术能力，今视频及网股公司获得的国家计算机软件著作权已达到 54 个，人工智能研究应用水平处于行业领先地位。

第三节　数字化转型升级，新质生产力助推媒体版图更新

今视频始终聚焦前沿技术与媒体场景深度融合，进行数字化转型升级，以"技术创新+场景应用"双轮驱动模式，"大屏+小屏"互动，深度赋能媒体全业务场景智能化升级。

一、以整合升级为基础，锁定"智慧大屏"流量红利

2023 年，江西 IPTV 全年完成营收 20104 万元，同比增长 1052 万元，增幅 6%；OTT 业务全年收入 4320 万元。总计利润超 1 亿元。

在全国 IPTV 操作复杂和"套娃"收费专项治理工作中，江西 IPTV 严格落实国家广电总局的部署要求，成为 IPTV 全国首个完成试点任务的省份，并在国家广电总局全国例会中进行经验分享。国家广电总局、江西省委领导分别在多个会议上对江西的试点工作提出表扬，央视《焦点访谈》栏目、《人民日报》客户端、《江西改革工作简讯》等都对江西 IPTV 的治理工作进行报道或刊发解读文章。截至目前，江西 IPTV 三大平台（电信、联通、移动）合计发展家庭用户近 800 万户，用户增长和活跃率均呈现上升趋势。

二、以技术创新为动力，掘金互联网流量经济

今视频着力研发新一代今视频流量入口，以先进智能技术为支撑，以系统创新为动力，以优质自创内容为引领，围绕"视听+产业"发展战略，以资源有效整合利用为抓手，全力建设主流新媒体平台。

2023 年，全年营收完成 7000 万元，与上年同期相比增长 31.88%。今视频依托江西台品牌栏目以及知名记者、主持人等资源，将直播电商、网红经济、数字招聘与广电优势嫁接，掘金互联网流量经济，实现新的产业增长点。以"扶持赣品计划"为切入点，布局直播电商领域，与二十一世纪出版社、赣南脐橙"甜橙姐"等一批江西龙头企业达成深度战略合作，赋能江西数字经济发展，助力本土企业布局电商领域，为"赣品""赣企"出海护航。与江西人力集团深度合作，拓展"直播带岗"赛道，建设全媒体运营人才孵化基地。借助校园招聘会、

直播招聘、全媒体运营师培训等新业务模型，着力帮助江西本地企业解决各类人才需求问题，促进稳就业保民生。目前，今视频客户端设立了数字营销中心，业务涵盖直播电商、直播带岗、广电 MCN、融媒体技术服务、活动运营、版权经营、自媒体运营等领域。通过拓展数字营销和产业经营新业务，以流量整合触发新的增长点。

三、以融合创新为推手，新技术实现新流量新支持

今视频通过提供政务服务商务新模式，研究新一代大数据和人工智能算法，以新技术实现新流量。今视频技术团队自研《新一代人工智能大模型媒资应用平台》，基于自然语言大模型，将海量内容注入，通过语音转文本、OCR、人脸识别、图像识别、NLP 等技术，通过多模态技术实现对视频内容的自然语言精细化搜索，荣获江西省文化产业扶持资金项目。大型融媒体国际传播项目《我在"一带一路"上收集阳光》获得总局丝路传播工程的资金扶持，开展了 5 场跨国直播，产出 60 个视频和两部专题纪录片，得到国家广电总局和江西省广电局的肯定。

四、以垂类模型为抓手，新质内容受欢迎

今视频一直注重智能化、数字化的创新与应用，研发文化专业垂类大模型，依据本台频道频率和各种媒体的特点，针对性地建设垂类大模型，推动内容创作，服务行业发展。为让用户有更好的体验感，通过智趣社区和大型活动，陆续推出了一系列的平台产品和创新玩法。自办活动"书香少年诗词大会"向南昌、吉安、宜春等地输出活动及社区运营模式，首届"新声"主播大赛《主持新力量》实现了模式创新、玩法创新；通过同城交友计划、"江西有好戏"文化惠民活动吸引年轻人留存，并通过全新上线的用户积分体系，形成完整的用户成长和消费的生态；为南昌市公安局研发"洪城义警"小程序，注册用户量达到 11 万人，每天有近 3000 名义警用户通过小程序参与任务、执行巡逻防控工作，助力南昌社会综合治理。

今视频、江西 IPTV 联合南昌市团委、艺术协会、志愿协会，持续开展广电惠民进社区活动，让百姓回归电视大屏；开展"寻美江西"展播活动，"大

屏＋小屏"覆盖参与用户超 270 万；2023 世界 VR 产业大会期间，成功举办了 VR+5G 智慧大屏创新发展峰会，全国各省新媒体近 150 人齐聚南昌，论道智媒体的发展与变革。

第四节 围绕融合创新和新质生产力，不断提升价值创造力

今后，今视频客户端将围绕新质生产力、媒体深度融合和数字经济产业积极开展新的探索，不断提升价值创造力、思想引领力和品牌影响力，在以下三个层面实现更高水平的发展和创新。

一、以新技术推动"1+N"平台发展

今视频将以新技术应用为驱动，依托互联网数据的公开性和全面性，研究新一代大数据和人工智能算法，全力打造以系统创新为动力，以先进智能技术为支撑，推动"1+N"平台的发展，成为本地智慧生活的新入口。通过引入新技术，如人工智能、大数据等，将不断扩展和升级平台的功能，为用户提供更多智慧化的生活服务，成为以资源有效整合利用为抓手的主流新媒体平台。

二、以大流量成为重大新闻传播平台

今视频将以流量聚集转化为核心，以优质自创内容为引领，不断升级和迭代内容、服务、品牌和产品，成为江西重大新闻传播平台。通过吸引更多用户流量，将其转化为品牌价值和商业价值，通过今视频提供政务服务商务新模式，以新技术实现新流量，提升平台的影响力和竞争力。

三、以技术创新和个性服务构建全国一流新媒体服务平台

今视频将坚持以技术创新驱动为核心，以产品创新迭代为导向，通过引入

新技术、探索新业务模式，探索和开发面向用户生活服务的垂类人工智能应用产品，不断推动平台的升级和发展，构建全国一流的新媒体服务平台。通过不断的产品创新和迭代，满足用户多样化的需求，提供更加个性化和优质的服务体验，进一步巩固和扩大今视频在新媒体领域的领先地位，带动今视频甚至全台向数字化、智能化转型。

在不断变革的时代，新技术不断冲刷人们的认知。今视频通过以智能媒体建设为使命，构建媒体融合创新体系，致力使新一代人工智能技术推动媒体技术底座重塑和产品革新，通过新业务、新团队和新机制，为用户带来了新产品、新服务和新体验，推动人工智能技术在今视频媒体业务中的全场景应用，驱动媒体业态创新，实现技术转移和产业化。

未来，江西广播电视台（集团）将锚定"网上再造一个江西台"的总目标，实现"小屏传播力超过大屏和音频、新媒体收入超过传统媒体收入"的阶段性目标，将今视频作为实现目标的发展基点和主要引擎，全力打造以系统创新为动力，以优质自创内容为引领，以先进智能技术为支撑，以资源有效整合利用为抓手，用主流价值导向驾驭"算法"，筑牢主流舆论阵地，建成移动小屏和智慧大屏互相助力、良性互动的主流新媒体平台。

第七章　协同化·云端化·数智化：湖北广电融合创新的实践进路

柴巧霞[①]

推进媒体融合是一项国家战略，湖北广播电视台通过对云平台的技术升级、"新闻＋政务＋服务＋商务"的功能拓展、体制机制的创新等方式，积极回应了政治、技术、市场三重逻辑的需求。在推进深融的实践中，湖北广播电视台以云技术为托底，构建了覆盖省市县三级的融媒体传播体系，在生产管理机制方面形成了"POWER融媒大脑"、三级媒体联动报道、跨媒体协作与平台运营合作等机制创新。在"新闻＋"的融合实践方面，以云端建设为基础，通过为基层社会治理提供数字化方案、构筑新时代文明实践中心、以"智慧＋"场景嵌入公共服务体系、打造与开发精品爆款IP等方式，积极参与社会治理，完成深融。在数字信息平台的技术创新方面，以数字化、数据化、智能化为中心进行升级改造，提升了平台的服务能力，实现了媒体功能的拓展。

自2013年8月19日习近平总书记作出指示"加快传统媒体和新兴媒体融合发展"以来，媒体融合逐渐上升为国家战略，2014年更是成为中国的媒体融合元年。湖北广播电视台（以下简称"湖北广电"）是全国最早一批推进媒体融合发展的省级广电媒体，早在2014年便启动了以"新闻＋政务＋服务"为目标的融合创新实践。经过十年多的发展，湖北广电在观念、机制、平台、生产流程、功能等多方面完成了深融，构建了省域媒体协同体系，推进了数字化、数据化、数智化的全媒体改造[61]，实现了媒体功能的拓展。湖北广电不仅成为广电总局推广的2021年度媒体融合典型案例，也在媒体传播力、影响力上有

---

① 柴巧霞，博士，湖北大学广电系主任、副教授，主要研究方向为媒体融合、视听新媒体传播。

了长足的进步。据 CSM 的数据显示，2021 年，湖北广电挺进省级广电媒体新闻融合年度指数的第四名[62]，2023 年在省级台新闻融合网络传播指数中排名第二[63]。2020——2023 年期间，湖北广电推出的作品获得了 1 个"五个一工程"奖，19 个中国新闻奖，其中 5 个作品获一等奖，17 个广电总局创新创优奖。

第一节　湖北广电融合创新的价值逻辑

目前，学界和业界普遍认为政治、技术、无边界的市场是驱动中国媒体融合的三种内在逻辑。如曾培伦和朱春阳认为，政治、技术和市场"三重逻辑"是媒体融合动力机制，其中，政治沟通是国家治理现代化的需要，技术是媒体融合的直接物质刺激，市场逻辑是媒体的内生性需求。[64]曾祥敏和刘思琦[65]、刘建华、王海涛等人均有同样的观点。刘建华还进一步指出，县级融媒体中心在推进自身建设与发展的过程中，需要整合政治、技术和市场，整合内部要素与外部服务。[66]王海涛提出，技术、市场、治理三重逻辑的合流推进了媒体融合的实践，媒体融合进程在技术逻辑上出现了从移动化到智能化再到算力化的走向，在市场逻辑上出现了从流量争夺到价值判断再到认同凝聚的过程，而治理逻辑上出现了从信息传播到对话沟通再到参与治理的变化。[67]赵瑜和周江伟将中国媒体融合的在地实践归纳为转型、整合、"新闻+"三种，并认为这些实践受到了技术、政治、市场三重逻辑的塑造。[68]左灿和沙垚认为，媒体融合体现了一定的历史逻辑与现实逻辑，是中国特色传媒制度在新时代的延续与创新，让政治、技术与市场之间呈现有机互动。[69]南京大学王辰瑶及其团队也将中国各级媒体融合行动的驱动力归结为政策配置和技术力量。[70]

对于湖北广电而言，在推动融合创新的过程中，通过云平台的升级、生产流程的再造、"新闻+政务+服务+商务"的功能拓展等方式，积极回应政治、技术、市场三重逻辑的需求。其中，政策是湖北广电融合创新中资源配置的主要驱动力。为了响应党和国家关于媒体融合发展的战略布局，湖北广电以长江云作为技术托底，搭建起了覆盖省市县三级的融媒体传播体系，并通过统筹规划与协同互联的方式做好主题报道，通过社会服务平台、新时代文明实践平台的搭建积极参与社会治理。技术始终是湖北广电媒体融合的核心驱动，在创新实践中湖北广电通过对长江云的技术升级，满足了媒体业务更智能、数据更安全、能力更开放的三大核心诉求。面向市场是媒体经济属性的必然要求，湖北广电以优质新闻和服务为核心，开发内容品牌的 IP 价值，产品生态覆盖健康、教育、电商、游戏、文创、直播、乡村等多个垂直渠道，在扩大媒体传播力的同时也提升了平台的商业价值。[71]

媒体融合的路径并不是唯一的，各级媒体在推动媒体融合发展的进程中，不断根据自身实际和市场行情进行着创新实践。曾祥敏和刘思琦认为，媒体融合发展的十年实践表现为：守正是核心，创新是动力，全媒体传播体系建设是目标。[72] 王辰瑶及其团队在纵观全球新闻媒体的发展态势之后，将新闻创新行为划分为调适性创新、关系性创新、生产性创新三种类型，其中调适性创新是新闻行动者以生存为目标进行的环境调适，关系性创新是新闻行动者以争取网络化关系中的优势为目标进行的创新，而生产性创新主要是新闻行动者在新闻生产中的观念、实践、文本等方面的创新。[73] 从这个意义上讲，湖北广电的融合创新实践既有关系层面的媒体内容与功能的拓展，也有生产层面的风格与形式的创新。

第二节　协同化：构建省市县三级融媒协同互联体

在十年多的媒体融合进程中，省级媒体和县级融媒体中心利用政策优势率先发展，而市级融媒体中心的建设也于 2020 年以后相继启动，媒体融合发展给"四级办台"的媒体制度注入了新的生命力。在融合实践中，中央级媒体整合政策、资金、技术、人才优势拓展融合渠道，省级媒体创新体制机制推动产能扩张，地市级媒体因地制宜在传统优势基础上发展增量业务，县级媒体推动生产要素融合打造本地综合服务平台。[74] 围绕建设全媒体传播体系的目标，湖北广电以"移动优先""一体化发展""全媒体传播体系建设"等为中心开展媒体实践，将长江云平台打造成为连接 122 个市区县融媒体中心和客户端的区域性媒体平台，在"POWER"媒体大脑的统筹下实现内容生产流程再造，让省市县三级融媒体中心得以"抱成团、结成网、连成片",得以实现多方协同数据采集、内容生产与渠道分发。[75]

一、以云技术为托底构建连接多级媒体组织的平台

2014年以来,湖北广电一直十分重视对自主可控平台的研发,并坚持"新闻+政务+服务+商务"的定位,将全省的主流媒体整合到一张网络当中。湖北广电通过长江云的"云上系列"客户端矩阵,将全省60个县级、22个区级以及部分市级融媒体中心链接在一起,并在技术能力输出、信息内容通联与分发、省市县三级运营服务、重大主题报道联动、大型活动组织等方面实现互联互通。

在这个区域性的三级融媒协同互联体系中,长江云是整个系统的技术引领和支撑,发挥着统筹作用。除了搭建技术平台外,长江云还为市县区媒体提供融合生产系统,该系统涵盖线索汇聚、策划指挥、内容生产、云智能媒资库、综合服务、融合发布、大数据分析、用户管理、运营管理等9大主体模块的34项功能,不仅支持全省60个县级融媒体中心顺利通过验收,还实现了数据与资源的贯通联动。[76] 在运作流程方面,由长江云来统一管理新闻的采集、编辑和分发,从而形成"云稿库",所有的新闻线索汇集到融媒体中心"云稿库",指挥中心选派前线记者采集符合不同媒体终端特点的新闻素材,编辑再根据各媒体终端的不同要求来编辑作品,加工好的作品再被分发到不同的媒体终端。

除了客户端外,湖北广电还丰富和完善了音频、短视频、直播、微短剧等内容产品形态,构建覆盖全产品形态的垂直频道、网络大号。以长江云的技术为托底,湖北广电致力于推动产业上下游众多参与机构之间建立起信任机制,实现技术、数据、资源与业务的共享与互通,提升整体资源开发效率。此外,该平台对外连通了中央级媒体以及江苏、湖南、河南、贵州、内蒙古等20多家省级主流媒体,并通过Twitter、Facebook等海外媒体渠道传播湖北声音和故事,从而打破了省市县三级媒体在媒体融合进程中单打独斗的局面,发挥起平台化融合生产、联动传播及合作运营的优势,带动全省各地媒体实现转型升级。

2022年,湖北广电又以整体搬迁为契机,在新基地积极升级数字化底座,完善集云、网、端为一体的区域性三级融媒协同互联体,推动全媒体传播体系建设。在技术路线方面,湖北广电实现"全台一云",在技术框架方面坚持"大

基座、大制作、大播出、大总控、大媒资、大安全",[77]在内容生产方面,实现全流程的一体化、智能化、协同化、精准化、共享化。

第一阶段,成立融媒体资讯中心,整合全台资源,构建台、网、微、端、号全媒体矩阵,建成使用融媒体工作平台(中央厨房),推出闪电新闻客户端,实现了初步融合。

二、"POWER融媒大脑"生产管理机制助力融合创新

有学者认为,构建四级联动的传播协同体系是推动全媒体传播体系建设的关键。其中,省级媒体需要发挥统筹作用,并提供技术集成、数据共享与平台联动的支撑,市级媒体需要着力解决"腰部塌陷"的困境,县级融媒体中心则要实现服务基层群众的功能。[78]为了落实全媒体传播体系建设,2020年以来,湖北广电通过构建"POWER融媒大脑"融媒体生产管理机制,实现统筹规划。

所谓的"POWER融媒大脑"是湖北广电采取的一套融媒体内容生产管理机制,其中"P"即"Planning"指代"统筹规划"、"O"即"Operation"指代"联合运营"、"W"即"Well-targeted"指代"精准传播"、"E"即"Effect"指代"效果反馈"、"R"即"Reward"指代"正向激励"。在统筹规划方面,长江云编委会是融媒大脑的实体机构,负责总体性规划、统筹、部署与管理,总编室、长江云及各个频道联合成立调度中心、编辑中心、运营中心分别开展工作。2021年2月,长江云客户端完成升级改造,组建起垂直频道编辑部,负责新闻、健康、教育、社区等18个垂直频道的内容生产。在联合运营方面,湖北广电打通了传统采编、移动采编和商业平台采编系统之间的壁垒,通过"云稿库"系统为连接入平台的媒体提供信息、数据和技术服务,实现共享、互通与共融。在重点宣传和主题报道方面,形成联合作战机制,通过对重要节点的把握、湖北元素的发掘和故事化呈现等方式,从前期策划到中期执行,再到后期品控、最终发稿,形成精细化控制。在精准传播层面,湖北台通过台内新媒体账号矩阵、省内系列客户端矩阵、全国区块链新闻编辑部和全国民生新闻协作体等省际媒体矩阵、中央级媒体平台、商业媒体、海外新媒体账号矩阵等多元矩阵系统进行优质内容和创意的多样化传播,扩大传播效果。在效果反馈环节,湖北广电一方面依托长江云的大数据库汇集各类数据并进行计算和分析,制作热力传播图,建立传播效果的动态反馈,解析爆款产品,总结经验。另一

方面，还通过"云上问政"服务平台、新时代文明实践平台、数字乡村信息服务平台，收集数据信息、掌握舆情动态、提供精准化产品和服务，助力基层提升数字化治理能力。在正向激励阶段，湖北广电建立了融合培训机制与激励机制，定期面向员工进行经验分享、实战训练、奖励表彰、资源扶持等多样化的激励，激发员工的能动性、创造性和潜能。[79]

湖北广电"POWER融媒大脑"生产管理机制打破了媒体内容生产与平台建设之间的隔阂，促使省市县三级媒体之间形成资源与数据的共享互通、内容生产的协作共融、宣传推广的精准高效，推动了全媒体传播体系建设，入选广电总局"2021年全国广播电视媒体融合典型案例"。

三、打造融合新闻品牌形成联动报道机制

在推动媒体深度融合的过程中，湖北广电将大屏栏目《湖北新闻》打造成为融合新闻品牌，并成为湖北卫视、湖北之声、长江云新闻频道、湖北广电融媒体新闻中心等诸多媒体"大小屏"账号的共同品牌。《湖北新闻》以大栏目组形式进行管理，由《湖北新闻》《湖北十分》栏目、地方新闻部、新闻评论部等部门共同组建大编辑部，并设置了制片人、主编、责编、直播、编辑、播出、审片等岗位，实行专人专岗。

《湖北新闻》在工作中还形成了联动报道机制，在选题资源、人力资源、传播渠道、平台、利益等多方面实现共享，让省市县三级融媒体形成"一盘棋、一张网、一体化"。

在选题环节，大编辑部不仅建立起了日报题机制，还通过联播组主动对接新媒体平台编辑，将贴近民生的社会热点、重大新闻价值的动态事件等适合转化的选题进行讨论，而在编后会上，记者、联播组、大小屏编辑共同参加，实现选题共享。栏目组还实时关注新媒体平台和市县区融媒体中心推送的消息，对于适合播发的会通过快报、记者约稿等形式采纳。

在采编环节，《湖北新闻》大栏目组会根据选题性质统一指挥调配人力资源，对于内容较为简单的选题，会派出一路记者同时负责大小屏的内容采编。对于那些重大的、复杂的、或增加了新媒体直播等形式的选题，则会派出多路记者奔赴前线，同时安排各平台编辑在后方进行配合，共同完成更丰富的内容采编。大编辑部不仅构建了"1（省级融媒体新闻中心）+17（市州融媒体中

心)+104(县、市、区融媒体中心)"的联动调度体系，还将全省的17个市州、104个区县划分为7大片区，并安排专班编辑负责精准对接，开展日常约稿、选题交流、拍摄跟踪、稿件沟通、成片反馈等工作，形成直接触达市县乡的通联工作格局。在系列报道《荆彩百县行》的采编过程中，省级媒体的记者和县级融媒体记者在大编辑部的统筹下，一同深入一线采写县域奋进故事，解析百强县的"富裕经"。而在主题报道《"字"说市州半年报》中，通过"内容共享、策划共谋、活动协办、产业共扩"的形式，形成省市县三级媒体报道联动，通过"字"解形式剖析各市州半年经济形势，展现地方经济发展新成绩、新亮点。除了主题报道外，湖北广电还经常联动各市县区媒体策划组织移动直播和创意活动，如2020年的全省公益直播助农活动，2022年以"九城同心向未来"为主题的武汉都市圈媒体行活动，2022年以"共享数字成果　共建网络文明"为主题的湖北网络文明大会暨全民数字素养与技能提升月活动，2023年"长江云穿越北纬30°"助农大直播活动等。借助于大编辑部的联动调度，省市县三级媒体之间实现了资源共享、行动共振、管理协同。

在管理、考核与反馈环节，湖北广电将全省17个市(州)台和104个县(区)融媒体中心新闻宣传负责人、通联对接人和骨干编辑记者纳入地方新闻部调度体系，并将全省各市县区级融媒体中心的新闻发稿量纳入全省通联工作考核范畴，通过公布月度、季度排名形式，充分调动各市州县级媒体发稿积极性，形成互助体系，充分实现宣传效益最大化，形成社会扩散性互助效果。

四、跨媒体协作与平台运营合作的机制创新

湖北广电还通过跨媒体协作与平台运营合作的机制创新，形成传播合力。在跨媒体协作方面，湖北广电长江云"云稿库"全天候汇聚湖北省内各市州和县融的全平台内容，日均汇聚各类成稿、音视频素材、各地报题50条左右，同时平台也对接中央级媒体，通过"精、准、简、要"的选稿机制和提前报题等方式，提高稿件采用率。此外，平台还探索与其他省份的媒体共建媒体融合区域协作体和行业联盟，利用平台共享优势，构建协同发展新格局。

在平台运营合作方面，湖北广电为了增强市县区媒体的自身造血能力，全面整合全省媒体运营资源，并通过云上联动直播积分制，形成了"一家直播，百家帮转，轮流领唱，全省合唱"的联动互助机制。在平台运营合作体的推动下，

全媒体直播已经成为各级媒体的支柱产业。目前，平台运营合作体每年发起直播超 1000 次，最高峰时一周直播 50 场，咸宁广播电视台、钟祥市融媒体中心直播场次每周 2 场以上，年直播收益达 300 万元以上。市县区媒体的直播活动不仅增强了地方媒体的"可见性"，也为基层媒体带来了一定的经济效益。

第三节　云端化："新闻+"的媒体融合在地实践

"新闻+"是地方媒体在推进融合过程中对自身定位、功能以及业务活动认识与实践的拓展。它能够帮助媒体以小投入获得多重效益，在满足人们多样化需求的基础上进一步融入日常生活。赵瑜和周江伟认为，"新闻+"理念是地方媒体进行业务拓展的合法性基础，也是破解制度性风险的一种思路，是深度媒介化的核心话语与实践形态。[80] 湖北广电是最早探索"新闻+"转型的省级媒体之一，在实践中逐渐确立了"新闻+政务+服务+商务"的模式。随着媒体融合的推进，湖北广电在"全台一云"的建设思路下，加大了对长江云的建设力度，使之逐渐从单纯的信息发布平台转型成云端化的综合服务平台。

一、提供基层社会治理的数字化方案

"新闻+政务"是各地媒体在推进融合发展过程中将媒体实践与政治任务相结合的产物。曾祥敏和刘思琦认为，媒体融合与社会治理现代化之间存在逻辑耦合。[81] 媒体不仅是党和政府的喉舌，也是社会治理的重要构成，因此，强化政务服务，助力基层社会治理也成为媒体融合的重要任务。为了更有效地助力社会治理，湖北广电积极探索媒体与不同政治任务之间互通的可能性，通过搭建"云上政务""云上问政"、舆情研判、数字乡村信息服务等多种服务板块，为基层社会治理提供数字化方案。

湖北广电打造了云上"政务大厅"，邀请全省 2220 个政务部门入驻长江云平台，并在全省 122 个云上系列客户端上，接入人们使用频率较高的便民服务项目，共计 9 大类 64 项，由此将长江云建设成便民服务的指尖窗口。同时，

湖北广电还延续了湖北媒体的"问政"传统，在长江云上搭建起"云上问政"服务平台，用户可通过多端口提交诉求，实现"一键问政"。目前该服务已覆盖省内 87 个市县，平台每天接收问政和报料信息 1000 多条。党建服务也是湖北广电提供的重要政务服务。为了拓展基层党建板块，长江云开发了以党员下沉、党史微课堂为核心功能的党建学习活动平台，为基层党建管理与活动提供技术支持，目前该服务已覆盖湖北省 100 多个市县区。

舆情监测与研判也成为湖北广电助力社会治理的重要手段。目前，长江云建设了大数据舆情和智库平台，通过这些平台和服务，湖北广电为各级党政部门提供包括信息监测、舆情研判、行业研究等在内的各项服务。目前该项服务已经被中央级、省级以及市县级共 42 家单位采用。

由于各市县区对数字乡村信息服务的需求比较大，湖北广电在决策共谋、发展共建、建设共管、效果共评、成果共享的"五共"理念支持下，搭建起数字乡村信息服务平台。该平台面向乡村信息服务与基层社会治理的相关需求，开发了村民积分制系统、"三长（林长、路长、河长）"智能化管理系统、乡村专家人才系统、农业气象预测系统、乡村智慧医疗系统等 5 个系统，为乡村振兴和基层治理提供更有针对性的服务。其中，秭归县部署了 42 个数字乡村应用场景，服务群众突破 10 万人；长阳全县 11 个乡镇覆盖村民积分制系统，68 个村 41569 户家庭能够使用该服务。

湖北广电通过"新闻+政务"的在地阐释与实践探索，推动主流媒体进一步连接社会生活，在实现降本增效的同时，也让基层社会治理更有显示度。

二、云端构筑新时代文明实践中心

2018 年 7 月 6 日，中央全面深化改革委员会第三次会议强调，建设新时代文明实践中心，是深入宣传习近平新时代中国特色社会主义思想的一个重要载体。会议还审议通过了《关于建设新时代文明实践中心试点工作的指导意见》[82]。湖北广电通过长江云建设新时代文明实践中心，是基于对政策理念与地方实际的综合考量，也是对宣传习近平新时代中国特色社会主义思想的积极回应。目前，长江云通过云端为省内外 68 个市县提供新时代文明实践平台的支持，平台入驻志愿组织 3 万多个，注册志愿者用户总人数超过 300 万人，发布活动 30 多万次，总服务时长超过 1100 万小时。

三、以"智慧+"场景嵌入公共服务体系

朱春阳和刘波洋认为,媒体必须拥有参与公共议题讨论的沟通能力,并确保在讨论中被认同,才能有机会引导舆论。[83]通过提供多元化的服务从而嵌入公共服务体系,是当前媒体拓展数字化实践并参与公共议题的一种形式。

湖北广电深耕用户需求,以"智慧+"场景嵌入公共服务体系,力求提供更加智能化、精准化的民生服务产品。目前长江云平台将退役军人服务平台、工会福利系统、出行服务平台、场馆预订系统、智慧食堂系统等五项垂直民生服务集纳进平台。其中,退役军人服务平台为省内广大退伍军人提供专项服务;工会福利系统聚焦湖北省1400万工会会员,打通工会、合作商家、支付宝、云上客户端各环节,实现一键发福利和一键领福利;"返鄂宝·湖北出行服务平台"为用户提供出行指南,平台用户触达总量已过亿;场馆预订系统覆盖县级科技馆、美术馆、博物馆等公益性文体单位,用户可通过云上系列客户端实现线上预订;智慧食堂系统把日常用餐场景植入手机客户端,用户可以通过云上扫码完成订餐,目前该系统已覆盖省多个市州机关单位食堂,月流水超过500万元。

四、打造与开发精品爆款IP

安妮塔·埃尔伯斯(Anita Elberse)认为所谓的IP就是一些拥有强烈的用户黏性,能吸引更多的用户,引领潮流并持续产生增长的产品或品牌。[84]王聘和郑杨提出,超级IP具有可开发的价值,并至少包含呈现形式、故事、普世元素和价值观等四个层次的引擎。[85]各大媒体也在打造爆款IP的道路上不断探索。

目前,湖北广电着力从"小处"入手打造精品IP和爆款IP,一方面通过品牌栏目打造精品IP,另一方面从知名主播着手打造爆款IP。例如《长江评论》是《湖北新闻》的知名栏目,选题主要包括省内外时政要闻、经济大事、百姓关心的身边事、要紧事,从呈现形式、故事化、普世元素和价值观四个维度来说均具有IP开发的价值。2023年5月28日"长江评论"的述评作品《从一面墙,看武汉如何"宠粉"》在新闻评论的可视化上进行创新,节目以"游客出镜出声+评论"的形式,论述一座城市要不断创造惊喜吸引游客,播出后受到各方

好评。这样的内容就很适合进行 IP 开发。目前，"长江评论"除了进行大屏传播以外，编辑部还将每期的内容拆分成适合小屏传播的短视频，分发至全网传播，而"长江评论"的评论员尹华正也在着手打造个人 IP《华正说》，并在长江云 App、抖音 App 等小屏上进行融合传播。此外，湖北广电的另一个爆款 IP 产品就是《主持人阿喆》。阿喆本是湖北广电楚天音乐广播的主播，因其幽默风趣的主持风格而广受听众喜爱，他也是湖北广电的十佳主持人。目前阿喆在各大短视频平台推出个人 IP《主持人阿喆》，截至 2024 年 8 月该抖音账号粉丝 687.8 万，获赞 3.7 亿次。除了日常评论热点新闻事件外，从 2023 年 9 月起阿喆开始了直播带货，内容涉及探秘阳澄湖、抖音过大年、非遗过年 dou 来播、老牌国货、看武汉江景、逛车展、美丽田园专场、武商专场、浪漫武汉一路生花、神农架超级宠粉节、心动武汉、美特斯邦威本地生活等多场直播。2024 年 5 月 19 日，阿喆还受聘成为首批"湖北文旅推广大使"。爆款 IP 的出现是主流媒体转型融合传播的重要成果，不仅能够向媒体"输血"，也是深度媒介化的一种实践探索。

第四节　数智化：数字信息平台的技术创新

技术创新是技术逻辑之下媒体融合的必然选择，在数字经济的发展格局下，湖北广电通过数字化、数据化、智能化的技术创新，逐步完成对数字信息平台的转型和升级。

一、数字化技术助力文化产业发展

作为省市县三级融媒体协作体的技术支撑，长江云通过数字化的技术升级为基层融媒体提供支持，除了搭建数字乡村服务平台、嵌入公共服务体系之外，还通过技术改造推进了全省文化产业的数字化水平。一方面，长江云利用 Web3D、3DMapping、全息成像、VR/AR/MR、多通道屏接等技术搭建文博数字化新媒体平台，实现了文博数据的跨屏互通、沉浸式体验，平台安全可控，能够全面展示长江流域的璀璨文化和荆楚历史文化遗产；另一方面，长江云还利用数字化媒资管理、智能数据统计及分析、多类型用户权限管理等技术建设了文博大数据服务体系。该体系支持数据采集、媒资管理、智能审核、智能编目、智能分析等功能，能够帮助文博机构了解市场需求、优化业务流程、提高运营效率。目前，已为湖北省文旅厅、省博物馆、省考古研究院等机构提供了全面的数字化支撑，并协助省文旅厅采集全省近十年超过20T的精品艺术资料，实现媒资入库、编目等功能。

二、数据化建设提升平台服务水平

数字化带来了数据化，通过对数据的广泛汇聚、采集、记录、分析、重组等处理，可以帮助企业分析事物的发展趋势，并做出预判。

保障数据的安全是数据化的基础。在数据采集环节，湖北广电长江云与国产数据库企业合作成立了"长江云融媒体大数据联合实验室"，打造"ZettaBase融媒版"数据库系统，实现了大数据底座的国产化。该数据库系统主要满足融媒体业务，汇集了融合媒资、3A、C1/2/3以及海量用户的行为数据，并通过"边运营，边治理"的方式完成数据治理，能为各级党政部门进行信息监测、舆情研判和行业研究提供智库服务。相关数据产品已被中央级、省级以及市县级共42家单位采用。在数据业务安全保障方面，长江云自主研发了国产集成播控系统，在开源产品中全部实行严格代码审核，在系统核心上采用自主开发的核心中间件产品，外围搭载运营系统和用户互动系统。

数据的开放是数据化建设的内在要求。在这方面，长江云通过对外提供标准化接口，支持共建单位及合作伙伴快速接入新闻、政务、服务、商务等应用和产品。同时，还建立了数据共享的统一规范与标准，建立了集约化的通用资源库，并支持合作单位发布针对自身需求开发的产品和应用。此外，长江云还与腾讯云、百度智能云和重点高校、科研单位等开展合作，共同建立区块链智慧融媒联合实验室、人工智能实验室、数字文化实验室等专项小组，集中解决各级媒体所面临的共性问题，并开发新的应用模式。

对数据进行协同过滤与智慧化处理也是数据化建设的重要内涵。长江云综合运用协同过滤、推荐算法，对用户的行为、偏好、兴趣等数据进行建模分析，实现自动化编排、个性化推荐、智能化运营。长江云还推出了服务基层融媒体的轻量级生产场景的应用。例如区级融媒体中心存在人员紧缺、业务简单等特点，在确保安全可控的前提下，长江云依托现有平台打造"轻量、智能、快速、专业"的"小微"融媒体生产平台，为区级融媒体中心提供舆情订阅、内容智能生成、内容快速生产、多渠道一键发布等个性化功能。目前长江云已经与25个市辖区进行合作，覆盖全省39个市辖区中的64%，其中武汉6个、孝感1个、黄冈1个、随州1个、咸宁1个、襄阳1个、宜昌3个、十堰4个、鄂州3个、黄石4个。

三、智能化改造提升平台服务能力

智能化是媒体融合发展的一大趋势，长江云在智能化的过程中通过AIGC技术对业务流程进行全面改造，提升了平台的智能化生产与服务的能力。自然语言处理、视觉处理、垂直领域生成、数字艺术创作等智能模块的加入，不仅提高了长江云在数据搜集、数据处理、协同编辑、多场景应用、多模态产品生产方面的能力，也增加了系统的对外兼容能力和扩容性。长江云允许接入的媒体开展跨区域、超时空、跨媒体、多模态、多场景的采编工作和创意生成工作，实现了业务流程的再造。

1. 自然语言认知产品的研发与应用。自然语言处理（Natural Language Processing，NLP）是将人类沟通交流的语言处理转化成机器所能理解的语言的过程，是人工智能的底层技术。它通常与智能语音、知识图谱等密切相关，语音识别、语音合成、语义分析等细化技术往往会与之相结合，并以对话式AI、机器翻译、文字审核、知识库等产品形式出现。同时，它还能满足较复杂的社交网络文本情感分析、客户信息挖掘等业务，从而实现信息内容的精准推送。随着ChatGPT、文心一言、星火大模型等自然语言类产品的问世，AIGC逐渐走进媒体视野。长江云在这一领域的研发主要集中在基于新闻线索的媒体写作模型领域，开发的模型主要用于内容产品的智能创作，使之在满足意识形态的管理要求的同时又符合新闻事实生产的要求。长江云还训练基于新闻内容和社群上下文的智能运营模型，主要用于舆情管控和互动运营，能在增强平台互动指数的前提下确保内容安全。

2. 视觉处理产品的研发与应用。计算机视觉处理是运用图像传感器去替代人眼获取物体的图像，并将之转化成数字加以分析与处理的过程。它让计算机拥有了类似人类的图像获取、提取、加工、理解、分析，甚至是图像序列分析的能力。在技术层面主要包括图像分割、图像识别、图像增强、图像平滑、图像编码和传输、边缘锐化等功能，随着计算机深度学习技术的进步、计算存储功能的扩大、可视化数据的激增，计算机视觉技术目前已经成为媒体利用人工智能的一个重要领域。长江云着手训练的文生图像认知大模型，能够根据所输入的提示性文本生成高质量、高分辨率、高逼真度的图像。长江云还结合平台用户画像和推荐引擎，实现平台海报、广告、活动和互动游戏的策划等多种功能，为所服务的媒体提供更好的技术支持。

3. 垂直领域生成式智能产品的研发与应用。垂直场景也是生成式人工智能运用较多的领域，长江云也进行了积极探索。目前，已经开发出几款垂直类生成式智能产品，如基于健康专业音视频内容库的训练问答机器人，可实现通过电视和手机终端接受用户问询；基于青少年心理辅导节目训练的互动数字人，可用于青少年心理健康辅导，实现危机干预、自杀预防等领域。这些垂直类生成式人工智能产品能够满足媒体多样化的需求。

4. 数字艺术创作工具产品的研发与应用。数字艺术设计是使用计算机软件按照一定的艺术设计规律所形成视听图形和图像艺术的过程，是媒体数字化转型的重要方向。长江云不仅探索开发了 AI 创意生产集成工具，降低了数字内容加工与制作的门槛，还与湖北美术学院等艺术高校合作，在数字艺术创新产品的生产方面进行尝试，目前已经打造出汉绣等非遗数字 IP，从而为媒体的创新生产提供了新的可能性。

总之，湖北广电的融合创新实践是在政策理念、技术驱动与市场考量等逻辑的交互作用下形成的。在深度媒介化的进程中，湖北广电在注重体制机制创新的基础上，着力打造全媒"云"，并通过对区域性融媒体协作体的打造、"新闻+"的媒体融合在地实践、数字信息平台的技术创新，实现了融合创新。但不可忽视的是，无论是在机制改革中，还是在实践中，湖北广电仍然存在过于强调"对上通联"，而与普通公众之间沟通不足的问题。[86] 另外，虽然建立了省市县三级媒体的共享联动机制，但长江云对不断增长的地方媒体需求适应度仍然不够。此外，虽然湖北广电在"新闻+"的探索中增加了与其他公共部门的合作，但与相关部门之间的权责关系尚未明晰。[87] 未来湖北广电在推进深度融合创新的过程中需要不断改进。

第八章 新质生产力背景下的广播电视业传媒格局转型

戴 岱　陆绮琪[①]

"中央经济工作会议强调，要以科技创新推动产业创新，特别是以颠覆性技术和前沿技术催生新产业、新模式、新动能，发展新质生产力。"这一政策的提示与广播电视行业的发展不谋而合。本文旨在从"新产业、新模式、新动能"三个层面，挖掘促进行业发展的新质生产力，致力于呈现广播电视节目在内容生产与传播模式上的创新实践，突出其在生产方式、内容和传播效果上的重点突破。在跨媒介融合、技术应用创新以及叙事体系构建等方面的创新，有助于更好地阐发"讲好中国故事"这一宏大主题的重要价值。借着新质生产力的东风，广播电视节目得以运用更具吸引力与影响力的形式，将中国故事传递给世界，展现中国文化的魅力，构建中国话语和中国叙事体系。

第一节　新产业：催生广播电视节目生产变革

（一）智能产业驱动广播电视节目内容生产

2025年《政府工作报告》明确指出要"持续推进'人工智能+'行动，将数字技术与制造优势、市场优势更好结合起来……大力推动创新驱动发展，促进产业结构优化升级"，强调以科技创新引领现代化产业体系建设，加快形成

[①] 戴岱，北京城市学院讲师；陆绮琪，北京城市学院2024级戏剧与影视（广播电视编导）专业硕士研究生。

新质生产力，为高质量发展注入强劲动能。在此政策指导下，人工智能产业深度介入电视生产全链路，形成"创意辅助—摄制优化"的双重赋能模型。

在创意表达领域，人工智能在广播电视行业的应用日益广泛，涵盖场景构建、内容生成、AI数字人等多个方向，显著提升了传统广播电视的生产效能与节目水平。2025年春晚的《秧BOT》节目中，机器人与舞蹈演员一起完成扭秧歌表演，为观众带来了一场科技与传统艺术碰撞的视觉奇观，这代表广播电视节目正在积极拥抱人工智能，探索新的内容形式。AI工具在从基于大数据的内容挖掘、创意辅助到策划方案甚至脚本写作都已崭露头角，并为制作单位提供了节目预演和效果预判等重要决策依据。

在节目制作方面，具身智能开始投入实际的应用场景，在很大程度上优化流程，应对拍摄现场的诸多困难。外骨骼机械臂的轻量化设计，提高了拍摄的稳定性与灵活性，确保摄影记者在长时间拍摄工作中保持良好体能。如2025年3月6日十四届全国人大三次会议广东代表团媒体开放日现场，记者穿戴上来自中国深圳生产的外骨骼机械臂后，能够单手托举起约20斤重的摄像机。远程操控技术延伸了摄制人员的操作距离和灵活度，创造出超常规视角的生动画面。如2024爱马仕上海夏季男装"穿越仕线"系列时装秀中，摄制组在T台侧面铺设轨道，利用远程操控技术控制陀螺仪轨道机器人ST-2100，使其能够灵活移动、升降运镜。此外小型无人机搭载摄影机高空拍摄，在户外航拍、大型活动记录中已成为不可或缺的手段。基于人工智能技术的新型拍摄装备解决了传统摄影摇臂、斯坦尼康等拍摄手法难以克服的机位受限、调度困难等现场问题，不仅为观众提供新的视角，而且显著改善了拍摄效率与质量。

新质生产力为广播电视内容生产、技术创作带来的双重赋能，不仅验证了"人工智能+广电"模式的可行性，更推动传统电视行业向智能化、高端化转型，为文化科技融合提供了创新范本，进而增强我国广播电视行业在全球媒体竞争格局中的影响力与话语权，推动中国故事以更多、更快、更好的方式生产传播。

（二）大数据提升电视节目内容传播

在大数据时代的信息环境中，数据已成为广播电视内容生产领域的核心驱动力之一，深刻改变了内容生产的决策流程、创作方向与传播策略，使得广播电视节目更精准地触达目标受众。节目生产者可以通过大数据分析观众的观看行为、年龄分布、地域差异等因素，了解用户需求，定位内容生产方向，并实现精准推送。对于实时热点的追踪，"新闻机构应用人工智能技术实时监测社交媒体、新闻网站和其他信息平台，快速识别用户广泛关注的话题，从而第一时间报道重要事件"，为新闻机构的选题策划提供了重要的参考依据。

数字技术的发展正推动广播电视产业价值逻辑发生结构性变革。在认知场域泛在化与信息交互范式迭代的双重驱动下，受众需求呈现个性化、碎片化的特征。智能算法集群通过实时构建动态用户画像，实现了对受众内容偏好、行为轨迹与情感诉求的精准测绘。这种技术赋能将传统经验导向的内容生产模式升级为数据智能驱动的新型范式：从创作源头的选题策划到终端的传播反馈，用户体验优化已成为贯穿全链路的创作核心，标志着广播电视产业正从"创作者主导"向"用户共创"的方向演进。在传播生态层面，智能推荐系统的应用重构了内容分发机制，提供互动性更强、便捷化程度更高的服务。这种精准化传播模式不仅提升了信息触达效率，更在用户与内容之间建立起动态适配的价值关系。大数据驱动内容传播模式创新，催生了精准内容推荐与个性化服务的新产业模式，为广播电视行业在传播环节的发展带来新动能，同时也反哺了相关数据驱动的内容分发与服务产业的兴起与发展，为广播电视产业兴旺带来新的动力。

（三）沉浸式体验扩展产业价值升维

新质生产力对XR（扩展现实，是AR、VR、MR技术的统称）技术的落地起到了促进作用。新质生产力着重于创新要素的有机融合，在数字技术迅猛发展的大背景下，为XR技术的研发注入了源源不断的创新动力。XR技术的应用催生了沉浸式体验这一新兴产业形态，拓展了人类的感知边界，促使广播电视产品形态和服务模式发生深刻变革。

XR技术打破了"虚拟"与"现实"之间的边界，创作者运用VR、MR等沉浸式技术，通过场景设计中的色彩、光影、空间透视、镜头运用，构建起一个平行于客观现实世界的视觉空间，为观众创造出融"虚拟"与"现实"为一体的新美学体验。2024年6月3日，在国家大剧院首映的国内首部XR数字戏剧《麦克白》，通过数字技术与戏剧融合共生，探索出一种全新的戏剧创作模式。创作者通过动态追踪系统，能够即时获取演员与虚拟场景的空间定位关系，实时渲染的虚拟场景与演员真实表演相融合，在虚拟拍摄过程中减少了物理空间的限制。XR技术颠覆的不仅是传统实体舞台，更是传统戏剧创作的空间建构理念，突破传统戏剧的创作瓶颈，助力我国文艺展演的数字化提升。中央广播电视总台重磅打造的《致最爱的你》《中国诗词大会》等节目，创新性地采用XR录制，将虚拟空间植入现实舞台，为观众带来新颖的沉浸式视听体验，重塑了广播电视节目的生产模式。

综上所述，在智能产业生态的赋能下，智能产业、大数据产业和沉浸式体验在广播电视领域催生出一系列新的生产变革。人工智能技术已渗透至广播电视节目生产流程的多个方面，贯穿内容创意生成、摄制技术创新及传播策略优化等核心环节，为观众带来全新美学体验，为产业创新发展注入了强大活力。

第二节　新模式：拓展广播电视节目影响力

（一）渗透自媒体的广电官媒亲民路线

随着网络自媒体内容生态环境的完善，曾经的传统广播电视用户向网络端媒体转移，使得占领自媒体平台发声，成为官方媒体不得不采取的应对策略，这导致广电官媒与观众从传统的单向传播，逐步转变为用户参与内容生产与传播的共生关系。广电官媒在网络平台采取PUGC生态战略，基于群体兴趣图谱与知识资源的差异化，依托数字工具进行创意内容生产，形成涵盖垂直领域知识传播、亚文化圈层叙事、跨媒介内容再生产等多元形态的内容矩阵，重塑了广播电视内容生态的生产结构与发展逻辑。PUGC（Professional User Generated Content，专业用户生产内容）生态战略融合了UGC和PGC的优势。用户生成内容（UGC）赋予了内容广度，而专业生产内容（PGC）模式产出的专业内容更利于吸引和留存用户，显著提升了数字生态中节目的竞争水平。喜马拉雅FM平台平均每日更新内容多达百万条，拥有超过420万的活跃主播，这里面既有罗振宇、郭德纲、王自健、韩寒等上万位自媒体大咖投身音频领域的"微创业"，也有采采、窦超等众多草根主播借助平台成长为声音领域的佼佼者，节目多样性与内容垂直深度远超传统广播。央广及各地广播电台在喜马拉雅等平台建立官方账号，移植传统广播电台内容并开通细分主题频道，形成与传统广播内容互补的媒体矩阵。央视、地方卫视等官方媒体在 B 站、抖音、小红书等平台建立官方账号，扮演网生媒体 PUGC 角色，一方面能够借助自身内容生产的专业优势，建立良好公众形象；另一方面可以及时收集观众反馈，加强用户互动。这种分布式生产模式不仅通过长尾效应激活利基市场需求，更借助社交网络的马太效应，构建起具有文化黏性的用户社群。

（二）用户参与内容生成的双向增值

基于 UGC 的二次创作机制正在重构媒介内容的传播生态。流行文化爱好者会围绕所感兴趣的电视节目，自发创作与之相关的衍生内容，在亚文化社群中寻找共鸣，如粉丝评论、节目混剪、二创剪辑片等，带来了源节目的长尾传播，可见传统媒体的数字化转型为用户认知盈余转化提供了新的路径。在《文本盗猎者：电视粉丝与参与式文化》一书中，作为混剪重要组成部分的同人音乐视频就被视为"社群性的艺术形式"，被认为它传达的是一种"共享的理解，共有的兴趣，集体的幻想"。这种以用户为节点的分布式传播网络，不仅激活了内容的长尾效应，更通过参与式传播重构了内容传播的动力模型。

弹幕是由观众互动产生的衍生内容，这种参与式文化实践通过三重维度实现了内容增值：首先作为实时反馈系统，弹幕构建了线上集体观影的仪式性场域，动态文字流形成情感共振的数字织物，为单向接收观看行为接入模拟实时的群体对话；其次是在知识类内容传播中，弹幕通过众包注释形成分布式知识生产网络，如对事件的信息补充、文化符号的语义解读，构建起多层级的内容网络；最后是亚文化符号系统的植入创造了跨媒介叙事的互文空间，这种解构性创作既拓展了原文本的阐释维度，又通过病毒式传播互动激发了内容裂变。

（三）多屏联动的媒体融合传播模式

"媒体融合是信息时代背景下一种媒介发展的理念，是在互联网迅猛发展基础上的传统媒体的有机整合，这种整合体现在两个方面：技术的融合与经营方式的融合。"

技术的融合，主要体现在跨媒体内容整合与传播创新。在新质生产力的作用下，广播电视节目逐渐突破了传统的单一内容传播模式，积极向跨媒体内容整合方向迈进，实现了内容资源在多平台、多媒介之间的高效传播与协同增值。以中央广播电视总台的《大国外交最前线》为例，总台借助VLOG、短视频等融媒体创作手段，成功打造出"总台时政"这一新媒体品牌。2023年1月10日，在中央广播电视总台召开的2023工作会议上中宣部副部长、中央广播电视总台党组书记、台长兼总编辑慎海雄指出，总台要进一步深化提升"头条工程"，为全面建设社会主义现代化国家开好局起好步提供强大舆论支持。以《大国外交最前线》为代表的众多具备轻量化特质、易于传播且贴近大众的新媒体产品崭露头角，它们通过流行且贴合民众生活的方式，讲述领导人的行程动态以及重大外交事件，使党的创新理论宣传方式以润物无声的形态走进观众视野，增强了传播内容的亲和力与时代感。

经营方式的融合，主要在于优化资源配置与流程管理。数字传媒经济涵盖传统媒体产业的信息经济形态，在生产与流通环节融入数字技术。以电视综艺类娱乐节目为例，节目制作方通过网络媒体的平台征集、海选与投票等互动性内容增加观众黏性，并能够基于用户行为数据调整内容生产策略。

在新质生产力影响下，互联网技术发展促使广播电视与互联网、社交媒体等深度融合，构建紧密高效的全方位媒体生态。跨平台融媒体营销提升了综艺节目的关注度与用户参与度，推动了节目内容质量与传播效力提升。融媒体平台构建的多模态话语体系，正重塑广播电视从内容生产到消费的范式，使得广播电视节目内容在不同平台间自由流动、协同共享，发挥各平台优势，实现价值最大化。

第三节　新环境：广播电视产业的传播生态

（一）全球化推动中华文化国际传播路径创新

当今世界正经历百年未有之大变局，世界范围内各种文化交流、交融、交锋更加频繁。面对复杂的国际环境，实现从文化大国到文化强国的跨越，是当代中国面临的重大课题。新质生产力作为全球化深入发展的重要驱动力，为广播电视行业带来了前所未有的拓展市场机遇与全新发展动能。在全球化背景下，广播电视机构需要积极投身国际传播，将中华文化内容的丰富性、传播途径的多样性、文化影响的持久性进行有机整合，推动中华文化走出去，提升中华文化影响力。

一方面，国内广播电视机构正通过构建"双循环"创新生态系统，加速实现全球化传播能力升级。在技术赋能层面，通过建立跨国制片机构、对接国际制作标准、优化虚拟制作流程等方式，实现制作技术代际跃迁。在内容创新领域，采用"文化转译"策略，将文化遗产、非遗技艺等传统文化内容进行数字化重构，以多模态叙事提升文化解读效率。总台播出的《国家宝藏·展演季》通过文物数字化激活与沉浸式叙事方式将曾侯乙编钟等文化符号转化为民族慕史情感载体。节目采用"历史场景再造+现代科技表现"结合叙事，运用虚拟制片技术还原战国乐师奏乐场景，配合全息投影呈现曾侯乙墓发掘过程，构建起跨越时空的文化对话场域，以沉浸式文化意象开辟了文化全球传播新路径。

另一方面，我国广播电视机构通过构建"情感共振"传播模型，更好地展现中华文化的深刻内涵和鲜活魅力。热点事件更能引发国际网民关注，如震惊全球的三星堆考古新发现、云南野象迁徙事件等。中外联合考古在"一带一路"沿线不断推进，促进了不同文化之间的交流与互鉴。2024年2月，文化和旅游部国际交流与合作局与中国日报网共同举办"你好！中国"元宵灯会全球24小时直播活动。来自英国、美国等国的主持人和嘉宾依次出镜，带领全球网友打卡哈尔滨冰灯、自贡灯会等6大国内外知名灯会现场，感受中华传统文化之美。这场直播海内外实时互动量超550万，覆盖全球受众超1.7亿，借助中国年节文化联结实现跨地域的情感共振。

再者，优质的文体节目具有文化性、时代性和民族性等特点，为推动中外文明交流互鉴提供了新的范例。如《中国诗词大会》《典籍里的中国》等中央广播电视总台推出大型原创文化节目的海外版输出，提升了中国文化符号的国际形象。中国传统文化元素在2024杭州亚运会大放异彩，累计展示了60多个非遗文化项目。通过官媒传播的北京冬奥会、大运会、世界遗产大会等国际赛事和会议活动，均令世界感知到中国文化的独特魅力与时代活力。

（二）广播电视行业创新活力的人才战略

在新质生产力的背景下，人才已成为广播电视行业创新活力的核心源泉与关键支撑。具备多元知识结构、创新思维与专业技能的人才队伍正重塑着行业的发展格局，为其注入源源不断的创新动力。

首先，跨学科复合型人才在广播电视行业中崭露头角并发挥着极为关键的引领作用。这类人才融合了广播电视艺术、信息技术、数据分析、文化研究等多领域知识与技能，能够打破传统专业壁垒，以全新视角审视行业发展需求并提供创新性解决方案。其次，创新型技术人才专注于探索与应用新兴技术，为广播电视节目制作与传播带来前所未有的变革。在广播电视业务流程中，通过融入 XR 扩展现实、AIGC 人工智能和大数据等前沿技术，无论是对纪录片历史场景的还原，影音数据保护与修复，还是在综艺节目的互动环节设计，都显著拓展了广播电视节目的表现形式与技术边界。最后，具有创新创意能力的内容创作人才是广播电视行业的动力源泉，他们紧跟时代潮流与社会热点，以敏锐的洞察力捕捉新颖题材与独特视角，创作出富有思想性、艺术性与观赏性的节目内容，为传统广播电视行业注入了新的活力。

（三）广播电视产业的生态交叉协同发展

当下，广播电视产业正迈向一种全新的产业生态模式——协同发展模式。这种模式打破了传统广播电视产业内各环节各自为政的局面，通过多主体、多领域、多环节的深度协作与资源整合，重塑了整个产业的运行逻辑与发展格局。

从产业内部来看，节目制作公司、电视台、广告商以及设备供应商等各主体之间建立起了紧密的合作关系。节目制作公司不再仅仅是按照电视台的订单需求进行单一的节目制作，而是深度参与节目策划、制作到推广营销的全流程。首先，走出传统电视播出平台单一模式，实现在网络视频、社交媒体等多平台的同步传播推广。以《花儿与少年·丝路季》为例，芒果 TV 作为主要播放平台联合湖南卫视进行台网联动，构建跨屏传播矩阵，依托湖南卫视的线性传播渠道实现大众传播覆盖，同时借助芒果 TV 的点播系统满足分众化需求，形成"大众传播+分众传播"的复合传播生态，传统媒体与网络视频平台得到优势互补。其次，网络平台增强了电视节目与观众的互动。在《花儿与少年·丝路季》录制期间，节目依托社交媒体平台开启极光直播活动，采用快闪直播让网友实时同步花少团追光进度，并通过弹幕和心愿征集活动实现跨时空互动，拉近观众与节目之间的距离。此外，广播电视与文化产业的深入交融促进了文化的传承与传播。《花儿与少年·丝路季》通过游学模式，将沙特语言、礼仪等文化元素融入游戏任务，兼顾趣味性与知识传播。节目以"一带一路"为叙事线，深挖传统与地域文化资源，凸显主流媒体在文化传承和思政融合中的责任担当。

在新质产业生态模式中的协同发展，不仅提升了整个广播电视产业的竞争力与创新力，也为观众带来了更为丰富多元的视听内容与服务体验，使得广播电视节目资源得到优化配置，实现在新媒体环境中的健康发展。

第四节　广播电视行业的发展困境与路径

技术的发展是一把双刃剑，正如尼尔·波斯曼在《技术垄断：文化向技术投降》一书中所提到的"文化向技术投降"这一现象至今仍需谨慎对待。新质生产力驱动下的技术赋能正在重塑广播电视行业的生态格局。人工智能、区块链等技术的深度应用，在提升内容生产效率、拓展传播边界的同时，也引发了三重结构性矛盾，这包括内容生产同质化困境，算法推荐导致的信息茧房效应和智能传播带来的伦理失序风险。对于问题的治理既要保持技术创新活力，又要守住社会伦理底线，最终实现技术向善的价值回归。当前行业正探索"监管沙盒"机制，通过伦理审查委员会、技术标准联盟等多元主体协同，构建具有韧性的智能传播生态系统，这既是行业可持续发展的必然选择，更是维护数字时代文化安全的战略举措。

（一）结构性发展困境的多维透视

首先，高速发展带来技术依赖与节目同质化风险。在新质生产力推动下，广播电视节目生产与传播对技术的应用程度日益加深。过度依赖创作工具可能导致节目内容与形式的同质化加剧。人工智能的学习往往是基于已有的数据模式，容易使节目陷入模板化，缺乏独特的艺术个性与创新活力。大数据催生的信息茧房，深刻影响着电视节目创作生态，极易诱发创作内容的"扎堆"行为，致使内容同质化。以"甜宠剧"为例，近年来呈现出明显的人物同质化趋势，当某部"甜宠剧"凭借"低龄女主+冷脸男主"的人物设定收获成功后，基于大数据的分析反馈，众多仿作纷纷涌现，导致恶性竞争态势。由于作品缺乏创新，难以突破原作模式，严重削弱了其传播效果与文化价值。

其次，是众创生态的治理效能困难。社交平台的内容生产机制在流量经济驱动下，出现了显著的泛娱乐化倾向，内容呈现低俗化、碎片化等特征，使媒体环境陷入商业泥沼而忽视了文化内涵与社会价值的传递。用户参与节目生产与传播虽然带来了机会，但也存在着质量参差不齐的现象，需要耗费大量人力成本进行审核筛选。

再者，是媒体融合的产权交易困境。依据新制度经济学的交易成本理论，媒介融合过程中不同主体间的资源整合需要支付额外的协调成本。具体表现为，传统媒体与新媒体平台在内容使用权限、传播范围、收益分配等方面存在制度性分割，形成典型的"双重产权结构"。这种制度性摩擦导致版权管理模糊，需在事先建立明确的版权系统，通过签订相关合约实现内容使用动态授权与收益的分配平衡。随着AIGC影视内容的逐渐成熟，数字形象雷同所引发的节目版权争议问题将进一步加剧跨媒体内容产权界定困难。

最后，是数据伦理的监管洼地效应。精准传播模式基于大数据技术对观众个人信息的收集与分析，引发了数据隐私与安全问题的隐忧。观众的个人观看行为数据被过度收集与滥用，侵犯个人隐私权益的风险增加。因此，保障观众数据隐私与安全成为新质生产力背景下广播电视节目传播平台面临的重要挑战之一。

（二）价值共创的路径优化策略

根据对以上问题的分析，广播电视部门需要从以下几点入手建立一定的应对机制，探索可持续的内容循环路径。

其一，应对技术依赖与节目同质化风险，应该实行技术创新与人才培养并重策略。广播电视行业需持续加大对新技术的研发投入，鼓励技术创新，推动智能化创作、互动式传播等技术不断升级与完善。同时，要注重培养广播电视专业理论知识与技术素养并行的复合型人才，对从业者开展职业技能培训，并与高校合作建立人才储备机制。通过技术创新与人才培养的协同发展，提高广播电视节目在新质生产力语境下的核心竞争力。

其二，对于用户参与内容创作的管理难题，应该创新用户创作治理范式，实现引导与监管并行。针对用户参与带来的问题，媒体平台方应加强引导，提高用户审美水平与文化素养，鼓励用户创作高质量、有深度的作品。在内容监管方面，应建立健全相关法律法规与行业规范，加强对节目内容与用户互动信息的审核与监管能力，建议建立跨平台创作素材联盟链，通过智能合约实现数字确权，同时减少低质量内容并及时清理低俗、暴力、虚假等不良信息，确保节目内容积极健康。

其三，要健全跨媒体合作机制，深化产权交易机制改革。媒体平台要明确合作各方在内容创作、传播、收益分配等方面的权利与义务，可引入文化数字资产交易所模式，建立公平合理的版权管理与合作机制。建议加强不同媒体平台之间的沟通与协作，研发智能合约平台，实现实时分账与动态授权，通过资源共享、优势互补实现协同发展。同时，政府监管部门应加强对跨媒体融合的监管力度，制定统一的内容监管标准与规范，建立中央文化大数据交易平台，制定统一的DRM（Digital Rights Management，数字权利管理）标准体系，确保节目在多平台传播中高效、合规地流动。

其四，在数据安全方面，应强化保障与隐私保护，提升数字时代的治理效能。建立严格的数据收集、存储、使用与共享制度，采用先进的数据加密、访问控制等技术保障观众数据安全。加强对数据处理人员的职业素养，提高其数据安全意识与工作规范。同时，要尊重用户的知情权与选择权，对数据收集与使用的目的、方式与范围获得用户的合法授权。此外，应积极探索数据脱敏、匿名化等技术手段，在保障数据可用性的前提下最大限度地保护用户数据隐私。

综上所述，新质生产力在为广播电视节目开启创新发展新征程的同时，也带来了诸多严峻挑战。"对于数字传媒经济而言，数字传媒经济全链条的改造基本完成，但要素生产率还有待于提高。'一体策划、一次采集、多种生成、多端发布'的生产流程基本建成，但是到具体的多元媒介产品生产上，协调性和集约性还不够，不能真正做到最大化发挥生产要素效能。"电视媒体需要进一步优化生产流程，加强内部各部门之间的沟通与协作，建立统一的内容管理平台，对素材进行集中存储和管理，方便二次创作。同时，制定详细的生产计划和标准，明确各环节的工作任务和时间节点，保障整个生产流程的高效有序运行。通过优化经营方式，实现资源的高效配置，提升数字传媒经济的整体效益。广播电视机构将与互联网企业、社交媒体平台等建立长期稳定的战略合作伙伴关系，共同策划、制作、推广优质内容项目。深化网台联动战略，根据不同平台的传播特点和用户需求，制定多平台协同的制作与传播方案，通过同步首播、联合推广、互动营销等多种方式，形成跨平台的有机节目组织。

期刊业融合创新案例

第九章　中国社会科学杂志社融合发展的路径与思考

段艳文　陈旭管[①]

2024年是中华人民共和国成立75周年，是实现"十四五"规划目标任务的关键一年。2024年是中央全面深化改革领导小组发布《关于推动传统媒体和新兴媒体融合发展的指导意见》10周年。2024年7月中国共产党第二十届中央委员会第三次全体会议召开，会议审议通过了《中共中央关于进一步全面深化改革、推进中国式现代化的决定》。全会提出：加快适应信息技术迅猛发展新形势，健全网络综合治理体系，构建更有效力的国际传播体系。[88]

中国社会科学院2024年度工作会议暨科研工作会议上，院长、党组书记高翔表示，要努力建设具有中国特色、中国风格、中国气派的哲学社会科学。加快建构中国自主的知识体系。[89]

中国社会科学杂志社成立于1979年，是中国社会科学院直属的学术理论刊、报、网编辑出版单位，以"九刊两报一网"学术传播矩阵，致力于我国学术繁荣发展。中国社会科学杂志社坚持以马克思主义特别是习近平新时代中国特色社会主义思想为指导，坚持理论联系实际，贯彻"双百"方针，鼓励理论、观点和方法的创新，弘扬严谨学风和朴实文风，提倡互相尊重的自由讨论，繁荣中国学术、发展中国理论、传播中国思想，推动中国特色哲学社会科学"三大体系"建设。

[①] 段艳文，民进中央出版和传媒委员会秘书长、中国新闻技术工作者联合会副秘书长，主要研究方向：期刊转型与创新、中国期刊史等；陈旭管，中国传媒科技杂志社编辑部副主任，主要研究方向：媒体融合。

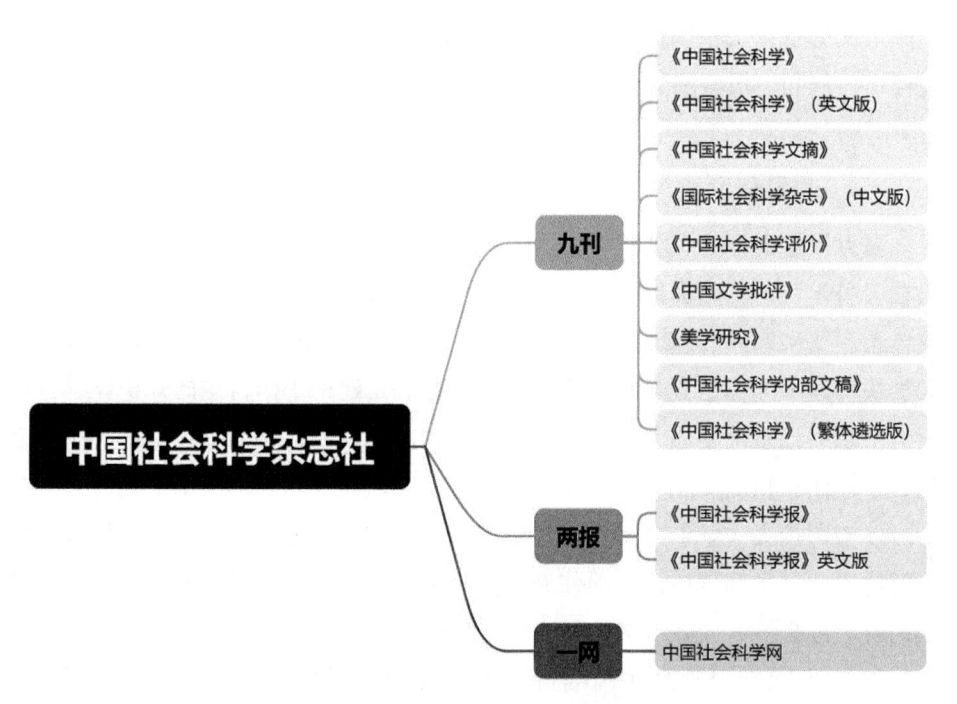

图 9-1　中国社会科学杂志社学术传播矩阵

近年来，中国社会科学杂志社在内容建设、媒介融合、经营管理等方面进行了积极探索与创新，积累了宝贵经验。本文对这些实践探索进行归纳总结，以期为期刊融合创新提供一些参考。

第一节　中国社会科学杂志社的融合创新实践

中国社会科学杂志社的"九刊两报一网"学术传播矩阵分别从不同层面发挥作用。学术期刊作为研究成果的前沿阵地，具有专业性强的特点，九个学术期刊分别侧重不同领域，强化学术成果的专业性和权威性。两份报纸将学术研究与社会实践相结合，进行学术成果普及和时事报道，增强大众对学术研究的关注和理解。中国社会科学网作为学术信息交流和传播的重要平台，实现学术信息的及时发布、广泛传播和深度互动。

本文分别以《中国社会科学》《中国社会科学报》、中国社会科学网为研究样本，从刊、报、网的角度梳理中国社会科学杂志社的融合创新探索。

一、内容创新

习近平总书记在哲学社会科学工作座谈会上指出要"加快构建中国特色哲学社会科学"，明确提出构建中国特色哲学社会科学学科体系、学术体系、话语体系。[90]2022年4月25日，习近平总书记在中国人民大学考察时进一步提出，"加快构建中国特色哲学社会科学，归根结底是建构中国自主的知识体系"。习近平总书记系统阐述了加快构建中国特色哲学社会科学的时代背景、原则方向、目标任务和现实要求。

《中国社会科学》立足新时代中国实践，加快推进"三大体系"建设，着力建构中国自主知识体系，抓住原创这个关键，推出一批具有时代高度、代表我国哲学社会科学最高水平的理论研究阐释成果。

1.《中国社会科学》的中国特色哲学社会科学创新路径。《中国社会科学》在内容建设上坚持马克思主义为指导，立足中国国情，加强重点学科、交叉学科、新兴学科融合发展。

2023年第1期重磅推出"21世纪马克思主义的原创性贡献"重点选题，2023年6月，习近平总书记出席文化传承发展座谈会并发表重要讲话，发出担负起新的文化使命、努力建设中华民族现代文明的伟大号召。2023年8月，《中国社会科学》迅速增设《中华民族现代文明与人类文明新形态》专栏，以"建设中华民族现代文明"为重点主题，约请知名专家学者撰写《中华民族现代文明的历史逻辑、实践路径与价值导向》《中华文明起源与发展的连续性及其文化基因》《中华民族现代文明的生成、特质与价值》等5篇有分量的学术理论成果，从多视角、多学科深入宣传研究阐释习近平总书记关于中华民族现代文明的重要论述蕴含的道理学理哲理。除了紧密联系时事热点外，刊物常设"中国式现代化与中国知识体系""中国特色哲学社会科学'三大体系'""跨学科与新兴学科研究"等栏目，创新构建具有中国特色的"学科体系"。《中国学术期刊国际引证年报》（2023版）显示，中国社会科学获得2023年中国最具国际影响力的学术期刊之一（人文社会科学）。[91]

2.中国社会科学报聚焦热点探索哲学社会科学发展。2024年1月中国社会科学报特别策划 2023 年度十大学术热词盘点和 2023 年世界学术关键词，回顾过去一年来的学术研究热点，梳理理论创新成果，拓展未来研究方向。2024 年 7 月，党的二十届三中全会通过了《中共中央关于进一步全面深化改革、推进中国式现代化的决定》对文化体制机制改革作出重要部署。同年 8 月，中国社会科学报刊发《科技创新引领文化变革》文章学习贯彻党的二十届三中全会精神。2024 年 8 月，中国社会科学报推出"学术期刊在建构中国自主知识体系中的使命担当"邀请三位社会学界的学者型编辑，从不同角度探索学术期刊在建构中国自主知识体系中的使命担当。中国社会科学报打造《真理之光》栏目，聚焦学习习近平新时代中国特色社会主义思想。

3. 中国社会科学网做好主题宣传。中国社会科学网围绕习近平新时代中国特色社会主义思想，加强选题规划、议题设置，推出一批有思想穿透力的成果。

2023 年末，为迎接即将到来的 2024 年，中国社会科学网编辑部重磅推出"2024 年的中国与世界"其中包含"思想的伟力""文明的互鉴""实践的洪流""学者的坚守""学科的脉动"五大主题，邀请哲学社会科学界近百位专家学者，结合各位专家的研究领域探索学术研究。

中国社会科学网在《社科要论》栏目中深度聚焦党的二十大，开设《二十大·二十题》《学理二十大》《哲学社会科学这十年》《新时代这十年》《理响中国》等专题专栏项目，发布原创作品近千篇（个）。在首页显要位置开设学习宣传贯彻党的二十大相关专题，约请哲学社会科学界专家学者研究阐释。其中《人类命运共同体：中国之问、世界之问、人民之问与时代之问》（王义桅）、《归根到底是中国化时代化的马克思主义行》（田鹏颖）等 29 篇获得中央网信办全网推送，1000 多家网站转载，其中《漫"话"二十大：高质量发展》获得 2023 中国网络正能量图片精品。

中国社会科学网开设的《学习习近平新时代中国特色社会主义思想》专题。为进一步丰富和发展当代中国马克思主义、21 世纪马克思主义哲学理论体系作出贡献，已刊发文章 36 篇，其中 20 篇被全网推送。2023 年是"千万工程"实施 20 周年，中国社会科学网策划制作了 3 个千万工程专题聚合页，共 32 篇原创文章，让全国人民切实感受到"千万工程"是富民工程，是民心工程。

二、学术创新

中国社会科学杂志社以中国社会科学网为抓手，通过社科融媒体以视频、图解、音频等多种形式，促进学术成果转化和传播，其中创建《我说》《共和国学人》《学术中国》《理想中国》重磅专题栏目。

拓展学术传播，推出全媒体成果。为服务学术，《中国社会科学》视频系列产品《我说》将理论成果通过全媒体的形式进行展示，在学术界引起巨大影响力，每期节目播放量稳定在 200 万左右。创新工程重大科研成果的视频宣传《共和国学人》专题片共 24 部。其中《初心》获得由中组部举办的第十六届全国党员教育电视片观摩交流活动优秀作品展播二等奖。

主动设置议题，推出高质量成果。《中国社会科学》推出 2024 年重点选题包括：21 世纪马克思主义的学理化阐释、中国式现代化与世界现代化、中华民族现代文明与人类文明新形态等十二项重点选题突出原创性，反映学科前沿趋势、体现学科创新水准、引导学科中国学派形成的研究成果，着力建构中国自主的知识体系。

中国社会科学网开设"'三大体系'建设""'三大体系'建设大家谈""考古中国""思政讲理""社科青年说"等特色专栏，共发布原创作品 504 篇（个）。其中，《创新回答"四个之问"的科学理论——马克思主义为什么"行"》（赵庆寺）等 13 篇文章被中央网信办推送，1000 多家网站转载。设计制作中国社会科学院《十问青年人才"培远计划"》《"十二问"中国社会科学院深化创新工程体制机制改革方案》《"十三问"中国社会科学院"青启计划"》等海报，在百家号、学习强国等各新媒体平台发布。其中《十问青年人才"培远计划"》全网累计阅读量超过 240 万。

2024 年 1 月，中国社会科学网发布由中国社会科学杂志社各编辑部研制的《2023 年哲学社会科学研究发展报告》，内容包括马克思主义理论研究发展报告、哲学研究发展报告、历史学研究发展报告、新闻传播学研究发展报告等十个学科的研究报告，推动各学科发展和学科融合。

三、传播创新

构建中国自主知识体系需要强化学术传播力，引领研究方向，规范学术出版，保障学术成果多元化传播。学术传播的创新不仅是体现速度和效率，而且还体现在覆盖面和影响力上。因此，传播渠道、传播方式都将最终决定学术传播的影响力。中国社会科学网创新传播形式，推动学术传播，同时打造微信小程序、微信公众号、中国学派、中国社会科学报、新浪微博、今日头条号新媒体传播矩阵扩大学术传播覆盖面。

创新传播形式，多元展现学术成果。中国社会科学网2022年推出的《社科青年说·二十大精神笔谈》专栏，2023年升级为《社科青年开讲啦》专栏，集理论文章、视频于一体。2023年3月启动的《解码中国式现代化》项目，共5集短视频，其中《图景》在今日头条获得4773万的流量，全网点击量过亿次。据不完全统计，全部5集时政短视频，获得全国一千多家网站转载，近万条网友热评，全网点击量近2亿次。打造传播矩阵，全网多维传播。在学习贯彻习近平新时代中国特色社会主义思想主题教育中，以人民群众喜闻乐见、爱看爱读的漫画形式进行宣传，推出"理响中国之漫'话'新征程"网络专题。漫画分为"主题教育篇""赓续历史文脉，谱写当代华章"等系列篇章。其中5幅被全网推送至第5条，1幅被全网推送至第7条，6幅获全网推送。"大国基理网络主题宣传活动"专题文章牢牢把握主题教育总要求，把镜头、笔端对准基层治理一线具有代表性的地区、人物、单位、行业、领域等，通过图文并茂的记者稿件、理论评论文章、短视频等报道形式，从智慧城市治理、城市空间治理、生态环境治理等多维度展示各地在推进基层治理体系和治理能力现代化中的创新举措和显著成效。其中3篇文章被全网推送，点击量过千万。第三届"一带一路"国际合作高峰论坛主题宣传，中国社会科学网共发布作品32篇（个），其中《高质量共建"一带一路"》专栏文章13篇，《解码"一带一路"》系列微视频作品8个，《漫"话"新征程·"一带一路"》倡议篇系列漫画作品10个，主题海报1幅，其中6篇被全网推送。中国社会科学网设置《深入学习贯彻习近平文化思想》专栏，习近平文化思想宣传共发布理论文章32篇，其中6篇被全网推送。除此之外，中国社会科学网还设置《网络强国》系列专栏，共发布专题聚合页3个，发布理论文章18篇，主题海报1幅，其中2篇被全网推送。

中国社会科学网目前已拥有5个微信公众号、2个微博号、2个音频号、4个视频号，同时入驻了"学习强国"等5个新媒体平台，形成了完整的网上传播生态圈。全方位运用新媒体平台，不断拓展传播渠道，提升学术影响力。

截至 2024 年 5 月 31 日，中国社会科学杂志社"学习强国"平台累计发布稿件 6000 余条。通过百家号创建的"2022 学术中国"话题，阅读量超过 700 万。在"学习强国"和"百家号"平台创建《建设中华民族现代文明》《理响中国》《金牌思政课》等新媒体专栏，其中，"理响中国"话题累计阅读量超过 200 万，通过多平台形成传播合力，让主题宣传专栏更聚人气。百家号平台发布的《深刻把握"六个必须坚持"的内涵要义》《"一带一路"推动非洲走向现代化》《中国全过程人民民主的本质特征》等文章阅读量达到"10 万+"，"真理之光"话题阅读量超过 160 万。"中国社会科学网"微信公众号持续提高影响力，粉丝数已达 51.2 万，比 2023 年增长"10 万+"。"智库中国"微信公众号粉丝量达 5 万。

四、品牌创新

中国社会科学杂志社以中国特色哲学社会科学"三大体系"建设为目标，紧跟哲学社会科学领域的热点事件和热议话题，以高品质原创内容和多样化的内容表现形式创设品牌集群，中国社会科学的品牌建设路径一方面是利用自身优势，打造自身品牌；另一方面是通过多方协作，打造中国哲学社会科学领域的品牌建设。内容栏目化、栏目品牌化，品牌项目化、项目 IP 化，是中国社会科学网的着力点。

中国社会科学网首页创设社科关注，其中下设学科前沿、评论与争鸣、文学、心理学、历史学、邀请函六个细分板块。社科要论以繁荣中国学术、发展中国理论、传播中国思想为宗旨，细分为马克思主义学院建设、2024 年中国与世界、中国社会科学院重大项目进行时、努力建设中华民族现代文明、好评中国方志天地、理想中国主体宣传系列、理想中国漫画新征程、建设美丽中国、共建人类安全共同体、社科开讲啦、高质量发展等主题。中国社会科学网学术地图以地理标识的形式展现全国各地的学术新闻资讯。社科融媒体通过视频、图解、音频、微信、抖音等多平台展现学术成果。读刊突出中国学派特性，聚焦中国社会科学杂志社下的多本刊物。读报以中国社会科学报为抓手突出社科动态。读书突出社科好书，从新书推荐、社长荐书、读者书单等不同维度推荐社科好书。在学科体系·学术体系·话语体系建设中涵盖马克思主义/中共党史党建、哲学、经济学、法学、历史学等 17 个学科体系，链接 17 个学术理论资源导航，

6大新媒体矩阵。

其中中国社会科学网推出的《学术地图》栏目，用文字、图片、影像、直播等方式，全景式反映了全国各地的学术动态和理论成果，特点鲜明，传播广泛。中国社会科学网创办的《中国社会科学网刊》，每月出刊两次，集全网优秀理论文章为一体，便于查找、保存和共享。网刊面世后，引发了学界学人的浓厚兴趣和广泛关注，受到网信办领导好评。中国社会科学网推出的《社科好书》专栏，下设《社长荐书》《新书推荐》《好书三人行》《月度好书推荐》《有声图书馆》《书单》《书品》《书房》等特色栏目，用图片、音频、视频、评论等不同方式介绍社会科学好书新书。

中国社会科学网打造的"理响中国之'理论派'"旨在探讨和建设中华民族的现代文明，并通过历史镜鉴来启发思考。对中华民族现代文明的建设，以及通过历史的视角来反思和借鉴，以期为现代社会提供启示和指导。理响中国 | "读懂中华文明"理论视频项目，在讲清讲透中华文明五个突出特性的基础上，深入论述中国式现代化与中华文明的传承创新关系，指明了古代中国、现代中国和未来中国的历史延续，为在五千多年中华文明深厚基础上开辟和发展中国特色社会主义、推进中国式现代化提供了丰厚养分。社科青年开讲啦@习近平文化思想集结优秀青年学者，依托博物馆里的文物、广阔大地上的遗产、古籍里的文字，见证文化传承和青年力量的双向奔赴。发出青年之声，抓住当下；讲出青年味道，传承根脉；贡献青年力量，面向未来。由中央网信办指导，中国社会科学网、光明网和求是网三家牵头推出的《理响中国之"理论新时代"》融媒体项目，社科网共刊发100多篇文章，10个视频，全网推送理论文章62篇，单篇文章均被上千家网站转载，总点击量近6亿。为深入贯彻落实习近平总书记关于做好"大思政课"建设的重要论述和重要指示，中国社会科学网联合全国重点马克思主义学院共同推出《理响中国 | 金牌思政课》融媒体宣传项目。37名院长谈网络主题宣传项目，专栏阅读量"1亿+"。"好评中国·器宇中华：文物里的中华文脉"系列短视频聚焦选取出的10件文物，从文物产生、演化、流变、内涵、价值等不同角度展开深度解析，着重阐释文物所蕴含的文明基因、文明特色、文明价值，展现文物见证中华历程、铭刻中华记忆、传承中华精神、促进文明互鉴的重要启示。理响中国 | 《读懂中华文明》理论视频项目，在讲清讲透中华文明五个突出特性的基础上，深入论述中国式现代化与中华文明的

传承创新关系，指明了古代中国、现代中国和未来中国的历史延续，为在五千多年中华文明深厚基础上开辟和发展中国特色社会主义、推进中国式现代化提供了丰厚养分。

五、技术创新

2023年1月1日，中国社会科学网经过第二次大改版后正式上线，经过调研、考察、论证、实施、修改、调试，历时一年，全新的中国社会科学网，从定位到栏目设置，从版块设置到色彩运用都进行了重新调整，全新改版后的中国社会科学网得到了社会科学界的广泛认可和高度赞扬。"采编系统上云项目""学术地图一期建设""报纸终端设备采购竞争性磋商"等信息化项目得以顺利执行。

第二节 中国社会科学杂志社融合创新的特点和规律

一、优内容、强技术

强调高质量内容是期刊融合创新的核心，而新兴技术则是推动融合的重要动力。中国社会科学网创办的《中国社会科学网刊》与方正飞翔合作，将社科精华内容与技术相融合，为用户提供更加丰富、便捷、个性化的阅读体验。

二、平台化、网络化

中国社会科学杂志社打造中国社会科学网，以此为平台，构建一个聚焦哲学社会科学领域的综合性信息平台，实现哲学社会科学资源的共享和整合，同时通过网络化提升杂志社的期刊传播效率和影响力。社科网已经将传统媒体平台、新媒体平台和社会化媒体平台等多个平台阵点聚集一体，将内容丰富、形式多元的融媒体作品适配平台阵点发布，兼顾用户多元化、个性化的订阅和体验，扩大学术研究成果的传播效果。鉴于"中国社会科学网"微信公众号的资源优势，目前已被允许不限时、不限条发送，目前已有粉丝数近50万。《城市传记的特征与文化意义》《全过程人民民主的时代价值》等稿件阅读量达到

"百万+"。中国社会科学杂志社全平台生态圈已初步形成，形成"报＋刊＋网＋微"一体化发布矩阵。

三、重用户、提服务

强调在融合创新过程中，用户需求的满足是首要任务。在中国社会科学网右侧突出位置设置用户满意度调查问卷，收集用户对网站的满意度信息。设置学术理论资源导航栏，便于用户检索社科相关的内容信息。在《学科体系·学术体系·话语体系》栏目下的17个学科体系中均配有投稿邮箱和责编联系方式，方便读者与作者的双向互动。

第三节 未来发展的几点思考

虽然中国社会科学杂志社在融合创新中取得卓越成就，但也存在一些不足亟待完善。首先是在内容传播上，虽然已经形成了报、网、微的立体化传播格局，但是各平台在内容传播上存在同质化现象。例如微信小程序、中国社会科学网微信号以及中国社会科学报大部分内容多来源于中国社会科学报。中国社会科学网的读报栏目与社科关注栏目的内容存在同质化现象。在打造立体化传播格局的进程中，如何清晰化各平台定位，针对不同平台的特性针对性地打造差异化内容是媒体深度融合中需要关注的议题。针对此，2023—2024年前后，媒体业界陆续推出多端合一、融合共建、云端一体、联合协作等融合新打法。[92]例如南方报业集团的"南方+"主打广东传播主平台，全国标杆新媒体，而GDToday主打国际传播。其次，在学术体系建设中，中国社会科学杂志社作为中国社会科学院直属的学术理论刊、报、网编辑出版单位，可以充分利用中国社会科学院资源优势、人才优势，协同推进中国哲学社会科学高质量发展。2023年年末，教育部分别发布《教育部关于印发〈教育部哲学社会科学实验室建设与管理办法（试行）〉的通知》[93]和《教育部关于印发〈教育部哲学社会科学创新团队支持办法（试行）〉的通知》[94]，其中为贯彻落实《面向2035高校哲学社会科学高质量发展行动计划》《教育部哲学社会科学实验室建设与管理办法（试行）》的通知强调实验室应围绕哲学社会科学领域的关键性、基础性、前沿性问题开展研究，加强专题数据库建设等要求。《教育部关于印发〈教育部哲学社会科学创新团队支持办法（试行）〉的通知》提到要分批建设约100个哲学社会科学高水平创新团队，推进哲学社会科学各学科之间、哲学社会科学与自然科学之间的交叉融合。再次，在平台型媒体的建设中，用户数据已经成为宝贵资源。中国社会科学杂志社已经建设出中国社会科学网的自有平台，并在各商业平台上积累大量用户，应当盘活用户数据资源，通过社群运营增强用户黏性，通过产品服务拓展用户群，进而提升学术传播力和影响力。最后在技术层面，应加强对新技术革命的关注。新质生产力是以科技创新为主导。新质生产力的提出对哲学社会科学的发展有多方面的影响。一是在学术研究层面，新质生产力的提出是马克思主义生产力理论的发展和创新，是马克思主义政治经济学中国化时代化的重要理论命题。[95]二是，生成式人工智能技术作为新质生产力中的技术之一，对数据的分析处理能力将成为哲学社会科学的重要研究工具，推动哲学社会科学加速进入智能科研时代。三是在国际话语中将存在学术引领的机遇。目前该领域发展尚处于起步阶段，中国的智能社会科学等研究有机会通过多领域互动打破西方的技术和学术壁垒。[96]中国社会科学杂志社应充分运用杂志社资源发挥哲学社会科学的引领、推动作用，加强对新技术的应用与研究，推进哲学社会科学与技术之间的碰撞，推进中国自主知识体系建设。

2023年9月，习近平总书记在黑龙江考察调研期间首次提到新质生产力。[97]2024年1月31日，中共中央政治局就扎实推进高质量发展进行第十一次集体学习，会议指出，"科技创新能够催生新产业、新模式、新动能，是发展新质生产力的核心要素"[98]。新质生产力是实现中国式现代化和高质量发展的重要基础。在推进中国式现代化发展的背景下，中国社会科学院社会发展战略研究院院长张翼表示，《中国社会科学》要富有预见性地把握生产力革命的突破点，在不确定性中开拓更加具有确定性的学理研究进路。[99]新质生产力如何赋能融合出版？期刊业如何利用科技创新进行内容的高质量发展，探索新的出版模式和经营策略，增强内容产出和传播效率，构建新型生产关系？是当前时代背景下，期刊业面临的新的机遇与挑战。

第十章 《南风窗》融合转型实践

张晋升　潘曦阳[①]

　　《南风窗》的融合创新实践为传统期刊应对数字化挑战提供了可借鉴的范例。通过积极拥抱新媒体、优化内容生产与分发方式以及品牌形象的再造，《南风窗》在新时代媒体格局中实现了自我革新与可持续发展。本研究以《南风窗》的融合转型实践为研究对象，运用文献分析、案例研究以及深度访谈的方法，分析其在媒体融合背景下的创新策略及其对传统期刊业数字化转型的借鉴意义。研究的主要目的在于探讨《南风窗》如何通过组织重构、内容创新、全媒体矩阵建设以及品牌营销策略，成功适应数字化传播环境，并在新媒体竞争中保持其独特的影响力和品牌价值。研究结果显示，人才驱动、组织重构和多元化经营模式是《南风窗》融合转型的关键要素。通过吸引年轻人才、调整组织架构，《南风窗》提升了在新媒体平台上的竞争力。同时，借助微信公众号、视频平台等新媒体渠道，它成功扩展了内容的传播范围，实现了传统期刊与新媒体的有机融合。此外，通过构建全媒体矩阵与举办具有社会影响力的品牌活动，《南风窗》在融合转型过程中进一步拓展了新的市场空间。

第一节　《南风窗》的基本情况

　　《南风窗》创刊于1985年，由广州日报报业集团主办，是中国政经新闻领

[①] 张晋升，暨南大学新闻与传播学院教授、博士生导师，暨南大学出版社原社长；潘曦阳，暨南大学新闻与传播学院硕士研究生。

域的重要媒体之一。自创刊以来，《南风窗》以其理性、锐气、优雅的叙事风格，在媒体行业中树立了独特的品牌形象，赢得了广泛认可。其报道内容涵盖政治、经济、文化等多个领域，重点聚焦于国家政策分析和社会问题研究，为读者提供深度解析和权威解读。《南风窗》凭借高质量的内容，屡获殊荣，包括中国出版政府奖和 2020—2021 年度海外数字阅读影响力期刊第一名等重要奖项。

自 2019 年起，《南风窗》顺应媒体转型升级的发展趋势，积极实施媒介融合战略，拓展多种传播渠道，致力于向立体化、智库型传媒机构转型探索。通过这次战略转型，《南风窗》在深度报道和舆论引导中的影响力得到了进一步加强。特别是在新媒体领域，《南风窗》利用微信公众号、头条号、微博等平台，不仅扩大了内容的传播范围，还成功开拓了新的广告收入来源，逐步形成了以广告与数字内容收入为主的多元化经营模式。在保持传统读者群体的基础上，《南风窗》还成功吸引了许多年轻用户的关注，成为政经媒体中数字化转型的标杆，经营收益呈现出持续增长态势。从 2019 年至 2021 年，官方微信公众号的年营收从 30 万元增长到 3000 万元。

截至 2023 年，《南风窗》的读者群体主要包括政府机关、企业高管、知识阶层等社会精英，同时，其覆盖范围也逐步扩展至全国一线城市和年轻群体，形成了更加多元化的读者特征。每期发行量超过 25 万份，尽管近年来面临新媒体的强大冲击，但是《南风窗》凭借其数字化转型的成功，继续扩大影响力，并有效吸引了年轻读者群体。

在不断变革与探索中，《南风窗》展现了传统期刊在数字化时代的发展韧性与创新精神。通过媒介融合战略的实施，《南风窗》不仅实现了在数字化平台上的扩展，还探索出了一条内容创新与品牌营销相结合的发展路径。在这一过程中，如何利用新媒体平台提升传播力、通过内容创新吸引年轻受众、并在多元化收入模式中找到平衡，成为其成功转型的关键。

第二节　《南风窗》的融合创新实践

媒体融合与数字化转型的大背景和移动阅读的迅速普及，不仅使信息传播渠道愈加多元化，也带来了用户信息消费习惯的转变，直接影响到传统媒体的影响力和传播力。具体说来，《南风窗》在转型的过程中，一方面面临来自新媒体平台、短视频等互联网新闻市场的激烈竞争，另一方面也受到了新型市场和公众信息需求变化的压力。2018年南风窗微信公众号仅实现30万元的营收业绩，同时其传统媒体的广告收入也从2000万元断崖式下跌至500万元左右。[100] 鉴于这种媒体格局的变化，推进媒体融合与创新转型成为其重新出发的核心战略。

一、人才驱动与组织重构

在转型的道路上，人才队伍被视为《南风窗》成功的基石与首要改革举措。2019年3月，《南风窗》正式宣告新媒体团队的成立，这支平均年龄仅为26岁的队伍，为《南风窗》注入了新的活力。团队采用"老带新"的导师制度，有效融合传统媒体的经验与新媒体的创新，让经验丰富的老主编引领年轻成员，共同创作出既有深度又富有温度的爆款文章。同时，《南风窗》的管理层在激励人才团队进行新媒体创作和创收等领域，激励政策更加具有针对性，实行"多劳多得、优质优酬"的方向性倾斜策略。以往《南风窗》的稿酬体系较为平均，各类稿件的报酬差异不大。然而，在微信公众号等新媒体平台上，《南风窗》大幅提升了对优秀内容的奖励力度，普通稿件的平均稿酬可达2000元左右，而那些阅读量超过10万次的热门文章，稿费则高达万元以上。此外，为了鼓励创作者推出更多爆款内容，《南风窗》还设置了分级奖励机制，按照文章阅读量达到30万、60万和100万，提供更高的额外激励，进一步激发创作活力。[101]

为应对新媒体的挑战，依托人才队伍的坚实基础，《南风窗》通过部门机构的调整，加速从传统杂志社向综合性服务商的转型。2020年底，策划创意部的成立标志着《南风窗》在品牌策划与创意写作领域迈出了重要一步。该部门由一群具备资深媒体经验和前沿创意能力的年轻人组成，他们以客户为中心，以效果为导向，凭借敏锐的洞察力、卓越的创意能力和高效的执行力，为品牌提供全方位的内容赋能，实现线上线下的无缝对接。

同时，品牌会务部致力于提升《南风窗》的品牌影响力和综合竞争力，通过策划并执行高端峰会与创意展览等活动，展现其专业的市场洞察能力和高效的运作模式。该部门以专业能力为基础，定期进行市场调研与复盘，为品牌活动构建最具潮流感的传播模式，打造独具特色的品牌推广战略。

此外，视频部与社交媒体部的成立，进一步丰富了《南风窗》的内容生产与传播渠道。视频部专注于创作反映时代情绪与潮流变化的轻记录视频，以及简明易懂的知识分享课程，为众多政商合作伙伴提供定制视频服务。而社交媒体部则与其他部门紧密协作，形成联动效应，共同推动各项活动的成功与内容的高质量产出。

截至2023年，"90后"年轻人才在《南风窗》团队中的占比已超过70%。"让好内容发光，让行动者成长"的企业文化激励着他们不断奋斗、创新与成长，形成了一支行动高效、充满活力、专业负责的人才队伍，不断开拓进取，创造价值。

除了人才管理与组织架构的革新外，《南风窗》还充分利用其30余年的媒体资源积淀和在长三角地区构建的政商学媒网络，设立了南风窗传媒智库、南风窗长三角研究院、新金融研究中心等研究机构，为政府、企业和社会机构提供有价值的服务。

如南风窗传媒智库，是国内一流的研究团队，与郑永年、秦朔、阎学通、姚洋、陆铭等知名专家学者保持密切合作。智库秉承"思想创造价值"的理念，与知名学术机构合作，研究领域涵盖国家治理现代化、国别政情、区域经济发展、城市品牌形象、企业管理创新、传媒转型等。通过提供战略规划、决策管理咨询、企业品牌策划和全媒传播等高端智力服务，为政府、企业和社会各界提供有力支持。

南风窗长三角研究院则专注于长三角新兴产业发展、区域一体化和城市营商环境改善的研究与观察，致力于为政府、企业和社会机构提供一流的智库服务，包括中央权威政策解读、政商学媒资源对接、区域发展战略咨询和城市及企业品牌传播等。

设立研究机构对于《南风窗》而言，意味着其在保持媒体核心竞争力的同时，向多元化、专业化服务方向迈进。这些研究机构不仅整合了《南风窗》自身的媒体资源和影响力，还吸引了知名学者和行业专家的加入，形成了强大的研究团队。通过提供战略规划、政策解读、品牌策划等高端服务，不仅为政府、企业和社会各界提供了有力支持，还提升了《南风窗》的品牌影响力和市场竞争力，为其在新媒体时代下的可持续发展奠定了坚实基础。

二、阵地坚守与内容创新

尽管新媒体迅猛发展，传统媒体在深度调查与严肃报道中依然具有不可替代的地位。《南风窗》坚持以理性和深度为核心，在传播真实信息的同时，注重传递温暖与人文关怀。无论是国内重大新闻事件，还是全球性议题，《南风窗》始终秉持独立思考的立场，力求呈现深入而全面的报道。在党的二十大、G20峰会以及广州抗疫等重要事件中，《南风窗》以权威、深度的报道赢得了公众与同行的认可。2022年，《南风窗》庆祝中国共产党成立100周年的专题报道，凭借其深刻的视角和高质量的内容入选中宣部"期刊主题宣传好文章"。这些报道不仅提升了杂志的公信力和影响力，也让其在政经新闻领域继续保持前沿地位。

在重大突发事件中，《南风窗》仍展现出其敏锐的新闻嗅觉与快速反应能力。在2023年河南及京津冀地区的极端气候事件中，《南风窗》记者迅速深入灾区，带回了第一手的真实记录。《再看一眼河南吧，他们很苦》和《再看一眼涿州吧，洪水搬空了他们的家》等报道，真实展现了受灾群众的困境与期待，唤起了广泛的社会关注与支持，助力灾后恢复与重建。这种迅速、深入的报道方式不仅提升了《南风窗》在突发新闻中的影响力，也为媒体如何在新媒体时代保持公信力提供了新思路。

除了快速报道，《南风窗》还注重从人性与社会角度出发，进行深度的人文报道。2022年，记者赵佳佳撰写的《在这个三线小城，有尊严地死去》一文，引发了公众对"普惠型安宁疗护"的广泛关注。文章通过对一位普通医生在三线城市推行安宁疗护的艰辛探索，展现了临终关怀背后的温情与困境，促使公众重新思考生命与死亡的尊严问题。这类报道不仅充满了人情味，更展现了媒体对社会问题的责任感与担当精神。

《南风窗》在选题策划上同样具有独特的敏锐度，能够抓住热点话题，并以独到的视角进行深度解析。2023年，随着史诗级电影《封神第一部》的上映，《南风窗》推出了《神的传说》专题报道。从电影评论到封神传说中的人物与历史，《南风窗》不仅进行了深刻的文化分析，还通过采访电影主创团队，探讨了古代神话与现代社会的关联。此期杂志迅速售罄，并登上京东社会万象类书籍销售排行榜首位，体现了其在文化类报道中的市场影响力。

随着新媒体时代的到来，《南风窗》积极构建全媒体内容生态，通过文字、视频、图文等多种形式触达不同平台的用户。聚焦于社会热点、年轻群体文化与消费趋势，以简洁生动的方式解读复杂议题，打破传统的内容表达方式。

除此之外，在转型创新过程中，《南风窗》积极与客户合作，探索定制化内容与新媒体推广的新模式。作为具有深厚背景的机构媒体，《南风窗》运用其独特的内容创作能力，根据客户需求量身定制传播方案。从采访到实地调研，再到内容创作与分发，《南风窗》为合作伙伴提供一体化的深度服务。通过整合其全媒体传播资源与创意团队，推出了一系列以效果为导向的定制推广项目。例如，与东风日产骐达的妇女节主题推广合作，通过邀请知名歌手参与发声并进行深度稿件创作，成功引发社会化话题讨论。其线上线下联动的传播模式，不仅增加了品牌的曝光度，还通过有效互动实现了流量转化，体现出《南风窗》在新媒体推广领域的创造力与执行力。

三、全媒体矩阵建设及渠道拓展

《南风窗》作为广州日报报业集团旗下的重要期刊，顺应数字化趋势，积极构建全媒体矩阵，并在渠道拓展上取得显著成效。通过优化内容生产与分发方式，它实现了更广泛的传播和多层次的用户覆盖，不仅保持了传统媒体的优势，还在新媒体环境中建立起了自身独特的地位。

第一，在社交媒体领域，《南风窗》积极拥抱新媒体，逐步建立起微信公众号与微博等社交平台的传播矩阵。其微信公众号已经成为国内具有重要影响力的头部账号之一，通过发布时政、经济和社会热点的深度报道和评论，吸引了大量关注。此外，《南风窗》还孵化了财经类头部公众号"盐财经"，针对财经新闻进行深入分析和解读，为金融与商业领域的用户提供了高质量内容。微博平台同样是《南风窗》重要的传播阵地。凭借着对时事热点的快速反应和深入分析，《南风窗》利用微博发布深度报道、实时评论以及热点话题探讨，实现了与广大年轻用户的有效互动，在微博上积累了大量粉丝，进一步扩大了品牌的影响力。

第二，在视频领域，《南风窗》视频部致力于高品质视频内容的制作，覆盖访谈、纪录片等多种视频形式。推出的《致敬实干家》访谈节目和《后日谈》演讲栏目，不仅展示了社会各界人士的实干精神与独到见解，也展现了《南风窗》在新媒体视频内容制作上的深度与专业性。这些视频栏目通过短视频平台的传播，取得了良好的社会反响。视频内容的传播不仅增加了杂志的曝光度，也有效地补充了传统文字报道的不足，使得《南风窗》在新媒体环境中获得更高的用户黏性。

第三，在渠道方面，《南风窗》在优化传统发行渠道的同时，也进行了新媒体渠道的拓展。在创刊初期，《南风窗》就注重发行渠道的建设，通过进入二渠道等方式，搭建起覆盖全国的发行网络。[102]这种多层次的发行体系确保了杂志内容可以触达到更多的受众群体。此外，杂志社还积极参与各类会议和活动，通过与政商界的互动制造正面影响，进一步提升品牌的知名度和公信力。除了传统发行渠道，《南风窗》还积极拓展新媒体渠道，借助社交媒体和新闻聚合平台的优势，扩大内容的传播范围。与新浪网、搜狐网、腾讯网等大型平台合作，《南风窗》调研成果和深度报道能够在更广泛的网络环境中传播，为其在新媒体领域赢得了大量的关注与口碑。此外，杂志还涉足智库领域，与国内外知名学术机构合作，为政府、企业和社会各界提供战略规划、决策管理咨询等高端智力服务，进一步增强了《南风窗》在知识生产和政策咨询方面的影响力。

《南风窗》在全媒体矩阵的建设和渠道拓展中展现出了其传统媒体优势与创新思维的有机结合。通过深入新媒体领域，优化传统渠道，以及在视频、会务、公益等多方面的积极探索，《南风窗》成功实现了在新时代媒体格局中的自我革新与内容升级。

四、品牌营销策略及品牌形象塑造

《南风窗》在融合创新与转型的过程中，不仅依托其卓越的内容生产能力，还通过一系列独具特色的品牌营销策略和活动，持续提升品牌的影响力与美誉度。在品牌形象塑造上，它强调"社会责任"与"商业向善"的理念，通过各类品牌营销活动和公益项目等，构建起深具公信力和社会关怀的品牌形象。

第一，打造有影响力的榜单活动，塑造社会责任品牌。中国社会价值年度榜是《南风窗》自2003年推出的"为了公共利益"榜单的延续，并于2021年升级为"中国社会价值年度榜"，成为《南风窗》品牌营销策略中的核心内容之一。该榜单旨在评选出在公益事业中表现卓越的企业和个人，展示他们在社会责任方面的突出贡献。评选标准坚持"严肃、独立和公正"，排除商业因素，以社会价值为核心评判依据。通过举办颁奖盛典和专题报道等活动，榜单不仅表彰了像福耀玻璃、日产中国等"年度社会价值企业"，也在2023年推选出陈志武、王笛、张颂文等年度人物，获得了业界和公众的高度关注。该榜单活动的持续成功，成为《南风窗》品牌形象中的一大亮点，增强了其在社会责任领域的专业性与权威性。榜单所传达的"商业向善"理念，既深化了《南风窗》对社会价值的理解，也帮助其在市场中树立起深具社会关怀的品牌形象。

第二，深耕峰会经济，提升品牌影响力。《南风窗》通过举办各类高端峰会活动，进一步强化了品牌的专业形象，扩大了其在经济、社会等领域的影响力。例如，GDMS全球数字营销峰会吸引了超过5万名市场营销从业者参与，提供了一个与国内外营销专家进行交流的专业平台。通过这一峰会，《南风窗》不仅紧跟行业最新动态，还与业内精英建立了紧密联系，提升了品牌在数字营销领域的权威性。此外，《南风窗》自2021年起连续举办的春季峰会也成为其品牌推广的重要手段。2021年的"寻找中国经济新动能"、2022年的"人才·资本·治理：重塑中国城市引力"，以及2023年的"中国制造，向上突围"等主题活动，邀请了向松祚、李迅雷、周其仁等重磅嘉宾，围绕热点经济议题展开深度讨论。通过这些峰会，《南风窗》不仅吸引了大量政商界人士的关注，也通过人民日报等一线媒体的报道进一步扩大了影响力。春季峰会的成功举办，不仅展示了《南风窗》在经济领域的深刻洞察力，也强化了其作为思想引领者的品牌形象。

第三，举办社会创新大会。《南风窗》在品牌营销中重视社会价值观的传递，特别是在社会创新大会上，着力于推动"商业向善"和"技术向善"的理念。如2024年9月在深圳举办的社会创新大会，聚焦于如何通过技术创新与商业手段推动社会发展。在这次大会上，《南风窗》记者与公益基金会负责人共同探讨教育、医疗、乡村振兴等领域的创新行动，吸引了众多公益和商业人士参与讨论。这类创新大会的举办，展现了《南风窗》在社会创新领域的关注与思考，进一步巩固了其在社会责任和公益事业中的品牌形象。通过搭建讨论和交流的平台，《南风窗》实现了对"技术向善"理念的深度诠释，推动了商业与公益的协同发展，也增强了品牌的社会认同感。

第四，坚持推进公益项目，深化青年群体影响力。"调研中国·青年领导力公益计划"也是《南风窗》在品牌营销策略中的重要组成部分，自2005年创办以来，已成为青年社会调查和实践的重要平台。该计划通过为大学生提供资金支持和专业培训，激励他们深入社会各个角落进行田野调查。截至2023年，全国已有700多所高校、10000多支团队参与其中，关注的议题涵盖农村贫困、环境保护、教育公平等多个方面。从2021年起，《南风窗》与B站合作，为"调研中国"注入新鲜活力。通过视频化的方式，大学生可以更生动地记录调研过程，提升项目的传播度与趣味性。这一升级不仅扩大了公益项目在年轻群体中的影响力，也进一步巩固了《南风窗》在青年群体中的品牌形象。通过这种形式，《南风窗》成功地将自身品牌与青年群体的成长和社会进步紧密联系在一起，为品牌注入了更多的活力与社会责任感。

无论是榜单活动、各类会议，还是致力于社会福祉的公益项目，《南风窗》始终紧贴时代脉搏，不断革新品牌营销策略，精心铺设品牌形象提升之路，在转型之路上逐步铸就了其独树一帜的市场竞争力和深远的品牌影响力。这一多元化的营销战略布局，不仅确保了《南风窗》在当下全媒体时代的洪流中维持着高水准的社会关注度和坚实的公信力，更在社会责任担当、创新引领潮流以及青年人才培养等多个维度上，深化了公众对其品牌的广泛认同与情感联结。

第三节 《南风窗》融合创新实践中的挑战与机遇

在媒体行业加速变革的时代背景下，《南风窗》面临着挑战与机遇并存的局面。在市场化和数字化的浪潮中，这家有着悠久历史的政经类期刊，必须在转型过程中找到新的发展方向。在市场化的挑战下，如何在保持深度报道优势的同时，迎合用户对快速信息消费的需求，成为其亟待解决的问题。此外，技术竞争力的不足，尤其是在算法推荐、数据驱动以及新兴技术应用等方面的短板，也为其转型带来了新的压力。面对这些问题，《南风窗》需在未来的发展规划中，深化媒体融合、拓展新兴领域报道，并通过公益实践与社会价值的融合，探索新的增长路径。

一、面对挑战，破局求新

1. 媒体变局下的转型考验。在媒体格局发生巨变的条件下，传统媒体面临的最大挑战是如何在迅速变化的媒介环境中找到新的定位。作为一本有着长期传统的政经类期刊，《南风窗》在转型过程中，逐渐从深度新闻报道的内容提供者转向更为多元化的内容服务商角色。然而，这一转变并非易事，其核心挑战在于如何在保持内容质量的基础上，满足市场对于快速传播和灵活响应的需求。

随着新媒体的迅速崛起，尤其是社交媒体平台的普及，信息的传播方式发生了根本变化。传统纸媒在数字化的洪流中首当其冲，面临用户流失和广告收入下降的双重压力。为应对这些变化，《南风窗》虽然在媒体融合方面做出了探索，构建了包括微信、微博、头条号等平台在内的全媒体矩阵，但其在转型中依然遭遇了诸多市场化难题。首先是内容生产的问题。在过去，《南风窗》以深度报道和评论见长，但在新媒体时代，用户的阅读习惯更倾向于短平快、碎片化的信息获取方式。这一趋势要求《南风窗》不仅要继续生产高质量的深度内容，还需适应用户对于快节奏内容消费的需求，这在一定程度上削弱了传统媒体的核心竞争力。

此外，信息传播的时效性成为另一个重要问题。在重大时事热点问题上，社交媒体平台往往能以极快的速度抢占舆论阵地，而传统媒体在快速响应方面相对滞后。因此，如何在保证内容质量的同时，加快信息传播的速度，成为《南方窗》必须解决的重大挑战。加之，新媒体算法推荐机制的崛起，进一步改变了用户的阅读偏好，用户获取内容的方式越来越依赖于算法推送。而传统媒体如何适应算法推荐模式、保持用户黏性，特别是在阅读碎片化日益明显的环境下，成为《南风窗》在市场化过程中必须解决的一个关键问题。

2. 技术创新的滞后困境。新媒体不仅在内容生产环节实现了显著的变革，还通过数据驱动的方式改变了内容的传播和消费模式。相较之下，《南风窗》作为传统的政经类期刊，尚未在技术层面实现与这些新媒体平台的同步发展，导致其在转型过程中遭遇技术竞争力不足的挑战。

在当下的媒体生态中，新闻素材的自动化生成与推荐技术得到了广泛应用，基于用户数据的个性化推荐成为提升传播效果的关键手段。《南风窗》在这些技术应用上仍处于初期阶段，缺乏足够的资源和能力来进行大规模的技术引进和应用。此外，未来的新闻生产还将面临更多技术层面的创新挑战，例如机器写作、众媒创作、VR/AR技术等，这些新兴技术将在很大程度上重塑新闻行业的采编流程。《南风窗》要在这一背景下保持竞争力，必须在技术投入上作出更多的努力，而这对传统媒体来说，往往意味着较大的资金压力和技术门槛。

不仅如此，跨平台协同和人机交互的广泛应用，将极大地改变新闻的生产和传播方式，而这些技术通常掌握在大型互联网科技公司或具有强大资源背景的传统媒体手中。对于《南风窗》这样的传统期刊来说，技术更新的滞后意味着其未来的媒体竞争中可能处于劣势地位。如果不能迅速跟上技术发展的步伐，《南风窗》可能失去其在内容生产和传播上的优势。此外，随着技术进步带动新闻行业的全面变革，人才的流动性也将增强，技术含量更高的新闻生产方式将抬高对人才的要求，同时也会提升新闻工作者的薪酬水平，这将给《南风窗》的运营成本带来更大压力。在这些挑战下，《南风窗》需要在未来的技术竞争中积极探索并寻求创新解决方案，以应对技术不足带来的长远风险。

二、未来发展规划

1. 深化媒体融合，加速数字化创新步伐。为应对新媒体的冲击，《南风窗》已初步完成媒体融合和数字化创新的布局，搭建了包括微信、微博、视频号、B站等多平台矩阵。这一战略不仅提升了传播覆盖面，也在一定程度上拓宽了受众基础。展望未来，《南风窗》将继续加速这一融合进程，特别是在视频、音频内容的生产和分发方面发力，以适应多样化的受众需求。通过短视频的快速传播和互动性，《南风窗》可以进一步扩展内容影响力，并通过与流量较高的自媒体平台合作，利用其资源优势，提升品牌知名度和市场份额。持续推进的数字化策略将有助于《南风窗》在新媒体环境中保持竞争力。

2. 拓展新兴领域，引领新闻报道创新潮流。在专业新闻与深度报道领域，《南风窗》展现了其对社会转型的敏锐洞察力和新闻资源的整合能力。2024年4月，杂志通过对AI训练师等新兴职业的报道，深入揭示了人工智能对人力资源和产业结构的重大影响。这类报道不仅展示了科技对社会经济的深远影响，也凸显了《南风窗》在科技领域的前瞻性。未来，杂志可以进一步拓展在AI、区块链、数字经济、可再生能源等新兴领域的报道，持续探索前沿科技对社会各领域的影响。这将为杂志赢得更多年轻读者的关注，树立其在创新报道中的权威地位，确保在竞争激烈的科技报道领域占据领先位置。

3. 凸显社会价值，推动公益事业繁荣发展。《南风窗》始终致力于将社会责任融入内容与实践，并通过活动推动社会价值的实现。未来，《南风窗》将继续深化与社会各界的合作，探索公益事业与品牌发展的有机结合。例如，通过举办公益论坛、设立奖学金项目，不仅可以为年轻人提供参与社会实践的机会，也有助于培养具备社会责任感的青年人才。此外，杂志在重大社会事件中的表现长期受到社会的高度关注，未来《南风窗》应继续加强在公益领域的投入，通过更多的社会责任项目和公益活动，提升品牌的社会影响力和美誉度。与此同时，在信息透明度日益提升的时代，杂志也将进一步注重新闻报道的准确性和专业性，避免因信息误导导致的品牌公信力受损。在坚持社会责任的同时，稳定报道质量，将有助于品牌形象的稳固与发展。

总体而言，《南风窗》要想在新媒体时代保持领先地位，必须在内容创新、技术应用、品牌拓展和社会责任等方面持续发力。未来的发展之路既充满挑战，也蕴含着巨大的机遇。在坚守传统媒体优势的同时，积极探索与实践新的发展模式，将为《南风窗》在媒体融合的浪潮中提供强有力的支撑，确保其在瞬息万变的传播环境中稳步前行。

第十一章 《三联生活周刊》的全媒体融合转型

何 奎[①]

《三联生活周刊》最早来自近代著名民主人士、中华职教社创始人黄炎培先生 1926 年在上海创办的《生活周刊》，随后在邹韬奋先生主阵期间得以发扬光大，成为民国时期一个深受大众欢迎的著名进步期刊。1995 年，在三联书店老前辈们的大力倡导下，《三联生活周刊》正式复刊。复刊之后它的发展并不顺利，不论是在内容定位、主编团队的遴选上，还是在投融资上都经历了一段异常艰难颠簸的过程。从 1995 到 2005 年，它整整亏损了近十年。只是到 2005 年，它刊发了一期关于纪念抗战胜利 60 周年的封面报道后才真正起飞，当期发行量冲破 10 万册大关，并在业内率先开创了一种"封面报道"为主体的单期深度报道模式，获得了广大读者和市场终端的认可。随后，它进入了发展的快车道，发行量基本都稳定在单期 20 万册以上，在中国 1 万多份期刊的激烈市场竞争中站稳脚跟，逐渐成为一个响亮的期刊品牌。2014 年，周刊的营收 1.28 亿，利润 5800 万，创造了单本杂志的利润巅峰。但是，在 2015—2016 年，随着数字化大潮对中国期刊市场开始带来真正的巨大冲击，大量读者涌向电子产品阅读，大量广告商不再在传统的纸刊上投放广告，它的发行收入和广告收入也出现断崖式下滑。

在互联网时代，它是继续辉煌，或者迅速消失，则为一个生死攸关的重大拷问。

[①] 何奎，生活·读书·新知三联书店副总编辑。

第一节　数字化时代内容行业的新变化

一、技术革命是第一驱动力

历史地看，人类社会从原始社会到农业社会、工业社会、信息社会过渡最大的驱动力，来自一轮轮的重大技术革命。这些重大的技术革命不断刷新了人类的生产方式，培育了新的生产力形态，创造了新的经济发展模型和社会发展模式。

在数字化时代，互联网作为人类最具革命性、最具影响力的新技术，改变了工业时代人类的知识生产方式与内容产业形态，数字化传播逐渐成为最主流的内容生产与传播方式。

二、知识平权成为主流趋势

在互联网兴起之前，人类社会的组织结构是一个自下而上的高度集中封闭的金字塔体系。但是，互联网快速地将人类的信息、知识、商品、资本整合到一个自由、平等、开放的扁平化体系中加以流动。

传统的知识生产、组织与传播机制也是这样一个高度集中的比较封闭的具有一定垄断性的金字塔体系。互联网的兴起，则打破了传统的知识生产与传播机制。知识的生产不再由少量专业化知识精英来完成，知识的传播也不再是在传统的大学、教育、媒体、出版机构等一个相对封闭的圈层内进行，具有一定知识水准的普通大众对于知识生产和传播的权利意识不断觉醒，纷纷参与内容的生产与传播过程，这也意味着知识平权日渐成为一种时代主流。传统的内容生产、传播、组织藩篱瓦解了，知识的创新、流动、溢出在一个更为开放的时间序列、更为开阔的空间疆域、更为大规模的人群和算法中得以实现。

三、对知识创新的多元激励成为新的可能

诺贝尔经济学奖获得者诺斯在其名著《西方世界的兴起》中指出，"有效率的组织"是西方世界兴起的关键，而这个"有效率的组织"的形成，主要得益于西方社会对个人发明创造权利予以充分激励的制度设计。大约在1624年，英国女王安娜颁布了世界上最早的专利法，对民间的技术发明与创新活动所产

生的个人收益从法律上予以确认。这一下子点燃了整个英国普罗大众从事技术发明创造的全部热情。随后，珍妮、瓦特等发明家的创新激情像一股汹涌的海浪一样呼啸而出，纺织机、蒸汽机等新型生产工具层出不穷，促使工业革命在英国率先拉开了历史的序幕，助推了英国快速成为世界第一个进入现代工业社会的国家。

在互联网浪潮中，个人在内容生产领域的创新创造行为也同样得到了巨大的激励，一个内容的多形态表达、多媒体开发、多元化价值变现成为现实可能。

四、资本大规模流入成为内容行业变革的加速器

互联网的兴起，离不开一个现代资本市场的强力推动。欧美经过两百年的工业革命后，已经逐渐建立了一个比较成熟的包括银行、保险、风险投资、私募股权基金、证券交易所等在内的现代资本市场体系。受互联网技术革命及其蕴藏的巨大商机的刺激，大量的 VC 和 PE 投资新的技术平台和技术企业，在它们达到一定的市场规模和资本估值后进入到资本市场上市，实现更高的价值溢价和商业变现。

中国的互联网兴起也同样得到了欧美风险投资和私募股权基金的大量投资，早先一批从事门户网站业务的内容企业也纷纷成功在境内与海外资本市场上市。

第二节 《三联生活周刊》融合转型的战略与策略

一、融合转型的战略

面对数字化的巨大挑战，在市场的残酷倒逼面前，周刊时任主编李鸿谷带领团队开始思考并探索新的融合发展之道。从 2016 年开始，周刊正式启动了第一个阶段的转型战略：1+N。所谓的"1"，即纸刊，这也是当时唯一的产品形态；所谓的"N"，则指立足纸刊的内容，开发出更多的具有互联网属性的产品形态，探索适应互联网市场的渠道和商业模式。老子在《道德经》中讲"道生一，一生二，二生三，三生万物"。这个战略也符合这句话讲的道理，"1"

是纸刊，是内容，既是立身之本，也是转型之本，在此基础上再去生发其他产品形态，生发其他新的可能性。与这个战略相对应的是战术策略的选择。鉴于当时的互联网生产传播格局已经呈现出公域流量领域和私域流量两大领域，周刊在战术选择上则以杂志为旗舰，两条道路互联网化，即在公域流量与私域流量上同时展开。

二、公域流量上的转型策略：做强双微

在公域领域，重点是向微信、微博发力。这是互联网上的两大超级平台，当时它们统治着整个公域流量，极具影响力。能否成为这两大平台上的大V和头部，既是一个最关键的问题，也是转型成功与否的主战场。为此，周刊调整了内部组织架构，对传统的编辑与发行部门进行了调整，一方面成立了由副主编李伟牵头负责的经营拓展部，设立了新媒体岗位，另一方面制定了新的激励措施，鼓励纸刊的记者团队撰写微信稿件，凡是记者撰写的微信稿达到"10万+"点击量之上，单篇给予5000元的奖金。周刊微信的粉丝也逐渐增长，到2020年底已经突破600万大关，"10万+"的稿件量也由2018年平均1.5篇/日上升为2019年的平均1.8篇/日，直到2020年平均3篇/日。

三、私域流量上的转型策略：做强三联中读

在私域流量领域，周刊趁着知识付费赛道刚刚起飞的浪潮，研发设计了中读这个知识付费产品，同时抓住了上级主管单位中国出版集团2017年在上海证券交易所上市的契机，将其列入集团的募投项目，获得了中国出版集团9000多万元的募投资金支持。这个产品的定位为"在长阅读与短阅读之间进行中阅读"，内容画像定位为人文社科领域的知识付费。这个定位既比较好地延续了三联的内容基因与品牌传统，又与传统的阅读产品和同行的内容画像有所区别。中读上线推的第一个产品是"为什么爱宋朝"，则源自周刊纸刊的封面故事报道《我们为什么爱宋朝——宋朝美学十讲》，在纸刊内容的基础上邀请邓晓南、朱青生、康震等十位学术文化名家重新录制单点音频课程，并邀请央视当家名旦董卿作为整个产品的领读人。这个产品上线后立即成为爆款，并让中读一炮打响，还畅销至今。不仅如此，公司还以这款产品进行内容IP的再开发，它

的同名图书在2018年7月由中信出版社出版，9000册起印，累计销售18000册。它的视频版权销售给了优酷，版权使用费达250万元。2019年，中读入选国家新闻出版署"2019年度数字出版精品遴选推荐计划"。2020年，中读的音频课《了不起的文明现场》和《了不起的世界文明》入选国家新闻出版署颁布的"2020年全国有声读物精品出版工程"，《了不起的文明现场》同名图书获得第十六届文津图书奖，入围2020年度中国好书奖。2020年，在新知榜全国TOP100的音频课程榜单中，中读入选20个，位居全国第三。2021年10月，三联中读精品课《看懂中国：全球视野下的中华文明》受到国家层面关注，三位中央领导同志作出重要批示予以肯定。新华社、中新社、《光明日报》《中国日报》等中央主流媒体按照有关部门要求均予以宣传报道。在技术层面，中读也积极关注人工智能技术的应用，初步实现了AI伴读、AI问答、AI搜索等功能。

作为三联的一个标志性融合产品，三联中读为用户提供了形态丰富的数字出版内容，包括课程、数字刊、有声读物和播客等，丰富的内容品类满足了不同用户群体的多样化需求。截至目前，上线精品课47个、专栏220个、小课220个、数字刊1299期、有声书842部、训练营23个、播客7379个，音频内容总时长累计达到3万多小时，成为传统国有出版企业研发的唯一具有文化影响力和市场生命力的知识付费产品。目前，中读正在聚合全网优质内容，着眼于"努力做全网最好的人文知识平台"，在运营上开展四大转型：从音频转向全媒体营运，从自制内容产品转向人文知识平台，从单课销售转向人群运营，从"to C"转向"to C+to B+to G"。

四、融合转型的产业延伸

除了在公域流量和私域流量领域的融合转型，周刊也积极根据自身的内容属性和品牌特色，瞄准不同垂直领域的细分市场，研发了《少年新知》、三联人文城市奖、三联生活实验室、行读图书奖等多款具有互联网属性的新产品，一方面做宽内容领域的产业纵深，扩大传播的幅度与广度；另一方面孵化新的经济增长点，增强整体的风险抵抗能力。

1.《少年新知》。2020年，它由在周刊长期从事教育类新闻采编与报道的资深主笔陈赛倡议创办，其内容定位为启蒙思维、学习情感、追寻意义，用户对象为 8—16 岁的青少年。最早的 4 期试刊的单期印数超 15 万份。2022 年改为月刊后，单期发行量也基本稳定在 10 万册左右，受到了众多妈妈和孩子们的欢迎。它在渠道上实现了创新，最开始投放市场时采取流行的众筹方式，随后经过发行部同事的创造性努力，全部在新媒体渠道发行，目前没有一本在实体渠道销售。它的成功表明，在互联网时代，纸刊并不是没有市场了，关键在于内容的定位是否填补了市场的缝隙，渠道的投放是否精准抵达目标用户。

2. 三联人文城市奖。它是 2020 年由公司总经理助理贾冬婷提议创办，旨在遴选全国具有人文性、创新性、公共性、美学性、身体性的新型特色建筑。在周刊看来，在中国新一轮城市化运动中，城市不只是高楼林立、绿色森林，人才是城市化的目的与尺度。同时，城市也需要塑造诗意栖居的精神家园，需要被发现、被看见、被肯定！基于这个考虑，周刊设立了三联人文城市奖，邀请全球最著名的华裔建筑家张永和先生担任评审委员会主席，5 名建筑领域的中国工程院院士担任评委，每两年在全国遴选出 5 个左右的新型公共建筑。整个遴选过程由普华永道独立计票，不收取任何费用，确保评选的公正性、独立性。

在市场运营上，三联人文城市奖积极探索 To G 的模式，与成都市政府、郑州中牟区等地方政府合作，通过政府购买公共服务的方式，在当地举办盛大、新潮、时尚的颁奖典礼，同时举办系列主题人文体验活动，通过周刊的双微号、视频号等在全网直播，极大地提升了城市的文化影响力和公共知名度，助推了当地的文化创意产业发展和产业结构转型。这个产品的成功也表明在数字化时代媒体的评价系统也可以产品化运作。

3. 三联生活实验室。三联生活实验室是以指导、表达、解析年轻人生活方式及社会心态、消费文化为主的新品牌，定位为时尚潮流的风向标、生活洞察的领航员、年轻人情绪的庇护所。它通过微信公众号、B 站、微博、小红书、视频号、小宇宙等平台积累了 120 万年轻用户。

2023 年，它推出的纪录态访谈系列《成名》，挖掘这个时代特有的人物故事和社会现象，上线 6 期累计播放量突破 1.5 亿。方言故事纪录片《听口音，你是这的人吧》引爆家乡热，累积话题阅读 4000 万，位居腾讯视频纪录片人文榜第 2 名。城市气质纪录片《北京大》，上线 3 集累计播放破亿，其中《北京大腿》破圈传播，入围第 19 届国际体育电影周和米兰国际体育电影电视节最佳短片。它作为非虚构纪实系列，以 30 秒短视频燃爆情绪点，让年轻人讲述自己的故事，剖析时代问题的毛细血管，单只短视频播放破千万。

2024年，它推出了社会纪实系列纪录片《热流》，登顶腾讯纪录片频道社会榜第一名，累计播放量破2亿。《热流》第二季第三集《当一个中年人，决定去开网约车》，获抖音全国榜TOP4，单集播放量超过4400万，获得3.6万用户评论，引爆全网。

第三节　《三联生活周刊》在融合转型中的内容特征

在互联网时代，我们生产什么样的知识？这也是一个十分关键的问题。一些同行在转型中或者跟风趋时，或者改弦更张时，失去了自我，结果并不太理想。为此，《三联生活周刊》在拥抱互联网时，在内容的属性上坚持了三联书店的人文传统和品牌特色，延续作为一个有情怀、有品质的社会公共媒体的基本定位，一方面彰显既有的人文性、公共性、时代性等基本特征；另一方面立足历史基因，守正创新，形成三个新的内容特征。

一、原创

即内容来自周刊记者和内容生产团队原创，而不是转载或者外部约稿等舶来品。一流的思想来自原创，原创内容不仅具有强大的生命力，还构筑了坚固的护城河。《三联生活周刊》90%的内容是记者原创。

二、系统

即全面、深入、系统地对报道对象或相关事件进行知识挖掘，揭示历史脉络、基本成因、各方意见、内在肌理和规律启示，而不是对内容做浅表化描述。

三、潮流

即刻画时代变革中的事件、潮流、情绪、趋势及其转折，不是简单、孤立的个案呈现。美国著名未来学家约翰·奈斯比特指出，要关注时代的大趋势及趋势的转折。举一个例子，2020年初武汉疫情暴发之后，周刊在全国同行中率先派出了3名记者奔赴现场，冒着生命危险，累计推出《武汉现场》《武汉会战》两个封面和100多条微信文章，用客观、理性、有温度的报道关注抗疫，受到社会各界的广泛赞誉。《武汉现场》单日销售10万册，微信单篇点击量最高达"1400万+"；微博增长粉丝"600万+"，突破"2400万+"。负责指挥武汉疫情报道的副主编吴琪也因其杰出工作在后来获得全国妇联颁发的"全国抗疫三八红旗手"称号。按照周刊主编李鸿谷的说法，也正是这一次杰出的组合报道，周刊实现了历史上的第二次起飞，迅速成为全国新媒体内容生产传播领域的头部。

第四节 《三联生活周刊》融合转型的主要成效及启示

一、融合转型的主要成效

2023年，三联生活传媒有限公司营业收入2.4亿元，利润近3500万元，其中新媒体业务的营业收入从2017年的4500万上升到2023年的1.86亿元，新媒体收入占比也从2017年的40%上升到2023年的80%左右。这一比例反映出传媒公司已经完成了初步的融媒体转型工作，同时也体现出新媒体业务在公司整体业务中的重要地位和其发展的强劲动力。

《三联生活周刊》在微信、微博、小红书、视频号、抖音等各主流平台建设了传播矩阵，并处于头部领先位置。2023年，周刊微信公众号的粉丝630万，全年"10万+"阅读量文章达到了1110篇，每天生产3.2条"1万+"，这个数字不仅代表了刊物内容的广泛传播，更是刊物与读者深度互动和影响力的体现。周刊的微博粉丝接近2500万，每周2.3条上热搜。周刊的小红书粉丝数量突破25万。三联中读已经积累了300多万粉丝，2021年开始实现盈利，是全国知识付费产品中为数不多的实现盈利的之一。

由于融合转型的成效显著，2022年三联生活传媒有限公司荣获新闻出版署颁发的第一批"全国出版融合发展旗舰单位"称号（全国共8家），也是全国唯一一家入选的期刊单位。

二、融合转型的四点启示

回顾周刊第一阶段的融合转型，融合的目标是建立一个互联、有机的生态体，融合的生态结构是"产品迭代/创新+公域私域/增量"，而生态核心是"双微/公域+中读/私域"，生态关键是流量共享。其中，有四点启示可供参考。

1. 内容是流量之本。互联网时代，信息严重过剩，而好的内容是稀缺的，稀缺才产生价值，产生大的流量。对于内容生产者而言，永远要把生产优质的、稀缺的内容放在第一位。只有这样，融合转型才有了最坚实的根基，内容才能够实现理想的流量变现。

2. 头部是生存之道。互联网时代，只有头部才能够生存。无论是在公域流量领域，还是在私域流量领域，都要努力成为某个垂直市场的头部。对于传统内容生产商而言，成为头部的路径或许可以"先公后私"：先在公域流量通过链接超级平台成为头部；然后在私域流量，通过流量共享和转化，发挥自身比较优势，逐渐成为头部。

3. 危机是进化之锚。在一个剧烈变革的时代，没有永恒不变的风口，潮流的迭代是常态。躺平不可取，躺赢不可能，今天领先并不意味着明天还领先，没有一天是可以高枕无忧的，要始终保持强烈的危机感和忧患意识，根据快速变化的市场，不断调整自己的策略。

4. 人才是发展之核。在一个传统内容生产体系中，不仅需要对既有的经营、管理、组织体系进行变革，最核心的是要培养一支新型全媒体经营人才团队。林肯有一句名言："专利制度是给天才之火浇上利益之油。"对于新型人才的培养，既需要理想、激情、使命，也需要机制、激励与宽容。

三、转型中需要处理好的五个关系

一是1与N的关系。1是不变，是优质而稀缺的内容，是三联的品牌特色和内容调性，这是一根定海神针。N是变，是创新，是不同的产品、渠道、商业运营方式和价值变现方式，是优质内容的输出能力、塑造能力、结构化能力，而且这种能力还需要具有可持续性。

二是天时与地利的关系。司马迁在《史记》讲："无财作力，少有斗智，既饶争时。"互联网时代有句名言：站在风口之上，猪也能够飞起来。风口就是天时，抓住了风口就抓住了天时。周刊无论是在公域流量领域还是私域流量领域的融合转型，都是抓住了互联网的风口，而没有丝毫的犹豫与畏惧，表现出义无反顾、勇往直前的果敢和胆识。同时，周刊也抓住了中国出版集团上市的风口，成功获得了一大笔外部投资，为融合转型积累了比较雄厚的资金实力。

此外，周刊在融合转型中也积极争取地利，一方面积极弘扬三联书店和周刊自身积淀的品牌优势；另一方面又利用北京是中国知识生产的高地、互联网创新高地的优势，团结和汇聚了人文社科领域一批顶尖级的知识精英，为源源不断地输出高品质的内容奠定了坚实基础。

三是领军人物与一流团队的关系。在周刊自1995年复刊以来30年的历史上，涌现出两位具有标志性的主编。一位是朱伟，他确定了周刊的内容基因，带领周刊实现了在平面时代的崛起与腾飞；另一位是李鸿谷，他引领了周刊的融合转型，带领周刊实现了在数字化时代的崛起与腾飞。他们作为一本杂志的灵魂人物，在不同的历史发展阶段为杂志的发展作出了卓越的贡献。

不仅如此，周刊也一直高度重视一流人才团队和梯队的培养，尤其是在融合转型中不仅注重保持记者团队的一流原创力，也注重在微信、微博、视频、知识付费等赛道培养一支充满活力、富有才华的年轻团队，大胆启用了多位"85后""90后"走上新产品和新业务的项目总监、运营总监、项目负责人等关键岗位，为周刊的融合转型储备和锻炼了一支十分优秀的人才队伍。

四是机制再造与充分激励的关系。为了适应融合发展的需要，2017年经三联书店批准，三联生活周刊由一个传统的编辑部改制为三联生活传媒有限公司，成为一个独立的二级企业法人，开展市场化、公司化运作。2019—2023年，公司逐步完善预算、经营、管理、决策、薪酬考核、工资总额、风险控制与廉政机制，初步成长为一个具有快速反应能力、较强市场竞争能力的现代文化企业。

在激励机制上，周刊在保持全体员工薪酬稳步增长的同时，进一步加大对管理层和核心骨干的激励力度，充分激发了内生动力。2019年公司营业收入1.6亿元，利润980多万元；2022年公司营业收入2.4亿元，比2019年增长50%；利润近3500万元，比2019年增长近250%。

五是管理边界与人文关怀的关系。三联书店作为《三联生活周刊》和三联生活传媒有限公司的上级主办单位，主要负责公司的内容导向管理、年度经营考核、工资总额管理、领导班子建设，这也是周刊复刊30年来形成的一个管理风格和治理共识。2019年以来,在坚持这一管理传统的基础上,进一步明确了"多支持、少干预"和"抓大、放小、搞活"的方针,注意区分管理的边界和度,既注重落实党管媒体的基本原则,把住公司的政治方向、出版导向、重大经营风险和廉政风险防控,又注重从保持内容创新活力、加强人才梯队建设、完善考核激励、加强荣誉表彰、鼓励机制变革等方面去激发公司的内生动力。例如,在导向管理上,提出了"浪来了,要勇敢地冲上去,但又不被浪掀翻"的要求,既要及时关注时代热点与重大突发事件,又要注意报道的角度、分寸和立场。这几年,周刊在一些重大热点事件的报道中不仅受到了读者的欢迎,也获得了上级管理部门的肯定。周刊关于庆祝新中国成立70周年、庆祝中国共产党成立100周年、关注中国文明起源与中国考古最新成就等方面的报道,都获得了中版集团和中宣部有关部门的表彰。

与此同时,周刊在1995年复刊后才30年,还是一个相对年轻的杂志。目前周刊及公司共有员工220多人,员工平均年龄30岁左右,朝气蓬勃。周刊一直倡导一种纯粹、简单、轻松的工作关系,没有一些传统单位泾渭分明的上下级关系。对于年轻员工的成长,公司不仅在职业发展上提供平台和机会,也积极帮助他们合法合规地解决北京落户、办理北京居住证、职称评审等生活中面临的难题。2020年,争取到有关部门的支持,打通了周刊员工参加新闻类中高级职称评审的通道,15名员工获得了中级职称,2名骨干获得副高职称,这也是周刊员工过去近二十年第一次获评新闻类职称。近两年,大约15名员工顺利申请到北京工作居住证。近三年,公司也按照年轻化、时尚化、简约化的原则对办公空间重装,营造了一份温暖、明净、人文的工作氛围。公司对在职员工每个月都举办集体生日会,对退休老同志举办隆重的欢送会,对无心犯错误的员工也给予足够的包容。概而言之,公司在激烈的市场竞争中既主张人才至上、唯才是举的用人理念,又营造以人为本、人文关怀的成长氛围。

第五节 未来规划:周刊融合转型的 2.0 版本

近几年,互联网的生产传播又呈现出新的发展态势,即逐渐由图文时代向视频时代转型，尤其是以生活化和知识化的视频内容极大地满足了用户特别是年轻用户的需求。微信、微博的流量逐渐在减少，而视频的流量不断与日俱增，尤其是随着人工智能和 AI 大模型技术的完善，视频传播日益成为新的主流传播形态。在新的挑战面前，周刊自 2023 年开启了数字化时代的第二个阶段的转型，即打造面向视频时代的 2.0 版本。概而言之，2.0 版既要延续在图文时代获得的双微头部地位，又要努力成长为视频领域的新头部，奋力构建以"一主、两核、三化、多点"为主体的全媒体生产传播格局，具体如下。

一主：指以一本纸刊的内容为基点，以生产优质而稀缺的有品质内容为主。

两核：指在公域流量领域以双微和视频为核心，在私域流量领域以三联中读为核心。

三化：第一是视频化，即在视频领域要成长为新的头部；第二是平台化，三联中读、三联人文城市奖等要向平台化转型，构建面向 to C、to B、to G 三者兼容的新业态；第三是创客化，公司鼓励有理想、有情怀、有产品构建能力的年轻人当数字经济的"创客"，在内部创业创新创造，源源不断研发出新的有生命力的内容产品。

例如，2024 年上半年，《三联生活周刊》探索了杂志内容和新闻内容的视频化传播，取得了较好的传播效果。以周刊副主编吴琪为主持人的系列视频，在微信视频号上最高观看量超过 50 万，平均观看量达到 24 万；原创新闻视频《一个中国女孩在日本海上漂流 36 小时》观看量达到 150 万，抖音号观看量超 200 万，分享量超过 5 万；视频《高三前，一个贵州学生带着 100 多块去上海"流浪"》，截至 2024 年 8 月 7 日，在抖音号上观看量已达 907 万。

多点：探索和开发适应不同互联网内容形态及其市场逻辑的新产品、新平台、新品牌。《少年新知》、三联人文城市奖、三联生活实验室等子品牌，都是公司内部积极孵化的新项目。

第十二章 上海大学期刊社融合创新研究

张　玮　张佳宁　李　婷[①]

学术期刊是我国学术交流与传播的核心阵地，不仅承载着学术成果的展示与传承重任，更是推动知识创新不可或缺的力量。2021年5月，中宣部、教育部与科技部联合发布的《关于推动学术期刊繁荣发展的意见》明确提出，实施学术期刊集群化发展试点战略，通过整合行业内的优质资源，强化龙头期刊的引领作用，构建一批方向明确、品质卓越、资源高效集约且具备国际竞争力的学术期刊集群。然而，由于我国期刊媒体融合转型起步较晚，许多期刊至今仍面临着学术影响力有限、体制机制滞后、市场化程度不足等挑战。因此，打造刊文质量优秀、传播迅捷，具有国际竞争力和影响力的学术期刊，是我国一流学术期刊发展乃至国家文化软实力提升的战略选择和现实要求。

作为行业先行者，上海大学期刊社积极探索实践了以"上大模式"为代表的高水平期刊集群化发展路径。紧紧围绕提升办刊质量这一核心目标，通过制度创新激发内部活力，构建学术内容与出版管理并重的"双轨运行"机制，成功实现了从单一期刊向期刊集群的跨越式发展，为我国学术期刊的高质量发展提供了宝贵经验。

上海大学拥有悠久历史，早在1922到1927年办学期间，上海大学就创办了多种报纸和刊物，对马克思列宁主义的早期传播起到了积极作用，素有"文

[①] 张玮，博士，北京城市学院教授、高级记者，北京传播技术研究会秘书长，河北传媒学院智慧传媒研究院院长、硕士生导师，研究方向为媒体融合、城市传播、媒体经营管理；张佳宁，河北传媒学院硕士研究生；李婷，硕士，河北传媒学院智慧传媒研究院研究员。

有上大，武有黄埔"的美誉。2003年，上海大学将分散在各个学院的期刊集中起来，成立了上海大学期刊社。在发展过程中，上海大学期刊社提出了"五化"发展的顶层设计路线，在期刊集群化、信息化、专业化、国际化、数字化五个方面取得一定的成果。

发展至今，上海大学期刊社规模不断壮大，已从成立之初的6本期刊发展到17本期刊。其中，4本期刊入选SCI/SSCI数据库、9本入选Scopus数据库、3种入选ESCI数据库、5种入选北大中文核心期刊、3种入选"中国最具国际影响力学术期刊"。1981年创刊的《社会》持续关注社会治理中的前沿问题，助力中国的社会科学话语体系建设，影响因子持续稳居社会学Q1区和国内高校社会学专业期刊第一位。2018年创刊的《电化学能源评论（英文）》，作为全球首本专注于电化学能源的综述期刊，立足于新兴交叉学科，积极对接国家发展碳达峰、碳中和战略，获得了中国科技期刊国际影响力提升计划的重点支持。1980年创办的英文期刊《应用数学和力学（英文）》聚焦基础科学和工程科学中的力学问题，获得了"第五届中国出版政府奖提名奖"和"中国科技期刊卓越行动计划"的专项支持。上海大学期刊社在积极探索高校期刊集群化建设路径中，用极短时间并在小范围内克服了高校学术期刊的办刊困境，形成了可复制、可迁移的集约化管理模式，也为刊社深入探索融合出版、扩大学术影响力奠定了坚实基础。

第一节　新兴媒介形态下的期刊融合探索

一、"融合出版+集群建设"双重奏

上海大学期刊融合出版实验室成立于2017年5月，是国内首家致力于研究学术期刊融合出版的高校实验室。期刊社充分借鉴国内外集约化数字平台的先进理念、融合路径和运行模式，结合实践经验和创新研究，形成了可复制、可推广的期刊集群化智能管理系统和多元融合富媒体主题出版模式，为提升学术期刊集群化管理效率和传播能力，推动学术期刊与新媒体技术的融合发展奠定了基础。17本学术期刊率先探索并实施了"融合出版+集群建设"的创新性数字化出版。这一战略的实施不仅强化了期刊内容的精准定位与个性化传播，

还通过集群化管理的模式,实现了资源的高效整合与共享,为学术期刊的可持续发展和期刊质量提升注入了新的活力。

除此之外,由于上海大学期刊社构建的期刊矩阵复杂多元,涵盖了多学科、多类型期刊,一定程度上加剧了期刊审校流程的繁复程度。为了应对这一挑战,上海大学期刊社从融合发展入手进行创新探索,并从国外引入先进的采编管理模式和质检系统,以此根据各期刊的独特需求进行精准化管理。这些应用系统投入运转后,较好地解决了期刊社在人力和采编管理上存在的问题与不足,既规避了管理模式上存在的问题,又实现了稿件采、组、编、审流程的进一步优化,使各项管理工作和采编质量得到了较大提升。

二、平台融合拓宽学术传播边界

国家相关部委联合发布的《关于推动学术期刊繁荣发展的意见》提出,学术期刊应"顺应媒体融合发展趋势,坚持一体化发展,通过流程优化、平台再造,实现选题策划、论文采集、编辑加工、出版传播的全链条数字化转型升级,探索网络优先出版、数据出版、增强出版、全媒体出版等新型出版模式"。近年来,上海大学期刊社的学术期刊群在推动行业革新方面展现出了卓越成效。通过多维度、全方位的策略部署,将媒体融合的理念与实践深度嵌入编辑出版流程的每一个关键环节之中,并成功促使学术期刊摆脱了传统纸质媒介的单一形态束缚,实现了向多元化、数字化传播模式的根本性转变,从实质上推动了出版行业的深度融合与高质量发展进程。

在此基础上,上海大学期刊社通过构建微信社群平台,实现了期刊核心内容资讯与数字化成果的即时发布,进一步促进了学术交流模式的创新。以《社会》期刊为例,其学生自主创建并管理的"索骥"公众号与微信社群的应用,显著提升了读者的体验,能够使学术内容以更加灵活、便捷的方式触达受众。同时,这种方式也优化了作者与读者的互动体验,通过便捷的阅读统计与反馈机制,增强了读者的参与感,进而激发了作者的投稿热情与创作动力。通过构建跨越国界的学术交流桥梁,汇聚了全球多元学术背景的师生群体。此外,《社会》期刊在组织学术交流活动的基础上,将活动内容成功转化为期刊的专题策划、专栏设置及专稿征集,极大地丰富了期刊的内容生态。依托该平台,学者能够与读者共同探讨学术研究,有效挖掘并培育了众多具有潜力的青年学者,逐步构建起一个充满活力的"学术共同体"。针对土木、城市建筑等高度专业化的领域，上海大学期刊社更是不断采取创新举措，通过制作动态解说视频、构建直观解说模型，并以二维码形式嵌入公众号，有效解决了非专业读者在阅读纸质文本时可能遇到的理解障碍。这种多媒体融合的方式，不仅提升了学术期刊内容的可读性与吸引力，还拓宽了学术传播的边界，促进了学术知识的普及与深化。

三、"五五战略"构筑高质量期刊矩阵

对于上海大学期刊社的发展而言，期刊数量的多寡并非是决定性因素，如何通过期刊有效服务学科，并能为学科提供一个高质量的学术研究阵地更为关键。上海大学期刊社依托于优势学科培育发展新动能，建立了服务学校"五五战略"的顶层设计。上海大学"五五战略"是一项立足于多学科交叉发展，组织开展关键性、变革性、原创性和基石性的硬核科技研究，希望通过不同学科领域间相互渗透、相互融合，共同探索新问题、新领域、新方法的战略设计。此项战略打破了传统学科间的壁垒，促进了知识、技术、方法的交叉与整合，密切对接上海市先导产业和重点产业布局，努力为上海继续当好改革开放"排头兵"、创新发展先行者提供科技和人才支撑，是当代科学研究和社会进步的重要驱动力，受到了广泛好评。"五五战略"中分别包含"五朵金花"和"五大阵地"。其中，"五朵金花"是指微电子、人工智能、新能源、生物医药、量子科技。期刊社目前在微电子、新能源、生物医药领域的不同期刊都实现了精准对接，打造高水平"金花"期刊。例如，《电化学能源评论（英文）》，是一本能够反映国际电化学能源转换与存储领域最新科研成果和动态的期刊。为了更好地促进国内、国际的学术交流，该刊专门设置了专题综述和一般综述栏目，不仅能对文献中的重要发现和亮点进行总结、对当前研究领域的状况做出公正评价，同时还能使作者通过专题综述深入剖析该领域的研究进展，以全面准确地介绍自己独到的观点，并启发读者拓展思路，把握未来方向，开展创新研究。"五大阵地"中的"阵地"是指人文社科学科，重点服务文化强国建设，涵盖城市社会治理、考古与文保、新海派文化、艺术技术、数字经济与管理五个领域。在上海大学期刊社的"阵地"期刊中，《社会》期刊表现最为优秀，连续多年荣获学术质量桂冠。在

艺术设计与海派文化方面，高质量期刊矩阵中的新生刊物——《电影理论研究》于2019年获得刊号，由于创刊时间较晚，目前正在集中"优势兵力"冲击"核心"高地。

第二节　资源配置优化下的期刊出版生态重铸

一、优化人才配置，助推高质量内容产出

在媒介深度融合的时代，内容是锁定用户注意力的核心磁石。而高质量内容的产出，离不开一支优秀的期刊编辑队伍。在"学术内容与出版管理"并行不悖的双轮驱动战略下，上海大学期刊社对人才的选择与培养倾注了极大心力。依托于上海大学得天独厚的教育与学术资源沃土，期刊社将人才战略置于发展蓝图的核心位置。秉持"学者办刊"的理念，上海大学期刊社致力于打造学术巅峰之刊，其主编团队汇聚国内外顶尖科学家与知名学者，院士占比高达41%，更有600多名海内外著名专家组成的编委智库。这种高水平的智库架构，彰显了上海大学期刊社在学术界的深厚底蕴与影响力。

在高质量内容产出的目标驱动下，上海大学期刊社创新实施轮岗见习与带教机制，以应对新进人员带来的活力挑战与期刊内容高度差异化的要求。在实践过程中，新聘人员除了需要具备扎实的专业素养与能力外，还要在两个聘期内达到副编审资格的评定要求。为加速新成员成长，上海大学期刊社依托"传帮带"传统，邀请资深编辑撰写经验报告，并设立由部门负责人领衔、资深编审参与的导师团队，每位新成员配备三位导师，覆盖出版与管理领域。此机制由分管副社长担任带教联系人，有效促进了新进人员的快速融入与能力提升，确保了科研、出版、服务等各项工作的高效推进。

为使相关人员在工作中能够最大限度地发挥自身能力，保证高质量内容的产出，上海大学期刊社采取了"攀登计划""奋楫计划"等多种方式激励人才。"攀登计划"聚焦于期刊社的发展基石，通过精细化的财务管理策略，为关键领域提供强有力的财务支持，特别是通过资源的优化配置，确保对核心刊物的深入扶持，以实现与高质量内容产出目标的精准对接与高效推进。在此基础上，为进一步赋能学术新生力量，上海大学期刊社于2023年又推出了"奋楫论坛"，

深入推动"刊学研"结合,该论坛旨在全面提高新进人员的专业素养与实践能力,为期刊的持续发展输送源源不断的强劲动力。在期刊质量提升方面,上海大学期刊社专门设立了评刊会机制,每年对已经出版的期刊进行1到2次的评定。评刊会每次都会对受评期刊进行分类专题讨论,对存在的问题进行重点剖析,以达到分析问题、解决问题的核心目的。上海大学期刊社执行的诸多举措不仅确保了人才的稳定供给与持续发展,还为其在媒介深度融合过程中保持高质量内容产出的核心竞争力奠定了坚实基础。

除上述策略外,为使高质量内容产出能够保持稳定态势,上海大学期刊社积极发挥人才效能,通过高质量的编审团队和关键问题决策小组来保持期刊持续的高质量内容产出。在运营过程中,上海大学期刊社采用学术内容与出版管理双轨运行的方式,主编和编委会主要负责提高学术质量,期刊社管理层和编辑队伍主要负责集约化出版管理、传播和知识服务。基于期刊主编遍及世界各地的现实状况,上海大学期刊社每年都会在线上或线下召开一至两次主编联席会,在广泛听取意见的过程中更好地扬长避短,不断提升期刊内容质量。为使刊社内的每一本期刊都能够持续健康发展,上海大学制定了期刊工作小组会议制度,由分管校领导担任组长,整合了财务处、人事处、组织部、发展规划处等多个关键部门,构建了一个以期刊发展为核心、相关部门领导对口支持的期刊工作领导小组。每年不定期地召开专题会议,议程涵盖了关键人事决策以及新刊创办与否的战略考量,对于期刊的任何转型需求或内容调整,包括但不限于出版宗旨的修订或其他实质性变更,均须首先提交至领导小组会议进行充分讨论与审议。这一流程不仅确保了决策的科学性与民主性,还通过频繁的会议交流与内部机制的不断调适,促进了期刊工作团队在人力资源配置上的持续优化与高效整合,为期刊的可持续发展奠定了坚实的基础。

二、拥抱技术赋能,实现智能集约化管理

集约化作为一种先进的管理策略,其核心理念体现在"集"与"约"这两个字上。这里的"集",不仅仅意味着简单的集合或集中,它更强调将人力、物力、财力等多样化的生产要素进行有机整合和统一配置。在集约化的框架下,各种资源不再是孤立存在的,而是被高效地组织在一起,形成一个紧密协作的

整体，以实现资源的最大化利用。从19世纪开始，西方国家的期刊出版已经逐渐完成了集群化、集团化、市场化和产业化的转型。国外期刊在集群化、集团化发展过程中建立了合理的组织构架和运转流程，形成了较为完善的集约化管理和运营模式。但是，我国的许多期刊由于受体制、机制等方面限制，集团化、市场化和产业化发展进程却较为缓慢。

对此，中国科协等七部门于2019年共同启动了"中国科技期刊卓越行动计划"。从实施后的首个五年来看，"计划"对我国期刊在集群化发展、效能提升、数字化转型等方面产生了强大的动力。为了抢抓机遇，2022年，上海大学联合北京大学、清华大学、复旦大学、上海交通大学、南京大学、浙江大学、四川大学、重庆理工大学、上海中医药大学、上海体育大学等11家单位，发起成立了中国期刊协会高校期刊集群化建设分会，上海大学期刊社担任首届秘书处单位。截至目前，由上海大学期刊社开发的期刊集约化智能管理系统，其学术刊群出版流程管理可视化平台、财务管理平台、发行管理平台、数字资产平台均已投入使用。依托数字化学术平台，将投稿、评审、编辑、出版、交流等功能融为一体，能够进一步优化资源配置与管理。学术编辑、学术专家、作者、读者也能够依托平台"云端相聚"。集约化管理作为系统性顶层设计，也需更多实践探索以推动期刊集群化、集约化建设不断前进。

三、构建多元生态，促进学术资源共享

"期刊人要以品牌质量求生存，以创新研究求发展"。为此，上海大学期刊社在推进集约化管理的同时，还注重将"刊学研"结合起来，通过搭建学术平台，为"双一流"建设和人才培养提供服务。目前，发达国家的期刊，尤其是学术期刊，已完成了期刊内容、渠道、平台、经营等方面与新兴媒体的全面融合。反观我国学术期刊的融合发展则略显疲态。因此，在国家相关政策的助推下，强化国内学术界与产业界的跨界融合就显得尤为关键。

上海大学期刊社作为多领域社会服务平台的构筑者，其核心使命在于架设起学术研究成果传播与深度交流的坚实桥梁。期刊社秉持严谨态度，精心筛选并出版了一系列高质量的学术论文、研究报告及综述性文章，有效促进了学术知识的广泛传播与深度对话。自2012年起，上海大学与上海市期刊协会、上海市出版协会联合举办了八届"上海期刊论坛"。2020至2022年，中国期刊

协会与上述三个单位联合主办了三届"中国期刊高质量发展峰会暨上海期刊论坛"。国家新闻出版署也于 2022 年成为该会议的指导单位。2023 年，国家新闻出版署担任"中国期刊高质量发展论坛"的主办方，中国期刊协会、上海市新闻出版局与上海大学联合承办此次论坛，第十二届上海期刊论坛也同时召开。这些盛会能够汇集国内外期刊界、出版业及学术领域的精英领袖与专家学者，围绕"期刊国际化与人才队伍建设""期刊发展前沿：集约品牌新媒体""不忘初心，牢记使命，推进一流学术期刊建设""差异化、品牌化、国际化发展战略"等核心议题展开深入研讨，切实推进国际合作与交流以及期刊的高质量发展。通过构建高规格的学术交流平台，不仅实现了学术论文、研究素材、实验数据等宝贵学术资源的广泛共享，极大地满足了不同层次读者的信息需求，也为有效促进我国期刊的国际合作与资源共享，为国内期刊的可持续发展注入了强劲动力。

除此之外，上海大学期刊社为了能够在融合环境下进一步提升品牌影响力，2009 年专门成立了隶属于上海大学期刊社的"上大期刊屋"，并以服务科学研究、促进文化交流、激发学术创作及助理编辑成长为宗旨，以此通过品牌建设进一步实现其专业化、国际化的发展目标。成立后的"上大期刊屋"共有 26 个实体期刊屋，每年至少举办 10 场以上的讲座，无论是教师和同学都能通过参与志愿者活动积极参与到期刊的学术交流活动中。并且，上海大学期刊社的品牌建设活动也不仅仅局限于学校或期刊社内部。近年来，期刊社积极推进长三角地区校地联合，促进长三角学术论文写作基地建设，协办长三角研究生学术写作论坛，开展学术论文写作"一对一辅导"等多项有助于学术交流和人才培养的活动。同时，上海大学期刊社还积极参与公共教育与知识科普工作，将上海大学的期刊角设置到了泰国、爱尔兰等国家，不仅使期刊更好地走出了国门，实现了国际化交流的目标，也让更多读者看到了中国期刊社影响力的提升。同时，期刊社亦能够充分了解到受众的需求和反馈，更好地调整期刊的传播策略。这些精心策划举办的学术交流活动与服务项目，既为上海大学期刊社构建国际化生态环境的宏伟蓝图奠定了坚实基础，又满足了期刊向全球视野下学术高地"走上去"的愿景需求。

第三节　上海大学期刊社的融合创新启示

上海大学期刊社在融媒体内容生产、全媒体平台建设、人才培养等方面进行了积极探索，探索出了独具"上大特色"的期刊发展路径，其经验对于其他学术期刊的深度融合与创新发展亦有一定的借鉴意义。但就我国学术期刊的整体发展来看，仍面临融合深度不足、复合型人才缺失、资金匮乏等诸多亟须解决的问题。

一、强化互联网思维，拓展融合发展深度

当前，上海大学期刊社在推动期刊出版效率与缩短发布周期方面已取得初步融合成果，实现了对国内外学术热点的快速响应与深入剖析。但是仍存在融合发展创新不足的问题，多数学术期刊仅限于网络平台的简单内容复制，缺乏深度二次加工，亦未能充分利用网络媒体的独特优势进行创新发展。鉴于网络阅读与书籍阅读习惯的显著差异，以及碎片化时间对阅读体验的影响，当前学术期刊的网络传播方式尚难以充分吸引并适应网络读者的阅读习惯，从而限制了其在网络空间的二次传播效果。

从国内期刊融合发展的整体情况看，运营成本已成为制约期刊社深化出版融合创新的通病。这一问题，上海大学期刊社同样存在。尽管数据技术为用户提供了个性化内容选择的便捷途径，但众多期刊社在内容推送上仍沿用传统的模式，未能充分利用大数据的精准分析能力，缺乏精细化服务策略，进而无法实现用户服务与出版流程的深度融合，难以构建起集精准推送、个性化服务于一体的"一站式"信息服务体系。

二、建立有效激励机制，激发人才队伍创造力

在人才资源配置与优化层面，上海大学期刊社为确保学术论文的质量，其人员招聘主要致力于招募具备深厚学科专业背景的编辑人才。然而，面对运营及新媒体岗位的需求，让具备强学科属性的教师跨界至此类岗位，无疑构成了新的挑战，需经历学习曲线的跨越，并伴随相应的适应成本。鉴于当前岗位编

制已趋饱和，且财务资源有限，外聘策略虽可视为潜在解决方案，但其高昂的成本负担进一步加剧了资金紧张的困境，不利于上海大学期刊社的长远发展。

全媒体时代，传统纸媒的深度融合迫在眉睫，转型发展离不开新媒体人才队伍的支撑。要解决人才断层这个影响媒体融合发展的现实问题，学术期刊必须转变思维，从解决内部体制机制问题入手，在薪酬制度、人才激励、考核体系、人才培养等方面进行针对性优化，进一步深化媒体内部体制机制改革，加强人才引进力度，为学术期刊发展营造良好用人环境。为应对此局面，上海大学期刊社正积极探索内部人力资源的灵活调配机制，如实施挂职锻炼与轮岗见习项目，旨在促进现有人员技能多元化发展，尤其在新兴技术领域的学习与掌握上不懈努力。尽管如此，相较于外部市场的高度专业化运营团队，上海大学期刊社在运营专业人才方面仍显不足，需采取更加市场化的招聘策略引进专业负责人，以加速向专业化、高效化的运营模式转型。此外，上海大学期刊社亦在考量构建小刊群模式的可行性，旨在应对当前单刊模式下人文社科领域编辑部间资源孤岛现象，促进资源共享与优化配置，减少资源浪费。尽管小刊群模式在理论上具备优化资源配置的潜力，但其实际成效需经时间验证，且难以迅速且根本性地解决当前面临的资金与人才双重挑战。

因此，上海大学期刊社需在持续探索与实践中，不断优化人才结构，明确岗位需求与职责，制定具有吸引力的薪酬福利体系和职业发展规划，以吸引并留住专业人才。拓宽招聘渠道，利用互联网、社交媒体、专业招聘网站等多种平台发布招聘信息，扩大人才搜索范围；实施精准招聘，针对目标人才群体进行定向招聘，如与高校、研究机构等建立合作关系，共同培养或引进专业人才，以期在复杂多变的学术出版环境中稳步前行，进而实现可持续发展。

三、转变经营思维，破除期刊市场化发展困境

现如今，许多国外的大型出版社已经走上市场化的道路，可以依靠自身平台提供的服务和自身品牌价值来创收。但是，我国的学术期刊社普遍面临着资金不足的问题。究其本因，我国学术期刊的刊社并不是具有自主产权的独立的法人机构，不仅缺乏经营自主权，还缺乏人事权，运营过程中所需要的资金大多由主办单位拨款。再是当前学术期刊散、弱、小的分布特点，期刊本身并不容易受到市场资本的青睐。

在实地调研过程中，笔者也了解到，上海大学期刊社系全事业编制，一直由学校拨款运营。目前，期刊社的办刊经费每年基本都在按照20%的数量递减，这对于处在新媒体大环境下的刊社而言无疑是巨大的压力。无论是视频、论文、音频推送等，都需要大量的资金投入，而当前期刊社的大部分经费主要用于维持日常办刊，需要更多的资金投入用于新技术应用。

面对上述问题，争取政府部门的资金支持是解决上海大学期刊社同类型刊社资金问题的重要途径。上海大学期刊社可以积极申请各类政府资助项目，如科研基金、出版基金等来帮助期刊减轻压力。在此基础上，期刊内部可以对期刊的编辑、出版、发行等流程进行精细化管理，提高运营效率，降低运营成本；也可以进一步优化人员配置，提高人力资源利用效率。

学术期刊和新兴媒体在内容、传播平台乃至经营管理等方面进行深度融合，积极探索利用新媒体培育一流学术期刊的发展路径，致力于打造刊文质量优秀、传播迅捷、推送直观，具有国际竞争力和影响力的学术期刊，是我国一流学术期刊培育和发展乃至国家文化软实力提升的战略选择和现实要求。本文深入剖析上海大学期刊社的发展路径，一定程度上可以为期刊行业提供可供借鉴的发展思路。所论述的问题也并非局限于上海大学期刊社这一单一实体，上海大学期刊社需要通过内部机制的持续优化来有效应对上述难题，但同样不可或缺的是，上级主管部门亦需从事业单位管理的宏观视角出发，实施必要的政策调整与优化措施。在推动期刊社运营效能的全面提升与优化学术期刊在融合创新过程中，应始终坚持正确的舆论导向和学术规范，加强自律管理，维护学术诚信和期刊声誉，共同推动学术期刊行业的繁荣与进步。

第十三章　SciEngine：学术期刊集群化发展创新实践报告

黄延红[①]

2023年8月，《求是》杂志发表习近平总书记的重要文章《加强基础研究　实现高水平科技自立自强》，文章指出，我国学术期刊存在"两头在外"的问题，要加快培育世界一流科技期刊，建设具有国际影响力的科技文献和数据平台。长期以来，中国科技期刊的国际发布与传播绝大多数是"借船出海"，通过各种方式与国外出版平台合作。为维护我国学术成果发表的自主权和科技信息安全，打造与时俱进的具有自主知识产权的国际化出版与传播平台，从"借船出海"走向"造船出海"，是近年来我国科技期刊发展的宏观战略要求，也是破解"两头在外"问题的积极探索。

学术期刊作为学术交流的重要平台，是展示、传播最新科研成果的核心窗口，直接体现国家科技竞争力和文化软实力。在国际上，科技期刊向大型出版机构集中已成主流趋势，而我国期刊发展普遍面临"小、散、弱"困局。2021年5月，中宣部、教育部、科技部联合印发《关于推动学术期刊繁荣发展的意见》，明确提出推进学术期刊集群化集团化建设。集群化发展是适应数字出版、实现资源共享、延伸品牌影响、凝聚核心竞争优势的现实需要，是做强做大中国期刊出版产业的必由之路。

立足国家战略和学术期刊发展需求，科学出版社研发了具有自主知识产权的科技期刊全流程数字出版与知识服务平台——SciEngine，搭建灵活可配的投审稿系统，实现基于XML结构化数据的自动化排版和出版生命周期的全流程

[①] 黄延红，理学博士，编审，现任科学出版社期刊发展中心主任，北京中科期刊出版有限公司总经理。

管理，对接国际主流学术数据库、搜索引擎和出版标准化组织，建立精准推送与定制阅读、文献检索与知识发现、富媒体阅读与中英文双语展现、营销推广与知识服务，打通全链条数字出版服务，重构中国开放获取期刊数据库，以技术支撑和服务保障加快集聚优质期刊，为探索平台建设与集群化发展相互赋能提供可行路径。

第一节 建设期刊集群化平台

为建设世界一流科技期刊，科学出版社对标国际一流，研发具有中国特色的科技期刊全流程数字出版平台，致力于帮助中国学术期刊实现出版流程数字化、出版管理智能化、发布传播国际化、运营模式集群化、内容资源知识化，以期引领中国学术期刊发展，努力打造国家级学术期刊出版集团。

一、建设数字化集群平台，构建多元出版服务体系

2016年4月，科学出版社自主研发的科技期刊全流程数字出版与知识服务平台SciEngine正式上线运营。平台以构建国家科研论文和科技信息高端交流平台为目标，秉承国际先进出版理念，致力于为科技期刊提供集论文投审、内容生产、数据仓储、资源发布、学术提升、营销推广及科学评价等一体化综合服务。以《中国科学》《科学通报》和《国家科学评论》等自有高水平国际期刊群为引领，不断集聚中国科学院乃至国内外的高水平学术期刊资源，合作期刊规模稳健增长，至2024年7月，SciEngine平台展示期刊508种，其中英文期刊306种，SCIE收录期刊100种，刊载论文60余万篇。紧跟国际态势，兼顾我国期刊发展需求和科研用户体验，不断推动平台功能优化和迭代升级，于2023年6月上线V3.0，以技术应用实现出版效率与传播能力提升，加快期刊协同发展，服务我国世界一流科技期刊建设。

二、建设成为国家级开放出版平台，助推期刊"造船出海"

全球开放科学发展趋势给学术期刊带来了诸多挑战。依托数字化平台，SciEngine 以多种实践助力期刊开放获取，打造适合我国学术期刊开放获取的数字化基础设施。第一，组建开放获取实施专项组，基于自主平台制定 OA 出版政策、出版标准、数据规范和出版协议，组织 OA 期刊认证，开展 OA 出版咨询评价。第二，搭建 SciPrePrint 预印本平台，为科研人员提供与期刊论文出版方式互补的新型学术交流平台；集成 Science Press Open Access 开放获取期刊集群，针对平台 OA 资源建设聚集化页面，方便用户对 OA 内容的快速查找和访问，目前承载 OA 期刊 270 余种，开放获取论文近 15 万篇。第三，升级中国开放获取期刊数据库（China Open Access Journals，COAJ），以严格的收录标准，帮助中国期刊加快开放出版与传播，为学者提供开放共享的高质量学术资源，目前已收录 220 余种覆盖多学科领域的学术期刊。第四，SciEngine 平台升级适配支持开放评审和开放数据等出版形式，实现数据期刊的全流程出版；支持 arXiv、ChinaXiv、SciPrePrint 预印本数据一键投稿；支持期刊论文申请 CSTR 科技资源标识；支持向 ScienceDB 开放数据平台提交论文关联数据。SciEngine 以多样化互联互通的功能和服务积极打造符合国际标准的开放出版生态，持续提升国际化办刊能力，逐步开始"造船出海"。

三、探索"海外期刊"回归，实现自主平台办刊

据统计，我国 90% 以上的英文科技期刊通过与国际出版商合作出版以拓展海外市场。同时，我国科研人员发表学术成果需要支付高额出版费给国际出版商，而阅读这些成果时又要二次购买。为破解我国学术期刊"两头在外"问题，SciEngine 平台在探索自主平台办刊方面进行了诸多实践。

支持与国际出版商合作的期刊回归自主平台出版。以《生物化学与生物物理学报》（ABBS）和《天文学历史与遗产期刊》（JAHH）为代表的海外期刊回归，采用 SciEngine 作为出版平台，期刊学术质量和影响因子持续提升。ABBS 自 2022 年依托 SciEngine 从免费订阅向 OA 出版转型以来，从 JCR Q2 区升至 Q1 区，陆续被 PMC 和 DOAJ 等数据库收录；论文月平均阅读量实现翻倍增长，且 60% 以上为国际读者。JAHH 自 2023 年初回归 SciEngine 出版，期刊论文的阅

读和下载量呈现稳步增长，读者群覆盖全球 50 余个国家和地区，且 90% 以上为国际读者。国内自主平台已具备相关能力可满足期刊学术质量提升和国际传播需要，吸引高质量英文期刊逐步转回国内平台自主出版。

依托自主平台支持新刊创办。由中国光学工程学会主办、科学出版社出版的国际会刊 PhotoniX Life 依托 SciEngine 平台创刊。PhotoniX Life 作为光学领域 Q1 区期刊 PhotoniX 系列子刊，基于学会丰富的学术资源和已创办成熟的旗舰期刊，聘请国内外高水平学者组建主编和编委团队，探索全方位自主创办英文科技期刊的路径。

支持期刊多元化发展模式。以《力学学报》混合出版为代表的 SCI 期刊自 2022 年采用 SciEngine 平台作为国内出版网站；以《国家科学进展》（NSO）、mLife、hLife 为代表的中国科技期刊卓越行动计划高起点新刊依托 SciEngine 平台作为新刊网站。以《空间科学学报》为代表的免费订阅期刊向开放获取期刊转型，相继被 NASA/ADS、DOAJ 和 Scopus 数据库收录。为满足《中国科学院院刊》等期刊的本地化建设需求，运用 SAAS 云服务模式，搭建集群和本地双部署模式，为期刊的个性需求提供支撑。

四、采取学术道德与质量保障措施，提升学术出版服务水平

为应对科研诚信和出版伦理方面的挑战，平台不断加强规范力度，致力于打造负责任的学术出版平台。内容建设方面，建立学术诚信伦理团队，严格学术不端行为的监督和处理。内容质量方面，SciCloud 投审稿平台集成多个学术不端检测工具，期刊编辑可一站式完成中英文学术内容查重检测；集成图片查重工具，可在线自动检测并标注图像中的重复内容；集成人工智能（AI）写作检测功能，自动分析并评估由 AI 生成内容的疑似度，提升针对 AI 内容的甄别能力，确保论文内容的质量和水平。

2023 年，SciEngine 平台进一步规范开放获取的政策标准以及写作中有关 AI 使用的要求，加强对学术不端行为的防范和监管，以确保内容的学术诚信和原创性。SciEngine 通过实施严格的学术道德与质量保障措施，旨在为科研人员和学术期刊提供更加优质、可靠的学术出版服务，维护学术声誉和公信力。

五、平台间深度集成融合，打造全链条知识服务体系

在中国科学院期刊主管部门"数字化平台建设"专项支持下，搭建"科知"知识服务平台，通过与 CSTR 科技资源标识服务平台、ChinaXiv 中国科学院科技论文预发布平台、ScienceDB 科学数据银行、CSCD 中国科学文献服务系统、PubScholar 公益学术平台开展相关服务能力建设及集成与融合，实现了平台间数据的融合贯通，从出版源头探索集学术出版、学术服务、学术评价一体化互联互通的知识服务实践方案，合力打造一体化、品牌化、规模化、国产化的国家级数字出版与知识服务平台，支撑国际一流科技论文及关联信息资源中心、知识服务与学术交流中心建设。

六、政策引导作用显著，相关部门大力支持

近年来，我国科技期刊迎来前所未有的政策机遇期。2019 年 8 月，中国科协、中宣部、教育部、科技部联合发布《关于深化改革 培育世界一流科技期刊的意见》，明确我国科技期刊的发展目标，提出将以中国科技期刊卓越行动计划为统领，全力推进科技期刊数字化、专业化、集团化、国际化进程。同年 9 月，中国科协、财政部、教育部、科技部、国家新闻出版署、中国科学院、中国工程院等七部门联合启动实施"中国科技期刊卓越行动计划"，下设五个集群化试点项目，SciEngine 平台成功入选成为试点之一。

科技期刊集群化建设得到主管部门中国科学院的持续支持。"加大力度支持一流科技期刊建设，加快推进建设数字出版和论文关联数据存储平台"被列为中国科学院期刊工作的重要任务。2021 年 8 月，中国科学院科学传播局发布"关于推广使用 SciEngine 科技期刊全流程数字出版平台的通知"，鼓励中国科学院内的办刊单位和期刊广泛支持试用和使用 SciEngine 平台，并在 2022 年 5 月发布的"关于加强院属单位创办科技期刊备案和论证工作的通知"中，将是否支持使用我国具有独立知识产权的数字化出版服务平台（如 SciEngine、ScienceDB 等），纳入论证体系。2024 年 4 月，中国科学院科技基础能力局（筹）发布"关于开展中国科学院期刊迁移至 SciEngine 平台试点工作的通知"，鼓励院属期刊主办单位和编辑部将期刊出版流程分步迁移至 SciEngine 平台，发挥引领带动海外期刊回归的示范作用。

SciEngine 平台自建设以来荣获多个部委的项目资助和荣誉称号，2015 年获财政部文化产业发展专项资金支持，2016 年入选国家新闻出版署"全国报刊媒体融合创新案例 20 佳"，2022 年入选中宣部国家文化产业发展项目库第二批入库重点项目和国家新闻出版署数字出版优质平台遴选推荐计划。至今，SciEngine 平台已为 50 余家期刊提供便捷的投审稿、结构化生产、发布与传播、学术影响力提升和宣传推广等服务，为优秀英文期刊回归、中文期刊转型和集约化出版提供稳定支持。

第二节　构建全方位传播服务体系

在支持期刊全流程数字出版基础上，SciEngine 进一步丰富学术出版服务内容，对接国际传播体系提高内容被发现概率，为期刊提供个性化展示和传播推广，向国内外学术社区、新媒体平台等多渠道拓展提高媒体融合传播能力，举办各类学术交流活动、专业培训提升品牌知名度和美誉度，多举措推进集群传播覆盖面和学术影响力提升，充分发挥学术期刊集群化发展优势，不断增强集群化办刊水平。

一、与重要数据库建立沟通机制，对接国际传播体系

与 Web of Science、Scopus 和 CSCD 等国内外知名数据库的学术评估团队建立沟通机制，帮助期刊进行学术提升和数据库申请工作。

建设 DDS 数据缴存与分发系统，实现"期刊资源→数据中心→收录数据库和后续平台"的数据流动。兼容国内外主要平台 XML 结构化数据格式，可自动转换为 SciEngine XML 格式和入库标准包并发布。借助 DDS 数据分发功能，可实现论文 XML 数据自动转换并发送给相应收录数据库。平台现已与国内外主要数据库和搜索引擎完成数据提交对接，实现论文数据同步更新，保障论文传播的时效性。

SciEngine 平台陆续集成多种引用指标和社交评价指标，可自动获取论文相

关数据并自动发布，实现跨平台文献关联，集成内容推荐服务，并借助搜索引擎优化提升被发现概率，拓展学术成果交流范围。

二、重视传播平台建设，利用技术赋能系统升级

2023年6月，SciEngine V3.0于第六届世界学术期刊论坛上举办发布仪式，平台进一步升级和优化，打造COAJ中国开放获取期刊数据库等服务产品，旨在以全链条数字出版体系为我国一流期刊建设提供高效、准确、细致、灵活的技术支撑和服务体系。通过为期刊提供定制化模块化建站服务，使期刊更加符合国际阅读习惯，满足单刊与刊群展现自我风格的需要。为期刊提供规范性建站和符合国际标准的数据方案，满足重要数据库的收录要求。平台支持为机构集群、学科集群提供建站服务，并采用自动运营模式，抽取刊群下相关数据运营刊群网站，共同发挥学术资源优势和平台优势。

平台支持多样的出版形式，兼容数据类型期刊托管，升级适配开放评审和开放数据等出版形式，实现数据期刊《中国科学数据（中英文网络版）》的全流程出版。构建自主知识产权的XML生产排版系统，采用国际JATS NLM数据标准，支持期刊多阶段稿件XML快速出版，包括预出版、过程出版、优先出版等多模式出版，提升论文传播效率。

开展多项大数据与AI服务嵌入与合作。平台通过大数据中台不断收集存储碎片化论文信息和数据，特别定制化AI小模型形成AI中台。结合两者实现AI搜索推荐、AI读者行为论文推荐、购买AI推荐等功能。建设大数据分析中心，为期刊、刊群、平台提供多元化用户数据以及基于用户访问行为的学科趋势分析、地域分布、访问论文和来源分析等数据报表，方便期刊编辑部定向运营。与科大讯飞合作集成专为科技期刊论文定制的AI翻译模型，提供论文的中英文自动转译；搭建智能翻译修正平台，实现作者、编辑在线协同修改翻译内容，有效打破语言障碍，使出版更加高效、优质。

此外，搭建SE Shop期刊商城，面向个人用户和机构用户，为学术内容的电子资源和纸质书刊提供专业化线上订阅和采购渠道，支持电子支付和全球储运物流。SciCloud投审稿系统升级实现平台内期刊协同转稿、自动推荐审稿专家、微信端办公、电子支付等功能，为期刊编辑部和作者提供更多便利，优化投稿审稿体验。

三、持续拓展新媒体推广方式，提高期刊内容传播力

打造以微信公众号"期刊视界"为引领，"科知视界"公众号、视频号齐头并进的社交传播矩阵，融合图文、音频、视频等多种媒体形式，设置人物访谈、培训交流、编辑经验等专题专栏，以持续的优质内容输出塑造品牌形象，创建集群期刊发声路径。拓宽传播渠道，重视海外社交媒体账号运营，撰写科学新闻并发布在新闻媒体平台，进一步提升国际知名度。

搭建邮件精准推送平台，基于大数据分析挖掘与内容匹配的同领域学者，使用机器学习和自然语言识别技术对内容进行知识体系构建，结合学术方向制定推送方案和邮件模板设计，实现个性化知识传递。并对推送结果进行跟踪和优化，反馈推送效果分析报告，以期提供选题方向、约稿及传播新思路，帮助期刊提升品牌形象和学术影响力，为带动和促进期刊"办好刊"奠定基础。

四、举办系列品牌活动，提升业界影响力，吸引优质稿源

依托雄厚的国内外高端专家资源和学术资源，科学出版社定期举办并参与一系列品牌活动，包括专题研讨会、学术论坛、讲座培训等，为促进编辑人员和科研人员交流合作打造高水平交流平台。

近两年通过"科学出版社期刊出版年会"的举办，重点报告期刊集群建设现状与未来发展，并邀请业内专家、学者及优秀办刊人，通过主题报告、专题研讨、座谈交流等方式，剖析国际国内行业发展趋势，分享期刊出版实践，共同探讨集群化建设创新路径，促进集群资源共享、协同发展。期刊出版年会特别策划年度"优秀期刊编辑"和"最美期刊封面"的评选活动，展现期刊和编辑风采。

面向全国学术期刊出版编辑，连续多年成功举办"科技期刊编辑培训班"，邀请业界专家就科技期刊运营模式提升、学术质量提升、国际影响力提升等多个专题展开讲座与研讨，为期刊编辑提供专业培训，搭建业务交流平台。

第三节　探索高效的运行机制

人才队伍是平台发展的核心动力。科学出版社通过完善和优化人才队伍构成，以高质量、多模式的服务体系全力推动专业化、现代化、标准化的学术期刊出版运作和经营管理。

一、组建专业出版团队，不断细化出版职能

为了提供高水平、专业化的服务，在打造专业数字出版与知识服务产品的过程中，围绕高质量团队建设，加快期刊出版队伍结构优化，通过期刊业务重构、人才引进等手段，形成了目前"高级出版编辑+期刊发展团队"的分工协作模式。明确编辑角色定位，搭建科学编辑、决策联动、期刊管理、市场团队、技术团队、生产管理、排版团队等一系列专业化队伍，为期刊提供个性化出版服务和办刊咨询，加快平台内期刊协同发展。

制定"学术期刊出版服务方案"，以服务期刊建设、服务科研学术为宗旨，基于市场规则，围绕学术期刊全流程出版，提供集论文采集、内容生产、数据仓储、资源发布、营销推广、信息推送以及期刊评价等于一体的综合服务。在期刊发展方面，以数据为支撑，全方位、多维度洞察期刊发展趋势，为其制定年度和阶段性目标，提供专业化办刊服务和指导。科学编辑与决策联动团队协作评估学科细分领域发展情况和竞争期刊数据，跟踪学科热点和前沿方向，为编辑部提供数据和技术支持，帮助期刊遴选高被引约稿专家，获得理想稿件。在促进内容传播方面，期刊发展团队能够结合学科和论文学术方向，制定精准推送方案。在数字出版融合方面，技术团队负责平台升级改造、定制化开发等工作，设置产品经理、项目经理、软件开发、运维工程师等技术岗位，充实研发和运营力量。

二、加强合作模式创新，多方联动促进共同发展

打造刊群合作模式，与科研机构及学术团体合作推进新刊创办，为机构集群、学科集群提供建站服务，共同发挥学术资源优势和平台技术优势，实现共

同发展。为浙江大学出版社、《工业建筑》杂志社、中国科学院地球化学研究所、中国力学学会等多个刊群单位开展一体化、定制化出版支持，以数字化平台建设为期刊提供增值服务，创新出版与传播服务模式。

与企业紧密合作，将企业的技术能力有效转化为实际应用，如嵌入科大讯飞中英双语学术翻译，提升 SciEngine 的学术出版和传播水平，促进技术创新与产业升级深度融合。

三、加强人才队伍建设，大力培养专业化复合型人才

重视集群化编辑团队的培养和发展，完善人才培养机制，培育复合型编辑人才。针对不同岗位、不同层级的员工制订培训计划，包括岗前培训、专项培训、继续教育培训、定期团队学习等，推进员工培训体系制度化、系统化、专业化，通过专业培训和学术交流，不断加强专业素养和技能水平提升。拓展多样化培训方式，鼓励员工参加行业会议、学术会议、进行出国访问交流等；激励员工在职学习、参与技能竞赛、职称评定，丰富提升自我能力的渠道；探索引入项目式学习、导师带培等新型培训模式，注重员工综合素养提升及跨学科、跨行业学习，形成集培训、考核、评聘为一体的人才培养机制。

建立人才梯队培养方案，区分培养不同类型人才。培养复合型人才，不仅有较高专业学科背景，了解学术动态与发展前沿，还具有期刊出版、数字出版技术等行业视野；培养数字技术人才，负责数字出版产品的设计、开发与运营。复合型人才主要以内部培养为主，大多由传统出版领域转型，他们具备多年的从业经历，培养方向为策划人员、组织者或管理者。数字技术人才主要以社会招聘为主，他们具备先进的数字化专业技术、新媒体、数字化平台的创新和使用能力，能够将新兴技术应用于期刊数字出版全流程服务体系。

设立期刊领域的人才引进项目，加快引进期刊数字出版和国际化运营等方面紧缺人才。激活人才交流通道，探索建立国际化出版行业人才有效融入国内办刊团队的机制，实现人才深度交流与合作，共同推动中国期刊行业的国际化进程与品质提升。布局数字化管理人才发展战略，培养既精通技术又熟练运用出版企业管理的高素质管理队伍，通过技术资源整合与管理机制优化实现创新合理，赋能期刊集群高质量发展。

出版业融合创新案例

第十四章　贵州出版集团融合创新发展实践

黄小刚[①]

贵州出版集团成立于2005年9月，是贵州省委宣传部主管的省属大型国有文化企业，其经营范围主要包括图书、期刊、音像制品的编辑、出版、发行、租型以及印刷、版权交易和文化服务等，是集纸质出版、数字出版、印刷复制、出版物发行、金融投资、产业园运营等于一体的专业化大型出版集团。拥有"下属子公司和分公司168家，其中，二级公司12家（全资）、三级子公司63家、四级子公司16家，分公司77家（县区市新华书店）"[103]。近年来，贵州出版集团坚持以高质量发展为统揽，围绕"打赢出版精品决胜仗、印刷板块翻身仗、新华书店振兴仗、产业培育主动仗'四场硬仗'"[104]，不断调优结构，深化改革，持续推动集团融合创新发展。

第一节　做足做优传统出版主业

出版业务是贵州出版集团的核心业务，旗下拥有贵州人民出版社有限公司、贵州教育出版社有限公司、贵州民族出版社有限公司、贵州科技出版社有限公司、贵州画报期刊传媒集团有限公司（贵州新闻图片社）、贵州数字出版有限公司、贵州版云大数据出版有限公司、京贵传媒有限公司等8家以出版为核心

[①] 黄小刚，博士，贵州民族大学副研究员，研究方向：文化产业。

业务的子公司，初步构建起了涵盖传统出版与数字出版，涉及社会科学、经济、文史、文艺、教材、教辅、科普、古籍、语言、少儿、健康、生活等多个领域的相对健全的现代出版体系。近年来，贵州出版集团紧紧围绕时代发展新环境和新特点，聚焦现实生活新变化和新需求，始终坚持深耕出版内容，提升出版质量，做足做优出版主业，推出了一系列精品力作。

一、深化改革，聚焦出版内容质量提升

图书是满足社会大众精神文化需求的重要文化产品类型之一，优质的内容是图书产品的核心所在，也是真正吸引读者关注和消费，提升市场占有率和竞争力的关键所在。贵州出版集团高度重视出版内容质量提升，为此，集团曾于2021年底在所属出版单位内部进行全面调研，在充分听取各出版单位干部职工需求和建议的基础上，于2022年做出了"聚焦出版内容质量提升，不再考核出版单位经济指标增长"[105]的改革举措。通过改革，充分释放了各出版单位的精力和活力，能够更加专注于图书的策划、编辑、设计等内容生产环节，从而更好地聚焦出版内容质量提升，推出更多更好的优质出版物。正如贵州出版集团党委副书记、副董事长、总经理蔡光辉所说："改革的目的是要形成高标准。严格把控选题、编辑、设计、装帧、印制、发行等环节，提高品相品位；内容上守正创新，探索更有意味的表达形式，特别是要讲好故事"，"改革正是为了回归出版的本质——'多出书、出好书，实现出版立企'"。[106]

二、立足贵州，聚焦地域文化出版传播

贵州被誉为"文化千岛"，拥有深厚的文化底蕴和丰厚的文化资源，为地方文化资源挖掘与出版传播提供了独特且丰富的素材。早在2015年，贵州省委、省政府在《关于制定贵州国民经济和社会发展第十三个五年规划纲要的建议》中就明确提出建设多彩贵州民族特色文化强省，2016年又印发《关于建设多彩贵州民族特色文化强省的实施意见》，指出要充分依托历史文化、民族文化、红色文化、阳明文化、山地文化和"三线"文化等资源，建设多彩贵州文化强省，并提出了实施民族文化强省建设的"八大工程"，分别是：社会主义核心价值观引领工程、民族特色文化资源保护挖掘工程、民族特色文化理论研究工

程、优秀作品创作繁荣工程、现代公共文化服务体系建设工程、文化产业培育发展工程、"大数据＋文化"创新创业工程和民族特色文化传承传播工程。出版作为"八大工程"中的重要内容，在挖掘、整理、编辑、传承和传播地方文化，推动多彩贵州民族特色文化强省建设方面有着独特的价值和意义。

贵州出版集团围绕地方文化资源挖掘、整理、编辑、传承与传播，策划了一系列重大出版选题，实施了一系列重大出版工程，推出了一系列以地方文化为主题的优质出版物。如2016年启动的贵州省重大出版工程《贵州文库》就是最具代表性的成果之一。《贵州文库》是收录和整理贵州古近代历史文献的大型丛书，由贵州省人大常委会原副主任、贵州省文史研究馆原馆长顾久担任总纂，对贵州这片土地自有文献以来至1949年9月30日之前的经典文献进行收录和整理，并通过精装点校、精装影印和线装影印三种形式进行出版，同时对出版的所有纸质图书进行数字化处理和保存。《贵州文库》（一期）已于2021年3月全部完成，共计出版图书106种414册，包括《大定府志》《（乾隆）贵州通志》《苗族调查报告》《贵州苗夷社会研究》等。《贵州文库》（二期）正在有序推进过程中，目前已经出版了130种232册，包括精装点校本《孙应鳌全集》（全四册），精装影印本《全黔诗萃》（全六册）和线装影印本《黔苗图说》（一函二册）等。

三、紧扣时代，聚焦社会发展重大主题

出版不仅具有传承和传播人类文明的重要价值，还是时代的记录者和历史的见证者。图书记录了所处时代的社会风貌、思想观念和发展动态，每一本图书都是所处时代在某一个层面的缩影。可以说，出版产业的发展史，就是一部社会的发展史。

贵州出版集团紧紧抓住改革开放40周年、新中国成立70周年、中国共产党成立100周年等党和国家发展历史上的重要节点，策划推出了一系列优秀出版物。如2021年围绕"中国共产党成立100周年"重大主题，策划推出了《从石库门到天安门：百年大党的红色地标》《使命与初心：中国共产党百年出版》等主题读物。其中，《从石库门到天安门：百年大党的红色地标》以地标为承载，讲述了中国共产党百年风云的伟大历程，阐述了这些红色地标作为革命文化承载所具有的独特价值，该书入选2023年度全国农家书屋推荐目录。

改革开放以来，贵州经历了从极端贫困到摆脱绝对贫困、迈向全面小康的发展历程。近年来，贵州按下"快进键"、跑出"加速度"，经济社会发生了深层次、根本性的变化，全省综合经济实力大踏步前进，实现了历史性跨越。贵州出版集团紧扣时代脉搏，聚焦全省经济社会发展重大主题，推出了一系列记录和反映贵州经济社会发展生动实践和显著成效的精品力作。贵州作为全国脱贫攻坚主战场，决战脱贫攻坚取得全面胜利，创造了全国脱贫攻坚的"省级样板"。2020年，在决战脱贫攻坚取得全面胜利之际，贵州出版集团聚焦全面建成小康社会、决战决胜脱贫攻坚主题，从不同部门抽调一批骨干力量成立了工作专班，精心策划和推出了"脱贫攻坚书系"（1+4+N）、《贵州脱贫攻坚故事》（100本）等一系列以脱贫攻坚为主题的优秀出版读物。如《贵州脱贫攻坚70年》真实反映了贵州省脱贫攻坚的艰辛历程以及取得的显著成就，"是我国首部全面反映脱贫攻坚历史发展脉络的重要学术著作"；长篇报告文学《迎香记》主要讲述"当代女愚公"邓迎香带领当地村民用12年时间人工挖通隧道的故事，这不仅是一条物理意义上的交通道路，更是一条村民盼了上千年的通往山外的路，是一条村民们脱贫攻坚、通往小康生活的致富路。该书入选中宣部首批扶贫扶智主题出版物，并荣获贵州省"五个一工程奖"；《从脱贫解困迈向乡村振兴——中华人民共和国成立70周年贵州"百村调查"》作为庆祝中华人民共和国成立70周年的献礼之作，记录了贵州省105个村寨脱贫攻坚的生动实践，等等。

第二节　推动出版深度融合发展

贵州出版集团在坚持出版主业，做足做优传统出版主业的同时，还主动顺应时代发展变化带来的机遇和挑战，制定了《2022—2025年融合出版工作方案》，分阶段、分步骤推动出版深度融合发展。根据该方案，集团设立了推进出版深度融合发展的专项基金，预计每年投入1000万元，以"积数据、抓资源、育人才、建渠道、做品牌"为立足点，不断完善和升级推动出版深度融合发展的基础设施，改变传统出版产业生产方式，形成适应数字时代大众阅读习惯的新型生产方式，推进传统出版与数字出版深度融合发展。此外，贵州出版集团还积极"走出去"

寻求合作，借助外部优势力量助力集团自身的融合发展。2023年3月，贵州出版集团与中国图书进出口（集团）有限公司签署战略合作协议，共同推动融合出版、"5G新阅读"等领域的合作与发展，这是贵州出版集团主动"走出去"，开放发展，借助中国图书进出口（集团）有限公司数字化资源优势，推动自身融合出版取得新突破、实现高质量发展的重要举措。近年来，通过积极的探索、培育和发展，集团在推动出版深度融合发展方面取得了一定的成效，并形成了比较有代表性和一定影响力的融合出版平台和产品。

一、"红色记忆·贵州长征国家公园"公共文化服务平台

"红色记忆·贵州长征国家公园"公共文化服务平台是贵州出版集团旗下贵州数字出版有限公司于2019年策划打造的红色文化主题服务平台，入选中宣部2021年主题出版重点出版物、国家新闻出版署融合发展工程2021年度"数字出版精品遴选推荐计划"精品项目、2022年国家出版基金主题出版项目和2023年"十四五"国家重点出版物出版规划，"是对贵州红色文化资源进行数字化抢救的重要文化工程，是对长征国家文化公园建设的积极回应和创新实践探索"[107]。该平台设置了长征文化主题库、长征文物回忆录、长征人物资料库、红色黔行、长征声影、时事政治、活动专栏以及红色历史图书馆等板块。其中，长征文化主题库是该平台的核心部分，该主题库以贵州长征文物和红色文化资源为底本，以贵州红色经典出版物相关内容资源为基础，结合人文社会科学学科划分标准和全国文化信息共享工程地方资源建设项目标准与规范，设置了长征事件、长征文物、长征文献、长征研究、长征遗址、长征建筑、长征文艺七大板块，对全省长征文物和文化资源进行系统性、数字化展示与呈现。红色历史图书馆是内嵌于平台的一个数字图书馆，该图书馆收录了数十本由贵州出版集团出版、以贵州红色文化为主题的经典红色出版物，通过对这些传统纸质出版物进行数字化提取、处理与存储，以电子书的形式在该图书馆中予以呈现。

二、非遗云村寨元宇宙图书

非遗云村寨元宇宙图书是贵州出版集团旗下贵州数字出版有限公司打造的融合出版产品，是首届虚拟现实新闻出版创新应用案例"非遗云村寨——贵州

非物质文化遗产大数据建设及产品孵化应用"项目的成果之一。该产品充分依托贵州省丰富多彩的文化资源,借助互联网、大数据、虚拟现实等现代技术赋能,以数字化、视听化、互动化和体验化的方式,将散布在多彩贵州大地上的各类文化资源呈现在观众眼前。

非遗云村寨元宇宙图书不再以传统的纸质书本作为载体,而是以互联网终端设备为载体,阅读时需要佩戴特定的交互设备。以书中关于黔南州盖赖村的介绍为例,读者通过佩戴特定的交互设备进入图书体验空间后,会看见整个盖赖村的 VR 全景,并伴有一定的文字介绍和讲解,从视觉、听觉层面全方位体验和了解盖赖村的地理地貌、自然风光、建筑特色等,仿佛置身于盖赖村现场。让读者不再是阅读枯燥乏味的介绍文字,而是将文字介绍与村寨真实景观融为一体,给人一种直观、真实的感受和体验。同时,通过元宇宙图书的方式,还将蜡染、织布、古歌唱诵等非物质文化遗产以视听化的方式呈现在读者眼前,能够更为直观地看到、听到和感受到这些传统非物质文化遗产的具体操作流程及其文化魅力。可见,通过借助现代科学技术,能够将传统出版依托纸质图书以静态化的图文方式呈现出来的内容以视听化、动态化和互动化的方式呈现出来,让阅读的方式变得更加多元化、动态化和互动化。

三、贵图云:影像资源管理与传播服务平台

"贵图云:影像资源管理与传播服务平台"是贵州出版集团旗下贵州画报期刊传媒集团(贵州新闻图片社)建设打造的影像资源服务平台。该平台是以《贵州画报》及贵州新闻图片社多年来拍摄并保存下来的图片和影像资源为基础,依托互联网、大数据、云计算、人工智能等现代科学技术的加持与赋能而构建起来的影像专业化服务平台,"致力于打造集影像资源数字化采集、智能化管理、统筹式调用、全媒体传播、全流程管控等功能于一体的'媒体+政务/服务/商务'综合服务平台"[108]。

以"贵图云:影像资源管理与传播服务平台"为基础,贵州画报期刊传媒集团(贵州新闻图片社)还进一步设计打造了"视阅——出版融媒体综合服务平台",旨在充分依托"贵图云:影像资源管理与传播服务平台"对传统图片和影像资源的数字化采集、储存与管理等功能,对这些图片和影像资源进行再次利用,推动集团旗下《贵州画报》从传统纸质出版向现代融合出版转型。

四、本草风物志·中草药数据库

本草风物志·中草药数据库于2017年正式上线运营，是贵州出版集团旗下贵州数字出版有限公司策划打造的全面介绍中草药信息的工具型数据库。该项目入选国家新闻出版署2019年度数字出版精品遴选推荐计划、"读掌上精品　庆百年华诞——百佳数字出版精品项目献礼建党百年专栏"以及全国新闻出版深度融合发展创新案例。

该数据库以《中华本草·苗药卷》《中国常用中草药彩色图谱》《贵州民族常用天然药物》等传统图书作品为基础和依据，对图书中的内容进行数字化提取、处理与存储，并以数字化、图文并茂的形式重新呈现在读者面前。当前，该数据库设置了中草药、梵净山药用植物、本草新精选、茶药、药歌、电子书等栏目，并按照主治功效、药物类别、临床科目、性味等功能板块进行归类搜索，收录各种中草药1万余种，图像资料1.6万多张，知识条目上万条，成为用户全面、快捷、方便查询中草药信息的一站式服务平台。

第三节　推进印刷发行开拓创新

印刷与发行是贵州出版集团除图书出版之外的两大主营业务。贵州出版集团旗下拥有贵州新华印务有限责任公司、贵州新华印刷二厂和贵州省出版印刷物资有限责任公司三家印刷主体公司和贵州省新华书店有限公司、贵州省外文书店有限公司两家发行主体公司，构建起了相对健全的图书印刷发行体系，为集团出版主业提供了坚实的印刷与发行保障。数字化不仅对传统图书出版产生了巨大冲击，也对印刷与发行带来了巨大挑战。近年来，贵州出版集团以融合创新发展为牵引，持续推进印刷发行领域改革与创新发展。

一、扭亏增盈印刷产业

1.积极构建现代印刷体系。印刷业是出版产业的支柱性产业之一，是推动出版产业可持续发展的基石。随着印刷技术的持续更迭，传统印刷技术逐渐被淘汰，新兴的数字印刷等现代印刷技术日益崛起。面对现代印刷技术冲击和印刷市场空间挤压的双重压力，贵州出版集团提出了打赢印刷板块翻身仗的战略任务。

一是深入推进印刷企业"三化"融合发展，构建现代印刷体系，以全面提升集团在印刷制作领域的生产力和竞争力。

二是依托集团旗下贵州新华印务有限责任公司作为国家级书刊印刷、商品包装印刷、秘密载体复制、大型图书及期刊印刷的国有重点骨干企业和贵州省目前规模最大、工艺最完善、设备最先进的综合性印刷企业的技术和设备优势，以及作为茅台酒系列包装产品在省内唯一一家定点印制企业的市场优势，持续做优传统印刷、制作和包装业务，并围绕全省白酒、中药材、食品等重点产业的印刷、制作和包装需求，进一步巩固和拓宽传统印刷市场。

三是主动出击，适应现代印刷市场的新变化和新需求，除了完成集团既有印刷任务和传统印刷业务之外，不断开拓"按需印刷和数字印刷的社会印件业务，全面拓展市场化印件"[109]。

2.大力盘活印刷企业资产。2024年5月25日，新印1950 Discovery正式开业运营，标志着贵州出版集团所属贵州新华印刷厂旧址的成功转型。贵州新华印刷厂始建于1950年，作为贵州省老牌的国有书刊印刷企业和主要印刷基地，在贵州省新闻出版产业发展历史上发挥了举足轻重的作用。2005年随着贵州出版集团挂牌成立，贵州新华印刷厂也一并划入贵州出版集团。2012年底转企改制为贵州新华印务有限责任公司，2020年搬迁至贵阳市高新区沙文科技产业园，腾出来的印刷厂旧址就成为亟待盘活的重要资产。

新印1950 Discovery项目作为贵州出版集团与贵阳市云岩区政府、王府井集团联合打造的文化创意产业项目，地处贵阳市老城区核心地段，总用地规模为31亩。项目坚持"城市核心、老城灵魂、文化高地、精神家园"的发展定位，凸显有品位、有品质、有品牌的文化创意街区属性，设置了新印厂历史博物馆、展览馆、书局、文创集市以及各类丰富的商业业态等，在传统印刷厂这一"老厂房"的框架里，融入了现代化、时尚化的"新元素""新环境"和"新功能"，是一个集文化体验、休闲娱乐、日常消费等为一体的文化创意产业空间。

二、巩固升级发行产业

贵州省新华书店有限公司和贵州省外文书店有限公司是贵州出版集团旗下两家主要的出版物发行公司，承担着集团各类出版物的征订、发行和销售等主要业务。尤其是贵州省新华书店有限公司作为"全省体量最大的教材、图书、音像等各类出版物发行单位"，在贵州省内各市州和县（区）、市都设有分公司，图书发行与销售网络遍及全省，构建起了立体化、广覆盖的发行与销售体系，是贵州出版集团各类出版物在省内最主要的发行与销售机构。近年来，贵州出版集团充分发挥"新华书店"作为传统国民书店的品牌优势和遍布全省的网点优势，不断推动传统新华书店改造升级，打造"新华文渊超市"新型文化空间，进一步巩固和升级了集团发行业务。

2021年六一儿童节期间，由贵州出版集团在原新华书店基础上改造升级的全省第一家"新华文渊超市"正式开业，迈出了巩固升级传统出版物发行销售的重要步伐。新打造的"新华文渊超市"共有两层，占地面积2600平方米，提供100万余册图书。"新华文渊超市"不仅从店名、店内装饰、图书陈列、商品种类、服务体系等各方面都焕然一新，最主要的是其经营模式不再是传统的以售卖图书为核心模式的书店，而是基于书店的多元化业态经营，开启了"书店+"的新型经营模式。在这种经营模式下，"新华文渊超市"不只是售卖图书，更将阅读、休闲、手工、咖啡、文创、餐饮、非遗等业态融入进来，将"新华文渊超市"打造成为一个供市民阅读、交流、休闲、体验的复合式文化生活空间。

当前，全省共有17家"新华文渊超市"开业运营，它们都是从原来的新华书店整体改造升级而来，通过对这17家"新华文渊超市"进行集中采购、统一打造、统一标识、连锁经营、统一核算和统一管理，既降低了经营成本，也实现了规范化管理和规模化发展，更推动了"新华文渊超市"品牌的塑造与传播，使其成为满足全省群众阅读、交流、体验和消费的新型文化空间和文化场景。

第十五章 人民邮电出版社：做足"变"字文章，促进融合发展

李　文[①]

近观 30 年出版产业的发展历程，没有哪个时期同当前一样存在如此多的变量。当前，以新媒体技术、人工智能技术、AR/VR 技术为核心的技术要素正在深度影响产业生态，多样化的用户阅读方式正在改变产业模式，而剧烈的环境变化也让从业人员面临巨大挑战。在变化中寻找发展的新契机，在压力中寻找发展的新动能，做足"变"字文章，不断优化出版体系机构，是每一位出版人需要深度研究的课题。2024 年 6 月，《求是》杂志发表习近平总书记的重要文章《发展新质生产力是推动高质量发展的内在要求和重要着力点》。文章指出，发展新质生产力是推动高质量发展的内在要求和重要着力点，是创新起主导作用，摆脱传统经济增长方式、生产力发展路径，具有高科技、高效能、高质量特征，符合新发展理念的先进生产力质态。这一理论指导，旗帜鲜明地为产业发展指明了方向。出版社只有持续创新突破，积极顺应时代发展的需要，积极培育新质生产力，推动出版深度融合，才能为高质量发展探索新路径，打开新局面。

近年来，在中宣部以及有关部门的指导下，人民邮电出版社始终立足一体化发展思路，以创新思维贯彻落实新发展理念，加速推进传统出版和新兴出版深度融合。先后荣获中国出版政府奖、音像电子网络出版物奖、中华优秀出版物电子出版物奖、首批出版融合旗舰单位等荣誉。2023 年，人邮社数字业务收入超过 7000 万，以微课版、慕课版为代表的新形态图书销售码洋突破 7 亿。

[①] 李文，人民邮电出版社社长。

第一节　时代之变：探索数字化生态，应对转型机遇挑战

30年以来，出版产业通过不断完善内容生产体系和内容传播体系，迎来了历史长河中的黄金发展周期。而当下，受红利消退、人均阅读时长大幅衰减的双重影响，宏观市场开展进入存量博弈，一个新的变革周期已经到来。新媒体渠道的快速兴起，生成式人工智能技术、元宇宙关联技术的高速迭代，知识服务模式的不断创新，均给出版业的发展带来深远影响。这是一个充满变量的时代，机遇与挑战并存。

一、以技术为核心的内容生态巨变

技术要素是驱动产业发展的核心力量。回顾人类文明的发展史，每一次重大技术革命的突破都会实现生产力的巨大飞跃，其所蕴含的创新动能会驱动生产要素全方位提升。从竹简笔墨到激光照排，从铅与火到光与电，从数字时代走向智媒时代，人类经历一场场文明形态与文化传播模式的大迁徙。当前，以生成式人工智能技术为代表的前沿技术的快速发展，极大可能会成为未来多年产业再次变革的技术诱因，出版产业将迎来内容生态的巨变。新媒体技术、大数据技术、元宇宙关联技术、生成式人工智能技术的不断发展，将驱动出版从相融走向深融，产品创新将具备更多的可能性，产业交叉融合的深度和广度也将进一步拓宽；将推动产业从标准化产品为主的制造业模式向以智能服务为主的服务业模式进化，出版机构依托百花齐放的智能化应用工具为大众提供更为广泛内容服务的契机已然来临。

面对内容生态的巨变，出版机构需要做好积极准备，迎接风险和挑战。知识生产模式已经发生革命性变化，新媒体与AI双重影响下的内容大爆发，将使得产品竞争更为激烈，渠道竞争更为多元。技术的爆破性发展，导致产业未来发展的不确定性陡增，以技术为支撑的出版生产体系整体失衡已经成为当前出版业面临的重大问题，出版机构的内容生产体系以及内容运营体系需要进行重塑才能适应产业发展的新需要。

二、以需求为中心的市场渠道突变

流量在哪儿，服务也同步到哪儿，围绕用户需求和用户消费习惯去构建体系化的市场渠道，这是出版机构多年来提高运营效率的关键。当下，以需求为中心的市场渠道发生了重大改变，流量平台的迁移以及用户消费内容习惯的改变，均对渠道体系建设造成深远影响。

在流量平台迁移方面。从传统电商平台慢慢向新媒体平台转移成为普遍现象。新媒体渠道的崛起，是近几年图书市场环境发生的重大改变，出版机构需要覆盖的营销面开始由点向面扩散。当前，图书市场流量从线下渠道走向线上渠道、从相对集中的电商渠道走向相对发散的新媒体渠道已是大势所趋。流量平台的迁移，实际上给出版业造成了一定麻烦。与传统电商相比，出版机构需要对接的新媒体渠道（如带货达人等）的绝对数量大幅增加，出版机构很难复制在电商时代依托规模优势和品牌优势，就能够获得巨大的流量话语权的模式。流量话语权的转弱以及新媒体渠道的过于发散，导致既有的营销体系很难全面覆盖新媒体渠道，也造成议价后的单品折扣率大幅下降，这些都直接影响了出版体系的健康运转。

在用户内容消费习惯方面，也发生了重大改变。一方面，大量知识服务平台的兴起，转移了部分用户的信息获取通道，用户开始从得到、B站、抖音等平台获取相关内容，无论是主动学习还是在算法驱动下的被动信息获取，均在一定程度上改变了内容消费的基本结构，用户阅读纸质出版物的人均时长开始下滑。另一方面，生成式人工智能的崛起，正在快速吸引用户的注意力，其相关的应用在许多场合开始成为用户获取知识的工具。生成式人工智能的相关应用，能将知识服务需求和供给实现无缝衔接，满足用户的个性化需求。还可以输入特定的关键词让AI创作特定主题的故事或文章，或者制定专属于自己的智能体。这些个性化的内容服务，突出可交互性和沉浸感，可以显著提升用户的参与度，均难以在以往的内容服务过程中实现。而随着大模型技术的进一步成熟，这种优质的内容服务体验将进一步获得用户的认可，而对于出版机构而言，只有密切关注技术的进展，提高生成式人工智能的技术应用水平，才能跟上时代的步伐。

三、以融合为手段的出版体系蜕变

自 2013 年中央首次在文件中提出"整合新闻媒体资源推动传统媒体和新兴媒体融合发展"以来，出版业进入了长达十年的融合发展之路。经过多年的发展，融合出版已经扎根于各出版机构的核心业务板块之中，成为各个出版机构的重点发展方向。作为与传统出版在表现形式和运营模式上有着显著区别的新手段，融合已经成为当前出版体系的核心要素，并正在驱动出版体系面向未来发展。从整体来看，当前产业的数字化进展顺利，以新形态图书为代表的纸数融合较为成熟，数字阅读与知识服务也获得长足发展。然而，在取得成绩的背后也存在不少的问题。首先是新兴出版业务的增速近年来开始大幅下降；其次是新兴出版占整体收入的占比仍然较低；最后是融合出版业务和主业偏离。在人口红利、电商红利消退，受短视频冲击，人均阅读时长大幅衰减的市场环境中，出版社需要完成以融合为手段的出版体系的进一步蜕变，切实解决好融合出版中出现的问题，让融合发展再上新台阶。

第二节 发展之思：加强一体化建设，推进产业深度融合

人邮社并非数字化转型的先行者，在短时间内取得这些亮点成就、实现补课赶超并不容易，但也绝非偶然。总结起来，始终坚持正确的工作思路，针对不同业务的特点采取不同的创新做法进行落地，是人邮社全方位数字化转型取得初步成功的关键所在。

一、求新求变，积极引领生产力创新发展

去除用户消费力下降等不可控因素的影响，进一步深入分析本轮图书市场变化的本质，可以大致归为两类。一是因为技术要素的深度改变，导致用户阅读方式和消费模式发生重大变化。二是因为在流量的快速迁移过程中，出版机构的运营体系未能及时跟进，导致在鱼龙混杂的图书市场中，劣币驱除良币成为普遍现象。针尖对麦芒，出版机构只有针对问题求新求变，以技术变革去更

好地顺应用户需求的变化，以运营体系变革去更好地触达用户，才能真正引领生产力创新发展。

1. 以技术赋能驱动生产力发展。应对技术要素驱动的市场变化，首先要做的就是要了解技术，让技术为我所用。在技术高速发展的今天，出版社不能再被动等待，而应主动布局，通过技术要素赋能去满足用户的需求变化，驱动生产力发展。人邮社始终高度重视强化新技术对内容的赋能，在 AIGC 技术、AR/VR/MR 等新技术的应用上均有布局。

以本轮 AIGC 技术浪潮为例，自爆发以来，人邮社积极开展探索研究工作，既鼓励分社层面积极运用大模型工具，也在社区层面开展全面调研，探索大模型在垂直领域落地的可能性。2023 年 9 月，人邮社运用 AIGC 技术给社里的重点书《古罗马帝国的辉煌》制作了虚拟人宣传短片，获得出版协会领导的认可。对于出版机构而言，既要看到大模型赋能出版所带来的机遇，也要重视其所存在的诸多风险，认真分析投入产出比，密切跟踪技术进展，提高交互设计能力，边走边验证，耐心等待开花结果。

2. 以运营变革满足读者新需求。要想改变劣币驱逐良币的现象，除了需要平台积极配合外，还需要自己积极顺应流量变化在运营侧做出改变，打铁还需自身硬。为了更好地满足不同场景下的用户需求，为用户提供既具有针对性，又具备多样化的服务，传统出版物必须高度重视新媒体渠道的达人宣发效应，数字出版物必须高度重视知识服务渠道的网络扩散效应。新媒体渠道和知识服务平台的兴起，本质上是互联网高度繁荣后，用户获取信息内容的方法改变，促成流量通道的一次深度变革。在这种背景下，人邮社需要积极构建新媒体矩阵，构筑内容与用户的生态，并对现有营销体系进行优化和重组，提高营销的专业度、广度和深度。

人邮社高度重视运营体系的变革，将打造一个成熟、高效而可控的新媒体矩阵体系作为当前营销体系建设中的重中之重，并取得了一定成绩。以电子书业务为例，人邮社的销售几乎覆盖了主流的知识服务平台，并与之建立了高效、互信、共赢的合作体系。再以纸质出版物的新媒体运营为例，截至 2024 年 10 月，人邮社抖音自营店铺"人民邮电出版社官方旗舰店"已售出图书超过 400 万单，基于新媒体运营的自营体系销售占比已超过 30%，自营体系销售占比的提升在市场下滑的当下对出版业务起到了巨大的支撑作用。

二、相辅相成，推动生产关系与生产力协调发展

生产力与生产关系如同硬币的两面，缺少任何一方，事物的发展都难以顺遂。传统出版经过数十年的磨合与改革，大部分机构已经构建了较为成熟的、生产力与生产关系能够协调运转的出版体系。如今，在新的市场环境下推动融合发展，人邮社也需要将当年走过的路再重新走一遍，去构建一个两者兼并包容、合二为一的融合发展新体系。基于此点认识，人邮社在融合出版的探索过程中，始终保持较高的灵活性，在体制机制、人才培养等方面做出了大量的改革性探索，时至今日虽未竟全功，但也取得了一定成绩。

1. 以组织领导推动一把手工程。人邮社一直坚持以一把手工程推动出版深度融合，组建了由主要领导牵头的融合发展工作领导小组，加强战略规划和统筹谋划，推动全社融合发展体系的系统建构，不断增强优质文化产品和服务的数字供给能力。在顶层设计上，坚持所有项目领导带头、责任先行；在组织架构上，采取正式组织与柔性组织相结合、职能管理与中心推进相结合的双结合方式来推进；在具体的推进过程中，采取项目试点和赛马机制优化融合发展项目结构。通过统一领导、明确原则、一体推进，既把控了总体方向，又释放了不同业务单元的发展活力，使创新探索能够持续有力地推进。

2. 以机制引导探索数字化生态。探索数字化生态，需要通过优化机制释放融合发展业务组的能动性。人邮社每年以"创新发展引导资金"的形式，按上年度业务收入1%到2%的资金规模扶持重点项目，有针对性地孵化千万级收入能力的新兴出版业务，强化引导激励，实现总体规划与单点突破的有机结合。

对于创新项目的实施，强调"三大一新"，即大选题观、大营销观和大风险观。大选题观是指重新审视生产流程，以前端编辑部门组织重构为基础，鼓励内容优势领域从单一图书的一元向图文课程、音视频课程、专栏等多元化产品拓展；大营销观是指构建完备的数字分销网络并形成适合自己的体系化的运营模式，紧密跟踪新媒体渠道、电商渠道与传统渠道的模式变化与流量变迁；大风险观是指在实践中始终坚持领导带头、责任先行，通过垂直领域突破、一体化建设以及择优方针来稳妥推进全媒体出版格局的组建，降低知识服务领域存在的未知风险，并开展特区机制，给予创新项目特区待遇，例如采取生产与运营的双重考核体系、新项目试点与筛选机制、融合出版柔性组织机构的组建、下属公司以互联网模式开展数字业务等。

3.以人才培养助力新跨越发展。在人才机制优化上，人邮社依托试点项目，组建从上到下的团队，采用项目组的方式来进行试点业务的开展，明确第一负责人，建立相应的权责利机制，形成上下合力。同时，对于在试点工作中涌现出来的优秀项目或者优秀个人应当重点扶持，让其发挥自身优势，树立典型标杆，上下同欲者胜，想干事、能干事、干成事。出版机构融合出版相关业务的发展并不均衡，只有强化试点遴选工作，将优秀的个人或者团队抽离出来，给予人员、资金、技术、财务等支持以快速提高其战斗力，才能在瞬息万变的市场环境中蜕变成有思路、有干劲、有判断力的战斗尖刀，并通过尖刀的示范带头作用，推动全员向融合发展深水区健康发展。

第三节　实践之路：打造多元化体系，提升业务竞争优势

人邮社的融合发展始终以务实的姿态来应对市场的变化，打造多元化体系，提升业务竞争优势。在具体的实践中将融合发展业务的主要模式聚焦在三大方向，稳扎稳打。首先是传统出版数字化，以新形态图书以及电子书、有声书等图书衍生品为主要产品模式，通过强化内容互动，全面推进纸电深度融合。其次是新兴出版产业化，以面向围绕垂直出版领域打造的面向个人用户和机构用户的在线知识服务模式为主，通过深化平台建设，推动线上线下一体发展。最后通过优化前瞻布局，开展AIGC深度探索，拥抱智能时代面向未来发展。

一、强化内容互动，全面推进纸电深度融合

自邮电社推动开展融合出版以来，最先发力的方向就是推动纸电深度融合。一方面，全面开展传统出版物的衍生品内容建设，大力开展电子书、有声书的生产与运营，在获取实际数字业务收入的同时，也通过电子书阅读平台的流量溢出效应带动了纸书的销售。通过多年的发展，邮电社的电子书业务收入突破了2000万，在专业出版机构中名列前茅，"人邮知书"的品牌效应突出。另一方面，通过自建云码、云课、云存储平台，以二维码、AR识别等形式强化

了内容的互动效应，实现了由传统出版物向新形态出版物的转变。2023年全社的新形态图书码洋超过7亿，各个业务板块的新形态图书品种占比逐年攀升，极大地提高了产品的市场竞争优势，也成为在市场下滑的大背景下仍然能保持业务增长的关键。强化内容互动，全面推动纸电深度融合，是邮电社贯彻实施最为彻底的融合出版方向，纸电融合的理念已经扎根于每一位编辑的心中。

二、深化平台建设，推动线上线下一体发展

一花独放不是春，万紫千红春满园。在多年的融合发展探索中，人邮社深化出版融合发展战略布局，顺应用户需求变化，依托传统出版优势，在科技、教育、大众不同领域采取不同策略，支持业务单元在总体战略指引下分头探索，把自身优势更好地发挥出来，增强对垂直领域用户需求的针对性服务，不断激发数字创新活力。

1. 在科技出版领域，以服务为核心开展多元化探索。人邮社充分利用计算机、数字艺术等方向的领先优势，以传统出版的内容、作者、用户为基础，聚合外部优质资源，面向学习者、从业者、爱好者，提供图书、电子书、视频课程、在线训练营等多种形态的内容服务，打造了异步社区、数艺设等在线知识服务平台。在内容方面与优秀作者、优秀IP展开深入合作，以最优质的内容服务于用户；在模式方面，既充分发挥了传统出版的既有优势，又积极借鉴了互联网用户运营模式，强化了品牌效应，提高了用户黏性。经过几年探索，读者转用户初见成效，新媒体综合运用能力突出，互联网运营能力大幅增强，数字业务收入高速增长，线上线下一体化模式初步成型。

2. 在教育出版领域，以融合为重心开展一体化发展。人邮社以服务用户为中心，以教育出版研究院为依托，全方位协同出版社、院校用户以及合作伙伴，构建了包括内容出版、教学服务、教师发展、学生拓展四个维度的全方位数字产品体系，以融合为重心开展一体化发展，在深度赋能传统出版的同时，获得了数字业务收入的持续增长。在内容出版方面，重点开发了青蓝云数字教材平台、人邮学院等平台和产品，大规模开展新形态图书出版，大力推进数字教材出版体系建设，并全面开展教学支撑服务和在线教育服务，通过以融合为重心的体系化运作，人邮教育的品牌影响力获得长足发展，不但数字业务节节攀升，传统教材业务也持续多年取得高速增长。

3. 在大众出版领域，以 IP 为特色开展数字化运营。人邮社积极做好大众图书产品形态的数字转化，以提升青少年素质教育服务水平为核心目标，创新数字传播方式，再造数字内容体系，打造了"优枢学堂"融合出版品牌。平台以丰富的青少年内容资源为核心，依托 AI 互动技术，与聂卫平围棋道场、世界国际象棋冠军谢军等顶级专家资源展开深度合作，推出了《聂卫平围棋道场 AI 课》《谢军国际象棋》等一系列 AI 互动课程，与国家体育总局青少年体育司、国家体育总局体育科学研究所共同开发《儿童青少年体质健康水平指导与实践》视频课程，分年龄段解决青少年在体质测试中存在的问题；与中国科学院古脊椎动物与古人类研究所、中国科学院直属北京中科资源有限公司共同合作开发"恐龙五宝"科普文化 IP，内容涵盖绘本、文创、玩具、有声书、视频课程、VR、小游戏等更多产品类型，加快中国恐龙相关知识的科学普及。充分释放了出版社大众出版领域优质内容及作者资源的数字价值，数字业务收入持续增长，品牌效应持续提升。

三、优化前瞻布局，拥抱智能面向未来发展

人邮社在近十年的融合发展探索中，始终坚持以技术创新为核心驱动力，坚信拥抱技术、拥抱时代才能取得更好的发展。无论是当前成熟的纸电融合相关业务，还是正在进行的线上线下一体化探索，均基于此理念。如今，AIGC 的技术浪潮已来，作为席卷全球，对内容生产与内容运营都造成重大影响的前沿技术，人邮社保持高度的敏感性，优化前瞻布局，积极拥抱智能时代，面向未来发展。

1. 前瞻视野，积极探索。虽然 AIGC 对出版业的影响还在逐步显现，但顺应 AIGC 发展趋势，做好"出版 +ChatGPT"工作，已经是题中应有之义。AIGC 技术对出版产业的影响主要体现在两个方面。首先，它利用大模型技术开展降本增效，例如智能校对、智能翻译、插图生成和多模态内容生成等。这些应用通过大模型技术对内容生产与内容运营流程进行"智能 +"创新，大幅度提升了企业竞争力，从而帮助出版企业获得竞争优势。其次，AIGC 技术将大模型与自身内容数据融合，提高产品对外服务的智能化程度。通过差异化竞争，帮助出版企业提高产品或服务的质量。

对于大部分出版从业者而言，当前对 AIGC 的基本认识主要来自对 AIGC

相关软件的简单试用，包括直接使用通用大模型应用端或者其他大模型的套壳应用程序。但如果想要让 AIGC 能够真正高效地赋能产业发展，那对它的了解不能只是浮于表面。充分了解 AIGC 赋能出版产业的基本路径，既要做到知彼，深入了解 AIGC 的基本特点和应用模式，又要做到知己，充分提炼出版产业应用 AIGC 的典型场景，最终构建可落地、可迭代的 AIGC 应用模式。

2. 试点应用，逐步推进。从可实践的角度出发，在开展 AIGC 具体应用的过程中，采取试点应用、逐步推进的方式来进行，提前做好三个准备。首先是尽量通过开展轻量化开发提高投入产出比。在开展任何与 AIGC 有关产品设计与开发的过程中，充分考虑产品的商业模式是否可行，并对其开发成本和应用成本综合考虑。现阶段无论是采用云算力还是自购硬件提供智能服务，用户每参与一次与模型的互动，都需要付出相对较高的成本；其次，在实践中应尽量采取边实践边验证的方式，渐进式地推进开发，降低整体的开发风险。大模型技术发展到今天，虽然已经具备极高的"智能化"，但其是否能够在对内容的差错率有着极高要求，极度重视内容生产质量的出版行业如鱼得水还存在一定的"盲盒"效应。逐步投入相关资源，边实践边验证，发现问题及时调整策略，才是开展实践的最优解。

基于这种理念，结合生成式人工智能的基本特性，针对"传统出版 AI+""数字出版 AI+""内容运营 AI+"三个方向开展了实质性的探索，在柔性化内容组织与内容形态创新上取得了一定的成绩。在数字产品方向，以数字教材 +AI+ 平台数智化的青蓝云数字教材平台正在投入使用。当前平台已成为人民邮电出版社、化学工业出版社、人民交通出版社、中国纺织出版社、中国电力出版社、中国农业出版社、中国财政经济出版社 7 家出版社共建的数字出版服务体系的核心平台，年业务收入规模已突破千万；在传统出版方向，以连续绘本、技能类图书为主要突破方向的图书新出版模式正在实施，人邮社利用在多年融合出版过程中积累的具有自主知识产权的图片库，采用开源的 SD 文生图架构，围绕图书的整体策划思路开展图片训练，并在编辑配合下完成图书的出版。此种模式下，图片的边际成本几乎归于零，支付作者团队的稿酬成本也减少了一半以上，出版成本大幅下降的同时，内容的著作权也归出版社所有。在内容运营方向，利用"扣子"平台开展运营流程再造，尝试依托提示词工程构建基于运营流程的智能体仓库；在营销物料的准备上，广泛开展了"营销物料 AI+ 探索"，比如利用"大模型基座＋剪映"为核心技术尝试探索虚拟人营销；在社群运营方面，通过开发 AI 绘画课程，快速吸引大量对 AI 感兴趣的用户，并开展相应培训服务。这些运营领域的实践经验为出版社体系化构建智能基座积累了丰富的经验，能够帮助在后续的规划中规避潜在风险。

习近平总书记指出，"媒体融合发展是一篇大文章"。传统图书作为信息传播和知识服务的载体，在满足人民日益增长的精神文化需要方面已遭遇严重挑战。探讨出版深度融合，归根结底是要在新时代重塑出版的价值。出版担负着记录历史、传承文明、传播真理、咨政育人的重要责任，是宣传思想文化战线的重要力量，要切实担负起推动文化繁荣、建设文化强国、建设中华民族现代文明这一新的文化使命，就必须因技术发展而谋、应渠道变革而动、顺用户需求而为。

第十六章　果麦文化：用"互联网+AI"赋能出版流量

卢剑锋[①]

随着 LLM 的惊艳表现和 AI（人工智能）在文字、图片、视频等多领域多模态的飞速发展，当 AIGC、AI、OpenAI 这些概念登录中国，并开始产生连锁反应，科技正在以前所未有的力量改变着出版行业。传统出版集团和新型民营出版公司纷纷转变企业战略和经营举措，在互联网业务和人工智能等新兴技术等领域，有的提前布局，有的重点投入，力争紧跟时代步伐，用科技引领产业发展。

作为一家以互联网驱动的新出版公司，果麦文化创立于中国移动互联网起步发展的2012年，十多年来积极拥抱网络新媒体、新技术，将"互联网基因"融合进图书出版业务，开辟了"互联网＋出版"的新商业模式，通过互联网连接用户，小到印制工艺，再到案例策划，大到整体战略规划，公司持续创新商业模式和销售模式，为出版行业融合创新提供了范本。

第一节　用科技创新生产模式

一、"互联网+AI"，释放编辑产能

果麦文化持续投入 AI 以实现科技化，自2023年开始，果麦积极部署 AI 赛道，投资了上海星图比特信息技术服务有限公司和爱漫阁（上海）智能科技有限公

[①] 卢剑锋，中国新闻出版研究院副研究员。

· 226 ·

司（以下简称"爱漫阁"）等。除了和外围的科技团队、公司合作外，还聘请大批人才，例如，公司内部有十几位产品端、内容端的科技人才，都曾就职于腾讯、阿里巴巴这些互联网大厂。

第一，开发"AI校对王"，实现校对智能化，以期提升出版行业校对效率，释放编辑产能。从业务端来看，校对一直是行业的痛点。根据《国家新闻出版署关于图书"质量管理2022"编校质量不合格图书的通报》（国新出发函〔2023〕9号），国家新闻出版署重点对2021年以来出版的社科、文艺、少儿、教辅和科普等类别图书进行编校质量检查，共组织抽查102家出版单位的306种图书。经审核，认定其中64种图书差错率超过万分之一。[110]针对这个行业痛点，果麦投入多年来积累的标注数据训练大语言模型，在基于理解语义的基础上开发"AI校对王"产品。目前，该产品校对成功率已超过80%，而且，误判率远低于现在常用的一些校对工具。基于一年多的AI校对研发，该产品总共训练字量达25.5亿文字量，超过20个出版社正在进行测试。

第二，开发"爱漫阁"AI动漫智能创作平台。基于对漫画和动漫产业的理解，果麦投资了爱漫阁，开发了"爱漫阁"AI动漫智能创作平台，通过便捷快速的改款方式与个性化创作平台，重新定义漫画创作流程，目前已经参与到四大名著动漫图书的完整创作，包括：根据故事脚本自动生成漫画故事情节，设计人物形象、角色对话，完成漫画作品，等等。

第三，开发"AI数字读书人"用于营销端。对AI数字人的目标是希望它至少阅读1万本甚至10万本或更多图书，通过阅读和训练，使其对图书的归纳总结能力，以及对当下热点结合的策划能力，超过常人水平。这款产品可以帮助产品团队和营销团队优化营销策略。

二、推出"书世界"，向行业内外开放选题

一体化图书出版平台"书世界"对更多的图书策划机构开放，面向更广泛的机构用户，在现阶段开放其"选题系统"模块，果麦内部就已经在使用该选题系统。除"选题系统"模块外，"书世界"还有更多其他实用功能模块，有针对性地解决行业从业者在图书出版流程中遇到的诸多挑战。

"书世界"的操作流程也相对简单。用户简单注册后便可登录系统，并根据系统指引提交申报选题所需的内容。只要选题通过评审，果麦与用户签约，

并推进该选题在编辑、策划、出版、发行、营销等全流程的相关工作。也就是说，"书世界"提供了一套简明、多维的选题填报系统，用户只需根据相应提示填写，系统就可以生成一份完全符合果麦选题评审规范的产品提案。果麦总裁办专员会依据选题的内容、赛道、数据等来进行多维度评估和筛选，并将选题分配给适合的产品经理予以初选。只要通过选题会，完成了最终签约，该选题就正式进入果麦产品开发流程。它享有果麦任何一个图书产品所拥有的资源，如专职设计师负责封面、装帧、内文排版、宣发物料等的设计，品控部门负责印刷全流程，以及营销、销售等完整的运营服务，等等。

果麦自身已经建成了全流程的数字系统，多年来也积累了足够的流程管理与数字化管理经验，"书世界"就是希望以"产业互联网"的形式，通过便捷的、整合性的平台，减少图书出版在沟通、策划、制作、运营等方面的诸多冗杂工作，在提高效率的同时，让合作方更专注于图书本身。为优化用户的使用体验和提案效果，该系统依旧在持续迭代中，后续还将开发和增加诸多辅助策略。

三、创新"易撕贴"，不断提升用户体验

"魔鬼在细节"。果麦在细节上、工艺上充分照顾读者的体验，从行业创新的"易撕贴"这一微小细节上，就可以明显体现出来。通常情况下，图书"塑封"是新书的标配，能起到防尘、防潮的功效，但塑封难拆往往成为影响读者阅读体验的一个不可忽视的痛点。也许业内人士可以借助经验、工具来熟练开启，但对绝大多数读者来说，带来的麻烦依旧不可小觑，或许就有读者拆开塑封，书也"破相"了。

塑封难拆主要是因为出版行业通常采用的这种工艺：热收缩膜塑封。虽然它有高强度贴合效果、可塑性强、生产高效等诸多优点，但由于其材质韧性相对较强、高贴合度，导致通常没有明显的拆线或开口，不便破开。果麦重视优化图书印制各环节的工艺，针对这个长期存在的塑封痛点，果麦品控部经过长期工艺探索，尝试过降低塑封膜厚度、易拉线等手段。最终，经过与浙江众达包装设备有限公司的合作，基于其开发的膜处理和塑封包装生产专利，果麦给解决塑封痛点提供的一种全新解决方案——"易撕贴"。在保留了传统塑封韧性、贴合的包裹优势基础下，读者只要轻轻撕开"易撕贴"的一角，就可全部、完整地拆开塑封。之前因为塑封带来的各种烦恼、不便，这次终于可以迎刃而解。

果麦已经将该工艺应用到部分图书产品上，而且有读者已经率先感受到这种全新的阅读体验。接下来，果麦将全部升级，尽快在所有图书上使用该工艺。

第二节 流量时代的新商业模式和合作方式

一、B2C 和 CBC 探索创新出版商业模式

早在 2021 年前后，果麦就首次提出出版行业商业模式三段论的分法，2010 年以前为 1.0 时代，即"发行时代"，"发行发行发出去就行了"。2010 年以后进入 2.0 时代，即"货架时代"，终端销售更加激烈，需要拼抢优质且有限的货架资源。从 2018 年前后开始，以疫情到来作为一个明显的分水岭，出版商业模式进入 3.0 时代，即"流量时代"，底层商业逻辑和用户实际场景发生了明显的改变。无论是 1.0 时代还是 2.0 时代，该商业模式的底层逻辑都是"人找货"，读者想要购买图书，会去新华书店、当当、京东、天猫等渠道和平台主动寻找并下单。而进入流量时代后，"人找货"的逻辑变成了"货找人"，无论用户是躺在沙发，还是地铁通勤，大数据就可能把用户感兴趣的图书、图文或视频内容推送到用户手机，当与用户情绪产生共鸣时，就可能产生购买行为。在这个底层逻辑变化的前提下，传统 2B 销售渠道依旧依赖 B 端客户"人找货"，该模式已经不再稳固。仅仅依靠渠道、平台很难打造爆款、长销书，最终还是需要依靠流量产生的 2C 销售手段。

果麦文化早在 2017 年前后提前布局流量时代下的私域流量，充分利用社交平台的红利，积极布局 CBC 的商业模式，截至目前，2C 业务占比达 35% 左右。在微信、微博、抖音、小红书等各大新媒体平台建立了涵盖公司及作者账号在内的互联网产品矩阵，推送的内容包括文字、图片、音频、视频等，不断吸引粉丝，连接用户。

截至 2023 年 12 月，果麦互联网用户数逾 9000 万，运营的互联网产品账号超过 140 款。在这个互联网矩阵中，主播不仅有易中天、罗翔、戴建业这些大咖作家，还有果麦自己孵化的行业头部主播，例如：@小嘉啊，等等。目前，这个互联网产品矩阵已经成为果麦发起产品营销推广的第一波重要初始流量和

助推源泉。

《蛤蟆先生去看心理医生》就是一个典型的案例。它其实已经在国内出版过 10 年，总销量不及 2 万册。果麦签下后，在营销经费极其有限的情况下，首先通过果麦互联网矩阵产品首波推广，私域流量分享，成功破圈，唤起了广大用户对该书的喜欢，再加上外部达人的合作，最终把这本书打造成一部现象级的爆款图书，目前销量已经突破 500 万册，也将很快达成 600 万册。

"CBC" 销售模式是一种行业领先的、创新的互联网销售模式，通过连接广大的互联网用户，果麦依托强有力的互联网产品矩阵，为用户推送契合且能引起关注和兴趣的内容和产品信息，于是，在产品上市初期，就能精准找到用户，实现 2C 销售。用户通过真实产品使用体验，引起话题，产生热度，并通过搜索、转发、评论、口碑传播等诸多方式，流量外溢到各大电商平台，包括当当、京东、天猫等以及代销渠道，最终实现 2B 销售。

当图书产品进入了生命周期的中后段时，尤其对于代销退回到库房的图书，果麦则通过自有的互联网矩阵账号带货，以及和外部达人合作，实现滞销库存产品的 2C 销售的目标，这样就能有效防止图书滞销和存货跌价。最终，此举从根本上解决了行业长久以来"代销退货"的痛点。《长大了就会变好吗？》就是这样一个从库存书逆转并加印的典型案例。作为库存品，当时该书有超 1.5 万册的库存，@小嘉啊团队在库存品中发现了它。该书中的心理自助内容不仅符合@小嘉啊的主题和内容定位，也符合用户需求。团队在调研了用户书评反馈，查阅了大量图书资料后，制作出了短视频的文案。抖音视频发出的第二天，1.5 万多册库存全部售罄，果麦当即决定加印。该视频的爆火效果也带动了更多达人合作带货。最终，该书单一条短视频带来的销售转化就达 5.7 万册。

二、反向策划合作 打造爆款产品

一般来说，民营出版公司出版路径常常是寻求出版社的单方向合作：民营公司策划和开发选题和内容，与出版社达成出版合作后，再负责接下来的营销、发行、库存等业务流程。而果麦发起和践行的反向合作模式，在合作路径上则反其道而行之。出于对果麦品牌、产品、营销、销售等综合实力的信任，出版社往往主动提出选题合作意向，共同深度策划选题库中的选题，并在制作、宣发、发行等环节展开联动合作。通过果麦创新的 CBC 销售模式，最终带动图书销量在短时间内大幅上升，把畅销转化成长销，成功赋能整个出版行业。值得注意的是，果麦和出版社的合作，并非仅针对某单本书或某套系的简单、不可复制的模式，而是上升到战略合作层面，形成一种长效、紧密、可复制的选品开发的成功机制。

经过市场和读者的双重认证，反向选题合作模式屡次推出爆款，并持续畅销。以《小屁孩日记》（中文版）为例，它是果麦与新世纪出版社反向选题运营的最典型成功案例之一。双方在选题策划、IP运营、创意营销、市场推广等诸多环节充分沟通、通力协作，充分发挥反向选题1+1＞2整合模式的优势，让这个已经引进中国15年的童书IP，重新焕发新活力。这次反向合作最终获得了市场、用户和口碑的多方认可，全新《小屁孩日记》（中文版）于2023年8月底正式上市，经过短短8个月卓有成效的运营推广，它就拿到畅销超100万册的亮眼成绩，既为后续系列作品的创作与上市奠定了良好的基础，也赢得了出版社、作者、发行平台、用户等一致好评。

《乡土中国》也是果麦与出版社反向合作的一个产品，市场再次验证了该模式的长效、可靠和可复制性。该书原本累计动销2000册，经过一年半的反向选题整体运营，已经畅销高达14万册。在过去反向选题开展的两三年间，在这个不断推陈出新的图书市场环境里，果麦成功把诸多早已埋没的老书、旧版，屡屡打造成爆款、常销品。并且，这种合作也持续获得更多出版社的青睐和吸引，逐渐形成一个行业发展的新亮点，给更多好书带去机会和希望。

第三节　用创意为图书营销赋能

一、可复制的营销方法论POC和创意营销方法

进入流量时代后，将产品策划、营销运营等链路打通并实现转化，需要一套可复制的方法论。任何企业如果没有可复制的方法论就不能持久。果麦基于过去失败的教训以及成功的案例，总结出POC营销方法论，在当下流量时代的产品研发、营销推广中，扮演着至关重要的作用。这套营销方法论，即"金字塔"、价值原型、流量云，简称POC，P叫作金字塔，Pyramid Method；O是价值原型，Original Value；C是流量云，Cloud of Clout。"金字塔"由三层组成，

第一层就是命名层，即书名；第二层是基于用户使用价值的"一句话广告"；第三层是"事实"，能被 60 秒忠实描述的客观。"价值原型"指的是，太阳底下无新事，大概逃不过 300 个诗句或短语描述过的基本模型。至于"流量云"，网络的根本是注意力，下雨（也就是流量）的原因是云。果麦运营初始流量要懂整体的气象云图，具体的方法是 5 个 W：时空环境 When、Where；关键人物 Who；激励事件 What；口碑证言 Witness。不过，仅凭独立事件或热点来做营销，流量是瞬时的、难以复制的，无法持续产出带来稳定流量的"云朵"。果麦方法论也就是通过 5 个 W 的初始流量运营，为每本书创造这样的"云朵"。

产品上市一段时间后，如果通过营销发现市场反馈达不到预期，团队则会收集真实的用户数据，分析评估后再给出更符合用户的金字塔，或为产品找出更契合用户需求或痛点的价值原型。依托迭代后的金字塔或价值原型，发动新一轮营销，带来新的流量云。

二、开创溯源直播 让有影响力的达人走出国门

当下出版行业的达人营销带货，最常见的形式是主播在国内直播，无论是达人自己家、工作室、直播间、书展、线下活动等场景，呈现形态都比较传统。如果把作者邀请到国内分享或签售，单次成本往往不低，销售转化常常不可控。对此，果麦通过创意营销，让真正有影响力、有声量的达人走出国门，通过实地探访、溯源作品诞生地，和具有世界影响力的外国作者等相关方实现面对面跨文化交流，再经过直播屏幕，让众多读者首次见到作者本人，瞬间拉近距离感，把达人、作者、读者串联和互动起来，有力带动图书销售。例如，国内抖音平台图书直播领域的头部主播王芳，在果麦联合新世纪出版社的通力策划下，先后两次前往美国溯源，与全球累计销售 2.75 亿册的超级畅销书《小屁孩日记》作者直播对谈，不仅开创了图书行业溯源直播的先河，而且还创下累计直播带货超 30 万册的新纪录，实现了口碑和转化的双丰收。

值得注意的是，这种行业创意直播模式还可以成功复制到其他产品上。2024 年，"王芳的文学溯源之旅"由果麦策划，这次将直播间带到英国，和《蛤蟆先生去看心理医生》的作者家人路易丝·戴博德共同直播，不仅首次向中国读者揭秘作者的创作故事，公开珍贵照片等资料，还实现 1 小时销售超 13000 册的成绩。

这次直播创下路易丝·戴博德的多个"第一次"纪录，给她留下深刻印象：她第一次接受中国的采访和直播邀约；第一次公开自己珍藏多年的家庭照片；第一次在万人直播间直播对谈；第一次见证直播间万册带货转化，等等。

三、推出立体营销 持续盘活经典IP

作为果麦文化经典产品条线的里程碑，以及最具代表性的产品之一，《小王子》首印仅9000册，截至目前已经加印超100次，销量早就突破500万册，成为最畅销的版本，并还在刷新纪录。果麦抓住了关键的时间节点，运用关键事件营销，让《小王子》屡次破圈，登上新台阶。2015年，果麦总裁和译者赴法国里昂，与《小王子》作者"圣埃克苏佩里基金会"成功签约，果麦《小王子》成为官方认可的最权威的简体中文译本，让译文口碑再次发酵。同年，《小王子》动画电影在中国上映，果麦深入参与电影的整体宣发，并和电影深度绑定，图书销量明显大幅提升。

6月29日是"世界小王子日"，无论从线上还是线下，果麦团队长期推出跨品牌、跨城市、跨形态的丰富合作。例如，联合深圳地铁，推出"小王子专属车厢"；携手上海血液中心，相约"守护生命玫瑰"主题联名献血；参与宠物领养公益，捐赠爱心图书；协同商场和社区，打造品牌快闪，等等。

与此同时，团队还以主题分享、图书签售等丰富形式，在全国范围内常年开展译者活动策划。例如，译者专程前往云南等多地偏远中小学，举办公益讲座；与省市图书馆、高校、商场等举办讲座；受邀参加新华书店、诚品书店等连锁书店签售，等等。

在长达近10年的运营中，果麦策划丰富、立体的营销事件，成功维系和拓展"小王子"这个经典IP，并绽放出新活力。同时，果麦并没有局限于小说这一单一形态，而是深耕"小王子"，相继成功推出"小王子"绘本、漫画、立体书等产品，并陆续都获得"圣埃克苏佩里基金会"的官方认证，从独立的现象级爆款产品，打造出一条独特的"小王子"IP产品条线。

第十七章　晋江文学城融合创新报告

黄欣钰[①]

晋江文学城，作为中国领先的女性文学阅读与原创平台，自创立以来，便以其丰富的作品类型、高质量的内容产出以及活跃的读者社区而著称。该平台汇聚了大量才华横溢的作者，她们在这里创作并分享包括言情小说、耽美小说、都市情感、古言穿越、仙侠奇幻、悬疑推理等在内的多元化文学作品，满足了不同年龄层、不同阅读兴趣的女性读者需求。晋江文学城不仅是广大女性读者心灵的栖息地，也是众多网络文学创作者实现梦想与价值的舞台，它以其独特的魅力，持续引领着中国女性网络文学的发展潮流。由此可见，探索它的创新发展路径，能够为国内有关网络文学的发展提供部分经验。

第一节　晋江文学城基本概况

晋江文学城是中国大陆最具影响力的原创网络文学网站之一，创立于2003年8月，所属公司为北京晋江原创网络科技有限公司，位于北京市，是一家从事网络服务及科技推广的企业，企业注册资本1110万元人民币。根据天眼查显示，北京晋江原创网络科技有限公司50%股权由上海宏文网络科技有限公司（盛大文学）持有，晋江文学城创始人兼董事长、总经理黄艳明及创始人总裁刘旭东分别持股30%、20%。

[①] 黄欣钰，河北传媒学院新闻传播专业硕士研究生。

在2014年的时候，腾讯文学收购了盛大文学，并联合成立了新公司——阅文集团，根据阅文集团2023年的财报显示，晋江文学城在2023年实现14.16亿元的营收，盈利4.56亿元。

晋江文学城最早是将台湾的言情小说转化为电子版给网友阅读，然后逐渐发展成晋江文学网，为国内网络小说提供一个原创之地，后经过多年发展，演变为晋江文学城。晋江文学城的网站主旨是打造网络文学多样化，让各类文章都能有受众及生存空间，鼓励作者进行创作，大开脑洞，让小众文学也能够找到自身受众。

晋江文学城的主要业务大致分为四类：影视、游戏等版权输出贸易相关业务，海外版权合作业务，关于付费阅读、电子版权采购等电子版权类业务，实体出版、出版代理等业务。其中最具特色的还是版权开发类业务，晋江文学城已和海内外几十家出版社达成了长期合作关系，在现在的言情出版市场中，70%的小说版权来源于晋江文学城，在晋江发表的小说，已有超过7000部获得出版发行，累计向国外输出文学作品2000多部，在对外传播中，优秀的作品像priest的《杀破狼》繁体出版，《知否？知否？应是绿肥红瘦》繁体/韩文出版等，晋江在言情出版领域占据绝对优势和拥有极大的影响力。

在影视版权开发方面，从2005年开始，已有超过600部作品被改编为影视剧或者已出售影视版权，在各大网站中占据鳌头。已经上映的比较经典的作品有《知否？知否？应是绿肥红瘦》《镇魂》《花千骨》《何以笙箫默》等，并且播出后产生了巨大影响力的这些IP，产生了长尾效应。《知否？知否？应是绿肥红瘦》展现了强大的长尾效应，其播放量和影响力在长时间内持续增强，成为经典之作，自播出以来，年播放量断层压制《甄嬛传》和《庆余年》，并且在2023年的榜单上仅次于《狂飙》，显示了其持续的影响力和受欢迎程度。此外，该剧的播放量超过200亿，与《甄嬛传》和《琅琊榜》一同被誉为观众心中唯三的长尾效应十足的好剧，这三部作品分别代表了宅斗、宫斗、权谋的顶级水准，成为古装剧领域的经典之作。

2019年时，电视剧《亲爱的，热爱的》成为黑马，《陈情令》播出后成为当时的热度第一，豆瓣打分人数超64万；在2023年6月就播出晋江IP改编的影视剧集7部，11月播出6部，平均每4天就有一部由晋江文学小说改编的影视剧面世，晋江文学城影视版权开发成绩在全行业遥遥领先。这一系列的数据和评价，充分证明了 IP 改编的成功，以及晋江文学城这些原著的优秀，为广大影视及游戏市场提供了各大灵感来源。

除了主流的影视改编外，晋江也在推荐动漫、有声及广播剧等其他版权项目，至今已多次谈成了多个千万级的动漫、百万级有声及广播剧框架合作。同时，也已授权多部日文广播剧作品。部分已开发动漫 IP：动画《打火机与公主裙》（由 Twentine 原著《打火机与公主裙·荒草园》《打火机与公主裙·长明灯》所改编）、漫画《黑莲花攻略手册》（白羽摘雕弓同名原著），等等。

晋江文学城拥有在线网络小说超 605 万部，签约版权作品超 25 万部，注册作者数逾 269 万，平均日更新字数超过 3669 万，网站累计发布字数超过 1428 亿。晋江文学城日均页面浏览量超过 1 亿，日登录用户量在文学网站中也居前列，可达 220 万。其网站流量增长速度迅猛，2007 年末时为 1500 万，如今已超过 9000 万。2008 年晋江文学城开通 VIP 业务后，网站注册用户数已增加 580 万，目前用户的日均在线时间为 94.14 分钟。全球有近 200 个国家和地区的用户访问晋江文学城，其中美国、加拿大、澳大利亚等发达国家占到很大比重，海外用户流量比重超过 10%。[111]

经历十几年的风吹雨打，晋江文学城已经成为一个行业的尖端，网站流量从 2007 年末的 1500 万，增长至现在的日均 PV（页面浏览量）超 4 个亿。旗下移动阅读 App"晋江小说阅读"拥有 Android、iOS 双版本，在各大主流应用市场平台均可下载，可以将风格迥异、类型多样的作品装进口袋，随时畅读。

当前，面对激烈的市场竞争环境，站在网络文学行业端口的晋江文学城，通过改革等措施，展现了文学方面的素养，推动行业升级，展现了头部网络文学领军者的前瞻性与风采。

第二节　晋江文学城融合发展的主要举措

晋江文学城作为网络文学的头部企业，坚持正确引导舆论方向，履行社会监督责任，在其发展过程中积极履行自身使命。本报告从打击盗版文学、社会责任、开展行业活动等多方面对晋江文学城的融合创新现状进行梳理。

一、打击盗版文学，破获 AI 犯罪

在数字经济时代，文学作品的传播变得愈加便捷，但随之而来的盗版问题也日益严重。晋江文学城作为国内知名的原创文学平台，始终坚持保护作者的版权和创作权益。打击盗版犯罪不仅是对原创作者辛勤创作的尊重，更是维护整个文学生态的健康与可持续发展。通过严厉打击盗版行为，晋江文学城希望能够为广大创作者提供一个安全、公正的创作环境，激励更多优秀作品的诞生，推动中国文学的繁荣与进步。

晋江文学城多年来深受盗版危害，已民事立案数百起，2021 年新增了刑事维权策略，通过法务不懈努力，成功让侵权者被警方羁押。侵权者为此付出更深重代价。"顶 X 小说 App"涉嫌侵犯著作权刑事案，是继"菠萝小说网""全 X 小说 App"案件后，晋江法务又一次以"刑事案件"方式打击盗版获取的胜利。该案历时近一年，前期晋江文学城做了大量的准备工作，配合公安机关积极收集证据，促进了本次案件的顺利进展。

除此之外，晋江文学城还会在官博上每月发布有关于打击各类盗版事件的微博，名为"晋江法务在行动"。截至目前，晋江法务已成功立案的案件总数达 14 件，其中 1 件案件已抓捕犯罪嫌疑人，另外 7 件类似案件仍在监测和跟进中。自 2021 年新增刑事维权机制以来，晋江法务已成功立案 9 个类似案件。晋江文学城的下一步目标是"提高打击效率，争取多案并行"。[112] 晋江文学城呼吁作者们积极宣传，共同抵制盗版行为，让盗版者感受到法律的威力。此外，侵权主体"顶 X 小说 App"已向晋江赔偿上百万元，并将承担相应的刑事责任，目前相关嫌疑人已被羁押。

此外，晋江文学城高度重视作家权益保护，不断完善法律服务。2019 年下半年至 2023 年上半年期间，晋江法务共计处理了盗版侵权案 358 件，结案 153 起，推进刑事立案 13 起，结案获赔 2 起，所有案件获赔款项均已如约分配给相应作者。

打击盗版文学是维护文学创作生态、保障作者权益、促进文化创新与繁荣的必然要求。盗版行为不仅剥夺了创作者的合理收益，挫伤了文学原创动力，还扰乱了市场秩序，阻碍了优秀文学作品的传播与影响。因此，晋江文学城打

击盗版文学对于促进文学事业的健康发展、激发社会创造力具有重要意义。

二、聚焦现实题材，关注中华传统文化

近年来，晋江文学城深入学习和贯彻党的二十大精神，紧密结合平台资源特色，积极开展正面宣传。这一年里，网站精心挑选并推广了大量优质作品，尤其聚焦于现实题材与中华传统文化的展现，旨在弘扬和传播正确的价值观念。

晋江文学城定期举办主题征文活动，鼓励作者创作与当前社会热点和时代主题相关的作品。例如，2021年开展的"建党百年峥嵘岁月2021全年向主题征文"活动，旨在庆祝中国共产党成立100周年，展现党的光辉历程和人民的伟大成就。

同时在政策扶持和主流文化的影响下，晋江文学城的新增作品中现实题材的比例逐渐增加。据统计，在2020年网文新增作品中现实题材占了总量的40%。通过这些方式，晋江文学城有效地聚焦和推动了现实题材的创作和发展，使其成为网络文学领域的一个重要趋势。

晋江文学城在推广和传播中华文化方面也发挥了积极作用，通过多种方式聚焦并弘扬了传统文化。其中，"网文+"水墨国风主题展便是其一项重要的文化活动，该展览展示了以"琴、棋、书、画"等传统元素为主题的网络文学作品，凸显了文字的魅力与古典文艺的韵味。此外，晋江文学城还举办了"龙腾盛世 来去晋江"文体旅新春消费季，活动内容丰富多样，包括演唱会、经典剧目演出、花灯会等，旨在推广闽南地区的年俗文化，让更多人了解和体验传统文化的魅力。同时，"书香晋江"阅读活动也是其推广传统文化的重要举措，全年举办上百场阅读活动，如古诗文大赛、文化推广秀等，进一步推动了传统文化的普及与传承。

晋江文学城通过文学创作、文化活动、教育意义、传统文化保护与合作等多种方式，有效地聚焦和弘扬了传统文化，展现了其在推广和传播中华文化方面的积极作用。

此外，晋江文学城还高度重视作者队伍的成长与发展，鼓励编辑与作者深化行业知识交流，积极为作者提供参与业内培训、大型活动及评选的机会。在这一年里，Twentine、Priest、淮上、拉棉花糖的兔子等众多知名作者均取得了显著成就，展现了网站在促进文学创作与人才培养方面的积极成效。[113]

三、举办行业协会，促进行业交流

2023年8月5日，以"同舟共济"为主题的晋江文学城二十周年庆典暨第五届作者大会在北京举办。沐清雨、墨书白、含胭、烟波江南等百余位网站作者，中国作协网络文学委员会委员及各大高校的教授、网络文学专家等，各网络平台的制作人等行业专家参加活动。20年来，晋江文学城持续致力于网络文学多样化生态的建设，让多元丰富的小说类型有茁壮成长的可能性，鼓励创新和"脑洞"，让更多的灵感落地生根。并以好内容为基础做好版权开发衍生，持续提高网络文学优质内容的海内外影响力。

大会上，晋江文学城站长黄艳明对近几年的网站发展情况进行了回顾，介绍了网站的工作突破点和未来三年即将上线的新项目计划。她谈到，版权海外输出是晋江文学城的主体业务之一，截至目前，晋江已经与上百家合作方成功签约，累计向海外输出优质作品4500余部，积极拓展了亚洲、欧洲和美洲市场，并于2019年下半年至2023年上半年期间完成了中东和中亚市场的开拓。IP改编方面，《星汉灿烂》《开端》《司藤》《少年的你》等42部影视版权，《全球高考》《破云》等59部漫画版权，《天官赐福》《天宝伏妖录》等10部动画版权，以及《我开动物园那些年》游戏版权都顺利完成了转化，并取得了较好的成绩。

黄艳明在大会上讲道："从前，我们的任务是看护一片森林，努力促进生态平衡，保持物种多样性。现在，我们的任务是驾驶一座方舟，带着我们多彩多样的成果，游历四海，携手同舟共济。"

晋江文学城总裁刘旭东表示，尽管纯文字阅读正在面临各类短视频的冲击，但他相信，文字本身的生命力仍然顽强，网络文学更是优质IP改编的源头。他强调，优质内容的培育需要耐心，"一定要给眼下看起来不能快速盈利的作品以生存空间，要给冷门题材和试验性作品以成长时间。一个新事物的诞生，往往会伴随着很多的不完美，但新的创新点往往也藏在其中。包容创新，包容与我们不一样的人和事，才会有新的未来"。

从早期的《微微一笑很倾城》《美人心计》，到近些年《花千骨》《知否？知否？应是绿肥红瘦》《开端》等IP改编的大热，晋江文学城"爆款作品"的持续涌现离不开网站作家们对好内容的执着和耕耘。为此，大会组委会特别设置了5个组别16个奖项，鼓励作者们以文学为载体，创作更多好故事，为广大读者带去更多正能量,向世界发出更有力的中国声音。[114]

四、建立年龄分级制度

自 2022 年 10 月 21 日起,晋江文学城正式对外宣布了一项重要举措,即着手构建作品的分年龄推荐系统。该系统旨在根据作品的标签、类型及其他特性,为不同年龄段的读者提供定制化的阅读推荐。初期,这一工作将侧重于文字层面的推荐机制建设,并计划在未来结合实名制等措施,进一步细化功能分区。值得注意的是,近年来国家大力打击因内容违规及传播低俗内容等问题,对各大网站进行过整改,鉴于此,晋江文学城强调其作为汇聚大量青少年读者的平台,必须积极履行企业社会责任,努力营造一个对未成年人而言更加纯净、无争议的阅读环境,以减轻社会与家庭的担忧。

为实现这一目标,对于年龄分级制度,将那些可能引发争议、内容尖锐或思想性较为复杂的作品暂时不向心智尚未成熟的读者开放,同时也为成年人提供一个更为安心的阅读空间。鉴于平台历史悠久、藏书丰富,这一改造工程将是一项长期且复杂的任务。初期,晋江文学城将优先处理那些已明确标注标签、且备受社会关注的小众题材作品,按照其特性和社会影响程度进行分级处理。未来,还将进一步探索如何对无明确标签但具有深刻立意、积极社会价值和正面三观的文章进行更为精准的推荐与区分。[115]

五、公益慈善,树立社会责任

晋江文学城于 2021 年踊跃参与了名为"衣份温暖,情系西部"的专项捐赠行动,该活动深刻践行了社会主义核心价值观的精神内核,大力倡导衣物、图书等生活与学习资源的循环利用理念,旨在有效节约社会资源,促进生态环境的可持续发展。同时,通过汇聚爱心与力量,为西部贫困地区的弱势群体,特别是内蒙古乌兰察布市乡村学校的孩子们及孤寡老人,送去了冬日里的温暖与希望,以实际行动支持国家脱贫攻坚战略,加深了社会各界对西部贫困区域的关怀与援助。整个活动遵循"自愿参与、能力所及"的原则,鼓励社会各界根据自身条件,积极贡献爱心与资源,共同为构建和谐社会、促进区域均衡发展贡献力量。

"衣份温暖，情系西部"活动不仅是一场物资上的捐赠，更是一次心灵的交流与情感的传递。它展现了晋江文学城及社会各界对社会责任的担当与践行，让爱与温暖跨越千山万水，直达西部贫困地区人民的心田。通过此次活动，晋江文学城旨在与社会各界携手前行，将每一份微小的力量汇聚起来，这些行动都能成为推动社会进步、促进共同发展的强大动力，在公益的道路上继续传递爱与希望，共同书写更多温暖人心的故事。[116]

第三节 晋江文学城存在的问题

不可否认，网络文学平台的发展将人们无法看手机的时间也填补了起来。晋江文学城给大家营造了一种"理想之地"，但是任何一个平台保持现有的发展状态及模式，就会不进则退。网络文学平台在发展中面临的问题主要包括作品质量参差不齐、版权保护不力、创作环境欠佳以及内容生态单一，这些问题共同制约了网络文学平台的健康发展和优质作品的涌现，这也是网络文学行业发展的痛点。

一、作者创作能力参差不齐

网络文学作品相较于传统书籍，展现出一种截然不同的创作生态。传统出版界强调文字的精雕细琢，而网络文学则更侧重于"以量取胜"的策略。晋江文学城作为众多新晋作者的摇篮，虽为他们提供了广阔的创作舞台，却也难以避免地面临作品质量与文学底蕴参差不齐的问题。尤其是年轻的网络作家群体，他们满怀激情与创意，但在耐心雕琢作品方面显得不足，文字驾驭能力尚待提升，时常因各种原因中途"断更"，让读者遗憾不已。

为了迎合读者的快速阅读需求，部分作者化身为高产的"码字达人"，坚持"周更"乃至"日更"，但这种速度上的追求往往与质量的保证难以两全，催生了一种模式化的写作倾向——网络小说中的"套路化"现象，创新性匮乏，内容质量参差不齐。此外，部分创作者过度追逐市场热点，盲目跟风热门题材，导致网络文学领域涌现出大量同质化作品，这一现象不仅限制了创作的多样性，也加剧了网络文学创作环境的复杂与混乱。

二、抄袭风波频现，难以遏制

抄袭是作家、读者深恶痛绝的行为，而抄袭现象的存在与网站没有保护好作品版权有很大关系。近年来，随着网络文学的快速发展，很多影视剧都改编自网络小说，这也加剧了网络小说创作行业的抄袭、剽窃现象。比如，《甄嬛传》《楚乔传》《三生三世十里桃花》等成为热播剧后都传出了抄袭消息，在影视圈、网络小说圈掀起了轩然大波，这些原著作者也因此陷入了版权纠纷。

为应对这一严峻挑战，晋江文学城积极行动，建立了针对抄袭行为的分级惩罚机制，明确划分为"未如实标注""一般违规"及"严重违规"三个层次，旨在强化原创保护。然而，鉴于抄袭手段的隐蔽性与多样性，许多抄袭行为难以被彻底追踪与界定，导致网站在处理抄袭纠纷时仍面临重重困难，抄袭问题至今未能得到根治。

三、发展模式存在弊端

晋江在发展过程中并非无懈可击，其发展模式逐渐显现出一些弊端。晋江的自然榜单倾向于展示风格固定的作品，导致那些冷门但质量上乘的作品，即便再好也难以在榜单上获得一席之地，而热门题材的作品，即使质量平平，也能轻松上榜。众多站内曝光渠道和榜单被特定题材的作品所占据，使得冷门题材的作品关注度日益下降，难以突破现有的圈子。此外，晋江的网络小说创作逐渐趋向工业化，即作者通过创作热门题材作品来获得推荐和曝光，进而提升热度，最终以高价出售版权。这种创作模式类似于工厂的流水线作业。

这种功利化的发展模式，不仅导致了晋江整体作者创作生态环境的恶化，还使得作品内容质量有所下降。与此同时，腾讯、爱奇艺等互联网平台也开始涉足网络文学领域，凭借强大的资本和技术实力，迅速构建起优质的网络文学平台。对于晋江而言，其核心竞争力在于作为女性网络文学的创作基地，而过度追求IP孵化的短期利益并非长久之计。因此，晋江需要跳出工业化的思维模式，努力将自身打造成为女性文化的具象化代表，这才是其未来发展的长远之策。[117]

第四节 晋江文学城打造"破圈"文学的提升路径

在新媒体蓬勃发展的今天，网络文学在用户参与、流通渠道、创作群体及呈现方式等方面较传统文学发生了很大的改变，其影响力日趋扩大，创作参与度日渐提升，行业竞争也更加激烈。在此背景下，网络文学出版经营必须考虑诸多维度，如作者群体、创作热情、创作质量、版权、作品原创度、呈现形式以及网站营销、出版经营等，并且要制定一套规范、合理、科学、有效的评价标准和考评体系。

一、构建全面作者成长体系

对晋江文学城来说，要提高作者的创作质量就要建立完善的作者成长机制，营造创作者与文学城相互扶持、共同发展的和谐氛围，制定合理的管理制度，不断优化管理模式，以制度"管"作者，以制度激励作者，激发作者不断探索、持续深耕的信心和热情，为作者提供不断成长的机会和平台。

首先，要制定优秀作者的考核与选拔标准，利用大数据技术采集作者相关信息，从"出勤"天数、周更文量、更文字数、文章的阅读率、转发率、收藏率以及粉丝量、粉丝增长率等维度进行综合考核，选拔出具有潜力、可塑性强的作者，并不断激发作者的创作热情，引导他们提高创作质量，从而推动晋江文学城整体出版质量不断提高。

其次，要做好作者服务工作，为具有潜力的作者提供专业培训和创作资源。一要定期对这些作者进行专业的写作培训，培训内容可以包括网络文学作品理论知识、在线资源共享、一对一辅导等，并且可以根据各网络平台的作品数量制定爆款网文评价标准，为具有潜力的作者提供网络文学作品创作的方向指引，帮助他们把握网文行业的风向标。二要为具有潜力的作者提供专属运营服务，比如，提供MCN全媒体个人包装推广、线上线下多渠道同步宣发、各级作家协会推荐、影视作品改编或游戏改编等服务，进行定制拓展，提高这些作者的知名度。三要加强对网站作者的管理，建立奖赏和惩罚机制。一方面，对停更时间较长的作者给予惩罚，减少停更作品的出现频率。比如，月停更超过10天，推荐量下降30%，补贴下降10%；季度停更累计超过30天，推荐量下降100%，补贴下降50%；作品停更后3个月内未续更，推荐量下降100%，补贴下降100%。另一方面，要完善薪酬和奖励结构，设置全勤奖、排名奖、奖金、补贴等不同奖励，杜绝了"凑字"而更文的现象，能有效提高文学作品的质量。

二、强化文学作品版权护盾

保护网络文学作品版权是对原创作者的尊重，也是对文学侵权行为的有效遏制。网络侵权严重打击了创作者的创作热情和投稿信心，因此，要加大力度采取有效措施保护网络文学版权，使网络文学在健康环境下蓬勃发展。

首先，要进一步完善网络文学出版方面的法律法规，保障文学作品的版权。国家版权局要进行网络文学作品数据的存储和保护，扩大网络文学保护范围，通过版权认证、全网监控等方式保障原创作者的权益。

其次，晋江文学城要加大对抄袭、违规现象的惩罚力度，让平台作者清楚认识到抄袭的严重性，明白抄袭者须承担的后果和责任，从而有效减少文学作品的抄袭率，提高作品的原创性。比如，对"未如实标注"的作者给予警告，当月推荐量下降50%，取消排名奖，当月奖金下降50%，当月补贴下降50%；对"一般违规"的作者给予严重警告，取消当月推荐量、排名奖、奖金与补贴；对"严重违规"的作者取消平台的作者资格。

最后，要加大保护版权力度，对侵权行为予以制约。可以与其他企业合作进行资源共享，比如与百度、微博等网络平台合作，对未经授权擅自转发文学作品内容的行为予以制约，要求擅自转发的用户及时删除，甚至予以封号警告。

三、构建媒体布局

在全媒体融合发展趋势与全媒体传播体系构建的大环境下，晋江文学城面临着实现媒体深度交融的重要任务，这要求其在多个维度上展开积极探索与实践。首要之举，晋江文学城需强化与各类媒体平台的协同合作，以促进内容的广泛传播与多路径分发。首先是以内容建设为根本，晋江文学城拥有庞大的在线网络小说库，涵盖多种题材和风格，满足了不同读者的阅读需求。签约作者数量众多，作品更新频繁，保证了内容的新鲜度和吸引力。

同时，晋江文学城应充分利用大数据技术，精准捕捉用户偏好与阅读习惯，从而优化内容的创作与推广策略。具体而言，可依据用户行为数据的深度分析，洞悉用户的兴趣所在与关注焦点，进而推出与用户需求高度契合的作品，增强用户黏性并提升满意度。重视全媒体人才的培养和引进，提高团队的专业素养和创新能力。通过培训和学习机会，提升员工的业务能力和综合素质。强调团队协作和跨部门合作，形成合力推动媒体传播体系的建设和发展。

此外，晋江文学城亦可探索与影视、游戏等行业的跨界融合，拓宽内容的应用边界与商业价值。通过将文学作品改编为影视、游戏等形式，吸引更广泛的用户群体关注与参与，进而提升其品牌认知度与市场竞争力。[118]

互联网、新媒体业融合创新案例

第十八章　宜昌三峡融媒体中心"我的宜昌"客户端建设探索

郑书香　王全鑫　熊春波[①]

媒体融合发展是习近平总书记亲自谋划、指导推动的一项重要工作。2022年9月，中共中央办公厅、国务院办公厅印发《关于加快推进媒体深度融合发展的意见》，指出要推动主力军全面挺进主战场，以互联网思维优化资源配置，把更多优质内容、先进技术、专业人才、项目资金向互联网主阵地汇集、向移动端倾斜，做大做强网络平台，占领新兴传播阵地。

2022年初，湖北省宜昌市被中宣部确定为全国地市级媒体深度融合发展首批60个试点之一。同年4月18日，宜昌整合三峡日报社、三峡广播电视台，组建宜昌三峡融媒体中心，市级媒体融合迈出历史性步伐。两年多来，宜昌三峡融媒体中心深入贯彻落实习近平文化思想，突出"充分整、深度融、新闻+、政策扶"，重整媒体资源、重构生产流程、重塑体制机制，加快推进试点建设各项工作。瞄准"打造区域最具影响力的新型传播平台、最权威的政务服务平台、最方便的市民生活平台"的目标，对接"城市大脑"技术底座，高标准建设"我的宜昌"自主可控城市综合服务客户端，推动新闻信息、政务平台、社会资源向客户端有效聚集，实现了主力军全面挺进主战场。自2024年2月27日正式上线以来，客户端下载量已突破100万，日活超2万人次。

[①] 郑书香，公共管理硕士，宜昌三峡融媒体中心党委书记、主任；王全鑫，宜昌三峡融媒体中心办公室主任；熊春波，宜昌三峡日报新媒体有限责任公司总工程师、副总经理。

第一节　坚持"一个方向"

当前，移动互联网已经成为信息传播主渠道，深刻影响着人们的思想观念、思维模式和行为方式。中宣部和国家广电总局印发的《推进地市级媒体加快深度融合发展实施方案》中提出，要把握移动化趋势，建设多元化传播渠道，打造多种平台终端，发展多样传播形态，形成特色鲜明、覆盖广泛、立体快捷的全媒体传播矩阵。宜昌三峡融媒体中心积极顺应新时代新要求，牢牢把握移动互联信息传播特征和规律，坚持"移动优先"主方向，用好移动传播新技术，建设城市综合服务客户端，优化新媒体账号布局，占据舆论传播制高点。

一、构建"大体系"

1. 重构传播体系。紧跟全媒体时代发展趋势，通过优化顶层设计，着力构建"一主两辅"全媒体生产传播体系："一主"为"我的宜昌"自主可控城市综合服务客户端，"两辅"为报纸、电视、广播等传统媒体阵地和第三方平台新媒体矩阵。在全面深化新闻内容供给侧结构性改革，推进报纸改版和电视、广播节目提档升级的基础上，推动传统媒体"进网入端"。

2. 整合融媒矩阵。按照定向定位、错位发展的要求，关停并转36个新媒体账号，着力打造"宜昌发布"政务发布头部账号、"白龙岗纪事"深度报道头部账号、《三峡日报》本地新闻头部账号、"三峡广电"城市形象宣传头部账号、《三峡商报》经济新闻头部账号、"绚丽宜昌"国际传播头部账号、"动听1059"热点信息垂类账号，形成了"6+1"新媒体矩阵。

3. 推进纵向联通。构建中央、省、市、县四级平台贯通、业务协同的良性发展格局，对上全面入驻、通联中央和省级媒体，对下建设市县一体融媒体平台，实现重大主题、重大活动省市县联动宣传，形成舆论强势。

4. 做强内宣外宣。组建白龙岗纪事工作室和国际传播工作室，打造媒体融合创新的"试验田"，构建内宣外宣融为一体的传播矩阵。白龙岗纪事工作室突出内宣，创新时政新闻表达方式，广受市民群众好评。国际传播工作室突出外宣，建设运营"Gorgeous Yichang（绚丽宜昌）"官方英文网站和海媒矩阵，打造"1+N"国际传播网络，国际传播经验入选"中国城市（区）国际传播示范案例"。

二、打造"大厨房"

1. 采编全流程汇集。媒体融合不是传播平台的简单叠加，而是系统性的深度相融。在推进媒体深度融合的过程中，宜昌三峡融媒体中心打破原来报纸、电视、广播、网端边界和自成体系的采编格局，推进采编流程集约化、数字化改造。依托"我的宜昌"客户端，建设线上指挥系统和移动采编系统，将记者、编辑的工作汇集到同一个平台，支持文、图、音频、视频等全媒体新闻素材及时上传与融合汇聚，实现了稿件生产状态实时更新、稿件采编全流程快捷介入。

2. 宣传全流程调度。组建全媒体新闻调度机构，实行"日调度"机制，按照"一次采集、多种生成、全媒体传播"的要求，实现统一策划、统一指挥、统一调度、统一采集、统一编发，确保新闻宣传同频共振，正能量更强劲、主旋律更高昂。

三、形成"大动能"

1. 强化一体协作。优化采编资源和力量配置，各媒体记者、编辑、摄影、摄像均打通使用，让一支队伍服务多个平台，实现高效打通、一体协作。以"我的宜昌"客户端为中心，加大移动端发稿考核比重，推动骨干采编力量从传统端向移动端转移，占领新兴传播阵地。

2. 强化全媒表达。创新"移动端+报纸+广播+电视+直播"表达形式，围绕中心大局开展新闻宣传，推动新闻精品生产实现突破。策划推出的"新时代新征程新伟业——党的二十大精神在基层"主题报道阅读量突破1200万。与新华社联合摄制国际传播系列片《绿水青山里的中国年》，全网阅读量突破1000万。配合中央广播电视总台推出端午特别节目《碧水长歌颂端阳》，全方位、多视角向全球推介屈原文化，为全球华人献上精彩的文化盛宴。《橙子之城》系列宣传片被海外560余家主流媒体转载，覆盖3.6亿人次。截至目前，宜昌三峡融媒体中心媒体受众达2000万，新媒体平台累计用户数从融合前的952万，增长到1600万，增幅68%。

3.强化制度保障。研究制定《采编经营"两分开""两加强"实施办法》，明确采编经营业务职能分开、管理考核分开、人员岗位分开、业务流程分开、财务核算分开等"五分开"。在实行相对分开的同时，进一步明确加强平台建设、加强产业支撑、加强机构优化、加强联动协同、加强考核管理等"五加强"，实行采编经营联席会议制度，促进信息共享、利益共联，让新闻人更纯粹、经营人更专业。

第二节 把握"两个基点"

习近平总书记指出："媒体融合发展不仅仅是新闻单位的事，要把我们掌握的社会思想文化公共资源、社会治理大数据、政策制定权的制度优势转化为巩固壮大主流思想舆论的综合优势。"按照"主力军挺进主战场"的总体要求，宜昌三峡融媒体中心准确把握"扩大党的宣传思想舆论阵地"和"践行为民服务宗旨"两个基本点，围绕新闻、服务、生活、活动四大功能板块，着力将"我的宜昌"客户端打造成主流舆论阵地、综合服务平台、社区信息枢纽。

一、新闻融合一端

"我的宜昌"客户端融合报纸、电视、广播和新媒体新闻热点，汇聚中央、省、市、县四级党媒和本地政务新媒体资源，实现了掌上读报纸、看电视、听广播。充分运用移动传播技术和创意表达形式，将有声新闻、海报图片、直录播、短视频、微电影等打造成新的"注意力"增长点。客户端建有自主可控的算力存储、网络安全系统，具备党媒独有的内容安全管控体系，运用大数据、精准推荐等技术优化全媒内容生产，提升党媒传播效能，让党的声音传得更开、传得更广、传得更深入。

二、服务集成一端

"我的宜昌"客户端深度集成政务服务平台，实现信息资源"一端集成、全市共享""一端在手、服务尽有",减少群众多平台办事、下载多个 App 的负担。客户端汇聚了社保、医保、公积金等 15 大类 200 多项高频政务服务场景,实现了用户统一认证和应用打通融合。深度对接政府信息公开平台,将 1300 余个政务公开节点的规范性文件、政策文件、政策问答信息进行整合,市民能够一键访问、查询。对接市民热线平台,建成一键登录、在线提交、及时交互的运转体系,畅通群众诉求主通道。自主研发"好剧""影院购票""话费充值"等 10 余个高频服务场景。对接"宜生活"小程序,接入公交乘车、城市停车、客运购票、找充电桩等 180 多项市民生活场景,打造便民生活平台。

三、互动畅行一端

坚持以人民为中心,深度连接基层群众,服务基层社会治理。搭建社区治理主体对话平台,促进群众与政府、社区间的有效沟通,形成共建共治共享的治理格局。对接"宜昌志愿"服务场景,入驻 1790 个志愿服务队,注册 33 万余名志愿者,发起 1.84 万次志愿活动。市民可通过平台发布需求"点单",志愿服务全流程可见可管。联合曲艺家协会、广场舞协会、汉服文化协会、轮滑协会等团体开展活动,根据群众喜好建立圈层。开通调查征集、积分抽奖、投票报名、电商直播、消费券发放等功能,强化与市民互动。通过交换资源、合作共赢的市场合作方式,整合了一批生活超市、家政服务,生活服务更加多元。

第三节 实现"三个转变"

宜昌三峡融媒体中心以"我的宜昌"客户端建设为重要契机,结合不同部门需求进行深度嵌入、数字赋能,推动客户端实现了"三个转变"。

一、从新闻客户端向综合服务客户端转变

伴随着移动互联网的快速发展,智能手机让人们轻松实现"方寸之间可知天下",对报纸、电视等传统媒体的生存发展形成持续冲击。在传统媒体与新

兴媒体融合的过程中,又出现了新的困境:一方面,一些传统媒体到商业平台开设账号,利用商业平台优势引流增粉,账号影响力虽然上去了,但毕竟"寄人篱下""身不由己",既难以做到自主可控,又难以留存内容数据;另一方面,很多主流媒体建设了客户端,但主打的是新闻,政务、服务、商务及互动缺乏,很难吸引和留住受众,阅读量少、日活数低,导致有"端"无"客",沦为"花瓶""摆设"。为破解以上困境,宜昌三峡融媒体中心将多元化场景、特色化服务、好用管用功能融入客户端建设之中,不断优化用户体验,增强用户黏性。

1. 内容传播差异化。建设用户行为分析系统和内容智能推荐引擎,创新党媒推荐算法,通过数据挖掘、分析、分发,实现内容"千人千面"、精准传播,实现了从"人找信息"到"信息找人"的转变,更好地开展思想引领、舆论引导、信息传播,更好地服务党委政府决策、经济建设和社会治理。

2. 场景建设多元化。建设"楼栋圈"服务专区场景,及时向群众公示公开政策法规、社区活动、公共服务等信息。建设"爱老敬老"专区场景,推出养老服务、健康管理、休闲娱乐、教育培训等服务项目。建设文化体育场馆预约场景,方便群众快捷地使用文化体育设施,举办各类文体活动。

3. 用户参与常态化。收集社情民意,深入了解群众所思所盼,加强政民互动。联合开展电商直播、发放优惠券等促销活动,助力企业发展。联合相关部门发放惠民消费券,提振市场信心。按照一周两个小活动、一月一次大活动的频率,组织书画作品、非遗产品、广场舞、创意短视频等各类文化征集评选活动,弘扬优秀传统文化,丰富群众文化生活。

二、从自主不可控向自主可控转变

互联网作为党媒传播重要平台,是意识形态的主阵地,必须做到自主可控,确保信息安全。目前,很多党媒的新媒体平台借助商业平台开发账号,实现内容发布。这种模式在吸引粉丝关注、扩大影响力的同时,需要着眼于突破数据限制,构建起自主可控的用户画像体系;需要进一步丰富内容和功能展示形式,降低平台依赖性风险;需要强化多元化内容展示与分发策略,来保证数据发布传输过程的安全。宜昌三峡融媒体中心通过三项创新,实现了客户端的自主可控。

1. 创新技术研发体系。基于宜昌"城市大脑"技术底座的"媒体小脑",

以联合开发模式，博采 10 余家软硬件厂商的产品优势，构建起"1+3"技术体系架构。"1"是统一的数据底座，包括可支撑客户端各类应用场景的算力、存储、网络、安全体系。"3"是完整的采编体系、强大的智能媒体、焕新的产业格局。完整的采编体系实现了各媒体平台的策划指挥、融合生产、多端发布、共享协作、市县协同等功能，提升融媒体产品创作生产能力；强大的智能媒体实现了内容系统、智能推荐、精准传播等功能；焕新的产业格局重点突出人工智能和大数据分析应用，赋能产业发展。

2. 创新功能设计体系。为破解传统新闻客户端用户活跃度低，有用户无画像、有行为无数据等瓶颈，"我的宜昌"客户端建成了用户数据分析系统，可深度洞察分析用户、全链路打通各类数据，挖掘用户偏好，建立对用户的全面认知，具备了用户行为分析、用户标签画像、用户群体画像等分析能力。通过百度文心一言搜索引擎，建设精准推荐系统，实现了用户个性化信息分发。通过功能创新，大幅提升了用户规模和活跃度，积累了大量有效数据，为更好地开展思想引领、舆论引导、服务党委政府决策提供了重要参考。

3. 创新数据能力体系。在数字化浪潮中，数据能力体系建设成为媒体融合与业务拓展的关键环节。为在这一领域取得突破，宜昌三峡融媒体中心以"我的宜昌"客户端为载体，建成较完备的数据接入、数据标引、数据分发等核心功能模块。在数据接入方面，运用 API 接口对接、实时数据流抓取、批量数据文件上传等多样化的数据采集方式，确保各类数据源的全面覆盖和高效接入。在数据标引方面，充分利用自然语言处理、智能 AI 等先进工具，实现了对全中心及外网所需数据的自动化标引和分类。通过对数据进行精准的标签化处理，不仅能够快速定位到所需的数据资源，还能够实现跨媒体、跨平台的数据共享和互联互通。在数据分发方面，构建了一套灵活高效的分发机制，根据用户的画像特点，通过客户端智推，实现了新闻、政策、活动、商品、服务等数据的精准推送，有效满足了用户对数据获取和应用的多元化需求。在数据分发过程中，安全性和有效性显得尤为重要。宜昌三峡融媒体中心建立了常态化的"三审三校"审核发布机制，通过初审、复审和终审，完成数据的真实性校验、完整性校验和一致性校验。通过"人防＋技防"，确保每一条数据在发布之前都完成严格审核，有效降低了敏感和错误信息流通的风险，确保了数据的准确可靠。这一体系的建成，极大地提升了数据生产能力，为后续的数据处理和分析奠定了坚实基础。

三、从运营媒体向运营城市转变

推动媒体融合，不仅要建成宣传党的主张、反映人民心声、服务基层治理的主流舆论阵地，还要建成面向基层群众提供多元信息和公共服务、更加方便群众生产生活的综合服务平台。宜昌三峡融媒体中心以行业融媒体平台共建、"我的宜昌"客户端为主要载体，大力发展"媒体+政务服务商务"，通过加强"分众化、强关联"应用场景建设，实现了从运营媒体到运营城市的转变。

1. 拓展"媒体+政务"。加强与市纪委监委、文明办、教育局、商务局等单位合作，构建助推党委和政府部门工作的各类数字化应用场景，共建行业融媒体平台。创新建设以云计算和大数据为技术基础的宜昌智慧党建云平台，实现全市1万多个基层党组织和27万党员信息全覆盖，基层党组织的关系转接、发展党员、党费收缴、支部主题党日活动等日常工作全程在线办理，新闻宣传全程融入。充分发挥互联网传播的技术优势，搭建地方政府与人民群众对话沟通的新通道，着力打造"1+14+N"市县两级政府网站群体系，建成覆盖668个机构的市县乡村政务公开工作体系和7×24小时政务新媒体全时监管平台，对平台实现实时监测，推进重点领域信息及时公开、新闻宣传全程网上发布，有力保障了基层群众的知情权、参与权、表达权和监督权，成为市县党委政府在互联网和移动互联网为公众服务的全新枢纽。

2. 拓展"媒体+服务"。以"一个客户端畅享城市服务"为目标，在"务实、管用、好用"上下功夫，打造集诉求提交、办理、跟踪、互动、宣传于一体的城市综合服务客户端，实现技术融合、业务融合、数据融合，让市民更加便捷地享受城市服务，构建城市运行管理智慧生态体系。客户端建有12345市民热线"随手拍"场景功能，市民可拍摄照片或视频，登录客户端进行一键提交，直观地反映自己遇到的问题，并对办件流程进行跟踪，提高诉求的准确性和处置效率。2024年以来，通过网端受理群众诉求共12028件，办结率达100%。在服务群众的同时，对相关诉求开展大数据分析、研究，搭建不同场景需求的数据模型。对群众反映的一人多诉、多人同诉事项做到随时监测、及时梳理、分析研判，形成12345热线日报、月报及各类专报，为党委和政府施政决策提供参考。2024年，通过此类模式，从源头解决了噪声扰民、春节快递服务、电动车停放充电、景区服务治理等群众关心的问题，并参与到供水、供气、垃圾投放、新能源桩安装、公交线路调整、污水排水等民生问题解决的媒体跟踪监督中。针对高频诉求、异动风向，提示部门加强相关问题密切跟踪监管，提前做好防范措施，赋能城市运管、社会治理、民生保障工作。以客户端为平台，开辟"宜问就答""吹哨进行时"等专题专栏，成立热线记者报道专班，每月选取热点问题，安排记者跟踪，为重点新闻宣传提供参考。通过媒体宣传，推动"12345，有事找政府"的观念深入人心，搭建群众与政府之间的沟通桥梁。

3. 拓展"媒体＋商务"。宜昌三峡融媒体中心充分发挥所属新媒体公司作为国家高新技术企业的优势，在"我的宜昌"客户端建设线上福利场景，将过去的线下提货卡转变为线上提货码，将选择单一产品转变为多元产品，为全市干部职工提供生活便利，打通了工会福利资金和更多市场主体之间的消费通道。商家可利用主流媒体的宣传优势，加强商品信息以及商业活动信息的曝光度。媒体结合重大节日和重要节点，为商家提供直播、销售数据分析、目标人群定位等技术服务。充分发挥媒体公信力优势，积极探索"媒体＋电商"模式，与本地130余家企业达成战略合作伙伴关系，推动客户端"联营＋自营"线上门店建设，上线商品类别20余项3000余种。以"增粉"活动为抓手，围绕客户端下载10万、30万、60万、100万开展系列抽奖活动，提升商家知名度和用户活跃度。策划举办"乡村振兴'宜'起助力"为主题的惠农直播活动，在产品选定、质量把控等多个关键环节参与严格把关，为消费者提供物美价廉的本地特色产品。推出商品秒杀、限制折扣、积分兑换等促销活动，打造更加便捷、高效的生活服务体验，让市民享受优惠和便利的同时，活跃市场经济，提振消费信心。

下一步，宜昌三峡融媒体中心将深入学习贯彻习近平文化思想，加快推进全媒体传播体系建设，将"我的宜昌"客户端建设成为"在宜昌、来宜昌、爱宜昌"的首选移动平台，奋力打造全国市级媒体深度融合发展"宜昌样本"。

第十九章　萍乡市新闻传媒中心媒体融合发展的探索实践

刘　恒　康霞萍　杨　钊[①]

为贯彻落实习近平总书记关于推动媒体融合发展的战略部署，推进市级新闻媒体深度融合一体化发展，2018年以来，萍乡市立足真融、实融、快融，以机构融合为基础，以人员融合为根本，以内容融合为关键，以管理融合为保障，积极推进市级媒体在内容、渠道、平台、经营、管理等方面的深度融合和一体化发展，形成了市级媒体融合改革的"萍乡实践"。

党的十八大以来，习近平总书记多次对媒体融合发展提出明确要求，强调要坚持一体化发展方向，通过流程优化、平台再造，实现各种媒介资源、生产要素有效整合，实现信息内容、技术应用、平台终端、管理手段共融互通，催化融合质变，放大一体效能，打造一批具有强大影响力、竞争力的新型主流媒体。这些重要论述，为做好媒体融合发展工作指明了方向，提供了根本遵循。2018年以来，萍乡市深入贯彻落实习近平总书记关于媒体融合发展的重要论述精神，全面学习贯彻习近平文化思想，将原萍乡日报社和萍乡市广播电视台两家市属媒体合并，于2020年9月组建萍乡市新闻传媒中心和萍乡市传媒集团有限责任公司，并于2021年8月18日揭牌，在江西省率先开启了市级媒体融合改革之路。经过近六年的改革实践，萍乡新闻传媒中心（集团）的组织架构日趋完善，内容生产提质增效，产业经营成果斐然，"事业""产业"双轮驱动、协同发展的效果日益呈现。

[①] 刘恒，江西省萍乡市委宣传部常务副部长；康霞萍，江西省萍乡市新闻传媒中心；杨钊，江西省萍乡市委宣传部。

第一节 媒体融合改革发展实践

一、融机制，优化组织保障

媒体融合改革不仅仅是机构、人员的物理相加，更需要结合实际因地制宜做好顶层设计，着眼产生"化学反应"。萍乡市以文化体制机制改革为契机，持续优化萍乡新闻传媒中心（集团）内部组织架构和制度体系，不断加大全媒体人才培养力度，建立从相加到相融、"你就是我，我就是你"的现代传播体系。

1.重建组织架构。按照党管媒体、以改革促发展、以融合促提升、以产业促事业的原则，以"事业单位+企业化管理"为目标，萍乡市明确市新闻传媒中心为市委直属事业单位，加挂萍乡日报社和萍乡市广播电视台牌子。市传媒集团有限责任公司为市管重点国有企业，与市新闻传媒中心按照"一个党委、两个机构、一体化运行"的原则运行。同时，设立中心（集团）党委，党委成员根据工作需要，按照有关规定和程序与市新闻传媒中心、萍乡传媒集团领导班子双向进入、交叉任职；其他人员按照"因事设岗、因岗选人、人岗相适、人尽其才"原则，打破身份、职级限制，进行竞争上岗、双向选聘。

2.重构薪酬体系。按照薪酬实行企业化管理的原则，统一和调整原有分配办法，规范薪酬管理制度，建立以岗位为核心、绩效为取向的员工薪酬分配实施办法，明确了基本原则、薪酬标准、发放形式等。改革过程中，萍乡市注意将薪酬分配向经营线、采编线倾斜，向责任重、贡献大、能力要求高的关键岗位倾斜，向工作业绩突出的优秀人才倾斜，与中心（集团）效益同向联动、与个人贡献度相关，做到贡献不同、奖励不同，能增能减。改革后，员工人均总体收入与改革前基本持平，但个人收入差异明显，极大地激发了员工的工作积极性。

3.重设制度体系。坚持从完善制度着手，从管理、经营、政策等方面出发，为媒体深度融合提供制度保障，有效激发内生动力。2021年5月，萍乡新闻传媒中心（集团）先后制定和出台了新闻采编刊播、内容生产、内部管理、考勤与请假、财务审批等18项制度。随后几年，在制度运转过程中，不断调整和完善，截至当前，萍乡新闻传媒中心（集团）内部管理制度从改革前的11项完善到23项，涉及采编、人事、绩效、财务等各方面，初步形成了一套相对规范、运行有效的制度体系。

4. 释放人才活力。萍乡市启动人才发展"固本培优百万工程"计划，通过集中学习、培训研习、实战练习等多种方式，推动现有采编人员向"一专多能"全媒体人才转型，更好地适应互联网传播的需要。建立新人成长档案，开展"导师帮带"制度，由部门、单位中层以上干部或同专业中级以上专业技术骨干担任帮带导师，开展"一对一"帮带服务，并实行捆绑考核。加大各类专业技术人才的引进力度，萍乡新闻传媒中心（集团）组建以来，通过事业单位公开招聘引进采编专业技术人员16人，通过高层次人才引进方式招聘硕士研究生3名，通过集团及子公司面向社会公开招聘引进急需型人才31名。

二、融业态，强化主流效应

高优品质的内容生产是媒体守正创新的制胜法宝。萍乡市主动适应全媒体发展趋势，坚持移动优先战略，走好新时代群众路线，不断优化内容生产传播流程，推动融媒体改革形成立体多样、融合发展的主流舆论宣传格局。

1. 建强融媒矩阵。按照集约发展的原则，萍乡市不断整合媒体资源，优化媒体布局，做强头部平台账号，积极推进内容生产创新提质，先后关停了原有客户端、影响力弱的4个版面3个栏目、1个教育频道，合并精简了12个低质同构的外部平台账号。通过资源整合，初步形成了包括客户端、报纸、广播电视、微信、微博、抖音号、头条号等多平台联动发力的全媒体传播矩阵生态，实现了从"融媒矩阵"到"融媒强阵"、从"新闻"到"新闻+"、从"单一作战"到"多元复合"的融合发展目标。

2. 树立精品意识。萍乡市重点聚焦党和国家事业发展战略部署和大政方针，坚持运用简练生动的语言表达博大精深的新思想，增强党的创新理论说服力，让党的创新理论"飞入寻常百姓家"。同时，坚持人民至上，把更多的文字、更多的镜头聚焦普通群众，一批沾泥土、接地气的新闻作品脱颖而出。自萍乡新闻传媒中心（集团）组建以来，先后有22件作品获省级一等奖，160件作品获省级二、三等奖，两次策划推出的"全媒体全息报道"互动量均逾100万人次。

3. 激励创新创优。萍乡市强化内容策划创新形成机制，每年设立200万元项目资金池，及时奖励优质生产内容、爆款作品、创新产品及申请策划项目。建立移动端首发机制和以传播力为主要指标的绩效考核机制，推动主力军全面挺进主战场，丰富移动端原创内容，增强媒体宣传的表现力和感染力。顺应社会信息化趋势，多方筹措资金，逐步完善设施设备，有效实现硬件、软件双提升、双跨越。2021年以来，萍乡新闻传媒中心（集团）先后投入近2000万元用于更新采编设备、移动端开发创新应用和服务项目等。

三、融渠道，深化产业经营

分化多元的营收渠道是媒体发展壮大的不二利器。萍乡市在推进融媒体改革过程中，积极探索"事业＋产业"两条腿走路的经营模式，结合萍乡当地资源禀赋、产业基础不断开拓市场、发展多元业态，有效实现了主业带动辅业、辅业反哺主业，新闻事业和产业一体化发展。

1. 做优传统产业。充分发挥萍乡新闻传媒中心（集团）在内容生产、整合传播等方面的优势，积极促进萍乡新闻传媒中心（集团）与市域内机关企事业单位合作，围绕视频拍摄、平面设计、产业展会、演艺活动、视频制作等传统业务持续发力，不断增加经营性收入。萍乡新闻传媒中心（集团）成立以来，先后参与承接了2022年湘赣边区域合作示范区建设推进大会、全国产业转型升级示范区建设政策培训暨现场交流大会、2023年江西省旅游产业发展大会、2024年江西"好人宣讲'声'入人心"活动等高规格现场活动20余场。

2. 做强新兴产业。萍乡新闻传媒中心（集团）借助传播平台优势，围绕乡村旅游、民宿产业、本地生活等方面开展直播带货、拍摄微短剧等，在服务地方产业发展的同时实现经营收入。据统计，萍乡新闻传媒中心（集团）近年来各类直播服务收入占经营创收的20%。探索融媒业务培训服务，通过与中小学校合作开设主播训练、短视频拍摄、文案撰写、文创设计和研学等，不断拓展业务范围，形成新的经营支撑。萍乡广电艺术团经营创收较融合改革前增长52%，并已开办分校。

3. 做大平台产业。萍乡市抢抓国家战略机遇，扎实做好"新闻＋政务服务商务"文章，积极参与智慧城市、智慧旅游、电子政务平台等智慧城市建设工程，先后开发了萍乡市最美绿道评选系统、"今彩萍乡"客户端自主商城系统、积分商城及993萍实优选商城等平台项目。加强阵地建设，萍乡市委市政府投资7亿元新建市文创中心，构建集艺术培训、艺术创意孵化、云消费、文化工作室、影视制作和商业融为一体的传媒产业新基地。2024年5月1日，全省首个由地市级媒体打造的数字化智能化影城正式运营。

第二节 媒体融合改革变化成效

一、管理更科学，保障更有力

1. 机构瘦身，效率加码。通过改革推进，萍乡新闻传媒中心（集团）实行"一体化运作"，对部分职能重叠的部门合署办公，有效减少了管理层级和职能交叉，内设机构由改革前的18个精简为14个，普通岗位中的行政岗位由原来的57人精简到34人，一线采编人员占员工总数的百分比由融合前的39%提高到51%。

2. 事产相长，制度护航。通过采取行政、采编、经营分设，主业带动辅业，辅业反哺主业，形成新闻事业和传媒产业一体化发展、优势互补的局面。坚持在媒体融合改革创新中完善制度体系，大大激发了干事创业热情，形成了"能者上、优者奖、庸者下、劣者汰"的良好局面。经过第一轮竞争上岗、双向选择，解聘4人，7人待岗。

3. 融媒出彩，融誉出圈。2022年4月，萍乡市入选全国市级融媒体中心建设试点城市。萍乡新闻传媒中心（集团）的融合改革经验获评2022年度全国广播电视媒体融合典型案例，并入选《中国新闻年鉴》媒体融合创新案例、2023年度中国报业经营管理优秀单位创新案例，被中国新闻出版研究院核心期刊《传媒》杂志、新华社新媒体、半月谈公众号、国家广电智库公众号、江西改革公众号等平台重点宣传推荐，吸引了省内外20多家媒体单位前来参观指导。

二、传播更有力，宣传更出彩

1. 爆款频出，品质凸显。萍乡新闻传媒中心（集团）全年移动端原创内容作品数量同比增长300%以上，单个产品的点击量呈几何级数上升。运行近两年来，十万百万点击量从屈指可数到成为常态，千万级别从零增加到20多个，涌现出了亿级爆款。紧扣高考热点策划的原创短视频作品《最幸福的父亲！双胞胎女儿同一考场高考，并相约考同一所大学！》单平台播放量首次破亿。

2. 融合赋能，效力提升。主流媒体的声音传得更开、传得更广、传得更深入。萍乡新闻传媒中心（集团）年策划各类重大主题直播、活动直播、慢直播近百场，直播观看人次总和近 5000 万。其中"跨越的力量——看萍乡·话巨变""奋进的足音——'三比三看'勇争先"2 次 14 场大型全媒体直播活动，线上同时收看高峰达到 1000 万人次。全年研发、承载各类线上主题互动活动近百场，其中全省首个村级基层党组织擂台比武活动参与人数达到近 280 万人次。策划推出的"全息报道"互动量超过 130 万人次。

3. 量质齐升，精彩发声。通过改革重组，实现了内外宣质量稳步提升。2021 年，萍乡新闻传媒中心（集团）在《人民日报》等中央级纸媒发稿同比增长 30%；在央视发稿同比增长 28%。《满城频翘望　凯歌奏昭萍》等三个作品获全省报刊网络新闻奖或广播电视奖一等奖。2024 年上半年，萍乡新闻传媒中心（集团）在《人民日报》等中央级纸媒发稿同比增长 216%，是 2023 年全年总和的 1.46 倍；在央视《新闻联播》发稿同比增长 53%。

三、动能更强劲，活力更充沛

通过培优传统、开拓新项，萍乡新闻传媒中心（集团）经营连年保持良好增长势头，2021 年度、2022 年度、2023 年度传媒集团经营收入比 2020 年度分别增长 93.6%、123.1%、130%。其中，新经营项目同比融合改革之前增长 300%。

第三节　媒体融合改革未来憧憬

一、深入融合强主流

聚焦一体化发展，进一步建立和完善适应媒体融合的体制机制，深入推进跨媒体整合的"大融合"，以及媒体内部贯通的"小融合"。一是继续优化内部运行机制，进一步强化互联网思维，以新媒体为重点优化内部组织架构和运作体系，推动更多专业人才、先进技术向新媒体转移。二是继续深化人事制度改革，在确保改革稳妥推进的前提下，积极探索首席制、轮岗制、交流制等人事管理制度，为职工发展提供更多空间。三是进一步完善激励约束体系，建立末位淘汰机制，对考核排名末位或不合格的员工安排待岗学习或予以辞退，激发员工的危机意识、竞争意识。

二、内容为王强品质

以"资源更集约、结构更合理、协同更高效"为目标，"内容为王、移动优先、技术赋能、流量支撑"为手段，不断增强内容生产的对象意识，创新新闻生产方式，推出更多适合移动传播、社交传播的新闻产品，不断提升主流媒体宣传到达量、阅读量、点赞量。一是进一步深化对各大平台传播规律研究，不断加强对受众的精准分析，明确各个新媒体账号的功能定位，加强账号运营和内容策划。二是进一步整合市域政务、商务、公共服务等信息资源，集中力量打造自主可控的新型网络传播平台，通过拓展服务功能，不断提高用户黏性。三是进一步加强技术支撑，加快推进市文创中心实体化运营，积极借助大数据、人工智能等手段，推动全媒体新闻生产和传播更加智能便捷、科学高效。

三、多元发展强产业

坚持深耕本土，聚焦产业经营赋能，实施萍乡新闻传媒中心（集团）产业攻坚三年行动（2024—2026年），积极开发新项目、涉足新领域、拓展新链条，形成主业突出、多业并举、多元发展的格局。一是争取政策支持，鼓励市属国有资本以合作、参股或者其他方式进入萍乡传媒集团相应板块子公司，提高集团公司运营能力和整体实力。二是全面总结推广直播、短视频拍摄、艺术培训、创意设计等品牌项目的成功经验，不断优化项目运营，持续扩大影响力和覆盖面。三是加强摸底调查，整合盘活现有资源，创新经营方式，找准产业发展方向，大力开展"二次创业"。

四、践行四力强队伍

进一步创新用人机制和激励机制，全面启动"固本培优百万工程"计划和人才"倍增计划"，持续推进"内强外引"工程，着力打造一支忠诚于党的新闻事业，政治过硬、本领高强、求实创新、能打胜仗的"全媒体特种兵"队伍。一是构建适应全媒体传播的人才培养体系，通过"请进来、走出去"开展教育培训，着力提升现有人员队伍综合素质和业务水平，打造全媒记者、全媒编辑、全媒管理人才队伍。二是实行更加积极开放有效的人才引进政策，重点引进一批媒体融合所需的关键人才，带动队伍素质整体提升。三是打通引进高端、特殊、优秀人才绿色通道，建设一支符合全媒体时代需求的人才队伍。

  融合改革既是一场攻坚战，也是一场持久战。党的二十届三中全会《中共中央关于进一步全面深化改革、推进中国式现代化的决定》强调要构建适应全媒体生产传播工作机制和评价体系，推进主流媒体系统性变革。这是党中央对媒体融合发展的顶层设计，是新时代传媒发展的重要方向，也是新闻宣传战线一项长期紧迫任务。萍乡市将持续深入学习贯彻习近平文化思想，贯彻落实全国宣传思想文化工作会议精神，坚持守正创新，推动媒体融合高质量发展，奋力走好新时代媒体深度融合新征程。

第二十章 长安街知事融合媒体融合创新研究

董媛媛　朱婷婷[①]

随着数字技术的持续革新，全球数字化进程加速推进，媒体融合进入了快速发展的全新阶段。成立于2014年11月的"长安街知事"是北京日报报业集团在新媒体时代精准对接用户需求而创办的一个新媒体产品，为公众提供独树一帜的阅读视角与深度解读。栏目在坚守"内容为王"这一传统媒体核心价值的同时，通过不断深化与拓展媒体融合的层次与角度，探索出了一条可普及、可推广的传统媒体融合之道、突围之路。本文通过对长安街知事媒体融合创新实践成果的梳理，总结其发展特点，以期为我国传统媒体的融合创新实践提供借鉴和参考。

第一节 长安街知事融合创新实践

随着数字技术的持续革新，全球数字化进程加速推进，中国网民群体日益壮大，网络覆盖的广度和深度均实现了显著跃升，移动互联网已成为人们日常生活中不可或缺的信息获取平台。中国互联网络信息中心（CNNIC）发布的第53次《中国互联网络发展状况统计报告》显示，截至2023年12月，我国网民

[①] 董媛媛，北京交通大学语言与传播学院副教授，博士，硕士生导师，研究方向为新媒体研究、互联网治理等；朱婷婷，北京交通大学语言与传播学院新闻与传播硕士研究生，研究方向为网络与新媒体。

规模达 10.92 亿人，互联网普及率达 77.5%；手机网民规模达 10.91 亿人，网民使用手机上网的比例为 99.9%。[119] 移动互联网的广泛渗透，促使公众的阅读习惯从传统的纸质媒介无缝过渡到移动终端，这一转变不仅深刻改变了信息获取的方式，也迫使传统媒体行业紧跟时代步伐，加速融合创新，以适应并引领这一变革趋势。

党的十八大以来，习近平同志多次强调媒体融合，提出"要尽快从相'加'阶段迈向相'融'阶段"，在政策的引导下，各级媒体机构积极探索媒体融合的发展路径，推动传统媒体与新兴媒体的深度融合。

与此同时，人工智能、大数据、云计算、虚拟现实等数字技术迅速发展，不仅重塑了信息生产、传播与消费的模式，还为传统媒体在数字化转型中探索新业态、新模式提供了强大支撑。

2014 年 11 月，作为媒体融合试验的长安街知事工作室成立，"长安街知事"是北京日报报业集团在媒体融合背景之下创立的一个新媒体产品，它秉持"提供靠谱的政事分析、解读注意不到的新闻细节、脑补有趣有料的政治常识、提供走心的时政新闻"的原则，聚焦国家政治新闻、社会关键议题、国际社会热点话题等，为公众提供独树一帜的阅读视角与深度解读。2020 年，该媒体凭借其卓越表现摘得第十届中国新闻奖"新闻名专栏"殊荣，并成功转型为专注于跨地域时政时事深度观察的非传统时政叙事风格的新锐主流媒体。时至 2023 年 5 月，长安街知事在微博、微信等主流互联网平台上已汇聚超过 3500 万的忠实用户，构建起一个融合了图像、文字、音频、视频及直播等多种内容形式的多元化内容生态，不仅实现了传播影响力的全国覆盖，还构建了全方位、立体化的全媒体传播矩阵，稳居时政新媒体领域的领军地位。

"长安街知事"坚守"内容为王"这一传统媒体核心价值的同时，积极拥抱变革，致力于媒体融合的创新实践。通过不断深化与拓展媒体融合的层次与角度，探索出了一条可普及、可推广的传统媒体融合之道、突围之路。

一、坚守内容为王 追求深度原创

作为我国权威的时政新媒体品牌，"长安街知事"在深度剖析国家大事与精准时政解读方面独树一帜。面对新媒体时代信息碎片化的挑战，"长安街知事"在媒体融合实践中提出了"提供靠谱的政事分析、解读注意不到的新闻细节、脑补有趣有料的政治常识、提供走心的时政新闻"的核心理念。这一理念旨在在传统"内容为王"的坚实基础上，进一步革新内容表达形式，拓宽报道维度，以更加鲜活、贴近受众的语言和视角，赋予优质内容以新的生命力。

在这一战略指引下，"长安街知事"匠心独运，推出了一系列具有思想深度的优质好文，让时政信息以更加生动、直观的方式触达公众，赢得了广大受众的广泛好评与热烈追捧。

1.抢占时效高地，新闻峰值期精准供给有效资讯。习近平总书记在党的新闻舆论工作座谈会上强调，新闻媒体要把握时度效要求。在当前信息爆炸的时代，新闻的时效性成为媒体竞争的关键要素之一。长安街知事作为权威的时政新媒体品牌，凭借其敏锐的新闻嗅觉和高效的采编团队，在抢占时效高地方面展现出了卓越的能力。

长安街知事在新闻生产过程中建立了高效的快速反应机制，确保在新闻事件发生后能够迅速响应。一旦有重大新闻发生，团队立即启动应急预案，分工协作，确保新闻信息能够第一时间被采集、编辑并发布。2019年7月22日，外交部官方网站正式对外宣告了一项人事调整信息，即外交部新闻司司长陆慷已调任至北美大洋洲司担任司长一职，而其原副司长华春莹则顺利接掌新闻司司长的重任。此消息一经发布，仅仅三分钟过后，长安街知事便敏捷地推出了一篇详尽的2000字深度报道，题为《卸任外交部发言人后，陆慷新职务公开，华春莹接棒》。在极短的时间内便吸引了超过十万次的阅读量，彰显了长安街知事对于重大新闻事件的敏锐捕捉能力和对于时效度的把握。

长安街知事不仅注重新闻事件的即时报道，还注重对新闻热点的预判和策划。团队通过对时事动态的密切关注和分析，提前预判哪些新闻事件可能成为公众关注的焦点。在此基础上，制订详细的报道计划，提前准备相关资源和素材，确保在新闻热度达到峰值时能够提供全面、深入的报道。例如，在佩洛西窜访台湾前夕，长安街知事推出了述评文章《佩洛西最新计划曝光，三个细节值得关注》，通过深入分析佩洛西窜访的潜在影响，为读者提供了全面、深入的解读。这种精准预判和策划的能力，使长安街知事在新闻竞争中占据了先机。

长安街知事还拥有一支由专业记者组成的精英团队，他们具备敏锐的新闻嗅觉和深厚的专业素养，能够迅速捕捉新闻线索并深入挖掘其价值。此外，依托北京日报报业集团等权威媒体机构的资源优势，长安街知事在获取独家新闻信息和权威解读方面拥有得天独厚的优势，进一步巩固了其在新闻时效性方面的领先地位。

2. 聚焦社会痛点，精准定位政府与民众的连接纽带挖掘选题。新闻媒体是党和人民的喉舌，任何新闻报道都有导向，选择何种内容报道、哪些内容不报道，以及如何报道，无不蕴含着立场、见解与态度。

自创立以来，长安街知事始终致力于呈现权威且可信的政事深度剖析，同时挖掘并阐释那些易被忽视的新闻细微之处，反思并探索新闻事件及其深层次的社会根源与问题。秉持受众导向、问题导向及全球视野，长安街知事积极在政府与民众互动的交汇点中发掘选题，精心撰写文章。在重大舆论风波的浪潮中，诸如反腐领域的深度挖掘、社会新闻的紧密追踪、国际形势的深刻变动等，长安街知事始终秉持迅速且精准的新闻供给原则，与舆论脉搏同频共振，与民众情感深切共鸣。它坚定不移地遵循"四个全面"战略布局，精准自我定位为政府与公众之间不可或缺的沟通桥梁，聚焦于这一核心交汇点，精心挖掘选题。无论是深入揭露张阳"两面人"真面目的反腐力作，还是巧妙引导公众以理性视角审视"张扣扣事件"的社会报道，长安街知事总能因时制宜、顺势而为，将原本可能显得"高大上"、难以亲近的时政新闻，转化为贴近民心、接地气的语言呈现。在纷繁复杂的舆论场中，它不仅勇于发声，更擅长以智慧和策略发声，有效发挥了激浊扬清、凝聚社会共识的积极舆论引导作用。

3. 洞悉用户需求，编织民心桥梁。长安街知事作为党报旗下的新媒体产品，始终坚持党报的初心和使命，把"贴近百姓、服务社会"作为第一追求。在内容创作上紧贴用户需求，搭建民心桥梁，以平民化话语获取用户好感。例如，面对年轻群体烧香热潮，长安街知事未陷争议漩涡，而是以"求"为镜，洞悉社会压力与青年心态，倡导理解而非指责。文章跳出两极对立态势，而是思考年轻人祈愿背后反映的社会问题，以有温度的话语抚平年轻人焦虑的生活态度，同时给予年轻人充分信任，鼓励年轻人做出正确的选择，最后送出美好的祝福。报道发出后，阅读量迅速攀升至"10万+"，并获得大量转载。

4. 追求深度原创，速度广度深度温度并重。在全媒体时代，"时、度、效"成为衡量新闻内容的标尺。在信息快速更迭的背景下，长安街知事严格把控内容质量，坚持追求深度原创好文。在保持新闻报道时效性的同时，尤为注重内容的深度挖掘与广度覆盖，力求在传递信息的过程中，融入对社会现象的深刻洞察与理性分析。长安街知事在热点事件上频频发声，以优质的内容、深度的分析，给受众提供走心的时政新闻。

二、布局媒体矩阵 深化品牌影响力

1. 借力多元平台，打造媒体矩阵。随着北京日报报业集团深入推进媒体融合战略转型，长安街知事不断优化内部结构，化繁为简，提升内容生产效率，高效配置资源，进一步深化了媒体融合革新。

目前，"长安街知事"已构建起一个多维立体的融媒体传播体系，涵盖了微信公众号、百家号、人民号、微博号、今日头条号、新闻客户端等，极大地拓宽了信息传播的范围与深度，有效提升了内容的传播力、引导力、影响力和公信力，从而在激烈的市场竞争中稳固了自身的核心优势地位。此外，长安街知事充分考量各平台的独特属性，实施差异化内容策略：在微信公众号、百家号等以文字为主的平台上，致力于推出深度剖析、原创精品文章；而面向抖音、B站、视频号等视频平台时，则采用短小精悍、标题醒目的短视频形式，迅速抓住用户眼球；至于微博平台，则巧妙融合图文与精练标题，有效提升话题热度与讨论度，实现内容传播的多元化与高效性。

2. 布局音视频领域，发挥独特优势。自2021年起，长安街知事战略性地布局多个音视频平台，迅速构建起其在新媒体领域的坚实阵地。凭借持续而独特的内容生产力，长安街知事开设了"知事朋友圈""重点知识""午夜拍案""外交天团""深度认识中国""重新认识美国"等音视频栏目，成功打造既富含思想深度又不失知识趣味的新时代媒体产品。

在建党百年庆典期间，恰逢电视剧《觉醒年代》热播，民众对那段历史充满敬意。长安街知事敏锐地捕捉到了安徽合肥"延乔路"这一情感共鸣点，迅速响应，将市民自发前往延乔路献花致敬的场景制作成短视频发布，并巧妙融入"延乔路的尽头是繁华大道"的寓意，成功引发了社会的广泛关注。设置的话题迅速登上微博热搜榜首，阅读量高达4亿，不仅促进了更多市民前往献花，也让延乔路成为新的精神地标。

在报道策略上，长安街知事不仅注重内容的深度与广度，还积极丰富产品形态，拓宽传播路径。除了打造以5分钟左右为时长的精品短视频外，它还巧妙地将这些内容拆分为多个 1 分钟以内的短视频片段，以适应不同受众群体的快速消费习惯，实现分众化、精准化传播，并进一步拓展至海外，成功登陆知名短视频平台"YouTube"，构建了覆盖全球、形式多样的立体传播网络。

长安街知事在音视频领域凭借三个优势获取影响力：一是强大的原创能力，依托深厚的文字报道功底，持续输出高质量内容；二是鲜明的品牌形象，如在 B 站被粉丝亲切称为"正道的光"，吸引了大量忠实粉丝；三是卓越的话题策划能力，能够精准捕捉社会热点，以独到的视角设置话题，引领舆论导向。

三、整合行业资源 巧用前沿技术

长安街知事在发展过程中，着力打造新的传播生态，通过内容共建、数据共享、专家共用的方式，聚合政府、媒体、智库、企业等多方资源，服务内容生产。例如，"知事说事"汇聚了中国现代国际关系研究院、人大重阳、"南海战略态势感知"等智库的一批专家学者，专家们以犀利透彻的专业视角，深入浅出地解读剖析热点问题，回应受众关切和社会热议的焦点问题，为内容赋魅。

在内容呈现上，长安街知事展现出了高度的创新性与多样性，除了图文形式，还巧妙融入了短视频、漫画、H5 等多种创意表达手段。如，在微信视频号推出的"知事会客厅"系列作品，通过短视频形式深入交流，拓宽了信息传播的边界；2019 年发布的《文明观演公约》漫画，则以生动有趣的画面，寓教于乐，增强了公众对文明行为的认同感；而早在 2017 年发布的《看！动画版北京城市新总规》H5 作品，更是以互动性和趣味性为特点，让复杂的城市规划内容变得易于理解和接受。这些多元化的表现形式，不仅丰富了长安街知事的内容生态，还有效提升了信息的传播效果与受众的参与热情。

随着数字技术的稳步发展，长安街知事紧跟时代步伐，积极探索并应用 AI、VR、XR 等前沿技术，以新颖的方式展现时政新闻内容。在巴黎冬奥会期间，长安街知事视频号特别推出了《假如 AI 给奥运健儿画个头像》系列视频，利用 AI 技术绘制中国健儿的生动画像，旨在纪念他们在赛场上的精彩瞬间，以独特的艺术风格，为观众呈现了另一番视觉享受。该系列视频不仅展示了 AI

技术在创意领域的应用潜力，也以一种轻松有趣的方式，加深了公众对奥运精神的感受与理解，受到了网友们的积极反馈与好评。通过不断探索与实践，长安街知事正逐步构建起一个更加多元化、互动性强的信息传播平台，为公众提供更加丰富、精彩的时政新闻体验。

四、立足自身优势 强化用户黏性

全媒体时代背景下，受众注意力成为稀缺资源，爆炸的信息内容，多元的娱乐场景挤占了用户的阅读时间。传统媒体要想在短平快的时代浪潮中取得一席之地，就要立足自身优势，紧握内容生产，以高质量的内容吸引用户注意。随着媒体融合进入深度转型阶段，"内容+平台"的深度融合模式成为各大媒体的融合之道，各大主流媒体积极响应，纷纷构建起融媒体矩阵，全面推动报纸、网站、客户端、微信等全媒体平台的一体化融合与革新。"长安街知事"聚焦于培育自身的核心竞争优势，积极探索差异化的内容生产路径，坚守深度原创好文，以高质量内容增强用户黏性。

优质内容的持续输出，离不开精妙的运营策略与高效团队的支撑。"长安街知事"微信公众号精心布局，划分为知事、学堂、服务三大板块，其中知事专区又细分为人事快讯、反腐追踪、知事锐评、外交风云、B站精选五大栏目，界面布局清晰，极大提升了用户体验与信息获取效率。尤为值得一提的是，每日清晨推出的"知事说事"述评专栏，聚焦国内外重大时政与外交动态，产出多篇广受欢迎的"现象级"文章，吸引了大批忠实读者每日守候，形成了稳固的阅读期待与习惯。

与此同时，"长安街知事"构建了全面而及时的互动反馈体系，利用社交媒体、评论区等多元渠道，与用户建立紧密连接，积极倾听用户声音，收集宝贵意见与建议。不仅使平台能够精准把握用户需求脉搏，更为内容的持续优化与创新提供了源源不断的灵感与动力。此外，通过创意满满的粉丝福利活动，如关注抽奖、留言互动、点赞回馈等，有效激发了用户的参与热情，进一步巩固了用户基础，加深了用户与平台之间的情感联结。

第二节　长安街知事媒体融合创新特点

长安街知事在短时间内，依托其独特的政务新媒体定位，实现了从机构协同到人员协作、从内容创新到组织管理全方位的深度融合。在媒体融合过程中，展现出了别具一格的融合特色，树立了政务新媒体领域的融合典范，其媒体融合实践主要凸显以下三大亮点。

一、"深度原创引领"贯通融合精髓

长安街知事，作为政务新媒体领域颇具影响力的账号，始终坚持"深度原创引领"这一理念。在媒体融合加速发展的背景下，长安街知事始终坚持"内容为王"，并在此基础上进行进一步的拓展与深化，提出了"深度原创引领"的新时代策略。在内容表达方式的创新上，不断探索适合新媒体传播特性的表达方式，既保留了传统媒体严谨、专业的风格，又融入了新媒体的活泼、互动性，使内容更加贴近用户，易于接受。其次，长安街知事高度重视专业团队的建设与培养，通过引进优秀人才、加强内部培训、鼓励创新思维等方式，不断提升团队的整体素质和业务水平。通过人才培养、媒体矩阵构建、内容生产优化，长安街知事提升了信息的权威性与独特性，在海量信息中脱颖而出，成为用户心中的信赖之选。

二、"全矩阵覆盖"拓宽融合边界

长安街知事在媒体矩阵建设方面，并未拘泥于"两微一端"，而是积极拓展至更多元化的新媒体平台。从图文资讯到音视频直播，从社交媒体到聚合平台，长安街知事不断拓宽媒体融合边界，实现了全矩阵覆盖的深度融合。在这一过程中，长安街知事积极根据平台调性和用户画像，根据内容特性和受众需求，灵活选择并整合各类传播资源，利用这些平台庞大的用户基础和强大的算法推荐机制，让信息触达更广泛的受众群体，更通过多样化的传播形式，满足了不同用户的个性化需求，增强了媒体的吸引力和影响力。

三、"垂直深耕细作"深化融合内涵

在新媒体时代，愈发圈层化、垂类化的内容平台使得分众化、差异化传播成为难以抵挡的趋势，传统媒体要因势利导，加快构建舆论引导新格局。在媒体融合的深度探索中，长安街知事深刻领会并践行了习近平总书记关于新闻舆论工作分众化、差异化传播的重要指示精神，将垂直领域作为深化融合的突破口，通过精心策划与运营多个微信公众号及一系列特色栏目，深入耕耘时政、反腐、外交等关键专业领域，实现了内容的精准细分与差异化呈现，培养了一批批高质量、高黏性的忠实用户，有效规避了新媒体环境下的同质化竞争，提升了长安街知事的社会影响力与品牌价值。

第三节 长安街知事深化媒体融合的路径探索

目前，长安街知事在媒体融合领域已经取得了显著的成果，同时也收获了丰富的经验，基于现有的成功实践，长安街知事可以进一步探索以下几个方面的深化媒体融合路径。

一、强化内容创新与深度挖掘

长安街知事在内容创新与深度挖掘方面具备显著优势。未来，可以进一步深化这一优势，打造品牌独特记忆点。可以通过设立更为专业的研究团队，加强对时政、反腐、外交等领域的深度剖析，挖掘新闻背后的故事与逻辑，提供更加权威、独到、有深度的内容。同时，要注重内容的多元化表达，融合图文、音视频、直播等多种形式，打造高质量、高吸引力的内容矩阵。此外，还可以不断优化内容生产流程，提升内容制作效率与品质，确保信息的权威性与时效性。

二、拓展跨平台融合与渠道整合

在现有基础上，长安街知事可以进一步拓展跨平台融合，加强与社交媒体、短视频平台、新闻聚合平台等的合作，根据不同平台特性生产多样化内容，实现内容的多渠道分发和精准触达，拓宽受众群体。一方面，要整合各平台资源，构建全媒体传播体系，提升信息的覆盖范围和影响力。另一方面，可以充分利用大数据和人工智能技术，对用户行为和兴趣进行深度分析，实现内容的个性化推荐和定制化服务。

三、推进技术创新与智能化升级

随着技术的不断进步，长安街知事应积极推进技术创新，引入人工智能、区块链、5G等前沿技术，提升内容生产、分发、互动等各个环节的智能化水平。例如，可以利用AI辅助写作、智能审核等技术提高内容生产效率和质量；通过区块链技术保障内容的真实性和版权保护；利用5G技术提升直播和视频的流畅度和清晰度。此外，还可以将VR、AR等技术应用于新闻报道中，给用户提供更加沉浸式的阅读体验的同时提升传播效果。

四、加强用户互动与社区建设

在深化媒体融合的过程中，用户黏性是用户留存度的核心之一，而互动能有效增强用户黏性。长安街知事要注重用户互动和社区建设，在不同平台开设用户评论、问答、投票等互动环节，增强用户的参与感和归属感。除了开设互动环节外，也可以借助抽奖、投稿、线下参观等形式，进一步增加用户与平台之间的亲密度。此外，可以通过建立用户反馈机制，及时收集和处理用户意见和建议，不断优化产品和服务。还可以依托社交媒体等平台，建立用户社群，通过组织线上线下的活动、分享会等方式，增强用户之间的交流和互动，形成稳定的用户群体和社区文化。

五、深化智库型媒体建设

长安街知事在智库型媒体建设方面已取得初步成效。未来，可以进一步加强与国内外知名智库、高校、研究机构等的合作与交流，共同开展政策研究、舆情分析等工作。整合各方资源和智慧，为政府决策提供有力支持，为用户提供更加权威、专业的信息和服务。除此之外，还可以利用智库资源开展培训、讲座等活动，提升团队的专业素养和创新能力，进一步释放内容创新潜能。

长安街知事从最初的"两微一端"起步，到如今形成多元化、全矩阵的传播体系，始终秉持着开放包容、勇于探索的精神，不断拓宽内容边界，深化融合实践。

随着技术的不断进步和媒体环境的持续变化，新闻媒体要继续保持敏锐的洞察力与前瞻性的视野，不断适应新趋势、新挑战。要以更加开放的心态、更加创新的思维、更加务实的行动，推动媒体融合向纵深发展，为公众提供更加优质、多元、便捷的信息服务，为构建更加透明、和谐、繁荣的舆论环境贡献力量。

第二十一章 智媒时代下知乎平台的生态建设研究

朱松林　刘韶清[①]

本章主要探究知乎这一知识分享与问答社区，在智媒技术迅猛发展的当下，如何建设其融媒体生态体系。文章首先对知乎平台及其发展战略做了概括介绍。然后通过文献分析，对智能媒体做了概念阐述，分析了智媒时代背景、特点以及技术应用领域。在这一技术背景下分析建设平台生态的意义和重要性，并通过案例研究，结合技术创新、个性内容、用户体验三个方面对智媒时代平台生态建设的发展情况和必要性进行探索。随着用户规模的扩张和互联网环境的不断变化，列举了知乎在平台生态建设方面也面临着诸多挑战，即内容质量、社区氛围、商业化三者难以兼顾的困境。最后，文章针对知乎面临的挑战，探讨知乎在构建融媒生态中的实践与策略，并给知乎"生态战略"的未来发展提供建议。

第一节　知乎发展概况

一、知乎平台概况

知乎创立于2011年，以问答起家，逐渐发展成为一个集知识分享、讨论和内容创作于一体的综合性社交平台。知乎自2016年开始商业化尝试，通过

[①] 朱松林，安徽财经大学文学院教授，硕士生导师，研究方向为传媒产业；刘韶清，安徽财经大学文学院新闻与传播专业硕士研究生。

推出在线广告服务、付费会员计划"知乎言选"、内容商业化解决方案"知+"等多种方式实现盈利。近年来，知乎还不断拓展其他变现渠道，包括职业培训、电商业务等，商业化进程加速。

知乎拥有图文、音频、视频和直播等多种内容形式，建立了多元化的产品功能结构，其中免费板块包含了知乎问答、知乎专栏、知乎圆桌、知乎百科；付费板块包含知乎Live、知乎书店、付费咨询，用户可以在平台上提问、回答、分享经验、讨论话题等，形成了庞大的知识库。为了不断提供更多的内容和服务来满足用户、创作者和企业，知乎打造了一系列产品矩阵，这些衍生品包含了知乎日报、盐言故事、知乎知学堂等产品。这些独立运营的App与知乎一同构建起了知乎的产品矩阵。多产品策略能够顺利执行，是源于用户对知乎社区信任而产生的高用户黏性，这也是知乎长期社区生态建设的成果，对公司发展起到了重要的作用。

知乎作为国内领先的知识问答式的社交媒体平台，也随着智能媒体技术不断迭代发展，根据用户需求以及自身目标不断调整，不仅为用户提供了获取知识、分享经验的平台，还推动了知识经济的发展和普及。凭借其高质量的内容和独特的商业模式，在2020年知乎荣获了"21世纪中国最佳商业模式奖"；以独有的问答和内容筛选机制，在2021年第十届ADMEN国际大奖荣获最具商业价值用户平台奖。知乎财报显示，截至2023年三季度末，知乎平均月活跃用户数达1.105亿人，同比增长13.9%；平均月订阅会员1480万人，同比增长35.9%。显示出其庞大的用户基础，及用户对平台内容的付费意愿。

二、知乎的发展战略

知乎的成功很大程度上得益于明确的战略规划。创业早期，知乎意识到优质的内容与用户增长才是关键，所以没有采取太激进的商业化战略，而是将核心精力聚焦在打造一个值得信赖的问答社区。而随着社区的成熟，知乎又意识到社区本身便是一个生态，一个社区生态得以生生不息的关键便是生态多元素的平衡。在知乎快速发展上市后，知乎创始人周源又对外提出了知乎的"生态第一"战略，将创作者体验、内容获得感、良好的社区氛围与匹配社区发展节奏的商业化增速作为重点关注的4个核心问题，即内容、社区与商业化等三大要素的生态平衡。对于"生态第一"战略，周源曾如此解释，"本质上，社区生态既是生产和消费内容的方式，也是构建商业化的模式"。

知乎的战略规划非常注重用户体验和社区价值的提升。知乎深知，一个优秀的社区平台必须建立在高质量的用户和内容之上。因此，知乎通过不断优化用户体验、提升内容质量、加强社区治理等措施，吸引了大量高质量用户和内容创作者加入，形成了一个活跃、有价值的社区生态。这种社区生态的繁荣不仅为知乎带来了持续的用户增长和活跃度提升，还为其在商业变现方面提供了坚实的基础。

此外，知乎的战略规划还非常注重市场拓展和商业化变现。知乎通过不断拓展新的业务领域和合作机会，实现了收入来源的多元化。通过推出多种商业模式和广告产品，提高了自身的商业化变现能力。这种市场拓展和商业化变现的成功不仅为知乎带来了可观的收入增长，还为其在未来的发展提供了更多的资金支持。知乎也在持续探索新的增长机遇，如职业培训、付费阅读等业务的增长，这为其实现盈利目标提供了更多的可能性。

第二节　当下知乎平台融媒生态建设模式

智媒体是人工智能技术与既有媒介体系深度融合的产物，是兼具智能属性和媒体属性的人工智能应用，是数据、算法和算力的集成，是具有"大脑"的新媒体。[120]在智媒时代，信息传播流程被重构，信息内容的生产、分发和消费都发生了显著变化：信息表现形式趋于多样化、内容分发个性化、采集处理透明化，与接受者之间的互动也更加频繁和深入。

知乎为了适应这一时代环境，深度融合智能技术，构建智媒生态体，创造出许多新的媒体消费场景，展现出了积极的适应性和创新性。通过利用大数据分析和机器学习技术，实现内容的精准推荐；自研了 AI 辅助创作工具，帮助创作者更高效地完成内容创作；积极拓展视频、直播、音频等多媒体内容形式，形成更加丰富多元的内容生态；强化了社区互动功能，通过智能问答系统快速响应用户提问，构建专业的社区生态；积极探索知识付费和电商融合的商业模式，通过智能推荐系统向用户推荐高质量的课程、书籍、商品等，实现内容变现和生态闭环。

打造智媒体是由媒体发展转型的内在需求驱动的，其背后根源是技术发展带来的传播规律和逻辑改变。[121]这一系列与智能技术相结合的创新举措，不仅提升了用户体验和平台价值，还丰富了媒体内容的呈现形式，进一步推动了智媒生态体系的构建与可持续发展。这一智能化发展，让知乎在维持现有生存的基础上不断地优化生存环境、提升平台的综合竞争力、维持社区可持续创新驱动发展的活力。

媒体平台的生态建设是一个复杂而多维的过程。近年来，知乎平台在智能媒体时代下，对技术、内容、用户和产品等多个环节进行升级，建设了平台发展的生态环境。

一、主动融合技术，搭建多元传播方式

智媒时代，以人工智能、大数据技术、5G等技术不断运用在平台发展的各个环节中，不仅为平台注入了强大的动力，还极大地拓宽了平台的服务边界和应用领域，打破传统时空维度，重新配置和整合资源，通过构建"人—媒介—社会"三维融合互动的新生态系统来点亮人民的美好数字生活。生态位理论认为不同属性的媒介在同一环境内占据了不同的时空生态位。在技术的发展之下，知乎平台主动利用技术，打造性能优化的生态位共生机制。知乎平台采用AR技术，让用户身临其境地体验活动场景，在平台上更快、更沉浸地学习，获得更新鲜、更直观的学习体验。知乎平台与QQ音乐跨界合作发布的"云演唱会"，运用低时延、全息影像的VR、AR技术，将随时随地、随性随身的"在场"感变得更流畅。此外，知乎顺应短视频化、直播化趋势，自2018年起就推出短视频功能，后续陆续开设直播社区、电商专区，利用5G技术，改变以往单一的文字传播方式，搭建更加沉浸式、多元化的传播方式。

二、更新内容创作，引进扶持优质账号

知乎以"知识问答"起家，聚焦内容创造，持续满足受众对高质量内容的需求。2018年起，知乎正式推出了"海盐计划"，激励扶持高质量作者，并针对不同内容，提供不同发布形式，以供作者选择。美国《连线》杂志主编克

里斯·安德森的长尾理论中提到,众多冷门产品汇聚到一起,就可以形成一个与热门市场相抗衡的市场。知乎平台"盐选会员"付费体系使用10亿流量来激励内容生产者进行内容创作,丰富平台的创意类长尾内容。

知乎平台也积极与外界进行合作,引进优质账号,提供多元内容。2018年,知乎平台与亚朵酒店跨界合作,开设"有问题"酒店。该酒店融合了知识与住宿,构建了更具有人文环境和沉浸感的"知识酒店"。2022年1月,知乎发布"知媒伙伴计划",引进更多媒体账号进入知乎平台生态。知乎平台为媒体账号深度开放站内资源,同时与媒体账号在视频联合创作、深度报道等方面展开合作。知乎也将通过问答机制助力主流媒体议程的设置。以引进央视新闻账号为例,知乎联合央视新闻发布"古遗址提名大赛",以古遗址提名、古遗址改造、古遗址保护等几个方向提出8个话题邀请用户参与互动,对正确的、有意义的、有价值的回答进行置顶单列。央视新闻的知乎号还将优质回答进行"精华认证",保证优质内容的持续更新与发布。此外,央视新闻知乎视频账号发布的《总台独家专访王毅:G7所谓涉台声明是废纸一张》《没有从天而降的英雄,只有挺身而出的凡人》等独家视频,收获了大量点赞,丰富了知乎平台的视频内容创作。

三、构建用户画像,优化用户体验

用户画像最早由Alan Cooper提出,是建立在一系列真实数据上的目标用户模型对同一类用户进行不同维度的刻画,旨在挖掘有用信息全面展现用户的信息全貌。[122]知乎平台通过算法收集和分析用户数据,构建精准的用户画像,了解用户的兴趣、需求和行为习惯,并给他们打上标签,根据实时的画像模型为用户提供更加个性化的服务和内容。通过深入用户数据分析,知乎平台可以制定更具针对性的营销策略,选择合适的推广渠道,提高广告投放的ROI,减少无效支出;设计出更符合用户需求和偏好的产品,提高产品的满意度和竞争力,提升用户的黏性和忠诚度。近年来,知乎平台不断将社交、算法和榜单进行了优化,推出了"知+"模式。"知+"模式是知乎的流量分发系统,能够通过在首页推荐、问题推荐、搜索记录、浏览偏好等场景进行内容的加速流通,将社区问答精准推送给感兴趣的用户。2023年7月,知乎下线"匿名功能""匿名发布"入口,用户将不能匿名创建问题或匿名发布内容。这一创新举措在一定程度上提高了社区问答的质量，优化了用户体验。实名制下，部分用户对信息的上传、发布更为注意，博主们也对传播的信息真实性进行核实，进而为知乎用户提供了更优质的学习环境。此外，知乎定期邀请名师、高质量作者进行线下聚会，同时根据用户画像，邀请目标用户参加。以知乎"不知道诊所"为例，从知乎社区搬到上海、北京、深圳等线下，邀请感兴趣的目标用户，以生活化场景为背景，以生动有趣的线下问答模式传递健康知识，优化用户体验。

四、进行产品更迭，满足受众需求

2024年8月，知乎推出了10.18版本，对产品架构进行重大调整。在最新的版本中，知乎平台重磅上线了"发现·AI搜索"，此功能实现了内容产品生产的智能化、便捷化，构建了一个多元的、稳定的内容生态环境。知乎平台为构建融媒体生态，面向知识市场主动创造了一批多样化的知识产品，以满足不同受众需求。例如，"知乎日报App"，采用电子报刊方式，将平台上的内容以日报形式推送给用户。"知乎周刊"也应用了该模式，同时还将优质内容进行出版。知乎平台先后推出了知乎直播、知乎圆桌、知乎书店、知乎Live等产品形式，不断进行产品变更，以建立适应当下受众需求的平台生态。

第三节 知乎平台生态建设面临挑战

知乎平台以其高质量的内容吸引了大量用户。随着用户规模的迅速扩张和互联网环境的不断变化，知乎在平台生态建设方面也面临着诸多挑战，如"内容质量、社区氛围、商业化"三者难以兼顾的困境。平台生态若是过于商业化、盈利化，那么以问答为主的社区氛围就会被破坏，用户会逐渐流失；如果平台的商业化水平不足，平台没有激励机制，内容创作者就没有动力生产内容，社区的交流氛围减弱，影响平台的长期稳定发展。下面将主要从内容质量与用户黏性的下降、用户体验与社区氛围的维护、运营模式和盈利模式的冲突几个方面进行详细展开。

一、内容质量与用户黏性的下降

随着用户数量的激增，内容质量参差不齐的问题日益凸显。一方面，UGC 模式使得信息量激增，为用户提供了丰富的知识资源；另一方面，这也带来了内容质量难以把控的难题，低质量、虚假、泛娱乐化的内容开始充斥平台，严重影响了用户的阅读体验和平台的创作环境。这与知乎"在质不在量"的问答形态背道而驰，因而那些长期阅读长篇幅、优质深度内容的用户逐渐转向短平快的碎片化内容。但随着信息渠道和用户知识水平的提升，原有的部分内容已无法满足其需求，导致用户黏性下降。

作为依靠用户生产内容为主的平台，用户黏性对于平台发展极其重要。财务数据显示，知乎平均月活跃用户也同比下降。据悉，2024 年第一季度，知乎平均月活跃用户为 8900 万，而 2023 年同期为 1.02 亿。[123]2018 年的广告语"有问题，上知乎"是知乎走向大众的标志。随着知乎用户群体从精英阶层扩展至更广泛的大众市场，成为一个普惠内容平台，用户结构也随之发生深刻变化。随后知乎的内容结构向泛娱乐化转型，推出"盐言故事"等短篇内容产品，以适应现代快节奏生活的阅读需求。在问答形式上知乎也推出了知乎 Live 和付费咨询板块，这些答主往往是在特定领域具有专业知识和经验的专家或大 V，确保了内容的专业性和权威性。用户可以就具体问题进行付费咨询，并获得答主的专业解答和建议。如今的知乎，专业性正逐渐被弱化，明星、娱乐、情感、道德等价值判断话题开始占据热度，知乎"大平台"正在分解成各种热点"小社区"。[124] 原本作为专业知识问答社区的定位逐渐模糊，各板块间边界不清晰，使得专业知识的沉淀和高质量内容的凸显变得困难，影响内容生态的健康发展。

二、社区治理与社区氛围的维护

知乎作为一个知识分享社区，用户的参与和互动是平台活力的源泉，创作者遍布各个领域，通过专业的角度帮助普通用户解决问题、提供建议，使得知乎社区成为一个可信赖的社区。然而，面对众多的信息源和推荐，如何判断内容的可靠性成为一个挑战。部分用户素质低下，可能存在破坏社区氛围的行为：发布虚假信息、恶意攻击他人、传播不良内容等行为。如针对明星人物的不当言论、关联性别对立和地域歧视的言论等，均采取了严格的处罚措施，包括禁言、关闭账号等。这些举措有效遏制了不良信息的传播，维护了社区秩序。知乎在"清朗·2024年春节网络环境整治"专项行动中，重点整治了宣扬猎奇行为、违背公序良俗、散播网络戾气、煽动群体对立等网络生态问题，处置了大量违规内容和账号。尽管知乎已经采用了一系列技术手段进行治理，但技术的局限性仍然存在。这反映了知乎在社区治理上的复杂性和艰巨性。

知乎的发展离不开高质量的活跃用户的内容产出。活跃用户在使用知乎时会出现以下障碍：一是社区管理规范没有清晰地传达给用户。二是社区对于活跃用户的激励力度不够，用户的互惠预期不能得到满足。[125]知乎的用户以高质量的回答被平台给予一定的"盐值"分数或者相关权益，但随着媒体平台的竞争加剧和内容的快速增长，没有相应的激励机制和收益回报，也很难让创作者在知乎保持持续的高质量输出。所以需要给用户充分的补偿，如根据创作的内容质量给予相应收益，平台可以设立创作者扶持计划，或者优秀创作者排行榜，激励用户创作，增加他们的获得感和荣誉感。这样才可以为创作者提供一个有创造性、有动力的社区环境，构建良好的社区氛围。

三、用户体验和商业化发展的平衡

平衡商业化发展与维护用户的社区体验，是当前所有内容社区面临的共同挑战。从这些年商业化运作情况来看，知乎的商业化路径上主要以会员付费、广告、知识营销等为主。这些模式在带来盈利的同时也存在弊端。[126]早期的知乎由于其独特的用户属性和社区生态，对广告严加克制，最大程度保持了用户体验，也培养了知乎用户对广告天然的抵触情绪。[127]导致在平台投放广告实现盈利时，效果非常不理想，他们认为广告会破坏社区的纯净性和专业性，会对社区的体验大打折扣。后来，知乎也在内容生态上进行了多样化的拓展，加速泛娱乐化转型，但同样也给知乎的创作者造成了影响，对社区生态发展造成了破坏。

在加速商业化的过程中，如何保持用户体验的持续优化成为知乎需要关注的问题。广告作为知乎商业变现模式的主要部分，如果过度地在平台问答、评论、搜索中出现，会影响用户体验，甚至引发用户流失。其次，伴随着互联网发展成长起来的一代网民习惯了享受"免费的知识"，没有形成付费阅读意识。虽然近年来，用户逐渐体验到各种形式的内容付费，但规模化、可持续的付费需求尚未形成。[128]这就导致知乎在会员付费上，不利于知乎构建更加稳固的用户基础和商业模式。要突破这一困境，实现用户体验和商业化发展之间的平衡，就需要知乎运营策略，以便在竞争激烈的环境中找到新的增长点。

第四节　智能技术下知乎融媒生态建设的未来路径

一、知乎平台生态建设的重要性

在"万物皆媒"的趋势中，现有的传媒产业和机构更需要积极拥抱生态思维进行战略设计，建设生态媒体和媒体生态，构筑完整的产业链和生态圈。[129]通过提供基础设施、规则机制和交互界面，媒体平台促进了不同板块的合作与竞争，从而孕育出复杂的生态系统。平台和生态之间具有内在关联，平台模式本身蕴含生态思维，通过平台的打造又可以为平台生态的构建奠定基础。[130]在构建平台时，采用生态思维意味着要充分考虑平台的开放性、包容性和可持续性。这意味着知乎平台需要灵活的架构以提供多样化的应用和服务，制定公平合理的规则以激励参与者创新，并构建良好的生态环境以促进资源的有效配置和循环利用。

生态思维强调用系统整体的眼光看问题，强调事物与其环境之间持续进行物质、能量、信息交换的生态系统。[131]在知乎媒体平台建设中，利用这种思维可以整合各类资源信息，形成复杂的网络结构，提升知乎平台的盈利能力和抗风险能力，增强经济的韧性和稳定性。此外，要素在整个生态内的顺畅流动，能够实现资源的优化配置提高使用效率，以及高效的信息共享机制，促进创作者之间的信息交流和合作创新。在激烈的平台竞争中，内容创作者、广告商和用户等又形成稳定的生态系统，协同效应和规模效应为平台带来更大的市场份额和品牌价值。生态思维强调事物与其环境的相互作用，意味着需要更快地适应变化，保持稳定的运营。在平台生态中，不仅要满足用户需求，还要积极倾听用户反馈，不断优化产品和服务，形成互利共赢的良性循环。生态思维的核心在于运用这些，构建一个健康、有序、稳定的媒体平台环境，维持良好的媒介生态，使其发挥特定的功能。

二、知乎平台融媒体生态建设的未来路径

知乎作为中文互联网最大的知识分享与问答社区，其融媒生态建设不仅关乎内容的深度与广度，更在于如何运用智能技术优化用户体验、促进社区活力，探索多元化的商业化模式。下面将从内容生态建设、社区生态建设与商业化模式三个维度，深入探讨智能技术下知乎如何更好地建设融媒生态。

1. 内容生态建设。在知乎的内容创作上，从最开始的 PGC 模式，到知乎进一步扩大用户规模后形成"PGC+UGC"模式，问答社区形式的回答不再能够满足当下用户便捷性、多样化的需求。为此，不久前知乎相继发布了全新社区 AI 功能"发现·AI 搜索"和"知乎直答"AI 大模型，形成了现在的"PGC+UGC+AIGC"模式，其内容生态建设逐渐完善成型，并确保了内容生产的质量以及可持续性。

AI 搜索应用了知海图 AI 大模型，集搜索、实时问答、追问于一体，方便大家分享和互动。和别的大模型不一样，AI 搜索的结果，是针对提问的个性化解答，是因果解答；这相较传统搜索的关联性解答，即为一类问题准备的通用答案相比，显然可以给用户更好的体验和价值。同时，这些答案内容都是来自社区专业创作者，用户能根据答案溯源到真实答主，进一步做咨询，用户对平台的信任加深。"知乎直答"是 AI 搜索功能的正式产品化，是基于知乎创作者的真实问答数据，能按照用户需求提供"简略"和"深入"两种答案生成结果，并支持"找内容"和"找人"，进一步缩短内容需求和优质回答之间的距离，放大社区创作者及其内容的流通效果。

通过专业内容生产与 AI 内容生成的有机结合，平台鼓励用户利用 AI 技术进行辅助创作迅速整合社区内的相关信息，优化用户体验和内容生产效率。知乎正逐步构建起一个内容丰富、互动性强的内容分享与交流平台。

2. 社区生态建设。社区生态建设的根本在于构建一个健康、活跃、可持续的互动环境，这个环境能够吸引并留住多样化的用户，促进成员之间的积极交流、合作与共创。知乎也一直致力于建设社区生态体系，巩固知乎在内容方面的优势。早期大量互动和思想碰撞的优秀回答营造了良好的社区氛围，随着规模扩大用户体验感变差，核心用户留存率低，难以吸引用户产出优质内容，于是知乎启动了"灯塔计划"设立了激励金。2024 年 3 月，知乎启动了"海盐计划 6.0"，继续对优秀的创作者与内容进行多维度的扶持，此外特别推出了"航海家"这一新功能。

"航海家"是社区的一群热心用户，他们的主要职责是通过互动，赞同和反对知乎分发内容，给予反馈，以此成为知乎内容分发推送机制的一部分，实现更精准的内容推送。"航海家"的意义则主要是提升对优秀内容的管理能力。相比于新职人更加突出内容端的贡献，航海家是社区生态建设的产物，更加强调互动与反馈，构建了一个独特的社区生态，以此来进一步提升用户体验。成为航海家的门槛并不低，目前采用官方邀请的方式，会邀请在从事领域有小蓝标身份认证的专业用户，或者在社区有较高活跃度、消费和互动行为具有代表性的用户。实行"灯塔计划"和"海盐计划6.0"，本质上也是完善社区基础设施建设，紧密与用户之间的联系，为知乎构建积极健康的社区生态打下了基础。

3. 商业化模式。商业化作为知乎实现经济可持续发展的关键一环，对知乎的生态建设具有重要作用。知乎也在持续探索新的增长机遇，如职业培训、付费阅读等业务的增长，为其实现盈利目标提供了更多的可能性和资金支持。一方面，能够为平台的社区运营、技术创新和内容生产提供资金援助。另一方面，通过广告收入和会员付费，知乎能够激励更多的创作者产出高质量的内容，获得经济回报。提出"生态第一"战略后，知乎更致力于构建广告、内容商业化解决方案、严选会员、职业培训和电子商务等To B与To C结合得更加多元的收入结构，来提升知乎在不确定环境下的经营韧性。

在营销服务方面，知乎在2024发现大会上发布了"DEEPTRUST营销体系"。该营销体系是知乎社区生态建设的一环，其运行不仅贯穿投前、投中和投后，还与知乎有数平台、数据算法、产品和解决方案团队之间实现了联动，以此推动品效销的合一。在短篇故事领域，知乎也已经做到了行业头部，大会宣布启动的"短篇故事3A计划"，从多个维度持续强化知乎在短篇故事领域的优势，合作渠道也将大为拓宽。所谓3A，分别代表AI人工智能、All Population泛人群和All Media全媒体。通过更多营销服务和优质产品，利用技术层面实现精准触达个性化用户群体，实现更多盈利可能性。

知乎在深化内容生态建设，优化社区治理，探索更多元的商业化模式中，智能技术的运用将是关键。知乎应充分利用大数据、AI等技术提升内容推荐的精准度，辅助创作者高效创作，丰富内容形态。此外，知乎还需关注用户体验，维护社区的活跃度和健康度，以实现平台的长期稳定发展。通过构建一个开放、包容、可持续的平台生态，知乎有望在知识分享和社交互动领域继续发挥领导作用，为用户、创作者和企业创造更多价值。面对挑战，知乎应保持敏锐的市场洞察力和创新精神，不断调整和优化其发展战略，以适应不断变化的互联网环境，实现其愿景——连接更多知识，让更多人受益。

第二十二章　小红书融合创新研究报告

张欣然[①]

本章主要研究小红书在数字生活方式不断渗透的背景下，其生活方式和品牌传播等方面的融合创新发展，主要包括小红书的基本概况，小红书的融合创新现状，小红书在融合创新的过程中存在的问题以及关于小红书融合创新执行力的深入分析与展望等方面，旨在探讨小红书在融合创新方面的发展现状，面临的问题以及应对之策，最终助力小红书在数字时代的融合创新发展。

第一节　小红书基本概况

小红书是上海行吟信息科技有限公司于2013年6月推出的一款生活方式分享平台，创始人为毛文超和瞿芳。小红书社区里内容丰富，种类多样，包含美妆、个护、运动、旅游、家居、酒店、餐馆、学习以及音乐等多种板块的信息分享，触及消费经验和生活方式的众多方面，曾位列《苏州高新区·2020胡润全球独角兽榜》第58位。截至2024年4月9日，胡润研究院发布的《2024全球独角兽榜》中的数据显示，小红书以1000亿元人民币的企业估值排名在第26位。小红书是从社区起家的，其社区内容主要围绕着出国旅行和海外购物分享展开。最初，它将目光聚焦于喜好旅游和购物的"高价值"女性用户群

[①] 张欣然，河北传媒学院新闻传播专业硕士研究生。

体，作为一个工具性的 App，小红书应运而生。2016 年，小红书运用大数据技术代替了人工运营分发的模式，通过大数据技术抓取用户的信息，推断出用户感兴趣的内容，进而将信息对用户实施精准分发和推送，提升了用户的满足感，增加了用户黏性。除了信息推送之外，小红书的"购物商城"也能够为用户提供购物服务，其商城产品的内容从国内拓展到了海外，依托其已经积累的国内与海外购物数据，分析出用户感兴趣的商品，以一个便捷的方式提供给用户。随着小红书近些年的不断融合创新，其功能越来越全面，除了购物之外还能够查阅信息，上至新闻，下至社会生活，用户感兴趣的大部分内容都可以在小红书上找到答案。本篇报告旨在通过对小红书融合创新现状的分析，对于其融合创新过程中存在的问题提出一些建议，以推动小红书的发展。

第二节 小红书融合创新现状

关于小红书融合创新的现状，可以从以下几个方面来进行探讨。

一、品牌入驻攀升与内容价值的强化

品牌，即能够与它的竞争对手相区分的，具备价值的，且能够引起受众注意力的特殊存在。小红书因其社区的多样性和海内外用户众多，吸引了越来越多的品牌入驻，进行了成功的品牌传播，在一定程度上实现了内容价值的强化。余明阳教授等人在《品牌传播学》中定义了品牌传播为："品牌所有者运用各种传播手段持续地与目标受众群体交流，以最优化的方式增加品牌资产的过程。"[132] 截至 2024 年，小红书在品牌入驻和内容价值强化方面有非常明显且迅速的发展趋势。据统计，小红书平台的月活跃用户已经增长至 3 亿，同比增长了 30%。在这部分用户当中，以 "90 后" "00 后" 为代表的年轻人居多，这有助于吸引更多品牌的入驻。入驻的品牌种类也越来越多，包括美妆、电子产品、旅行、法律咨询等多个领域，其品牌的覆盖面也愈发广泛。在时尚与美妆方面，吸引了如高端儿童服饰品牌 moodytiger，原创设计品牌世大家，以及

国货美妆品牌 REDCHAMBER 等。在生活方式和其他领域，还吸引了文玩品牌香木雅舍，以及原创品牌宜氧。在受年轻人欢迎的新消费品牌方面，如喜茶、茶颜悦色等。通过对这些入驻品牌的宣传推广，提升了自身的市场份额和品牌的影响力。再通过对品牌价值的挖掘和品牌传播，强化了其内容价值。

二、内容创新的核心竞争力

小红书作为一个结合了社交和电子商务的平台，其在内容的创新方面，具备强大的核心竞争力，可以从以下几个方面进行分析。第一，用户生成的内容愈发丰富。随着网络与新媒体技术的不断发展进步，用户不再是被动的信息接受者，而是变成了具备信息传播能力的传播者。用户也可以随时随地借助小红书等新媒体平台分享自己的购物、旅行、美妆、美食以及学习等经验。第二，社区的互动性逐步上升。小红书平台鼓励用户之间的交流互动，使其社区环境愈发活跃。用户可以在博主发布的帖子下点赞、评论和转发等，通过这样的方式参与内容的生产和创造，增加用户的参与感，提升用户黏性。第三，内容形式不断创新。小红书的内容形式不断创新变化，从图文结合拓展到了短视频、直播、话题挑战等，以此来适应不断变化的用户需求和瞬息万变的互联网趋势。第四，技术创新程度不断加强。近些年来，小红书不断加强技术投入，应用了如 AR、AI 等新技术，丰富了内容的表现形式，提升了品牌的核心竞争力。

三、个性化推荐算法的应用

小红书的个性化推荐算法系统是一种复杂且多层面的智能系统，该系统主要基于用户的行为和兴趣来进行个性化的智能内容推荐。讨论小红书的个性化推荐算法系统，可以从以下几个方面出发。第一，用户画像的准确建立。小红书通过准确收集用户的基本信息，如性别、年龄、地区和浏览数据等，构建出了完善且丰富的用户画像。这些信息收集起来之后，不仅仅反映了用户的兴趣和偏好，还为算法技术提供了进行决策的依据。第二，完善的推荐系统。小红书采用了多种推荐算法，如协同过滤、内容相似度、用户行为预测等，通过这种方式来分析用户画像与用户行为数据，进而向用户进行内容的智能化推荐。如根据用户的历史行为推荐其可能感兴趣的产品或内容。第三，智能的标签系统。小红书对内容进行了全面的标签化，如用户标签化、商品标签化、主题标签化等，通过标签系统实现内容的分类和推荐。第四，高时效的推荐系统。小红书的高时效性的推荐系统对推荐效果有着非常重要的作用。系统进行升级过后，内容更新更加迅速，能够更敏捷地抓住用户与小红书笔记之间的变化和联系，进而提升推荐效果和用户体验。第五，内容质量优先和高互动度的保持。小红书的智能化的推荐算法还会考虑到帖子的质量和高互动度。如点赞、评论、收藏的数量等，以及用户停留在页面上的时间，以此来确定内容的推荐权重。

四、跨界合作与 IP 打造

小红书在跨界合作与 IP 打造方面展现了显著的发展前景。近些年来，它不仅在内容创新上取得了显著进展，还在个性化推荐算法、跨界合作与 IP 打造、全球化战略等方面做出了努力，进而提升了内容质量和用户体验，使市场份额得到进一步扩大，也拓展了全球影响力。在 IP 打造方面，小红书致力于强调内容创新。鼓励用户分享真实、有趣、实用的生活体验和消费心得，进而增强了用户的参与度。同时，小红书关注技术创新，利用技术推动其长远发展。在跨界合作方面，小红书积极与其他行业进行合作，如时尚、美妆、旅游、美食等领域的知名自媒体博主，以此来提升自身的影响力和商业价值。此外，小红书还积极举办线上线下活动，增强用户对品牌的认同。在 IP 打造方面，小红书明确了其目标受众，找到共鸣，挖掘出 IP 的精髓，用优质的内容满足用户多样化的需求。同时，通过数据分析，明确用户需求，不断推出优秀的 IP 故事。近些年来，小红书在跨界合作与 IP 打造方面取得了不俗的成果。

五、全球化战略与海外市场拓展

近年来，小红书在全球化战略与拓展海外市场方面有重要的发展。第一，全球化战略的核心目标形成。小红书将实现品牌国际化作为自身的主要目标，积极拓展海外市场，并为全球消费者提供丰富且优质的商品选择。这不仅与海外商家的合作紧密相关，也有助于国际贸易的发展。第二，本地化运营与精准营销。为了实现全球化发展，小红书采用本地化策略，了解当地的消费者需求，进而为消费者提供个性化的服务。同时，利用大数据技术和人工智能技术，精准推送符合用户喜好的内容。第三，跨境电商物流体系的形成。小红书积极加强与国际物流公司的合作，提高物流的效率，确保跨境电商的质量和速度，为用户提供优良的服务。第四，加强海外市场的拓展与合作。小红书除了与国内市场积极合作以外，还积极联系海外市场，加强与海外市场的合作，不断创造合作机会，如品牌商家、电商平台、社交媒体等，通过合作扩大其海外影响力，牢牢把握海外市场。在全球化战略的建立和海外市场的拓展方面，小红书牢牢抓住发展机遇，迎难而上，克服阻碍与困难，在全球化的道路上越走越远。

第三节 小红书融合创新存在的问题

虽然小红书在融合创新过程中取得了巨大的进步，但是在这个过程中也面临着一些问题，可以从以下几个方面加以思考。

一、竞争压力与市场定位

小红书作为我国大受欢迎的社交电商平台，在近些年取得了显著的发展，但与此同时也面临着一系列竞争压力和市场定位问题。据数据统计，小红书在2023年的收入就已经达到了37亿美元。这其中，最大的一部分收入来自广告与电商收入。但是小红书一直没有明确的发展方向，这是一个有待解决的问题。除此之外，小红书还面临着侵权问题、数据安全问题、电商竞争问题以及隐私保护问题等。在这种复杂的市场竞争环境之下，小红书要继续加强融合创新，以此来提升市场竞争力。在市场定位方面，小红书的主要定位群体是年轻人、时尚达人等群体以及对于生活品质有要求的女性用户。基于这种定位，帮助小红书在竞争激烈的市场中脱颖而出。除此之外，为了在竞争激烈的市场中保持显著优势，小红书还必须继续探索，争取调整和优化其市场定位。据统计分析得出，小红书拥有庞大的用户群体和强大的品牌优势。但是截至目前，其盈利模式尚未明确，还面临着发展不稳定的问题。有时还存在假货问题等，这些都对小红书的发展造成了冲击。

二、商业化与社区体验的平衡

小红书作为一个用户可以及时进行生活分享的平台，如何在其商业化和社区体验之间寻求平衡一直是一个巨大的问题。第一，内容质量与商业推广的冲突问题。随着商业化的进程不断深入，小红书上的内容可能越来越受到商业推广的影响，如不加以解决，可能会导致用户体验感大大降低和内容质量大幅度下降。第二，社区氛围的维护问题。小红书商业化内容的增加可能导致社区内容的变化，导致其原有的互动和分享被小红书广告代替。第三，平台信任度的问题。小红书的过度商业化可能会导致用户对平台的信任程度大幅度降低。这种问题如不加以解决，还可能导致用户的反感，致使用户不爱用该平台，而转向其他的平台。为了解决小红书平台在商业化与社区体验平衡方面的问题，可以从内容筛选和监督，明确广告标识，创造出多元化的营销模式，提升用户参与度，建立用户反馈机制等方面加以解决。如加强内容的筛选，对于商业平台的广告，为其添加标识，探索付费服务等多元化的营销模式，通过社区提升用户参与度，鼓励用户通过反馈机制及时反馈等，这些都是行之有效的解决方案。

三、产品心智问题

小红书的产品心智方面存在许多问题有待解决。如品牌认知、品牌形象、产品定位以及用户体验等。第一，品牌认知不一致。不同用户对于小红书的品牌认知可能存在差异，根据需求的不同，有些用户将小红书看作内容和信息的分享平台，有些用户将小红书看作是购物平台，这就导致了用户对于小红书的品牌认知差异。第二，定位模糊。小红书既是社交平台，又是电商平台，这种多重功能导致它的定位模糊。第三，用户的体验不一致。随着技术的不断发展进步，用户的体验可能会因为其内容过于商业化而受到影响，导致用户对平台产生厌倦，进而转向其他的平台。第四，品牌形象受损。小红书平台上存在一些虚假广告和虚假商品，这些都会导致用户体验感下降，损害小红书的品牌形象。第五，用户忠诚度问题。用户可能会因为其他更具有特色或者更让其感兴趣的平台而转移注意力，导致用户黏性下降，小红书用户流向其他平台。为了解决这些方面的问题，可以从以下几个角度加以考虑。第一，明确品牌定位。小红书要清晰地将其品牌定位传达，不管该品牌定位是电商平台还是社交平台，都应该让用户明确其定位。第二，优化用户体验。小红书可以通过改善产品设计，提升内容质量以及加强社区管理等为用户尽量提供完美的体验。第三，强化品牌形象。小红书可以通过一系列的品牌传播活动，强化品牌形象。第四，持续创新。小红书要不断创新产品功能和服务手段，只有这样才能适应瞬息万变的竞争市场和不同的用户需求，保持品牌的生机与活力。

四、算法驱动的广告效率问题

小红书是基于算法驱动的新媒体平台，算法对该平台的发展起到了促进作用，但与此同时，算法也存在一些问题有待解决。第一，产品定位与广告效率。小红书作为一个集合了多种生活方式的社区，其用户主要以女性群体为主，且普遍集中在发达城市。这部分群体的用户消费能力较强，拥有极大的购买力。因而对于品牌来说，首先需要考虑产品与用户群体的适配度。小红书作为一个消费平台，它就像一个购物指南，而非单纯的电商平台。第二，算法对广告效率的影响和冲击。小红书目前存在着对如今的盈利模式不满意的问题。在小红书目前的营收中，广告收入占总收入的80%，但除了广告之外，它还有其他的营收方式。因此，探寻出通过算法优化来提高广告效率成为现阶段的一个重要问题。算法的效率和精确度直接对品牌的用户匹配和内容推荐产生了重要影响，进而对广告效率也产生了深远影响。第三，广告投放的策略。小红书的广告投放涉及了多个方面，包括产品匹配、竞品分析、达人选择以及内容创作等。如品牌需要将竞品的投放数据等相关信息搜集出来，包括笔记曝光量、点击量、互动量等，以及竞品需要挑选的达人类型和内容等相关的信息。除此之外，品牌还需要考虑如何通过对关键词的优化来提高内容搜索方面的能见度。综上所述，小红书作为一个以内容分享和种草为主的新媒体平台，其广告效率的提升需要综合考虑其产品以及算法等多方面的问题。通过对小红书的算法和广告等相关信息进行研究，可以更好地让小红书平台实现长远发展。

五、品牌主对小红书的认知

随着小红书的不断发展进步，在其上面入驻的品牌越来越多，可以从以下几个方面来理解。第一，平台定位。品牌主通常把小红书当作一个生活方式的社区和消费决策的平台。用户可以在其上进行生活经验和购物心得的分享，发挥了小红书的"种草"价值，即利用大量的UGC用户来对其他用户的消费决策产生影响。第二，在用户群体方面。小红书的用户群体以年轻女性为主，她们具备较强的购买意愿和较大的购买力，会对小红书的内容和营销产生影响。第三，内容营销的重要性。品牌主对小红书有了一个清晰的认识，即做好内容营销非常重要。小红书通过设置精美的图片，具备用户接近性的攻略吸引了一大批用户的关注。第四，KOL和KOC的合作。在小红书的生态系统当中，KOL和KOC具备巨大的影响力。品牌主会通过与KOL和KOC合作来进行产品的推广，以便于用户更好地接受。第五，进行长期的品牌建设。品牌主逐渐意识到，在小红书平台上建立品牌是一个需要长期投入精力的过程。品牌需要通过持续的精品内容的输出，在用户心中构建出良好的品牌形象。

第四节 关于小红书融合创新执行力的深入分析与展望

小红书在融合创新的过程中取得了巨大发展，但与此同时，也存在一些问题有待解决。对于小红书融合创新执行力的探讨，可以从以下几个方面考虑。

一、创新战略与执行力

小红书的创新战略与执行力在其独特的商业模式和社区建设中得到了充分体现。小红书是一个具备社交购物功能和生活分享功能的社区电商平台，它结合了信息内容，社交和电商等多种元素，形成了强大且复杂的商业生态。从创新战略的角度出发，小红书最初是以海外社交购物分享开始的，通过不断的发展进步，它逐渐成为一个功能涵盖多元消费和生活方式的多元化社区。它以UGC为核心策略，逐渐吸引了大量用户，也通过多种品牌与消费者建立起直接的联系和互动。近些年来，它还吸引了众多明星入驻，进而吸引了大量用户入驻。在执行力方面，小红书对外展现出了强大的商业转化能力。它不仅顺利地将社区用户转化为消费者，还创造出了优秀的"品牌号"，并将其打造成了一个整合社区营销和商品交易的资源聚合平台，为用户和品牌方提供了优质的服务。此外，小红书吸引了大批人才加入，形成了专业化的团队，因而在执行力方面取得了显著成果。比如在营销活动与品牌合作等方面的表现。然而，小红书在商业化过程中也面临着巨大的问题。比如如何应对迅速变化的市场等，这些都要通过不断调整和优化战略予以解决。

二、融合创新中的执行力挑战

小红书在融合创新的过程中，其执行力面临着巨大的冲击与挑战，要想对其进行探究，可以从以下几个方面考虑。第一，中医药领域传播的挑战。小红书作为一个对中医药文化进行传承和传播的重要平台，一直以来都面临着如何在新时代公共卫生事业和中医药传播这个大背景下，有效对中医药相关知识进行传播的问题。除此之外，还包括医患关系等问题，以及中医药领域线上诊疗规则缺失等带来的风险。第二，品牌营销的挑战。社区文化和"种草"文化一直以来都是小红书的特色，这也导致其成为品牌营销的重要平台。入驻小红书的品牌必须要遵循小红书平台的规则，如品牌违规的推出、小红书的改版、新型模式的上线等，这些都对品牌的营销策略和执行力提出了新的要求。第三，创新创业执行力的重要性。在全新的创新创业背景下，执行力才是影响项目能否成功的关键，包括项目能否顺利进行，资源是否能被有效利用等。综上所述，小红书在融合创新过程中面临着执行力方面的巨大冲击与挑战，这些冲击与挑战不仅包括中医药知识的传播，还包括品牌营销策略的制定与调整等。面对这些挑战，就需要小红书及其用户制定更加具备创新性的策略。

三、小红书创新策略的实施与优化

小红书创新策略的实施与优化主要包括以下几个方面。第一，内容的创新。小红书具备极强的核心竞争力，主要体现在 UGC 模式及其高质量、高品质的内容生态。用户在平台的鼓励下，积极分享真实的、有趣的生活经验与购物经验等，以此来吸引用户对其产品或服务进行付费购买。第二，个性化的算法推荐机制。小红书通过对智能算法的优化，根据用户的兴趣和爱好，有针对性地为用户提供精准的定向内容，在确保内容质量的同时，大大提升了用户满意度。

第三，跨界合作与IP打造。小红书积极寻求与其他行业的合作。如美妆、时尚等，经过这些合作扩大其影响力，促进小红书的长远发展。第四，全球化战略。小红书推进全球化战略，不断与海外品牌、达人积极合作，增强了其在海外的影响力，吸引了一大批海外用户。第五，明星与KOL的双重驱动。小红书吸引了一大批明星入驻，侧重于利用明星和KOL的"种草"，形成完整闭环。第六，圈层化KOL种草策略。小红书的品牌应该深入分析目标群体，通过圈层化的KOL实现全网覆盖，线上线下一起营销。第七，产品匹配与投放逻辑。在小红书上进行广告投放之前，必须要考虑产品与目标群体的适配度，深入分析用户偏好，才能为用户提供完整服务。

四、小红书如何塑造独特的企业精神

小红书作为一个社交型的电商平台，在其发展过程中，塑造出了独特的企业文化精神，主要可以从以下几个方面去考虑。第一，内容的创新性。内容的创新是小红书的核心竞争力，用户在小红书平台被鼓励分享真实、有趣、实用的消费心得和生活体验，创造出了高质量的内容生态。诸如此类的内容创新模式不仅提升了用户的参与度，也为品牌商家创造了精准接触用户的传播渠道。第二，个性化的推荐算法。小红书利用人工智能技术进行算法推荐，依据用户的兴趣爱好对内容进行精准推送，增强了用户体验感。第三，跨界合作与IP打造。小红书可以与其他行业通力合作。比如，时尚行业、美妆行业、旅游行业等，拓展了用户群体和内容边界，与此同时也增强了自身的商业价值和影响力。小红书还注重对其自有IP的打造，通过对其线上以及线下活动的举办，增强用户的认同感。第四，全球化战略。小红书通过与海外品牌、达人等进行合作，可以为国外用户提供更高品质的服务，同时也向海外用户积极展示中国品牌的魅力。第五，科技与人文精神的结合。小红书的CEO曾经讲过："以科技为笔，以人文精神为墨"是小红书的公司使命，其目的是创造一个温暖的社区。这也体现了小红书科技和人文并重的企业精神。第六，专注特定领域。小红书专注于时尚领域、美妆领域以及生活领域，深入挖掘和满足用户在这些方面的个性化需求，可以增加用户的忠诚度和参与度。

五、小红书如何将融合创新理念转化为行动

在数字时代，小红书要想将融合创新理念转化为行动，需要做到如下几个方面。第一，内容为王，创新引领。小红书把内容创新当作核心竞争力。平台不断优化 UGC 生态，鼓励用户积极进行高质量的生活体验和消费心得的分享。小红书还通过个性化的推荐算法，提升用户体验，以便用户能够在海量信息中迅速找到自己感兴趣的部分。第二，跨界合作，拓宽影响力。小红书通过与其他各个领域的知名品牌和博主合作，吸引了广泛的用户群体，也在一定程度上扩大了其影响力。第三，全球化战略，拓宽海外市场。小红书积极推进全球化战略，进行国际传播，扩大了其在国际市场的影响力。第四，技术驱动，人文关怀。小红书通过技术提升用户的满意度和体验感，打造了其独特的温馨社区。第五，创新商业模式，增强盈利能力。小红书不断创新商业模式，提升平台的盈利能力和购物转化率。第六，用户体验至上，提升用户忠诚度。小红书通过高品质的 UGC 内容，个性化推荐，增强用户满意度。还通过提高互动性，保持社区的生机与活力。第七，数据驱动下的精准营销。小红书积极运用大数据技术与人工智能技术，对用户信息进行收集和分析，创造出用户画像，以此来面对用户进行精准营销。

小红书作为一款受欢迎的生活分享平台，在融合创新的过程中，取得了巨大成果，同时也面临着许多挑战。为了确保其持续长远发展，小红书需要进一步加强用户信任度以及满意度，提升内容审核和风险控制的能力。与此同时，内容创新和用户创新将继续在小红书发展过程中扮演重要角色。综上所述，小红书的融合创新之路任重而道远，需要多方共同努力，以期探索出一条有助于小红书融合发展的长远之路，助推小红书的长期发展。

第二十三章 省级党报集团客户端发展现状、问题与策略

卢剑锋[①]

2018年12月10日，青海日报客户端上线，标志着全国31个省市、自治区、直辖市的省级党报都有了新闻客户端。推出新闻客户端是省级党报集团深化融合转型、抢占舆论主阵地的有效应对措施，并以此来全面打通新媒体发布、互动与服务平台，而这些客户端也一直处于更新迭代、融合重组的过程中。

第一节 省级党报客户端的历史和发展

《南方周末》于2009年率先进入中国大陆报业新闻客户端市场，其App的发布标志着一个重要的转变。作为在深度报道领域颇具盛名的媒体，《南方周末》的开发团队展现了对移动新闻资讯市场前景的敏锐洞察力。紧随其后，2010年，中国日报推出了"中国日报精选"App，进一步加强了媒体在移动端的布局。随后，包括人民日报、新华社在内的多家中央媒体，以及众多地方性报纸开发了自己的新闻客户端，形成了"两微一端"的新媒体转型模式，即形成微信、微博和客户端的新媒体矩阵。

2014年7月7日，上海报业集团推出客户端"澎湃新闻"，标志着传统媒体在客户端领域的竞争正式拉开帷幕。各地的省级和市级报业集团都开始打造

[①] 卢剑锋，中国新闻出版研究院副研究员。

自己的客户端矩阵。随之而来的是，像"澎湃""并读""上游""无界""九派"等多个 App 在市场上展开激烈竞争。这标志着传统媒体在数字化时代中的自我革新，在媒体市场中寻求新的生存空间和发展方向。通过客户端，传统媒体不仅可以传播信息和引导舆论，更可以通过互动反馈和社区建设等方式加深与受众的连接，提升了信息的传播效率，增强了受众的参与感和忠诚度。

从 2009 年中国大陆首个报业客户端问世至今，报业客户端的数量急剧增加，投入不断加大，产品设计也越来越完善。2023 年中国报业新媒体（客户端）城市新媒体影响力"沈阳指数"[133]聚焦新媒体（客户端）的生产能力、传播能力和被认可能力，排名显示，澎湃新闻、中国青年报、极目新闻位列前三。

各级党报的客户端平台不仅吸引了机构、媒体和个人入驻，聚合了优质内容，还拓展了公共服务职能，为国家治理现代化作出贡献。自 2018 年启动以来，人民日报客户端的人民号已吸引了全国 3 万多家政务、媒体和自媒体账号入驻。同样，"南方+"客户端也聚集了超过 7000 个政务机构和超过 15000 名新媒体运营者。通过这些自主可控的聚合平台，各级党报不仅链接了广泛的资源，还增加了多种服务功能，其在社会治理方面的作用显著。例如，大众日报客户端创立了"泰山慧治"服务平台，致力于推动基层社会治理的创新；羊城派客户端则通过新热榜、金羊号、记者帮等核心板块，向用户提供了生活资讯、政务信息和邻里社交等多方面的民生服务，开始探索"新闻＋政务服务商务"的新模式。

省级党报客户端能够触及更广泛的受众群体，可以提供包括文图、语音、短视频、AR、VR、H5、直播、AI 播报等更为丰富多样的内容形式，增强了信息的互动性和社交性，满足用户多样化的需求，同时个性化内容推荐等技术应用提升了用户体验，使得内容更加贴合个人兴趣和需求。省级党报通过自建客户端和多平台策略，有效提升了自身的传播力和影响力。

第二节 省级党报客户端的传播现状和特点

一、封面设计强化品牌定位

各省级党报客户端利用其启动画面强化品牌定位，通过精心设计的启动画面和用户界面来突出其核心价值和用户预期。这些设计不仅反映了客户端的新闻价值取向，也体现了其服务公众的使命和视角。大部分客户端在启动画面呈现其定位语，如，澎湃新闻的"专注时政与思想"标语突显其新闻深度和思想性，并使用了引人注目的图像和颜色对比，而天眼新闻的"开天眼 阅多彩"这一富有创意的口号和动态图像设计，强调了其新闻覆盖的广泛性和多样性。这些独具特色的界面设计和视觉策略使得用户在第一时间内能够感受到品牌的独特性，还可以加深用户的第一印象。

大部分省级党报客户端发布了开屏广告，多是与平台活动相关的公益广告，也是对自身平台品牌推广的一种形式，这不仅有助于提升品牌形象，还可以通过展示与品牌价值相符的广告内容，增强用户的品牌忠诚度。例如，通过展示地方特色和文化活动的广告，既传递了区域和文化认同感，也增强了平台的地方影响力和公共参与度。同时，澎湃新闻等也融入商业广告，体现了省级党报客户端不同的盈利策略和品牌运营思路。

二、栏目设置简洁 用户导向清晰

省级党报客户端的界面设计和栏目设置充分体现了其追求用户友好和服务导向的发展策略。这些客户端的设计不仅顺应了数字化时代的潮流，而且充分考虑到了用户的操作习惯和信息需求，体现了深思熟虑的用户体验为先的设计原则。

首先，"顶栏+底栏"的界面布局策略提供了一种清晰和直观的导航体验，这种布局方式不仅简洁明了，而且极大地提高了信息检索的效率，使用户能够迅速而直接地访问所需信息，满足了用户快速浏览和深入阅读的双重需求。

其次，栏目的多样化设置确保了内容的全面性和丰富性。从新闻报道到视频播放，再到专题深度探讨，各类信息一应俱全，既提供每日新闻动态，也满足用户对专业深度内容的需求。此外，根据地方特色和用户需求，所有客户端均开设有本地栏目或可供用户选择所处地市，有些还提供了特定的文化特色频道，这不仅反映了客户端对地方特色的重视，也极大地增强了内容的地域相关性和文化贴近感。

省级党报客户端的栏目设计和界面布局是其服务优化和品牌战略的重要体现。通过不断优化用户体验，省级党报客户端有效加强了与用户的互动和连接，满足了用户的多元化信息需求。

三、综合性的平台功能定位

目前，通过整合政务服务、党建活动和便民服务等功能，省级党报新闻客户端已经从单一的新闻发布平台演化成为集新闻、社交互动和生活服务于一体的综合性平台。这意味着用户可以在一个应用内完成从获取新闻、参与社交活动到处理日常事务的多种需求，极大地提升了用户体验和客户端的实用性。

在政务服务方面，所有客户端均提供了政务服务功能，涵盖信息类、投诉类和办事类等，这使得公众可以在一个平台上轻松地获取政府信息、提出诉求和办理政务。这种一站式服务模式有效简化了用户的操作过程，提高了信息获取和办事的效率。不同客户端针对其服务群体的具体需求，设计了不同的功能和服务，如津云提供了所有三项功能，而其他客户端则具有一到两项功能不等，如澎湃新闻主要提供信息获取功能，天眼新闻提供投诉类政务服务。

大部分客户端设置了综合性党建服务平台，不仅提供党务信息和在线教育材料，还通过现代化的信息技术提高了党的组织力和凝聚力。其中"南方+"的"智慧党建"栏目和大众客户端的"山东党建云"都显示了通过技术手段加强党员教育和党组织之间互动的趋势。

大部分客户端都设置了便民服务栏目。便民服务集成了如交通信息、医疗预约、缴费服务等，极大地方便了用户的日常生活。如津云和顶端新闻的便民服务覆盖了从公共服务到生活服务的广泛领域，提供了从环境信息到生活缴费的一站式解决方案。

很多省级党报客户端具备电子商务功能，不仅满足了用户的购物需求，还推广销售当地特产和工艺品，助力地方经济发展。其中大众新闻的"齐鲁农超"和"南方+"的地方特产推广更是电商功能与地方特色相结合的典范。

省级党报客户端还进行活动策划并宣传各类本地线上线下活动，如文化节、展览或地方大型活动等，增强了区域凝聚力和文化活力。如潮新闻、新湖南等的活动栏目提供了丰富的具有社区参与感的文化交流活动。

很多省级党报客户端提供了从学术讲座到技能培训等多种在线教育资源，支持用户的自我学习和发展。如澎湃新闻和大众客户端提供的教育资源展示了客户端在教育领域的深入探索和服务扩展。

四、多元化经营的盈利模式

省级党报客户端的盈利模式体现了其对多元化经营的深入探索和实践，不仅仅局限于广告运营，而是通过整合广告、电子商务，以及增值服务等多种方式来实现商业化运营和盈利。

大部分客户端都有专门栏目，如通过"活动"和"服务"两种栏目形式汇聚商业广告。同时，通过在客户端上展示弹出广告页、悬浮广告窗等形式，客户端能够为商家提供广告服务。例如，澎湃新闻、津云和新湖南提供弹出广告页或者悬浮广告窗，吸引了大量商家投放广告，这不仅增加了平台的可见度，同时也提高了盈利能力。

另外，电子商务也是省级党报客户端盈利模式的重要组成部分。很多客户端开通有积分商城。用户可以通过参与平台活动积累积分，并用积分在商城中兑换商品，这种模式有效提升了用户活跃度，同时也为客户端带来了额外的收入。此外，有些客户端还推广地方特产和工艺品，支持地方经济发展的同时，也开辟了新的收入来源。

增值服务也是省级党报客户端的盈利模式之一。有些客户端，如顶端新闻，提供了专业的数据分析服务等，满足了用户对高质量、专业内容的需求，也为平台创造了新的收益点。总的来说，省级党报客户端的多元化经营策略不仅增强了其市场竞争力，也为媒体的可持续发展提供了坚实的经济支撑。这种盈利模式的探索和实践，表明了媒体运营在新的市场环境下需要不断创新和适应，才能更好地利用和发展现有资源。

五、原创报道占据新闻来源主流

丰富的原创新闻显示了省级党报客户端在新闻采集和传播能力上的优势，显著提升了其新闻内容的地方相关性和原创性，能够更有效地服务于地方读者。通过自主采集和编辑新闻，这些客户端不仅能够迅速响应地方事件，还能提供深度的分析和独到的视角，这在两会等重大新闻事件报道中尤为明显。自采内容的比重高，意味着平台可以更好地控制新闻质量和报道的时效性，同时也能够根据地方读者的兴趣和需求定制内容。

另外，一些党报客户端还加入了跨区域联动报道，通过与其他省份的媒体合作，共同发布重大选题的特别报道。这种跨区域联动报道策略可以共享资源，提供更全面的报道，进一步扩展了新闻报道的深度和广度。

六、新技术应用助力传播效果

省级党报新闻客户端在应用新技术方面体现了强烈的创新意识和技术前瞻性，不仅提高了新闻内容的吸引力，还增强了用户的互动体验。例如，通过整合 AI 播报技术和 AR、VR 等新媒体工具，客户端能够提供更为生动和互动的新闻呈现方式，使用户可以"体验"新闻内容，极大地丰富了用户接受新闻内容的方式。如津云、封面新闻，配备了资讯机器人，增强了用户互动性和服务个性化。津云客户端的"融媒"栏目通过整合电视、广播和纸媒的内容，提供了跨媒体的内容消费体验，有效地利用了各种媒体资源，增强了内容覆盖的深度和广度。

客户端使用 H5 技术为用户带来了更加丰富的视觉和交互体验，H5 页面能够在手机客户端上快速加载并呈现高质量的视觉效果，这对于提高新闻报道的吸引力和阅读率具有重要作用。通过这些技术的应用，省级党报客户端能够更好地捕捉用户注意力，提供更加个性化和参与感强的新闻产品，从而有效提升用户黏性和平台的市场竞争力。

七、强化用户参与感的互动设计

互动设计已成为新闻客户端不可或缺的一部分，优秀的互动设计可以有效地强化用户参与感。所有省级党报客户端均开通或设立了评论、点赞、分享等社交功能，这些功能不仅使用户能够直接参与到新闻讨论中，还有助于内容的快速传播和广泛分享。同时，所有客户端均开设了各类互动栏目，如澎湃新闻的问吧、津云等的问政类互动专栏等，进一步加深了与用户的互动，增强了平台的社区氛围。

此外，信息上传或报料功能的设置使用户可以直接向新闻平台提供新闻线索，这使用户成为新闻生产过程的一部分，从而加强了用户与媒体之间的联系。这种设计使用户感到自己的参与更具价值和意义，有助于提高用户的忠诚度和满意度。

一些客户端通过问答、评论等互动功能，提高了信息的互动性和传播效率。省级党报客户端的互动设计策略不仅强化了用户体验，还为新闻机构带来了更广泛的用户基础和更高的用户活跃度，从而增强了其市场竞争力和品牌影响力。

第三节　省级党报客户端存在的问题

一、客户端同质化严重

如今，从中央级媒体到省级媒体，从地市级媒体到县级融媒体中心，无论是技术外包还是自有平台，各级党媒客户端纷纷上线。当前，各大省级党报集团客户端的定位比较雷同，产品定位泛化，难吸引目标受众。首先，客户端的受众定位雷同，几乎都是面向全国受众，兼顾本地受众。其次，客户端的产品定位类似，没有突出各自的内容特色，栏目设置虽然名称不同，实质内容还是同质化程度很高。除了澎湃新闻在时政新闻方面的侧重十分明显以外，其他客户端其实最终呈现出来的内容都是综合杂糅的，大而全。最后，功能设计和营销推广的同质化。省级党报客户端在UI设计、界面风格、人机交互设计、操作功能以及营销推广等方面同样存在着同质化现象，没有突出体现定位特色。

二、下载量低、日活跃度低、用户黏性低，用户互动参与有待激发

如今移动互联网应用百花齐放，尤其是微博、微信、今日头条、抖音、快手、小红书、B站等平台的兴起和迅速普及，党媒客户端普遍下载率不高，即便用户数扩大了，但是客户端打开率却依旧很低，用户互动参与也不活跃。尽管省级党报客户端已经开设了评论、点赞和分享等多种社交互动功能，这些功能在理论上应该能增加用户的参与度和提高内容的传播效果。然而，实际上用户互动并不活跃，即便是重大新闻事件，用户的评论和点赞数通常低于10条，反映出用户参与度普遍偏低。可能与几个因素有关：第一，客户端本身的用户活跃度不高；第二，界面设计可能未能有效吸引用户，缺乏足够的吸引力和用户友好性；第三，内容的互动性可能不够强，未能激发用户的参与兴趣；第四，缺乏有效的激励机制来鼓励用户进行互动。

要提高用户的互动参与度，需要客户端在设计和功能上进行更多创新和优化。首先，改进用户界面设计，使其更加直观和吸引用户。例如，可以通过简化界面元素、提供更清晰的导航路径来增强用户体验。其次，增强内容的互动性，如通过增设互动问答、投票、小游戏等元素来提高用户的参与动力。此外，还可以引入更具吸引力的激励机制，如设置积分系统、提供虚拟奖励或实物奖品，可能会有效提高用户的活跃度和忠诚度。

三、各类服务功能尚需完善

省级党报客户端的服务功能目前并不完善，且服务实施不均衡。虽然大部分客户端都提供了基本的政务服务，如信息查询、投诉反馈和办事服务，但服务的覆盖和深度不一，导致用户体验参差不齐，在具体实施与优化上仍有显著提升空间。例如，只有少数客户端如津云涵盖了信息类、投诉类或办事类这三类服务，而很多客户端只提供其中一到两项。这种差异可能与各客户端的具体定位有关，但强化和完善这些服务功能，特别是通过加入更多用户引导和帮助信息，将有助于构建更为完整和高效的政务服务系统，以更好地满足公众需求。此外，有的省级党报客户端还未设置党建相关栏目，在强化党建内容传播与服务方面重视不足，未能充分利用客户端进行党建服务的创新和推广。便民服务的一站式达成和问政服务的全链条落地亟须完善和优化，切不可流于形式。省级党报客户端应重视服务功能的完善与优化，通过创新探索多样化的方法，拓展服务功能，让服务效能真正落地实现，这样才能够提升客户端的实用性和吸引力，提升用户黏性，进而提升省级党报客户端的公信力和影响力。

四、缺少多样化的营销手段和盈利模式，难以成为经济增长点

在目前的省级党报客户端广告经营模式中，虽然大部分省级党报客户端利用启动封面进行开屏广告展示，但这些广告多数属于自平台活动推广或公益广告，缺乏商业广告的参与，这表明广告运营的范围和效率有待提升。同时，大多数客户端也未在内容页面尾部展示广告，这减少了潜在的广告收益和商业合作的机会，表明广告经营模式还有很大的拓展空间。此外，在可见内容范围内，只有少数客户端如顶端新闻提供了舆情和大数据分析服务，这样的增值服务可

以为客户端带来额外收入。省级党报客户端的商业化进程非常缓慢，一方面是由于用户下载量和活跃度不够，还在争取用户、留住用户的阶段；另一方面，用户规模和影响力难以和其他商业客户端平台相比，对广告商的吸引力远远不够。开发和自建客户端本身就是一笔极大的投资，而且客户端本身盈利模式不清晰，自身造血能力不足，一直"烧钱"的省级党报客户端提升造血能力迫在眉睫。

目前省级党报集团客户端已经开始出现了一些符合市场运作规律的营销手段，积极拓展盈利模式，在初期使用"礼品营销"提高下载量的基础上，开始依据新闻产品的特质去探索适合客户端产品的推广模式，从内容推广、技术输出、数据变现等方面想办法、找路子，在创收的同时提升影响力。

五、技术创新和应用水平不足

当前，技术创新成为推动客户端发展的关键驱动力，不断提升技术创新和应用水平，才能不断优化用户体验，从而在快速迭代的同时保持用户的增长率和忠诚度。要让用户能够轻松地浏览、搜索和分享内容，获得顺畅和愉悦的使用体验，需要提升用户界面（UI）与用户体验（UX）的友好性和互动性；要为用户提供高度个性化的内容服务，需要通过精细化内容推荐算法的技术升级；而要实时追踪市场趋势和用户反馈，及时调整内容策略和技术应用，保持客户端内容推荐的相关性和吸引力，则要更准确地捕捉用户行为和偏好，需要不断探索新的数据分析工具和机器学习模型，从而不断完善和优化推荐算法，等等，这些都需要技术应用持续创新迭代，需要人才、技术、资金等资源的大力投入和全面加持，而作为传统主流媒体的省级党报集团客户端在这方面优势并不突出，有明显不足，在传播形式和互动设计上还有很大的创新空间。

第四节 省级党报客户端创新发展策略

媒体深度融合的战略部署对各级党媒，尤其地方主流媒体的在地实践提出了新要求。党的二十届三中全会通过的《中共中央关于进一步全面深化改革、推进中国式现代化的决定》指出："构建适应全媒体生产传播工作机制和评价体系，推进主流媒体系统性变革。"省级党报客户端是主流媒体推动系统性变革，引领全媒体传播体系建设的重要抓手。客户端是省级重大新闻传播平台，是省级党媒自主可控、进军互联网的主力舰，做好党报客户端是党媒成为主流舆论阵地，占领舆论引导制高点，提升舆论引导力的重要途径。

一、寻找差异化的客户端定位，避免同质化

对于省级党报客户端来说，怎样提供具有自身特色的产品和服务，怎样挖掘产品的用户价值及商业价值，要创新思路和创新方式。

第一，明确规划出自身的市场定位，通过新闻内容和首屏内容等体现自身特色，塑造自己的品牌故事。比如，四川日报报业集团面向年轻用户打造客户端——封面新闻，主要以"80后""90后"网络原住民为主要目标用户，突出"年轻用户的差异化选择权利与个性化表达兴趣"，以"亿万年轻人的生活方式"为精准定位，一上线就打开了新的市场和空间。客户端还可以通过塑造和传播自身品牌故事来体现定位的差异性，并且可以加强与用户的情感连接。澎湃新闻就注重品牌故事的塑造和传播，通过讲述品牌背后的故事、理念和价值观，突出了自身品牌定位的差异性。这样不仅能提升自身的品牌知名度和形象，还能在竞争激烈的市场环境中稳固和扩大其用户基础，为长期发展奠定坚实的基础。

第二，在品牌栏目上体现差异化。新闻客户端的设计要有差异地向专而精的方向发展，必须有所扬弃，不能贪大求全。品牌栏目的差异化路径，一是本土化，本地新闻是最能体现差异化竞争的新闻产品，地方党政和渠道资源的优势可以更加凸显。二是打造垂直领域的品牌栏目，开发用户小众市场，用更专业、更具体、更有深度的长尾产品打造品牌。做足市场调查，分析出其他新闻客户端不具备但自身却具有核心竞争力的长尾领域。如，甘肃日报报业集团、甘肃新媒体集团打造的奔流新闻客户端用青春的视角展现甘肃的活力与新面貌，打造了两个特色频道"奔流青年""奔流少年"，以青春视角关注青年群体，贴近青年生活，挖掘青年榜样。奔流青年通过视频和问答访谈讲述"青年榜样·先锋力量"的最美大学生、冬奥"技术官"；在奔流少年中，为广大中小学生提

供全新非虚构写作、全域绘画成长平台，助力其创作创新、成长成才。[134]

第三，通过原创新闻和独家内容体现差异化。增强原创意识，通过深度报道、独家采访、专业评论等传统媒体的优势打造内容的原创高端和不可替代性，围绕受众需求策划创新性社会话题，在选题和文本上下真功夫，提高内涵与质量；力求"事件故事化""故事人物化""人物个性化""呈现视觉化"，让作品可读耐读，增强用户黏性。

在此基础上，还需要通过功能设计和结构设计来增强差异化，要增加创意手段，把普通的报道或同样的报道做的与众不同。比如，通过一些创意手段来增强内容的原创性和独家性。奔流新闻客户端主打手绘特色，让内容产品实现原创和差异。近一年来，奔流新闻手绘团队先后生产海报、长图、H5、SVG、动画等产品600余幅（条），频出刷屏、爆款产品，这一创意呈现方式取得了非常好的传播效果。[135]

第四，通过多方合作策略，有助于客户端克服资源有限的困境，在保持内容质量和创新性的同时，实现资源的优化配置和效能的最大化。面对日益激烈的市场竞争，省级党报集团客户端可以采取与其他媒体、内容创作者和技术平台建立合作或联盟的策略，这种合作模式能够有效地共享资源、内容和技术，与内容创作者的合作，则可以为客户端带来更多原创和创新性的内容，满足用户对高质量和个性化内容的需求；与技术平台的联盟，可以使客户端在大数据、人工智能、内容推荐算法等方面获得技术支持，进一步提升内容的精准推送能力和用户的互动体验。这些都将为省级党报集团客户端带来持续的用户增长和品牌价值提升，为其在竞争中稳固和扩大市场份额提供坚实的基础。

二、发展以UGC为核心的深度社交化互动模式，创新互动产品设计

中国人民大学新闻学院教授匡文波认为：与传统媒体相比，新媒体的本质特征是技术上的数字化与传播上的互动性[136]。充分开发和挖掘UGC内容将在获取用户需求、提供有效服务、拓展新闻来源和提升品牌影响力上产生很大的作用，省级党报集团客户端对UGC的开发与利用很不够。

第一，互动内容本身就是独家内容，应该增加互动性产品的内容转化。要做强做好客户端，就要遵循互联网的发展规律，互动性内容产品的比重要增加。

精彩的问题、留言、建议、评论等互动反馈本身也是优质内容的来源，因此，让记者编辑回复用户的问题，与用户进行交流，让用户与用户也可以进行交流，还要搭建平台，让用户找到他们想要咨询、提问或交流的人来进行交流，对 UGC 内容的开发与挖掘可以增加用户黏性，提升用户活跃度。

第二，提高 UGC 内容的产出率和使用率，让 UGC 内容为新闻生产提供线索与材料，开发成"独家新闻"。比如，澎湃新闻客户端的原创特色栏目"问吧"就是开发利用 UGC 内容的典型。该栏目请了各行各业的名人围绕专业话题方向回答问题和网友交流，产生了许多优质的问答和资讯内容，这些无疑是客户端自己的原创内容，同时也提升了用户的参与感和忠诚度。湖南日报报业集团新湖南客户端的栏目"目击者"，用户可以随时拍摄、剪辑视频，加入滤镜和背景音乐，本地转码上传到后台，经审核后发布，总操作时长不超过 5 分钟，既可满足用户参与创造内容的体验需求，也可以开展晒雪景、晒年夜饭、朗读者大赛等社交活动；不仅可以上传短视频，还可以开设专门的音频频道，满足读诗、纯音乐、朗诵等场景需求，也可以单篇新闻以音频脱口秀的形式放在"早安湖南"等精品原创栏目中，互动性、社交性和原创性、独家性齐备。

第三，采取多种激励措施调动用户在客户端互动社交和生成内容的积极性。一是建社群、办活动，将垂直用户群体打造成粉丝群体，拓展线上线下互动渠道，线上线下同步推广。或是在垂直板块下对相同内容感兴趣的用户可以加入粉丝群，打造垂直用户群体，方便用户走进社群，走进相关行业；或是在客户端上以兴趣圈为核心，建立线上垂直社群，设置摄影、美食、运动、萌宠等社区模块，通过兴趣达人入驻、"网红达人"养成、话题运营等方式，吸引用户结合自身兴趣爱好加入社群，并参与到兴趣话题的内容生产、讨论交流和二次传播当中去；或是吸引各领域的名人、明星、专家入驻客户端，使用户可在线与入驻"大V"就观点进行问答交流，充分运用"网红""大V"等意见领袖的力量，发展粉丝，提升下载量，等等。这些粉丝群体可以线上互动，也可以举办线下活动，塑造品牌效应，用存量带增量，吸引新用户加入。澎湃新闻设立了专栏、话题讨论区及举办内容创作比赛，激发用户的积极性，让用户在分享个人见解、经验和创意的过程中，自然形成对澎湃新闻的忠诚。同时，通过设立论坛、评论区等互动平台，促进用户之间的交流和讨论，使用户在获取信息的同时，还能享受社交的乐趣。此外，定期举办用户见面会、线上直播互动等活动，也能有效增强用户之间以及用户与平台之间的联系，通过口碑传播吸引新用户。二是多端账号联动协同传播，相互引流。开设同系类的微博与微信、抖音、快手等公共账号，与客户端协同发布协同传播，相互引流。三是开发个体用户的"个人账号"，给用户一个可以表达和展示自己的线上平台和话语空间。四是建立一套完善的用户激励机制，打通社交分享的壁垒，提高用户参与互动的积极性，UGC内容生产和运营也会越来越成熟。通过建立积分评级和物质奖励、闯关、领奖、评选等模式刺激用户主动参与表达、互动和社交。例如，开发积分商城互动板块，通过用户使用、分享、评论、点赞、转发、留言等的频率和程度来评定不同的积分等级，并获取不同的功能使用待遇，给用户红包、兑奖券、优惠券等物质兑换奖励或景点一日游等线下粉丝福利活动，增强用户表达和互动的主动性，进一步留存用户。

第四，在互动产品上体现差异性，开拓优质互动渠道，不断提升交互设计和功能设置水平。例如，可以增加客户端的娱乐性和趣味性，上线互动类游戏，线上养成、线下兑换，如农场类等互动游戏模式的引入，可能为客户端带来更大的流量。

三、打造适销对路、链条完整、有效落地的服务产品

互联网思维的核心就是用户思维，通过有用、有效的服务建立与用户的深度连接是客户端创新发展的重要途径，党报集团新闻客户端需要以"互联网+"的思维打造各种服务产品和特色长尾服务产品，立足本土、明确目标群体。

第一，"媒体+服务"不应简单理解为累积相加之意，而是指强化与赋能，媒体客户端应发挥自身的资源优势，来强化相应的服务功能，把服务用户的链条做到最末端；服务公众不能做表面文章，要真正实现服务落地、有实际效果，让客户端真正成为用户的刚需平台，让服务产品与相关行业成为命运共同体。例如，就业服务就不应仅仅停留在为用户提供就业资讯的阶段，而是要打造链条完整的就业服务产品，除了要有稳定的高品质信息资源的持续供给，还应与各个链条建立起合作，满足求职与用工的双向需求，全链条实现服务落地。比如，拓展就业资讯的数量和省内地域覆盖面，持续加强市场下沉和细分，划分岗位类别。比如，主动迈向就业培训市场，与更多招聘机构、培训机构等探索合作空间。在春招、秋招、考公等关键节点，通过直播、图文等形式，邀请行业人

士向求职用户分享面试诀窍、得分要点等应试经验和技巧知识等，将找工作与如何找工作打通。比如，与招工单位、企业和相关职能部门合作招聘会、双选会等线下就业会务活动，积极传播、组织、反馈，落地就业事宜，将找工作与成功上岗打通。

省级党报客户端应积极对接政务公开和网络问政等业务，优先发布重大信息、重要政策，既要上情下达，也要下情上传，成为政府和公众的桥梁，对于用户在客户端发表的意见、建议、需求、反馈等要及时送达相关部门，处理进度实时显示，意见和建议要回应，需求和问题要解决，才能赢得用户信赖，真正实现党媒客户端舆论引导和社会治理的功能。同时，作为综合服务性客户端，需要更贴近用户生活的涉及交通、教育、医疗、旅游、同城活动等的各种便民服务、商务服务等本地服务，线上线下交易无阻，一站式落地，将本地服务模式全面融入用户的生活中。

第二，开发对个人用户、媒体客户、企业客户等的有针对性的特色服务产品。在用户需求和市场调研的基础上，省级党报客户端可以有针对性地推出特色服务产品，贵在精不在全，一定要做到有用有效、适销对路，解决实际问题。根据本地用户和市场需求，展开如爆料渠道、教育服务、健康服务、救助服务、公益服务、直播助农、电子商务等服务，进一步搭建自己的价值链和产业链，培育自己的商业生态。

省级党报客户端还可以整合媒体、用户、数据等资源，为政府部门、企事业单位等客户提供多元化的服务。如，通过大数据分析、人工智能追踪用户偏好，通过精准营销服务广告合作方，拉动广告经营板块；也可以打造智媒体，生产智库产品，提供舆情服务或大数据专项分析等服务，为用户提供运营解决方案。

四、制定系统可持续的营销战略，探索最适合自身产品的盈利模式

目前可深入探索的盈利模式有以下几种。

一是基本的商品营销模式。省级党报客户端在前期营销宣传推广中，在争取下载量和用户留存率上采取了很多措施，其中广告推广、营销推广、预装机推广、应用市场推广等方式是最常见的营销方式。如建立同名微博、微信账号，利用社交媒体互动营销；通过与电信运营商和手机厂商开展合作，在手机或者平板电脑上预先安装自己的新闻客户端；与终端厂商应用软件商店合作，在应

用市场上给予优先排名和推荐；采取"礼品营销"、定期抽奖等方式，让更多的用户下载使用，有的党媒客户端让用户登录阅读互动等使用客户端的同时获取积分换购商品；又或者通过行政手段推广下载新闻客户端。澎湃新闻客户端上线后，将优秀原创内容分发到同名微博、微信账号上，利用社交媒体的互动营销迅速提升客户端的下载量。同时，也与苹果应用商店、360安卓市场等主流应用商店合作，给予排名靠前的推荐。但是，后期持续的系统的营销规划和措施更加重要，与用户建立长期稳定关系，不断稳固和提升用户活跃度才是更为重要的。

二是付费订阅模式和流量拉动线上线下广告模式。从传统媒体发展而来的新媒体最基本的盈利模式一种是依靠深度专业的内容吸引付费用户，实现内容付费订阅；另一种是通过优质的内容和服务等产品吸引流量，获得广告投放收入。但是这两者都是建立在庞大的用户规模和流量的基础上，所以以目前省级党报客户端的用户和流量规模难以靠此模式实现盈利。一般来说，移动客户端的用户规模达到百万以上，才有盈利可能，并且这个用户规模不能只是下载量和总体用户数，用户的活跃度还得比较高，否则光有下载量而没有使用率，依然无法带动流量，仍然不具备盈利能力。用户基数有一个时间积累的过程，而提高用户活跃度更是需要长期稳定的优质内容输出和产品运营，持续性获取用户，保持用户黏性和忠诚度。

三是用第三方平台导流和留存用户，开展互动营销和协同发展。首先，在重点商业平台开设和运营自己的新媒体账号，在自有平台之外拓展传播渠道，以向客户端导流。客户端要打通与社交媒体的联动。省级党报客户端基本上都在微信、微博、视频号、抖音号、快手号、小红书、B站等平台开通同名或同系列官方账号，加强推广和运营，尤其应注重利用"账号化""矩阵化"发展的积极作用，与客户端形成有效联动、相互支撑，如在官方微信和微博等主界面提供客户端的下载入口，提升装机量和活跃度。尤其是在重大事件和热点新闻事件的报道中，可以融合一切能融合的力量，做全程行进式报道、全媒体形态呈现，生产适配重点社交平台的内容产品，加大"爆款"产品的产出，营造强大的宣传声势。

四是跨界合作营销推广，多服务融合让"第三方"付费。首先，省级党报客户端可以通过与政府、商家合作，提供平台服务用户，带动流量，提升营销价值。由政府或商家等服务合作方支付费用。其次，做强自有电商平台，探索与其他平台的差异化电商服务。让用户可以在客户端的电商平台和直播间购买商品，可以通过点击客户端的广告购买电商产品，也可以在客户端兑换商品，有些党报客户端已经成立了自己的 MCN 团队。省级党报客户端应探索自身与众多电子商务平台的差异化发展路径，首先最重要的是要立足本土，发挥接近性优势和本地资源优势，服务本地企业和商家客户，可以直播带货助销本地特色产品。

五是通过事件和活动营销，借势造势。事件营销可以是客户端按照客户需求通过策划、组织具有传播价值的事件，也可以是客户端及时抓住广受关注的社会新闻、热点事件或新闻人物的热度，与客户或品牌方的产品和服务的特征、属性或价值相关联、相结合，开展系列营销活动。

线上线下结合的活动也是运营互动板块、提升品牌影响力的有效途径。将垂直用户群体打造成粉丝群体，以兴趣圈为核心，建立线上垂直社群，设置摄影、美食、运动、萌宠等社区模块，通过兴趣达人入驻、网红达人养成、话题运营等方式，吸引用户加入社群，并参与到兴趣话题的内容生产、讨论交流和二次传播中去。结合这些垂直板块寻找相关企业客户合作线上发起参与，开展各种线下活动，方便用户走进社群，走进相关行业，为企业客户，也为用户提供服务，让需求与市场对接。澎湃新闻在这方面的做法就值得借鉴。澎湃新闻结合自身定位，在线上举办网络研讨会、直播访谈等，邀请知名专家、意见领袖参与，提供行业洞见和深度分析，吸引高质量用户群体；线下，通过组织公开讲座、主题沙龙等活动，增加与用户的面对面互动，加深用户对澎湃新闻品牌的认同感和归属感。

六是打造优质媒体 IP，转化为可供商业化开发的互联网产品，开展付费订阅或版权营销等。开发优质媒体 IP，一方面可以对平台聚合内容，包括 PGC、UGC 等内容开发 IP。另一方面，打造媒体自身 IP，着力打造一批有辨识度和市场竞争力的新媒体节目，利用特色栏目打造栏目 IP、主播 IP，更能发挥栏目、主播的带动效应，收获更多栏目受众，从而将"优质内容"转变为"优质版权"，提升自身品牌吸引力。

七是注重知识产权，做好版权营销。首先，与其他平台或企业客户开展定制内容合作。其次，对自有原创内容加强深度利用，提升二次编辑、二次原创的内容生产能力,通过将原有内容的拆分整合、增量信息补充、相关信息整合链接等操作,根据客户需求或用户偏好,将其数字化成为可以再次挖掘价值的数据库,利用内容和数据做好智库产品。再次,针对平台账号收益分成模式,可以寻找外部内容资源和内容生产力量来扩充内容池,加大内容输出量,提高内容变现收益。复次,在短视频方面还是要加大投入力度,在生产、渠道建设、输出合作上都加大力量,了解各视频平台的定价机制,如千次播放单价、视频版权采买政策等,实现视频品类内容的单独定价。最后,可以将版权资源集中管理,版权维护与运营可以由专门公司负责,做到强力维权和灵活运营,将新闻产品转化为数字化资产,成为自身独一无二的数据库,向用户有偿开放;同时也要做好日常版权维护和运营,如针对平台账号收益分成模式,提高内容变现收益,重点关注大型门户商业网站和新闻资讯客户端,以稳定营收。

五、通过提炼和挖掘强符号来打造客户端品牌

在客户端名字、外观和界面、内容和服务、栏目和板块、品牌推广等方面建构突出本省特点的强符号,打造独特的风格和形象,打造和传播"人无我有、人有我优"的品牌强符号,是省级党报客户端脱颖而出的重要途径。强符号,指的是现代符号传播中传播能力强、传播效果最好的一部分符号。强符号具有五个基本特征:一是强烈表现当代主流;二是传播力持久;三是社会利用率高;四是能指形式独特;五是所指意义具有唯一性和不变性。[137] 根据芬兰符号学家埃罗·塔拉斯蒂的强弱符号理论,意义完全或者多数依靠语境才能确定的符号属于"弱符号",不依靠语境、能够独立表意的符号为"强符号"。[138] 强符号是客户端进行品牌传播的有效途径。省级党报客户端塑造、发掘和传播强符号既能够打造定位和内容的差异化,扩大自身影响力,又能促进对地方旅游、形象和文化的传播,推动地方旅游业和特色产业的发展。一个省的强符号,就是根植于本省的地理或历史中,为全国人民所认同的,能够代表本省面貌、特色、价值或发展的标识、建筑、历史人物、节日、民俗、理论、著作、自然或人文景观、特产资源、文化艺术历史人物、景观建筑、传统民俗、文学艺术、传统器物等。能作为强符号的其实不多。一是强符号要与本省形象的核心定位相一致,形成全国乃至全世界对本省的身份认同。二是强符号应具有突出的地域特色,蕴含深邃厚重的地域文化和民俗民风,彰显独特的地方性格,能够打造本

省文化品牌。

浙江日报报业集团客户端"潮新闻"，这个"潮"代表钱江潮，知名的钱塘江大潮是浙江著名的自然景观强符号，同时也代表"永立潮头"，符合集团的形象和文化，在媒体改革发展的路上，浙江日报报业集团也一向都是走在前列的。"今贵州"的升级客户端"天眼新闻"也抓住了本地特色和强符号。所谓"天眼新闻"，既是意指客户端定位"天下事，新闻眼"，同时"天眼"代表着贵州形象，被誉为"中国天眼"的全球最大的500米口径球面射电望远镜就在贵州，"天眼"无疑是贵州的一张亮丽名片，"今贵州"改名为"天眼新闻"更体现品牌性，更能体现贵州特色。

大部分的省级党报客户端已经认识到强符号对于塑造和传播品牌文化的重要作用，内蒙古日报社草原云客户端已经开始依托内蒙古本地的文化特色做一些创意新媒体产品，目前已组建专班，研究文化符号，正在策划制作"内蒙古美食、旅游、文化地图"新媒体产品。广西云客户端从客户端整体设计上就突出了"桂风壮韵"的特点，UI设计贯穿着壮锦、绣球、铜鼓、桂林山水等特色元素，广西云全新LOGO采用广西出土的文物羽纹铜凤灯为创意，采用的都是广西极具特色的文化符号，可以说将广西的文化符号"戴在了客户端身上"。不仅如此，广西云客户端十分注重广西文化品牌栏目建设，重磅升级"爱上非遗"专栏，推进"广西云非遗走东盟"系列活动，展现"非遗传承之美"；创新打造"'西'世珍宝·博物志"专栏，介绍文物和文化遗产；以广西三月三、桂林艺术节等重大节点为契机，全方位传播广西文化。

六、多端合一，客户端资源整合势在必行

从互联网媒体目前的演进趋势来看，客户端目前是省级党报集团遵循新闻传播规律和新兴媒体发展规律的必然选择，并且因为客户端是媒体自有平台，被认为是主流媒体抢占主流话语权、牢牢把握舆论阵地的重要抓手。但实际上，客户端化也可能只是互联网媒体发展的过程而已，近年来一些新闻客户端都已经关闭或合并。诞生于2006年的数字新闻机构先驱Buzz Feed于2023年4月宣布关闭其客户端，以及长期深耕亚文化领域新闻报道的著名创新媒体Vice Media在2023年5月宣布破产。2023年5月，派拉蒙公司宣布关闭运行了36年的"MTV News"及新闻部旗下应用产品。[139]

我国一些省级党报集团也陆续关停了部分日活数极低的应用端口，对客户端整合精简。2023年2月，浙江日报报业集团旗下浙江新闻、天目新闻、小时新闻3个客户端宣布合并为潮新闻客户端正式上线，迈出了主流媒体客户端"多端合一"的创新步伐。潮新闻客户端上线的背后伴随着组织架构的重塑，内设机构负责人从122人减至59人，但是细分领域工作室却增加到54个，体现了潮新闻客户端对高质量内容的顺应互联网传播规律的追求。同年11月，大众报业集团宣布将现有的大众日报、海报新闻、齐鲁壹点3个综合性客户端融合共建统一的旗舰平台——大众客户端。

省级党报集团客户端多端合并是大势所趋。近年来，客户端成了媒体的标配，大部分省级党报集团不只拥有一个客户端，有的甚至有多个客户端。但其实大部分的客户端用户下载量小，即使有的客户端在前期推广上采取了很多措施，甚至通过行政手段推广，但是也难逃后期用户活跃度、日活、月活数据持续低下的命运，更谈不上引导力和影响力；在开发运营维护过程中，在资金技术人才等方面加大投入，但是后期因造血能力不足，盈利困难，为集团带来极大运营压力；且内部多个客户端之间资源分散、功能雷同、内耗严重，内容、服务重复，同质化现象突出。事实上，手机等移动终端的容量、用户有限的时间和精力都决定了每个用户对客户端的下载量和使用时间都是非常有限的，用户和市场需求就决定了不需要这么多的客户端的存在。省级党报集团应根据自身定位、特色和优势，将多端整合，集中优势力量做好一两个客户端，降低运营成本，在提升舆论引导力、传播力、影响力上下狠工夫。同时，整合还需要在制度机制、组织架构、人才配置、流程设计、功能用户等方面跟上步伐，才能将整合的正面效果最大化。

当然，整合模式不是客户端发展的唯一选择，关停并转还是继续深耕都要根据集团自身情况具体分析。省级党报集团也可结合自身财力、人力、技术、用户等资源情况，打造多个客户端，形成差异互补的矩阵式发展，争取用户，做到有效传播。

县级融媒体中心专论

第二十四章　大连市金普新区融媒体中心能力建设研究报告

李立新[①]

大连金普新区融媒体中心是全国第十个、东北地区第一个国家级新区——金普新区唯一的区级主流媒体。2018年8月31日挂牌成立，2021年8月19日全面启动深化媒体融合改革，目前改革成效日益显现。

第一节　大连市金普新区融媒体中心基本情况

大连金普新区融媒体中心是由原金普新区广播电视台和原金普新区新闻中心合并组建的，发展历程上分别为大连开发区电视台、金州区广播电视台、大连开发区报社。

大连经济技术开发区被誉为"神州第一开发区"，大连开发区电视台是全国开发区中唯一经国家广电总局批准设立的地方电视台。1994年9月28日，大连开发区电视台正式开播；2001年，被辽宁省广播电视局纳入地市级台管理；2010年，金州区和大连经济技术开发区合并组成金州新区，原金州区广播电视台和大连开发区电视台合并为金州新区广播电视台；2015年8月，随金州新区上升为国家级金普新区，金州新区广播电视台更名为金普新区广播电视台。

《大连开发区报》创刊于1991年，是全国开发区第一张公开出版发行的

---

① 李立新，大连市金普新区融媒体中心主任。

报纸。2002年底，由原周四刊改为日报，发行至全国20多个省市。2004年1月停刊，后改出内部资料《开发区信息》月刊。2005年12月，经辽宁省新闻出版局批准更名，又改出《大连开放先导区》报，对开八版，周五刊，内部刊号，赠阅区内机关、企事业单位、驻区机构、大连市四大班子领导、相关部门、兄弟开发区等。

2018年，在媒体融合发展趋势下和金普新区事业单位改革中，大连金普新区融媒体中心诞生。目前，承担2个电视频道、2套广播频率的节目制作、播出；1份省级备案、内部刊号报纸的编辑、出版、发行；金普新区政务微信公众号、微博和新闻客户端、多个微信公众号以及微信视频号、抖音号等运营管理。管辖大黑山发射台，现承担中央、省、市、区41套电视信号和调频广播信号的转播发射任务。

第二节 金普新区融媒体中心发展亮点

一、体制机制

一是机构融合。深化媒体融合改革以来，按照媒体发展的实际需求，优化调整机构设置，目前共设党政办公室、全媒体采访中心、全媒体编辑中心、融合传播中心、广播电视中心、国际传播中心、全媒体技术中心7个内设机构。组建大连文广传媒集团，目前设4个部门——综合业务部、品牌营销部、艺培项目部、好品项目部，下属4个子公司——大连文广影视有限责任公司、大连金视电影发行放映有限公司、大连智媒科技有限公司、大连数智乡村发展有限公司。二是平台融合。现拥有电视、广播、报纸、新媒体四大平台，构建起涵盖客户端、微博、微信公众号、视频号、抖音号、新华社现场云以及海外社交媒体平台等国际传播平台的新媒体矩阵。电视平台开设《金普新闻》和《新闻山海关》2档新闻类栏目；广播平台开设4档直播节目——《1043早班车》2小时，《体坛战车》1小时，《直播金普》40分钟，《1043晚高峰》2小时；报纸平台同步上线电子报；新媒体平台包括掌上金普App、金普发布、金普新闻、掌上金普、金普国际台、大连1043等微信公众号、视频号，大连金普新区抖音号，金普新闻快手号，学习强国金普融媒号等20多个账号，粉丝总量超过200万。

三是传播融合。以编委会为核心、"新闻大脑"为中枢，通过每周一次的编委会例会、每日的编前会和随时可启动的临时性调度机制作为"总控平台"，建立起统一指挥、高效运转、灵活多变的报道机制，形成移动优先、一体策划、一次采集、多元生成、全媒分发的传播格局，实现"大传播、融传播"。

二、内容生产

一是深耕内容。做足围绕中心、服务大局的文章，充分运用屏、报、声、微、端，做好日常报道。紧扣主题主线，加大宣传力度，不间断推出主题报道、深度报道、系列报道，形成多形式、多层次、立体化、广覆盖的舆论强势。近年来，策划推出的全媒体栏目《一把手说》《政在问》《对话民营企业家》《走现场 看项目》等形成一定IP效应，《喜迎二十大·牢记嘱托 金普实践》《"卯"足干劲"兔"飞猛进》《声音·共话金普"营商之变"》《近悦远来 共"营"未来》等栏目压茬推出。2023年，全媒体平台全年发稿总量超过2万篇，同比增长超过20%，为地区经济社会高质量发展提供有力舆论支持。二是创优内容。实施创新、创优、创品牌"三创"工程，全面提高新闻宣传规模和质量，鼓励多出作品、多出精品。2023年以来，多次荣获辽宁新闻奖、年度辽宁省广播电视新闻创新创优作品及年度大奖。2023年中央级媒体发稿778篇。强化以时政新闻、主题报道为主的《金普新闻》全媒体矩阵龙头地位；全新打造跨地域、跨媒介、纯新闻、强网感并走向全国的融媒产品《新闻山海观》；放大"金普发布""悦读金普"、新大连广播、"大黑山"副刊、金普慢直播、海媒栏目《We are in 金普》、"十月少年文学"大连基地等的品牌效应，着力打造在金普新区内外、在媒体圈内外都具有一定知名度和影响力的融媒品牌。三是赋能内容。各平台联动、移动优先、融合传播，打造"现象级"爆款产品，放大传播的乘数效应。升级掌上金普App 2.0版，在主流网络平台开辟运营账号19个，传统端刊播内容全部同步到网络端，并积极策划推出面向网络传播的宣传内容和形态，全年网络浏览总量近7000万。挂牌"中省直驻连媒体工作站"，积极发挥作为上级媒体在地方的延伸和触角功能，与上级媒体建立紧密协作关系，特别是2023年在新闻联播发稿7篇，在央视总台及客户端发稿130篇，增幅达69%，创历史新高。

三、经营管理

一是事企分开。2021年12月3日，受权管理的国有企业——大连文广传媒集团正式成立，形成事企分开、"事业引领产业、产业反哺事业"的新型媒体发展格局。集团注册资本1亿元，专注全媒体营销、新媒体运营、大型活动、影视出品、电商贸易、青少艺培、文创开发等领域，目标是打造立足金普、服务大连、辐射东北、放眼全国的新型主流媒体产业"航母"。二是重点布局。面对经营创收难的局面，分析形势，聚力破局，重点布局四大板块：电商、青少艺培、影视、产业园，均在积极发展。2023年8月，首次承办全国城市媒体产业发展联盟大会，50多家媒体机构近200人参加，会上发起成立辽南区县融媒协作体"黄海联盟"，启动大连智媒创新应用中心；2023年12月，在中国大连预制菜产业大会上，发起成立海产品预制菜营销协作体，已吸引20多家媒体机构加盟。青少艺培产业方面，联合10家地市台发起全国首届广电联盟青少年语言艺术大赛研学项目，在"赛事+研学"的营收模式上开拓新渠道；牵头成立金普广电青少文艺节目协作体；2020年11月，与教育部门和《十月少年文学》杂志社联合成立的"十月少年文学"大连基地，在2022年、2023年全国广播电视融媒体营销创新大赛中，先后获铜奖和银奖。三是抢占先机。2023年，集团下属企业文广影视开始实质运行，借助"媒体资源+社会资本"的融合优势，先后参与孵化影视产业项目5个，3个获得拍摄许可。2024年，进军影视产业初见成效，文广影视主要投资出品的首部院线电影《唤醒者》，6月21日登陆全国院线。在此基础上，紧跟国家广电总局"跟着微短剧去旅行"创作计划，7月30日，成功举办由中国电视艺术家协会、辽宁省广播电视局指导的"从大连出发"城市文旅短片短剧推优暨辽南区县媒体产业项目发布系列活动，并正式开机金普新区首部文旅微短剧《奔跑在山海之间的浪漫》。

四、人才激励

一是优化人才配置。大连金普新区融媒体中心现为金普新区党工委直属事业单位。现有员工260人，其中事业编制81人，企业编制179人。深化人事改革，建立了以全员聘任为核心、以岗位管理为基础、以竞争上岗为导向、以末位淘汰为动力的新型选人用人机制。中层岗位实行竞聘上岗制和任期目标制，先领任务再上岗，岗位和职级分离，动态调整，能者上、庸者下、劣者汰；一般工作人员岗位实行竞聘上岗和末位淘汰，落实岗位培训和退出、淘汰机制。加大高端人才引进力度，设立高层次人才岗位，实行特殊待遇和动态管理；每年招聘引进5%—10%年轻人才，推动队伍向全媒体、专家型、年轻化方向转型。二是完善绩效考核。本着"分类管理、公平性、激励性和效益性"原则，在强化人工成本预算管控的前提下，坚持社会效益优先，建立社会效益和经济效益相统一的绩效考核体系。推行全面目标管理，党委与各部门签订目标责任书，明确工作要求，岗位动态调整，实施绩效考核，形成人人有指标、人人有压力、事事有考核的绩效考评体系。三是重构薪酬分配。严格业绩考核，突出绩效激励，坚持效益导向，实行工效挂钩，建立工资总额年度增长机制，实现薪酬分配向关键岗位、一线岗位和贡献突出岗位倾斜；构建差异化的薪酬管理组合，事业编制员工参照国家及金普新区事业单位人员薪酬管理办法执行，企业编制人员突出"岗位绩效工资制"，体现多劳多得、优劳优得，产业创收人员采用工资总额管控方式，具备更高的灵活性。

五、媒体技术

一是智媒发展。融媒集成指挥平台"新闻大脑"建成并投入使用，真正实现"报、网、台、端、微"的全面融合，充分利用人工智能、大数据、5G等技术赋能融媒智能化生产。围绕广播电视安全传输，整合开发"安全播出远程运维系统"，将金普融媒分设在3处地点的播出平台整合为一体，利用远程监控、智能管理和人工维护等手段，实现"一屏管三端、传输不间断"，有效提升广播电视传输系统的自动化、智能化、可靠性和应急处理能力。二是保障供给。金普融媒克服施工难度大、施工风险隐患高的困难，组织实施大黑山发射台供电系统升级改造工程，圆满完成大黑山发射台智能发电这一确保发射安全的上级督办项目。该工程一改发射台建台40年来的电力保障难题，实现发射设备的稳定安全供电，并成功经受恶劣天气导致发射台外电长时间中断的极端考验，实现全年零事故。在2023年度辽宁省广播电视科技创新成果评比中，融媒智能高清化改造项目荣获一等奖，大黑山发射台智能供电项目荣获三等奖，这是大连金普新区融媒体中心首次获得科技创新奖，取得历史性突破。三是应用转化。打造大模型技术，通过深度学习和自然语言处理技术，理解和生成自然语言，帮助融媒平台更好地整合内容资源，实现多元化传播。依靠统一的资源和内容管理、多种形式的采编生产工具、面向多渠道的信息发布能力，自主打造、定制专属主播形象，目前有两个，分别是基于新闻主持人滕菲菲进行虚拟人建模的数字虚拟主播"金小菲"、动画形象代言人"金小樱"。

六、政务服务

一是升级客户端。将掌上金普 App 升级到 2.0 版，开设新闻、直播、金普号、服务等板块，以及头条、版面、本地宝、深读、经济、党建、社会、健康、教育、点播等栏目，不断完善和丰富 App 的功能及内容，更好搭建"新闻+政务"平台，把握"移动优先"主动权，快速准确推送各类信息。二是新媒体服务。以认证主体为金普新区党工委宣传部的"金普发布"微信公众号为核心，构建微信公众号、视频号、抖音号、快手号等新媒体矩阵，牢牢掌握网络意识形态工作主导权。截至 2023 年 11 月，"金普发布"粉丝量突破"42 万+"。2023 年上半年，"新榜"辽宁省政务新媒体影响力排名更新 5 次，"金普发布"3 次居榜首。各新媒体账号错位发展，侧重点各有不同，"金普发布"将政策信息与百姓生活图景紧紧结合起来，以亲切、幽默的平等对话创造与公众的关联，深度融合信息与民生关系，实现话语内容的普惠化、大众化。其中，封路通告、停电通知等内容，多条点击量挺进"5 万+"；天气推送内容条条"1 万+"，最高点击量近"7 万+"。三是用好强国号。作为金普融媒重点打造的新媒体平台之一，"学习强国"金普融媒号突出政治性、新闻性、服务性、贴近性，立足大连金普新区实际，自 2022 年 1 月 1 日上线以来，刊发稿件 6000 余篇，全国平台选用 20 余篇，省级平台选用 2000 余篇。在"学习强国"学习平台 2023 年航拍"我的美丽家乡"短视频征集活动中，金普融媒号喜获优秀组织单位奖，是辽宁省唯一获此奖项的县级融媒号；因向辽宁学习平台提供丰富的内容资源，大量优质稿件编入"县级融媒""文明实践"等频道，连续收到"学习强国"辽宁学习平台编辑部感谢信。四是搭建连心桥。以"提高政策透明度、促进民主监督、保障公众权益"为宗旨，金普融媒连续两年结合政务公开，推出全媒体系列访谈栏目《政在问》，邀请金普新区各部门和单位相关负责人走进演播室，聚焦企业和群众关心的热点话题，发布权威信息，深入解读政策，回应公众关切，促进了政府与公众的有效沟通和交流。

七、民生服务

一是打造民情直通车。近年来，金普融媒在民生报道领域取得显著成果。报纸平台固定开设《社区直通车》《民情巷》《即时报》等栏目，灵活开设《有事您说话》《春风送岗》等栏目，共计刊发《把根治拖欠农民工工资工作落到实处》《400余户业主有望今年"回家"》《11个无物业小区有了"保洁管家"》等一大批反映民生诉求、体现地区作为的稿件。其中，《即时报》栏目在2022年刊发报道59篇，2023年刊发80篇，充分显示了该栏目对民生新闻的快速响应能力和持续关注度。二是服务群众全方位。为充分发挥融媒体服务群众的作用，金普融媒全媒体共同发力。2024年开年，成功举办金普新区2024年职工春节联欢晚会，2个多小时、8个平台现场直播，观看量"22万+"；制作4个版本的整场节目，在大连电视台文体频道、金普融媒新闻综合频道、掌上金普App以及金普新区机关食堂等播出；制作拆条视频65条，在学习强国平台、金普发布、掌上金普App等多个平台播出。直播"龙腾金普"海上焰火秀，共设计11个机位，包括3台无人机、1个水面拍摄点位和1个远景拍摄点位，直播期间观看人数"18万+"，分享次数近5万，点赞量近108万。本次除自有平台外，《人民日报》视界客户端、中国日报海外平台、《环球时报》百家号等23家国家、省、市媒体及自媒体同步直播，活动结束后第一时间连发6条短视频，为公众线上欣赏海上焰火秀的精彩提供了极大便利。城乡居民基本医疗保险与群众利益息息相关，为让金普居民更加全面、细致地了解医保政策，同时推动相关工作开展，自2023年10月底开始，"金普发布"特别推出"幸福有'医'靠，健康有'保'障"系列推送，促进医保政策最大程度惠及金普居民。三是粉丝互动有创意。金普融媒的FM1043新大连广播，已组建10个听友群，人数达5000人，群内听友互动频繁活跃，积极参与节目和活动。广播平台还组织听友参加社区、企业、社会组织的相关公益活动，增强大家的社会责任感，并推出"主播带你去旅行"活动，已组织多次泰国、韩国、日本游。四是关注需求惠民生。"十月少年文学"大连基地成立以来，已在金普新区49所中小学校建立文学社，举办5次主题征文活动，全区10万余名中小学生参加，25篇优秀作品在《十月少年文学》发表，为孩子们阅读写作创造高平台，使这个项目成为政府支持、社会欢迎、家长信赖、学生热衷的好项目。另一档以推广阅读为主题的文化访谈类节目《悦读金普》，已邀请10余位本地及国内知名作家学者，分享他们的作品及写作、阅读心得，成为"书香金普"建设的一张名片。

第三节　金普新区融媒体中心舆论引导能力建设实证研究

一、解读党的理论路线方针政策及上级各级党委政府精神

金普融媒立足主责主业，扎实做好"上情下达、下情上传"的桥梁纽带。各平台始终以传递党的"好声音"，学习好、宣传好中央和省市区方针政策、决策部署、精神要求为己任，履行好引导群众的职责。一是高举旗帜，引领导向。开设专题专栏，推动习近平新时代中国特色社会主义思想入脑入心，党的创新理论深入人心、见行见效，不断把党员干部群众的思想和行动统一到习近平新时代中国特色社会主义思想上来，统一到党中央决策部署上来，统一到省委省政府、市委市政府和金普新区党工委管委会的各项要求和重点工作上来，坚持正确政治方向、舆论导向，加强舆论引导。开设的专题专栏包括"学习宣传贯彻党的二十大精神""学思想　强党性　重实践　建新功""决战四季度　决胜首战年""牢记嘱托显担当　攻坚之年谱新篇""学习贯彻党的二十届三中全会精神"等。二是围绕中心，服务大局。紧密围绕省、市、区中心工作，服务地区经济社会高质量发展大局，以金普一域奋力谱写新时代发展新篇章，为全市、全省乃至全国发展添彩。2022年2月底，特别策划推出的全媒体访谈栏目"双高领跑　东北第一强区·一把手说"，聚焦金普新区"双高发展领跑年"各部门、各单位"怎么干"，让"一把手"在电视、报纸、广播、新媒体端挂出"作战图"、立下"军令状"。该栏目推出后，引起强烈反响，取得超出预期的效果，成为人们了解金普"双高领跑"、感受干部形象的一个窗口，也使金普如何抢抓机遇、快速发展成为市民关切，为每位"一把手"设计的前宣海报，还刷屏朋友圈，创造了时政报道的一个爆点。

二、讲好本地老百姓生产生活故事

地方融媒体中心所具有的本地优势，为讲好本地故事奠定坚实基础。金

普融媒充分利用这一优势，把媒体的情怀和担当融入新闻报道之中，倡导沉到一线、深入群众，沉浸式采访，挖掘鲜活素材，做足反映金普人民群众生产生活的报道，并通过融合传播扩大传播效应，在汇聚强大正能量的同时，展示金普经济社会发展同频共振的良好形象。以2023年台风"杜苏芮"相关报道为例：2023年7月，在得到因暴雨私家车被困桥下，金普"小伙"实施救援的新闻线索后，金普融媒立即行动，第一时间联系发布视频的自媒体"大连成"视频号负责人和救援人员，对接跟进，并迅速组建全媒体报道小组，很快就将事情了解清楚并情景再现，在电视、报纸、新媒体等平台推送后，迅速火遍全网，赢得市民和广大网友的点赞。同时，随着台风"杜苏芮"升级为超强台风，在推测该视频或将有更大流量的情况下，安排专人在"金普发布"视频号后台进行流量监测，从7月25日开始，浏览量以每日超过20万的速度增长，7月28日浏览量超过40万，截至7月28日，短视频《因暴雨私家车被困桥下，金普"小伙"神兵天降，展开硬核救援！》播放总量接近105万，推荐次数7893，收藏次数6152；抖音平台播放量15.4万，点赞2330次，评论151次。受"杜苏芮"影响，河北涿州遭受罕见洪水灾害，金普新区救援队星夜驰援，投入安全转移群众等救援工作中，金普融媒不间断与救援队联系，通过连线报道等，使"一方有难、八方支援"的精神和金普"大爱"得以呈现。再比如：获评2023年度辽宁省广播电视新闻创新创优作品的电视新闻《宝贝欢迎来到有声世界》，是对金普民政"双百工程"（寻找100户救助保障体系覆盖不到的特殊家庭，募集100万元善款用于定向帮扶）的跟踪采访。小睿睿一出生就患有双侧前庭导水管综合征，完全丧失听力，不会说话，金普民政将小睿睿家庭纳入"双百工程"帮扶范围，2023年11月13日，小睿睿完成人工耳蜗植入手术并顺利开机，生活在"无声世界"里两年的小睿睿终于来到"有声世界"。这条电视新闻同时在报纸、新媒体等平台发出，在更大范围内让人们感受到金普大家庭的温暖。

三、重大危机事件干预

自媒体时代，掌握"流量密码"的自媒体人通过自我的立场和观点，对舆论走势形成影响，往往会推动舆论发展，引发蝴蝶效应。主流媒体不仅要占领主阵地，而且要守好主阵地。2023年5月，发生在金普新区的"老人被卷车底，众人合力抬车救人"事件,就是一个很好的案例。事件发生后,现场监控视频迅速在网上传播开来,在走势难料的舆情面前,主流媒体的声音至关重要。金普新区党工委宣传部立即发出指令,金普融媒立即调集人员、布置任务,采访、出稿成片、分发传播,以最快速度完成,同步提供给各官媒及自媒体,人民日报客户端辽宁频道、央视新闻客户端、CCTV-13 新闻频道、西瓜频道、新浪微博等纷纷发出,使其短时间内成为一则官媒和自媒体同频共振的正能量爆款新闻,据不完全统计,关注的官媒、自媒体达到近 500 家。金普融媒同时递进式进行议题设置,特别是在后续采访中,当捕捉到老人一家想感谢好心人、却不知道该送给谁的细节时,策划调度推出《一面送不出去的锦旗》及"金普时评"《金普人,就是我们的姓名》,将报道升华,该报道以"融合报道作品"报送,荣获第 33 届辽宁新闻奖一等奖。再比如:2023 年 10 月,关于金普新区某村"禁止村民垃圾箱扔垃圾"在澎湃新闻、新浪微博等出现,网民发表负面评论,质疑这一做法。金普融媒接到金普新区党工委宣传部的信息后,派出记者到现场调查,用事实说话,为防止负面舆情扩散起到积极作用。

四、外宣传播强化本区域公众认同形成凝聚力向心力

大连金普新区融媒体中心对内与央视等建立紧密协作关系,对外加强国际传播。与央视协作方面,包括 2023 年 7 月 23 日,联合拍摄《辽宁发挥产业优势　助力招商引资》在新闻联播头条播发;8 月,连续多日与央视记者拍摄复州湾盐田虾产业,在央视财经、新闻和农业频道及客户端共播发 8 条报道;10 月 25 日,协助央视辽宁总站,对石河粉黛花田进行直播,央视新闻直播间《粉黛花田最美时　唯美秋景引客来》30 分钟吸引 120 余万人观看等。国际传播方面,与《中国日报》合作英文、日文网站,打造国际传播矩阵,海外社交媒体账号粉丝 22.4 万,人民日报社《新闻战线》2024·06(上)在"国际传播"专栏刊发了金普融媒《筑牢主阵地　打造新载体　擦亮新品牌》的文章;注重国际化表达,短视频形成《We are in 金普》《大连外转》和《金普非遗》三大系列,广受好评,其中《We are in 金普》因题材新颖、叙事立体,被新华社选中播发,入选全国新媒体联盟优秀作品推荐。

随着改革成效的日益显现,金普融媒的影响力也持续增强。特别是 2024 年以来,中国社会科学院新媒体研究中心副主任兼秘书长、研究员黄楚新带

队调研，给予金普融媒"走在东北前列，具有示范意义"的评价，中国新闻出版广电报等对金普融媒的经验做法进行了报道；《大连金普新区媒体融合发展报告》入选《中国新媒体发展报告（2024）》；大连金普新区融媒体中心受邀参加中国广播电视学术年会并作交流分享等。这些都为金普融媒以更高标准、更高质量推进工作产生激励、奠定基础，使金普融媒朝着打造全国城市媒体融合发展的"金普模式"继续迈进，为地区蓬勃发展营造更强有力的舆论环境。

第四节 金普新区融媒体中心舆论引导面临的问题与困境

一、融合传播体系还不够健全

目前，金普融媒尚存在主阵地主要集中在传统端，移动端力量不足、原创不够多、议题设置少，短视频制作不频繁，客户端缺乏运营推广等问题，制约了高效、顺畅的融合传播体系的构建。

二、专业型复合型人才仍不足

在新闻宣传和内容生产领域，缺少既懂新闻和传播规律又善于运用互联网手段、精通网络传播的新型媒体人才；在平台建设和媒体技术领域，缺少网络技术、大数据、应用开发型人才；在产业经营领域，缺少善用媒体资源、善于开拓市场、能够攻坚克难的实战型人才。

三、品牌建设方面水平待提升

原创内容总量偏少，电视端的自办节目比例较低；品牌建设水平不够高，"叫好又叫座"的产品少；获得的高层级奖项不多；舆论引导能力尚需进一步加强。

第五节　提高融媒体中心舆论引导能力的路径与方法

一、要始终坚持党对新闻舆论工作的领导

作为意识形态工作和宣传思想文化工作的前沿阵地，融媒体中心要始终坚持党对新闻舆论工作的领导，坚持党性原则、党管媒体，守土有责、守土负责、守土尽责地把党的理论路线方针政策和各级决策部署要求宣传好、阐释好、落实好，确保党的声音及时准确地传递到基层。内容上，全媒联动，做好重大主题宣传的策划和报道；形式上，创新话语方式和传播手段，传统媒体新媒体相辅相成，让群众找得到、听得进、记得牢，力求提高传播效果，充分发挥舆论的导向、旗帜、引领作用，确保好政策和决策部署落地生根。

二、要始终坚持践行新闻工作者的"四力"

更好引导服务、服务群众，基层融媒体中心责无旁贷。这就需要新闻工作者深入研究如何为受众提供喜闻乐见的新闻产品。要通过不断增强脚力、眼力、脑力、笔力，接地气、通下情，和群众打成一片，打通宣传思想文化工作的"最后一公里"，多角度、多形式、生动报道本地老百姓的生产生活；要围绕社会主义核心价值观鲜活呈现好故事、好人物、好画面，切实发挥融媒体宣传优势，真正做到受众在哪里、舆论引导就延伸到哪里；要通过"内宣外宣一体、传统媒体新媒体协同、线上线下同步"，讲好地区故事，进而折射中国的故事。

三、要始终坚持"媒体＋"做到迅速反应

意识形态工作是党的一项极端重要的工作，各级党政部门都要切实增强责任感和紧迫感，守好守牢意识形态阵地。融媒体中心要做好"媒体＋"的文章，积极与党政部门加强沟通，全媒体、各平台发力，当好民意的"传声筒"，将群众想知、应知的内容第一时间权威发布，着力提升新闻舆论传播力、引导力、影响力、公信力。在舆情可能出现或出现时，迅速反应，第一时间发声，并通过策划统筹、议程设置、全媒联动、融合传播，正向引导舆论，放大传播的乘数效应。树立媒体的良好形象，赢得更多受众、粉丝、用户、流量。

四、要始终坚持内容与技术并进两翼齐飞

内容与技术是媒体融合的双驱动，特别是在数字化、智能化的时代，提高融媒体中心的舆论引导能力，更要一手抓内容、一手抓技术，两者并进、两翼齐飞，双向赋能、共同进步。以金普融媒为例，已启用的融媒集成指挥平台"新闻大脑"，以先进技术为支撑，打通电视、报纸、广播等传统媒体的后台底座，形成素材共享、联动畅通、一键分发的生产格局，极大促进了媒体融合传播手段的创新。未来，充分利用大数据、AI等技术，融媒体中心才能发挥全程、全息、全员、全效媒体的功能，以互联网思维不断增强舆论引导能力。

第二十五章　湖北宜昌市夷陵区融媒体中心能力建设研究报告

袁　平[①]

宜昌市夷陵区融媒体中心于2019年3月正式挂牌成立。中心按照"一类保障、二类管理"模式运行，现有"两台一网两微一端"等宣传平台，开设《夷陵新闻》《天南地北夷陵人》等数十个节目。经过5年多的融合发展，夷陵区融媒体中心取得了一定成绩，基本建成主流舆论阵地、综合服务平台和社区信息枢纽。

第一节　宜昌市夷陵区融媒体中心基本情况

1950年9月，宜昌县收音站正式成立，宣告夷陵广播事业的诞生；1956年10月，在宜昌市肖家巷，宜昌县人民广播站正式开播；1970年7月，为支持葛洲坝建设，宜昌县人民广播站随宜昌县人民政府由宜昌市区迁至小溪塔；1989年10月1日，县广播站改名为"宜昌县人民广播电台"。1993年8月，宜昌县电视台批准建立；1994年7月，宜昌县电视台和有线电视合并，对外呼号为"宜昌县电视台"；1999年10月，宜昌县人民广播电台、宜昌县电视台合并运行。

2001年，国务院批复撤销原宜昌县，设立宜昌市夷陵区，原"宜昌县电视

[①] 袁平，湖北省宜昌市夷陵区融媒体中心主任。

台""宜昌县人民广播电台"呼号正式变更为"夷陵电视台"和"夷陵人民广播电台";2002年,宜昌市夷陵广电网络有限公司正式挂牌成立;2009年7月,宜昌市夷陵区广播电视局更名为宜昌市夷陵区广播电影电视局;2016年1月,夷陵区广播电影电视局调整为夷陵区广播电视台;2019年3月,根据《宜昌市夷陵区机构改革方案》和《中共夷陵区委、夷陵区人民政府关于宜昌市夷陵区机构改革的实施意见》,成立宜昌市夷陵区融媒体中心。

一、平台建设

目前,宜昌市夷陵区融媒体中心加挂宜昌市夷陵区广播电视台牌子,为区委直属正科级公益二类事业单位,归口区委宣传部领导。现有员工83人,其中在编人员67人,聘用人员16人,下设新闻股、编辑股、专题股等14个股室,共有新媒体、电视、广播等11个传播平台。其中,新媒体包含2个自持平台(云上夷陵客户端、三峡夷陵网站);1个微信公众号(夷陵发布);1个微博号(魅力夷陵);1个今日头条号(夷陵融媒);4个第三方平台号(抖音号"5210我爱夷陵"、微信视频号"夷陵发布"、湖北日报客户端夷陵频道、我的宜昌客户端夷陵频道),新媒体粉丝共计46.57万。电视开设新闻栏目《夷陵新闻》和专题节目《天南地北夷陵人》,日播时长16小时。广播FM93.0频率采用AI广播5G智慧电台技术,每天24小时播出。

二、职能职责

负责宣传习近平新时代中国特色社会主义思想、党中央方针政策,省、市、区委的决策部署和政策措施。负责全区对内对外宣传工作,为全区经济社会发展营造良好的舆论氛围。负责广播、电视、网络和移动端等全媒体内容生产,把握正确舆论导向,坚持守正创新,为全区人民提供丰富优质的新闻产品。负责为基层社区和群众提供生活资讯和信息供给,线上线下交流互动,服务全区人民。负责广播、电视、网络及移动端新媒体融合发展。承担自办广播电视节目、网络视听节目制作等任务,确保播出信息安全。落实融媒体中心建设规范,加快融媒体中心平台建设。加快全区数据资源的整合运用,运用"媒体+党务""媒体+政务""媒体+服务",为全区人民群众提供优质的政务服务、生活服务、社交传播、教育培训等各类综合服务。负责中心管理的国有资产保值增值，积极推进文化及传媒事业产业发展。

第二节　夷陵区融媒体中心发展亮点

一、体制机制

一是平台机构合而为一。着力打造"1+5+3+X"传播矩阵，统筹推进平台项目建设和媒体资源整合，不断加快一体化生产体系、多元化传播体系、扁平化组织体系、专业化人才体系4个体系建设，推进机构、内容、渠道、人员、管理5个融合，实现建成智慧城市大脑、主流舆论阵地、综合服务平台、社区信息枢纽、精神文明家园5项功能，以融媒体中心指挥平台为基础，打造了多位一体的新时代宣传新格局。二是内容生产融为一体。整合后的融媒体中心，将电视、广播、云上夷陵客户端、三峡夷陵网、"夷陵发布"微信公众号、"5210我爱夷陵"抖音号等全媒体平台资源进行融合，集采、编、播、发于一体。培养全媒体记者，根据传播平台特质，为多平台分发提供内容支持，多媒体统筹协调，多元化服务民生。2019年，中心作为全省两个县市级代表之一向时任中宣部部长黄坤明做汇报展示，时任省委常委、宣传部部长王艳玲来中心调研并给予高度评价，全市"两个中心"建设现场会在夷陵区召开并把中心作为参观点。2020年，全省广电媒体融合创新与发展研学班在夷陵区举办，中心负责人在湖北省县级融媒体中心标准化网络培训班上作题为《"智"汇夷陵"融"通万家》的运营管理专题网络授课，国家广电智库以《湖北夷陵：在媒体变革中扬帆远航》为题推介夷陵媒体融合发展经验。

二、内容生产

一是服务大局，主题宣传争先进位。围绕夷陵区委、区人民政府工作大局，聚焦学习贯彻党的二十大精神、引江补汉工程、宜昌高铁北站建设等主题，电视新闻栏目《夷陵新闻》、广播新闻栏目《夷陵新闻联播》坚持主流声音，权威发布，三峡夷陵网、云上夷陵客户端分别开设《学习贯彻二十大精神　推进夷陵高质量发展》《落到实处——以"四个重大"为例》等专题专栏，全媒体平台推出《新目标　新征程　新作为》等系列报道。在习近平总书记视察湖北亲临夷陵五周年之际，推出的《殷殷嘱托　五年奋进》系列报道，全网阅读量超过 200 万。二是多元表达，活动宣传有声有色。强化宣传策划，确保月月有主题，依次完成"工地大拜年""焰火闹元宵""缤纷四季　乡约夷陵乡村游""送你一朵芍药花""百里荒滑翔伞全国邀请赛""我在夷陵过端午""百里荒青燥音乐节""我到乐天溪打板栗""第九届湖北宜昌（夷陵）柑橘节"等重大宣传，"柑橘节"全网阅读量突破 2000 万；"青燥音乐节"活动全网阅读量超 4000 万。三是内容创优，品牌栏目出圈出彩。精办《夷陵新闻》电视主新闻栏目，《夷陵新闻联播》广播主新闻栏目，《天南地北夷陵人》电视专题栏目，推出《找准象限　突破极限——2023，我们这样干》系列报道全媒体访谈节目和《找准象限　突破极限——2024，我们这样干》系列报道。精心打造的《云端三峡》大型山水实景线上直播栏目，全网阅读量达 1.5 亿，开创全省县级融媒"媒体＋旅游"先河。策划推出《飞阅夷陵》《你好，夷陵》《说古道今》等系列融媒体报道品牌栏目，初步形成精品内容生产的"夷陵特色"。2023 年《飞阅夷陵》在"湖北省媒体融合创新案例评选"活动中获全省内容创新类县市融媒组第二名。

三、人才激励

一是培训鼓励，增强人才使命感。夷陵区融媒体中心一直十分注重员工培训，通过为员工提供学习和成长机会，提高员工的专业水平和综合能力。成立班子成员任组长、业务骨干为副组长、青年干部为组员的学习小组，通过以老带新"传帮带"，加快青年干部的专业成长，缩短青年干部的适应周期。中心制定专门的培训方案，通过内外部培训、轮岗等形式，提高员工的工作效率和质量，拓展员工的职业发展前景。二是岗位激励，增强人才荣誉感。通过提供学习机会和晋升空间，激发员工提升自己的能力和水平。目前中心班子成员配备中，有 4 位均为本中心内部员工提拔。在晋升激励中，中心还引入竞争机制，通过中层岗位竞聘的方式，选出具备能力和潜力的人才，从而保证中心的可持续发展和竞争力增强。三是薪酬奖励，增强人才获得感。夷陵区融媒体中心在制定年度绩效考核方案时，一方面充分考虑绩效激励效用，根据员工的岗位和责任要求，以及员工的工作实绩，制定相应的奖励性薪酬体系，以此提高优秀人才薪酬水平，让员工感受到工作的价值和回报；另一方面，也通过完善的奖励性绩效薪酬体系实现中心内部人员之间公平和竞争力的平衡。

四、媒体技术

转变思维利用新技术赋能创新。一是软硬件升级扩容。中心对全媒体矩阵建设进行软硬件升级扩容。对18套高清非编扩容，将3套HD包装工作站升级为4K，对5套移动非编软件进行升级，将20套摄像机全部更新为4K摄像机，将32T媒资管理系统扩容到96T。二是大力利用人工智能。将智能软件产品利用到中心图文及视频创作中，完成广播媒体改造升级，AI广播5G智慧电台实现全天候播出，气象、路况等信息实时传播，通过边学边实践将AI之路在基层媒体走深走实，生产优质作品。三是新建融媒体指挥调度系统。将融媒体播出系统、演播室系统等采集、编辑、发布与传统广电内容生产有机融合，以新媒体平台为传播主体，做到全流程融合、进度再现、线上统一指挥的有机统一。

五、政务服务

一是完善政务公开平台，让政府各职能部门工作更透明。通过与区政务服务和大数据管理局对接，借助政府网站政务数据资源，在云上夷陵客户端上开设政务公开平台，平台纳入公示公告、便民信息、政策法规、财政信息、招标采购等10项服务，区直各部门及各乡镇政务公开信息均可实时查询，了解相关政策法规、制度事项。二是打造网络问政服务功能，听民意、汇民智。中心对接区政务服务和大数据管理局，通过共享大数据局信息数据资源，开设了云上夷陵客户端政务服务便民热线，服务包含咨询、投诉、求助、建议4个栏目，用户可根据问题类型进行留言，反映问题线索将转发到各受理单位，由互动问政平台及时督办、考核各单位的回复情况，受理回复情况将在问政服务栏目进行同步公开，有效提升了政府公信力。

六、民生服务

一是在云上夷陵客户端建设中，在客户端中接入了鄂汇办微信小程序、湖北省政务服务网手机版，建设了"夷陵快办"政务服务栏目，将全区各部门1000余项政务在线服务分为"个人办事"和"法人办事"两个板块，用户根据所办事项点击对应服务即可快捷在线办理，真正实现"让数据多跑路，让群众少跑腿"。打造了《田野上》农村信息化与电商专栏，面向三农提供互联网信息服务，服务农业产业转型升级和高质量发展。开办《回应来了》栏目，通过抖音和视频号平台发布一系列关于夷陵区发展问题的短视频，及时回应群众关切。二是创新服务方式方法，云上夷陵客户端根据人民群众对衣、食、住、行等方面的关注及需要，广泛纳入了找房子、订酒店、订机票、寄快递、乘车、读报等90项生活服务功能，进一步加强民生服务内容建设，实现了如缴纳水、电、燃气费用，医院挂号预约及缴费等服务功能，拓展掌上找工作、实时公交、景区预约等服务。

第三节　夷陵区融媒体中心舆论引导能力建设实证研究

一、解读党的理论路线方针政策及上级各级党委政府精神

中心全媒体平台围绕举旗帜、聚民心、育新人、兴文化、展形象的使命任务，举思想之旗、发时代之声，坚定拥护"两个确立"、坚决做到"两个维护"，充分彰显党的创新理论的真理力量和实践伟力，有力推动党的创新理论"飞入寻常百姓家"。一是坚决贯彻落实党的路线、方针、政策，全力宣传中央、省、市决策部署在夷陵区落地生根，开设《学习贯彻二十大精神　推进夷陵高质量发展》等专题专栏，推出《新目标　新征程　新作为》等系列主题报道。在习近平总书记视察夷陵五周年之际，推出《殷殷嘱托　五年奋进》系列报道，以群众之忆、群众之声、群众之愿，全景式呈现五年来夷陵"牢记嘱托、感恩奋进"，报道被学习强国、《经济日报》《光明日报》、中新社等国家级媒体转载。云上夷陵客户端热点栏目头条、二条位置，三峡夷陵网政声传递栏目的头条、二条位置，每天更新编发中央重要方针政策等内容，年均编发内容1500余条次。二是时刻与党中央、省委、市委、区委步调一致、同心同向。阶段性开设《深入学习党的二十大精神》《聚焦全国"两会"》《学习贯彻习近

平新时代中国特色社会主义思想》《深入学习贯彻习近平文化思想》《筑梦现代化　共绘新图景》《全民国家安全观》《全国经济普查》等重要专题专栏，集纳重要理论文章，解读重要方针政策。年均开设重大主题专题专栏3个以上，汇编稿件500条次以上。

二、讲好本地老百姓生产生活故事

夷陵区融媒体中心紧贴群众，用心内容生产，用情服务群众，坚持"上群众喜欢的菜"。交替开设《夷陵好人》和《夷陵道德模范》专题专栏，采编敬业奉献、诚实守信、孝老爱亲、见义勇为、带头致富等各类典型人物故事，传递社会正能量。同时打造了《说古道今》《说古道今·地名传说》《有"夷"说"夷"》《党旗飘扬在一线》等一批品牌专栏，讲好夷陵故事，弘扬夷陵精神。一是群众急什么，就生产什么。"5210我爱夷陵"抖音号开设《回应来了》专栏，针对社交平台上有关本土的热点疑问话题实时关注，及时跟踪采访，进行权威回应。新型冠状病毒感染的肺炎疫情暴发时，中心推出"安心宅在家　蔬菜送上门"便民消息，及时公布超市二维码，实现群众家中线上下单、志愿者无接触配送上门，一条消息数万人关注并受益。二是群众难什么，就生产什么。中心推出《夷陵我的城》短视频专栏，聚焦城市建设，动态跟踪报道人民群众关注的民生问题，交通出行有困难、公共服务不到位等问题，媒体正视问题、回应关切，让群众足不出户，化解难题。三是群众愁什么，就生产什么。中心编辑记者变身"网红达人"，为乡村引流、为企业招工、为家乡代言，服务民生。中心立足夷陵旅游全省有位次、全国有影响的特殊优势，2020年8月8日，在全省近400家A级旅游景区对全国游客免门票开放当天，中心携手景区打造《云端三峡》大型山水线上直播，开创全省县级融媒"媒体+旅游"先河，助力全区旅游从业者一起共渡难关，为奋力推动疫后经济重振和旅游发展复苏注入了强劲融媒动力。《媒体+旅游　云端见三峡》案例荣获湖北省内容创新案例第一名，并上榜全国新闻出版深度融合发展创新案例。四是群众盼什么，就生产什么。党的二十大胜利召开，群众盼着"春暖花开""大干快干"，中心策划推出《2023，我们这样干》访谈节目，聚焦本地重点项目，推出短视频专题《飞阅夷陵》，为产业发展、项目建设升腾强大气场。推出《"黄柏河清漂人"毕家培》《她孝他们笑他们效——熊兆珍的34年孝亲故事》《"慈爱姨父"38年温暖"板凳姑娘"》等榜样楷模。连续多年开展"送你一朵芍药花"媒体活动，广泛推动群众参与致敬老党员、礼赞劳动者、颂扬文明人，全网阅读量6000万。

三、重大危机事件干预

面对重大危机事件，中心从信息传播服务角度，按照调度指挥、信息对接、前线采访、生产发布、舆情应对、技术保障等工作流程快速反应，主动融入，正确引导。疫情刚暴发时，什么是新冠病毒？是否人传人？如何防？怎么治？群众迫切需要权威声音。2020年1月24日，彻夜守候，在湖北省疫情防控指挥部发布后10分钟内发布的《夷陵区新型冠状病毒感染的肺炎防控指挥部2号令》实现了融媒体新媒作品单条首次"10万+"。2020年6月21日，夷陵区发生暴雨灾害，新闻记者第一时间到达一线，发布的《出行提示：发展大道暂时无法通行，请绕行！》10分钟阅读破万。东城大道与小鸦路交会处积水严重，一辆小轿车涉水太深，车内人员被困，记者综合警方拍摄的两名执勤民警砸窗救人素材，采写的"夷陵好交警破车窗救人"视频被央视《新闻联播》等栏目播发。2023年6月11日，夷陵区出现极端天气。区融媒体中心时刻关注天气变化，对接区气象部门，及时发布气象预警信息。云上夷陵客户端15:06发布《要变天了！雷雨大风+冰雹》、18:48发布《刚刚，夷陵发布雷雨大风橙色预警！注意防范！》、19:42发布《未来3小时，暴雨持续！》、20:18发布《注意！雷雨大风红色预警来了！》，通过及时预警，让市民提前做好了相应防范，最大程度减少了灾害的发生。当晚20:30，区综合执法局城市管理和交通运输执法大队接到调度中心报告，平湖大道37号飞哥土鸭馆因暴风雨导致屋棚掀翻，中心在自媒体上发现相关视频后，积极联系区综合执法局，跟随工作人员到达现场，采写了《土鸭馆的现场救援》，于当晚23:31在云上夷陵发布，回应了群众关切，避免了舆情发生。

四、外宣传播强化本区域公众认同形成凝聚力向心力

一是向内挖潜提升新闻采编能力，提高新闻报道质量。中心坚持以外宣思维、全局视野策划新闻报道、采编新闻稿件，提升全员新闻主业创作能力，

从报道立意站位、呈现形式等方面寻求突破，提升新闻作品质量。2022年，由中心记者独立采写的太平溪镇许家冲村党建题材新闻报道，5月23日在中央广播电视总台《新闻联播》第二条新闻以《"党旗在基层一线高高飘扬"强基固本 基层党组织更加坚强有力》为题播出。二是充分借力拓展平台资源，拓宽平台渠道。中心2023年与湖北日报正式签约开设湖北日报客户端夷陵频道，2024年与宜昌三峡融媒体中心合作共建"我的宜昌"客户端夷陵频道。通过频道的共建，周发稿量300条次以上，常态化参与湖北日报全媒体联动直播，《湖北日报》、三峡日报等媒体从"上级媒体"转变为"自家人"，夷陵的通讯员队伍得到成长，夷陵好声音进一步放大。三是快速响应融入协同联动，融合合力共创。对于上级媒体选题约稿信息，中心第一时间响应，与相关记者、编辑沟通找准切入点，组织研讨深挖本土新闻素材，提升对外宣传的发稿数量。《沪渝蓉高铁宋家咀1号隧道顺利贯通》《湖北宜昌：百余名滑翔伞选手体验高空飞行》《推动"绿水青山"向"金山银山"转化 实现生态美 产业兴 百姓富》等新闻在中央广播电视总台《新闻联播》《朝闻天下》等重点新闻栏目播出；《村医老张的新年三堂课》《循〈茶经〉寻最初的春茶味道》等多条新闻在湖北广播电视台《湖北新闻》栏目播出。近年来，夷陵区融媒体中心积极争取在上级媒体多发稿、发好稿，传播夷陵声音，讲好夷陵故事，推出了一批高质量稿件。

第四节 舆论引导面临的问题与困境

一、专业人才不足

在媒体融合发展过程中，融媒体业务外延不断扩大，但作为基层媒体真正熟悉全媒体采编、运营、维护、5G技术、大数据方面的专业技术人才短缺。同时受到基层成长环境的制约，优秀的专业人才招聘存在瓶颈，难以达到人岗相适，影响媒体融合转型。

二、媒体技术不精

媒体融合发展过程中新技术应用迭代更新，多元的移动端传播格局使平台建设成为媒体融合转型的突破方向，受基层人员、资金的限制，中心基本依托于第三方进行平台搭建、技术维护，产品功能、运营策略等方面难以形成具有本土特质的软硬件产品。新技术应用过程中，无自主研发能力，难以推陈出新，技术创新缺乏活力。

三、媒体经营受限

受经济环境、广告政策、管办剥离、平台属性等一系列内外因素的影响，中心传统广告业务急剧下滑，联办节目减少，创收渠道缩窄，自身造血能力疲乏。媒体内容服务跟不上形式革新，缺乏完善运营体系，依靠微信、抖音等第三方平台导致传播力分散，无法做到用户资源沉淀，产业营销脱离市场，产业经营亟待寻求新的突破点。

第五节　提高融媒体中心舆论引导能力的路径与方法

一、坚持党管媒体，打造主流舆论阵地

中心将始终牢牢把握正确政治方向，深入宣传党的路线、方针、政策，紧紧围绕夷陵区委、区人民政府工作中心和工作大局，确保方向不偏、焦点不散。聚焦重点，发挥"喉舌"作用，策划出新，产品出彩，传播破圈。要让中心调动指挥更畅、新闻质量更高、传播速度更快、宣传渠道更广、服务功能更强，为奋力实现城市和产业集中高质量发展提供强大舆论支持，展现"夷陵加快奋进'双千百强'、引领宜昌主城"发展新气象。

二、坚持守正创新，构建多元传播矩阵

中心将按照"455"建设思路和目标，着力打造主流媒体传播矩阵，优化新闻及节目生产流程，推动广播、电视、网站、微信和手机客户端全面融合。

务实探索新时代文明实践中心和融媒体中心"两心"人融、心融、事融、地融，多种生成，多元传播的"融多多"实践之路，打造集新闻、政务、服务、旅游等于一体的融媒体平台，聚力创新，构建融媒传播新格局。

三、坚持内容为王，建成区域信息枢纽

中心将始终坚持"紧跟党、紧扣中心、紧贴群众""上群众喜欢的菜"。以传统媒体为新闻底盘，以全媒体平台为主要载体，构建具有广泛渗透力、拥有百万级用户的新媒体传播矩阵，形成统一行动、个性表达、各展所长、优势互补的舆论引导传播格局。保持全年生成"报、刊、网、端、微、屏"等融媒体作品27000件以上，其中报纸、书刊等线下作品3000件以上，网站、客户端、双微平台等线上作品24000件以上。

四、坚持服务惠民，建设精神文化家园

按照"新闻+政务+服务+商务"总体要求，依托云上夷陵客户端，不断拓展优化服务，做实做强政务服务和民生服务功能，满足群众多元化需求，持续推动互通互融的媒体生态体系建设。对接本地群众精神文化需求，依托融媒体平台精心打造一批富有地方特色、百姓喜闻乐见的文化传播品牌，聚合优势，打造品牌传播新面貌。

第二十六章　北京市朝阳区融媒体中心能力建设研究报告

梁雪琴[①]

北京市朝阳区融媒体中心挂牌成立于2018年6月19日。中心通过"四驱动""八融合",打造了"四个平台""一端多平台多集群"媒体新格局,形成了移动传播体系。通过10个区级平台、N个基层政务平台矩阵,近百家媒体平台,构建了一个立体化、大容量的传播体系。

第一节　北京市朝阳区融媒体中心基本情况

近年来,朝阳区高度重视媒体融合发展,深入贯彻落实习近平总书记和党中央关于媒体融合重要指示批示精神和战略部署,不断构建全媒体传播体系,形成了全方位、多层次的宣传格局,以实际行动为推进创新传播、壮大主流舆论贡献力量。

朝阳区融媒体中心自2018年6月挂牌以来,以机制建设、技术革新、渠道建设、传播效果四方面为"驱动",通过平台、信源、产品、渠道、技术、人才、数据、媒资"八融合",打造了新闻信息发布、新时代文明实践中心、政务生活服务、百姓反映诉求"四个平台",努力打造"一端多平台多集群"媒体新格局,形成以北京朝阳客户端为核心、北京朝阳新闻发布厅为抓手、各

---

① 梁雪琴,北京市朝阳区融媒体中心主任。

通讯站平台同频共振、辐射中央市属媒体和市场化媒体机构的移动生态传播体系。通过10个区级平台，N个基层政务平台矩阵，近百家涵盖中央、市属、境外、港澳协作媒体平台，构建了一个立体化、大容量的传播体系，协同发力后的传播效能达到5000万—2亿左右的效果。

朝阳区融媒体中心始终坚持首善标准，充分发挥全媒体传播优势，创新内容生产，优化传播渠道，更新技术手段，年生产新闻产品超3万件，共计产生100亿左右阅读量，其中，10个区级平台，每年贡献阅读量近15亿，近百家协作平台，平均每年贡献阅读量85亿。2023年，29支新闻产品在全国和市级评选中获奖。学习强国平台开设的"为人民建好五宜朝阳""外国人眼中的最朝阳"专题中，产生了多支"爆款"新闻类节目和产品。北京朝阳客户端目前是中宣部确定的全国六个示范客户端之一，集成区域内2000多项政务服务，全国最多。朝阳融媒大数据系统沉淀了2400多万数据，积累了近25万搜索关键词，为社会治理提供了有力的协助。

第二节 朝阳区融媒体中心发展亮点

一、把深耕内容建设作为发展根本，全力推出精品

坚持"内容为王"，始终在抓"新闻生产"这个牛鼻子。以全媒体运营的理念再造采编流程，打破原有各平台间的壁垒，坚持"深入浅出"的生产逻辑和移动优先策略，实现了"量质双升"的良好局面。目前，融媒体中心生产新闻产品3万余条，累计传播超100亿，初步形成了融合策划、精准分发、广泛覆盖、有效影响的高效传播闭环。通过"小切口反应大主题"，如结合朝阳国际化特色制作的"外国人眼中的'最朝阳'"专题，邀请驻华大使、500强高管等生活、工作在北京朝阳的外国人，分享在朝阳的体会，目前已发布短视频10部。与区档案馆合作"档案里的朝阳"系列视频，深挖朝阳历史，成为我区党员干部群众了解朝阳的优秀作品。

坚持移动优先，淘汰落后产能和创新迭代产品。聚焦生产深度、融合、精品内容，变革内容生产流程，设计前台、中台、后台概念。探索建立了"潮视

界工作室""研究事儿工作室"等融合创新工作室，打破科室及平台边界，形成一个个高效且灵活的跨部门协作团队，专注于细分市场和用户个性化的内容需求，致力于打造标签鲜明、深度化的内容产品，带来了高阅读量的优质融媒体产品，有效增强了传播力、影响力及竞争力。2023年，原电视平台缩减传统专题类节目3档，原有《话说朝阳群众》等节目改版为短视频节目，主攻新媒体传播；新开设《外国人眼中最朝阳》系列短视频栏目，在全国、市级多项大赛中获奖，精品视频产量较上一年度同期增加328%。

坚持"开门办报"，建设立体多元的通讯员采编体系。依托近些年积累的通讯站采编体系，吸引更多朝阳群众、小巷管家、摄影爱好者、网络大V等参与到内容生产创作中，大力提升UGC、PGC、GGC能力，成立了"爬楼外援工作队"。结合朝阳区国际化战略优势，借力区外办、"歪果仁研习社"等组织，培养了一支具有双语传播、贴近国外受众观看习惯的采编队伍。借助小红书、抖音等强互动性传播平台，邀请网络大V参与内容生产，扩大传播效果。以北京朝阳国际灯光节报道为例，借助小红书、抖音等强互动性传播平台，邀请网络大V打卡奥林匹克森林公园、亮马河、三里屯等灯光节会场，带领市民沉浸式体验北京朝阳国际灯光节。

二、把优化传播矩阵作为有力支撑，放大传播效能

2023年新上线"北京朝阳"微信视频号、"学习强国朝阳学习平台"两个新平台，形成"客户端、报、台、网、微博、微信、抖音、快手、视频号、学习强国朝阳平台"构成的"一端多平台多集群"区级自有平台集群。优化矩阵建设，"借船出海"与"借力造船"互补共生，打造"新闻+发布+传播+服务"的全链条，带来传播效能从直线型增长转变为指数型增长。

北京朝阳新闻发布厅组织新闻发布会、集中采访等宣传活动，全年不少于300场次。与中央、市属主流媒体实现优质内容互通互哺，制作一大批"正能量、大流量"作品。在亮马河的宣传报道中，与中央广播电视总台深度联合，策划直播、视频、图文等多类新闻产品。推动海外媒体平台传播，在新华社Facebook、Twitter、YouTube等海外媒体平台推送活动内容,向国际传播朝阳故事。朝阳融媒出品的《你好，朝阳》城市宣传片登上纽约时代广场纳斯达克大屏；《美丽朝阳》系列海报在北京地铁、机场等多个点位展示。

三、把创新国际传播作为主要课题，加强国际传播能力

2023年至今，朝阳区融媒体中心全平台充分挖掘利用区域内丰富的国际化资源，策划制作了一批便于多语种传播、贴近国外受众阅读观看习惯的多语种新闻产品。并在尝试中不断丰富产品内涵，丰富北京朝阳良好城市形象，彰显中国文化自信。截至目前，策划相关产品已超500篇，并通过英语、德语、法语、西语、俄语、日语、波斯语、阿语、印尼语、菲律宾语等多语种平台实现对外信息的广泛传播，成功覆盖多个国家和地区。

积极拓展外媒渠道，主动联系国际主流媒体，通过中央级媒体海外平台等平台，向国际介绍朝阳。与海外媒体、网络大V等建立互动推广。充分利用海外社交媒体平台，逐步入驻海外社交媒体账号，发布朝阳新闻及动态。夯实"外国人眼中的朝阳"特色品牌，深挖"五宜"朝阳特色，打造群众喜爱的、"现象级"的新闻类节目和产品。聚焦外国人在京生活工作的需求热点，策划外国人如何便捷支付、就医问诊、品世界美食等多语种服务类稿件。

2023年4月起，在亮马河的宣传中，朝阳区融媒体中心首次尝试双语生产，在北京朝阳微信号实验亮马河推介双语稿件，后陆续推出外国人在朝阳就医、支付、出行、逛街、教育等系列生活指南，聚焦于日常生活的细微之处，通过"接地气"的双语新闻服务内容，有效触达在北京生活的外国受众，收获了第一批"洋粉丝"。北京朝阳国际茶香文化节期间，邀请大使夫人来朝阳品茶，推出了"朝阳，敬世界一杯茶"等产品。亮马河宣传中推出了24桥水墨双语海报亮马河遇上塞纳河等外国人关注的热点稿件。

四、把深化组织变革作为发展动力，激发创新活力

积极探索"事业＋企业"模式，统筹好内容生产和媒体经营，形成采编、经营相互支撑的工作机制。在采编、经营"两分开、两加强"的前提下，通过团队重组、考核导向、流程整合，对组织架构、薪酬考核、流程再造等进行重构。推出重点选题会商机制、创新工作室制、首席记者岗位评审等融合创新机制，建立科学合理、适应新媒体特点的人才激励机制，调动事业编制和企业优势人才积极性，激发内容生产的可持续创造力。

打造全媒体人才队伍，促进新闻事业高质量发展。培养造就政治坚定、业

务精湛的新闻舆论团队，激发新闻专业技术人才创新活力。通过文化凝心聚力，在中心内营造"好学能文的学风、清新朴实的文风、求真务实的作风"，夯实文化基础，激发内驱力。

五、把深化资源整合作为品牌战略，形成"媒体+"独特优势

积极参与城市品牌营销，在政府主办、媒体参与策划或传播执行的各类文旅和体育类大型活动中，做好活动策划和传播营销。持续用好"北京朝阳花园节""北京朝阳茶香文化节""朝阳融媒社区行""CYBA篮球联赛""朝阳国际灯光节"等区域特色活动，进一步聚合区内文旅、文创、商业等资源。与区文旅局联合发布《走进朝阳》城市宣传画册，助力城市品牌塑造。发起"爱上朝阳的理由"主题宣传活动，强化朝阳区域品牌IP，拓展"新闻+活动"，组织开展线下互动活动，策划"爱上北京朝阳的理由"海报、短视频等内容，在地铁车厢、亮马河游船、城市大屏、商圈大屏等显著位置开展主题宣传。联名BM、而意、三源里菜市场等网红品牌，推出文创产品、策划骑行等互动活动。打通线上线下渠道，不断丰富互联网与社交媒体城市形象构建和传播的内容手段。

第三节 朝阳区融媒体中心舆论引导能力建设实证研究

一、坚持主流价值引领，打通基层宣传的"最后一公里"

众声喧哗更呼唤好声音，沧海横流更期待定盘星。习近平总书记强调，要"牢牢把握正确舆论导向，唱响主旋律，壮大正能量，做大做强主流思想舆论"。面对复杂多变的舆论态势，必须始终不忘弘扬主旋律、传播正能量的初心，坚守平台责任，以价值含量驾驭信息流量，不断输出导向正确、形式丰富、贴近群众的内容，让正能量更强劲、主旋律更高昂。在北京朝阳客户端、学习强国朝阳学习平台等平台开设《学用新思想》《党旗飘扬》《开放活力看朝阳》等栏目，反映习近平新时代中国特色社会主义思想和中央决策部署在朝阳的学习宣传、贯彻落实情况，围绕"人民城市人民建"理论开设《"五宜"朝阳》专栏，

围绕"绿水青山就是金山银山"思想开设《城在花园中》专栏，推出《朝向新征程 沿着总书记足迹》系列主题报道，刊发《活力朝阳的十年蝶变》等系列评论，开设《打造高水平开放新朝阳》专题，充分展现扎实推进中国式现代化建设的朝阳实践，推动新时代党的创新理论落地生根。

学习强国朝阳学习平台认真分析"学习强国"北京平台的版面、频道、栏目、专题和稿件选用特点，通过融媒中心自有的通讯站机制，有针对性地策划选题、组织稿件，将一批批来自基层一线的沾泥土、带露珠、冒热气的稿件推荐至上级平台。通过加工编辑，把区委、区政府的重大部署、中心工作展现出来、宣传出去，把群众需要、广受欢迎的学习资源挖掘出来、传播出去，把北京朝阳的历史文化底蕴、精神风貌刻画出来、推广出去，生动展示区域发展的魅力和活力。如，对标北京平台"北京榜样"推送的《朝向新征程 朝阳青年说》系列短视频，对标市平台"古都新貌"策划《我在五百米高空遇见北京朝阳》剧集。

二、加强国际传播能力建设，积极对外展现朝阳故事文化力量

立足国际资源集聚优势，在区委的坚强领导下，在区委宣传部的直接指导下，区融媒体中心主动探索创新，深挖传播资源，提升传播能力。聚焦"两个着力"，即：着力提升国际传播体系，着力提升内容生产体系。

搭建"同频共振"的国际传播矩阵。拥有自主可控的海外社交媒体账号20余家，构建和合作媒体、政府机构联通、与大V洋网红协作的媒体矩阵，可通过英、德、法、西、俄、日、阿语、印尼语等多语种平台实现对外信息的广泛传播，成功覆盖多个国家和地区。单次协同发力传播效能达到200万—2000万左右。海外社交媒体账号"精彩朝阳"累计发布帖文2296条（视频帖文132条），近481万人次参与互动，总粉丝数超过114万，是全市首个海外粉丝破百万区级机构账号。在官媒的海外平台层级，与新华社、人民日报海外网、中央广播电视总台、中国日报、中新社、国际在线等，以及中阿卫视、香港经济日报、香港商报、香港经济导报、香港文汇报、大公网等境外媒体建立联通机制，分而说之、合而塑之，立体传播声音。编制《境内外媒体采访点位手册》，梳理形成"国际消费中心城市建设""绿色生态""奥运文化"等6类50个采访点线。联合外交部新闻司、市委宣传部、市外办等部门，举办"醒春启航新征程"亮马河启航仪式、"朝阳活力开放城市形象""北京朝阳国际茶香文化节""丝

路大 V 北京行"等境内外媒体集体采访活动,邀请 90 余家境外媒体 130 余名外媒记者走进亮马河、国家速滑馆、国家游泳中心、中关村国际创投集聚区等点位参观采访,沉浸式感受我国高质量发展成果。

　　做好国际传播,坚持构建优质内容生态。朝阳区融媒体中心一方面通过增加服务性,获取黏性;另一方面,在对话世界中还原一个更真实的中国,向国际社会生动讲好新时代中国故事、北京故事、朝阳故事。牢牢把握国际传播基调,精准设置议题。与区外办合作,策划了一批外籍人士入境出境、停留居留、交通出行、消费支付、教育医疗等生活服务指南的宣传,为来朝阳工作、学习、探亲、旅游、商务活动等外籍人士提供帮助,通过"接地气"的双语新闻服务内容,增强归属感和认同感。对国人服务指南的相关稿件也同步刊发至区外办的北京市朝阳区涉外服务平台上。深挖"国际范儿"的北京朝阳特点,展示宜居、宜业、宜商、宜学、宜游的朝阳形象。建立了高效、畅通的采访渠道,积累了一批各国大使、外企驻华高管、各国文化中心,还有各种肤色的小众咖啡师、大厨、运动达人等国际面孔的采访资源,展现博物馆之城、阅读之城、艺术之城、双奥之城、时尚之城的风貌,并逐步形成了自己的"外宣特色品牌"。策划推出了"在朝阳,看世界""我在朝阳"两个系列产品,分别聚焦在朝阳的文化中心、使馆活动,以及围绕国际消费中心城市,实时报道涉外特色活动。连续在北京朝阳微信、客户端推出了《中阿文化交融生彩,就在北京朝阳》《在北京朝阳逛世界:遇见法国》《北京朝阳一场"波尔多式"的浪漫》等一系列稿件和产品。

第四节　融媒体中心舆论引导面临的问题与困境

　　随着互联网的快速发展,融媒体中心在舆论引导过程中面临着信息泛滥、利益冲突和受众问题等一系列的问题和困境。为了解决这些问题,融媒体中心需要不断提高自身的专业素养和水平,同时也需要与社会各界建立良好的合作关系,共同推进舆论引导工作的开展。在以下几个方面都存在问题与困境,具体表现如下:

一、建立安全可靠的信息核实机制

需要建立一套严格的信息核实流程,对于所有来源的信息进行筛选和验证,设立专门的事实核查团队,利用专业的工具和技术手段,如人工智能辅助的信息核实系统,来快速识别和过滤虚假信息。

二、细分受众,精准传播

主流媒体应围绕党和国家的中心工作,服务大局,通过议程设置传播重要信息,精准对接受众。应该对受众进行细分,更加了解不同受众群体的需求和偏好,然后根据这些信息制作和分发内容。例如,通过数据分析工具分析受众行为,根据分析结果定制不同的内容策略,如为年轻人提供更多视频和互动性强的新媒体内容,为老年人提供更多深度分析和解释性报道。

三、加强与社会各界的合作

需要与政府、企业、非政府组织等建立更加良好和紧密的合作关系,共同推动舆论引导工作的开展。通过整合传播平台、集中流量资源、鼓励垂直运营等措施,深化融媒改革,提升内容质量和深度。

四、持续培养专业人才

AIGC技术的发展对媒体从业者提出了新要求,带来了挑战和机遇。媒体从业者应通过优化议程设置来增强舆论引导力,提升新闻舆论的传播力、引导力、影响力和公信力。因此需要持续重视人才培养,提高员工的专业素养和技能,以适应不断变化的媒体环境。例如,定期举办内部培训和工作坊,提升员工的数据分析能力、多媒体制作技术和社交媒体运营策略。

第五节 提高融媒体中心舆论引导能力的路径与方法

为了可以更好地应对舆论引导中的问题和困境,提高在公众中的信任度和影响力，可以从以下几方面改进融媒体中心的舆论引导能力。

一、建立多元化的内容生产线

在当今这个信息爆炸的时代，受众对于新闻内容的需求日益多样化和个性化。为了满足这些需求，融媒体中心必须建立一个多元化的内容生产线。这不仅包括传统的新闻报道，还应该涵盖深度分析、评论、专题报道等多种形式。通过这种方式，我们可以覆盖更广泛的受众群体，从对新闻浅尝辄止的普通读者到渴望深度挖掘和理解的资深新闻爱好者。

为了吸引年轻受众，我们需要设立更多的多媒体工作室，专门负责制作图表、动画和视频内容。这些视觉元素丰富的内容不仅能够吸引年轻人的目光，还能够以更加直观和生动的方式传达信息。同时，我们也不能忽视那些对严肃新闻感兴趣的读者。因此，我们需要提供翔实的数据分析、深入的调查报道和深思熟虑的评论文章，以满足他们对高质量新闻内容的需求。

二、强化互动性和社区建设

在数字媒体时代，互动性和社区建设对于融媒体中心来说至关重要。通过社交媒体平台和评论系统，我们可以鼓励受众积极参与讨论，分享他们的观点和反馈。这种双向互动不仅能够增强受众的参与感，还能够帮助我们更好地了解受众的需求和期望。

为了进一步强化社区建设，我们可以创建专门的论坛或小组，邀请受众围绕特定的话题进行深入的讨论。这些论坛或小组可以成为受众之间，以及受众与媒体之间交流的平台。我们甚至可以邀请受众参与到新闻报道的过程中，比如提供线索、分享他们的故事或者对报道主题提供专业的见解。这样的参与不仅能够丰富我们的报道内容，还能够增强受众对我们平台的忠诚度。

三、利用技术手段推动媒体融合与创新

随着技术的发展，媒体融合与创新已经成为推动融媒体中心发展的重要动力。我们需要不断探索新的媒体形式和技术，如虚拟现实（VR）、增强现实（AR）等，来吸引受众的注意力。这些新技术可以让受众以一种全新的方式体验新闻

事件，让新闻报道变得更加生动和引人入胜。

例如，通过虚拟现实技术，我们可以创建一个模拟的新闻现场，让受众感觉自己就像是在现场一样，这种身临其境的体验能够极大地提高报道的吸引力和影响力。同时，我们还可以利用增强现实技术来增强印刷媒体的表现力，通过扫描报纸或杂志上的图片或文字，让静态的内容动起来，为受众提供更加丰富的信息。

四、利用人工智能进行有效的舆论引导

人工智能（AI）在舆论引导中的应用日益广泛，例如：腾讯新闻的写稿机器人、今日头条的个性化推荐算法、新浪微博的情绪分析、阿里巴巴的"谣言粉碎机"、百度的人工智能助手等，这些案例表明，人工智能可以在舆论引导中发挥重要作用，从新闻生成、个性化推荐、情绪分析到谣言识别，AI技术都在帮助媒体机构更有效地传播信息，引导公众舆论。融媒体中心可以更有效地利用人工智能技术进行舆论引导，同时确保内容的真实性、公正性和多样性，增强其在公众中的信任度和影响力。

包括尝试采取以下策略：①数据驱动的决策：利用人工智能分析大量的数据，包括用户行为数据、社交媒体动态、网络舆情等，以数据为基础制定舆论引导策略。通过分析用户的点击率、分享行为和互动反馈，了解哪些话题或内容更受欢迎，从而调整报道重点和传播策略。②智能内容审核：使用人工智能技术自动识别和过滤不当内容，如虚假信息、暴力、色情等，确保传播的内容符合法律法规和社会主义核心价值观。③个性化内容推荐：根据用户的历史行为和偏好，使用人工智能算法为用户提供个性化的内容推荐，提高用户满意度和平台的吸引力。通过机器学习模型分析用户的阅读历史，推送用户可能感兴趣的新闻和深度报道。④智能话题追踪：利用人工智能实时监测网络热点和舆论动态，快速响应突发事件和公众关注的话题，及时发布权威信息，引导舆论方向。⑤互动式用户体验：结合人工智能技术开发互动式新闻体验，如聊天机器人、语音助手等，增强用户参与度和媒体互动性。⑥教育和培训：利用人工智能技术开展媒体素养教育和培训，提高公众识别信息真伪的能力，培养负责任的媒体消费者。开发在线课程和游戏，教育用户如何批判性地分析媒体内容，识别潜在的偏见和误导信息。

通过以上这些路径的持续探索，融媒体中心可以进一步提升舆论引导的能力，提升新闻内容的传播效果，更好地服务于公众，同时也能够在激烈的媒体竞争中保持领先地位。

第二十七章 南京市栖霞区融媒体中心能力建设研究报告

方 玲[①]

南京市栖霞区融媒体中心成立于2020年6月。现有客户端（1个）、新媒体（13个）、电视（2个频道）、报纸（1个）等17个传播平台。

中心充分发挥台、网、微、端、屏"五位一体"全媒体传播优势，大力发展"新闻＋政务＋商务＋服务"运营模式，把内容为王和创新为要作为融合传播的核心价值逻辑，系统性优化崭新的"栖霞区融合传播矩阵"。

第一节 南京市栖霞区融媒体中心基本情况

1956年6月，南京市栖霞区的乡镇开始设立有线广播站，首家乡镇广播站在大庙乡建成；1965年，栖霞区有线广播站成立；1993年，根据南京市广播系统"站改台"的要求，栖霞区有线广播站更名为栖霞区人民广播电台，开办调频广播；1995年4月28日，栖霞区人民广播电台调频106.6"钟山之声"正式开播。1996年，随着有线电视网络的建成，栖霞区在电台的基础上成立了栖霞区有线电视台，并于同年11月开播，至此栖霞区人民广播电台、栖霞区有线电视台合并为栖霞区广播电视台。2014年底，随着有线网络完成整合，栖霞区广播电视台增加了一个有线频道；2015年起，栖霞区广播电视台将两个频道

[①] 方玲，南京市栖霞区融媒体中心主任。

分别设置为新闻综合频道、生活资讯频道，位于有线电视频道的1频道、2频道前两个位置。

2018年起，栖霞区广播电视台逐步推进融媒体建设，积极与区委宣传部对接，以"中央厨房"的模式进行新闻报道的融合生产，采用"一稿多用制"进行稿件分发，打造了一支政治觉悟强、业务水平高的全媒体记者队伍。2020年栖霞区委、区政府在栖霞区广播电视台的基础上，整合现有媒体机构，组建栖霞区融媒体中心，对外保留栖霞区广播电视台牌子，保留栖霞区人民广播电台名称、频道、呼号。同年6月9日，南京市栖霞区融媒体中心正式挂牌成立，承担引导和传播主流舆论、促进文明实践、开展政务服务、强化为民服务、服务公共决策等任务。

一、平台建设

目前，栖霞区融媒体中心为副处级公益一类事业单位，归口区委宣传部领导，负责全区对内对外宣传工作及电视、网络和移动端等全媒体融合发展。中心现有员工65人，其中事业编制在编人员28人、劳务派遣聘用人员28名、广告公司聘用人员5名，下设党群行政科、宣传管理科、运营技术科等3个科室，管理1家广告公司即南京栖广融合传媒有限公司。共有客户端（1个）、新媒体（13个）、电视（2个频道）、报纸（1个）等17个传播平台。

其中，1个客户端（自主研发的云栖霞App），用户达10万。3个微信公众号（栖霞视点、栖霞融媒、家住栖霞）；2个微博号（栖霞视点、栖霞区融媒体中心）；3个视频号（栖霞视点、栖霞融媒、家住栖霞）；3个抖音号（栖霞视点、南京栖霞融媒、栖小融）；2个其他第三方平台号（"栖霞视点"今日头条号、"栖广融合"小红书号），新媒体粉丝总计近100万。电视开设《栖霞新闻》《今天我上镜》《栖小融信息差》《小芮说新闻》《法律诊所》《全景民政》《全景残联》等10档的新闻和专题节目（后4个每周推出），日播时长约16小时，触达用户近30万。报刊《今日栖霞》（无刊号）对开四版，每周三出刊。

二、职能职责

一是全面贯彻落实习近平新时代中国特色社会主义思想，坚持正确舆论导向，加快推动媒体融合发展，因势而谋、应势而动、顺势而为，打造全程媒体、全息媒体、全员媒体、全效媒体，提高新闻舆论传播力、引导力、影响力、公信力。二是坚持党管媒体，坚持党委对新闻舆论工作的统一领导，弘扬主旋律，传播正能量，宣传党的政策理论和社会主义核心价值观。建成主流舆论阵地、综合服务平台和社区信息枢纽，更好引导群众、服务群众。三是围绕区委、区政府中心工作，在区委宣传部的指导下，坚持"三贴近"原则，研究媒体宣传工作的重大问题，确定各个时期宣传工作的指导思想和报道重点，组织实施全区重点宣传工作和重大主题报道活动，充分发挥主流媒体舆论引导和监督作用。四是组织报批和建设栖霞区融媒体中心重大项目，确保媒体播出内容安全。五是负责栖霞区融媒体中心各传播平台技术保障，实施国家有关融媒体技术政策和标准，增强区域媒体的综合实力，做好意识形态管理和安全播出工作。六是加强栖霞区融媒体中心人员队伍思想政治建设、技术业务培训、职业道德教育和人才培养工作，研究和推进内部管理体制的改革。七是承办区委、区政府交办的其他事项。

第二节 栖霞区融媒体中心发展亮点

一、体制机制

一是深化体制机制改革。栖霞区融媒体中心推进工作理念、内容、形式、方法、手段等全方位创新，重整和优化组织架构，实现人员共用，加快业务融合。一方面，中心坚持内容创收并重，努力增强自我造血能力，以现代企业制度和管理思路去管理广告公司，给广告公司充分放权，实现利益共享、专业经营、规范管理，通过人员共用的方式有效控制人员总量、降低薪资成本。另一方面，中心致力于改革评价考核方式，打破人员职称、编制限制，通过考评客观、按劳分配的薪酬管理体系，把人员待遇与岗位职责、干事多少紧密结合，从而充分调动一线员工的积极性和主动性，凝聚团队活力和行业竞争力，进一步解决制约融媒发展的突出矛盾和关键问题。同时，通过购买服务的形式将广告公司的创收反哺给参与经营项目的部门及个人，逐步减少政府补贴在员工收入中所占份额，逐渐实现在政府没有投入的情况下也能很好地生存。二是推进机构融合。将原有的 7 个部门整合优化为 3 个内设科室和 1 个所属广告公司，按采编流程和运营管理设为 12 个业务单元，进一步完善组织架构与明确部门负责人，选拔优秀人才充实到相应岗位，更好地适应中心发展需要，提升业务水平、增加工作效能。三是推进平台融合。将原有的"两微一端"14 个传播平台整合优化为政务号、媒体号、生活号 3 个领域定位，建成以新媒体平台为传播主体，政务发布、新闻资讯、产品营销等为内容支撑的栖霞区融合传播矩阵，以优质的内容产品和贴心的融媒服务作为核心竞争力，实现平台流量的破圈裂变，实现"融媒＋政务＋服务"的多元化发展。四是实现矩阵式融合传播。中心充分发挥台、网、微、端、屏"五位一体"全媒体传播优势，大力发展"新闻＋政务＋商务＋服务"运营模式，把内容为王和创新为要作为融合传播的核心价值逻辑，系统性优化崭新的"栖霞区融合传播矩阵"。通过技术赋能加快适配全媒体传播和融媒新产品的需求，以传统媒体为新闻底盘，增加互联网阵地上的资源配比、要素配置，形成了统一行动、个性表达、各展所长、优势互补的舆论引导传播格局。

二、内容生产

栖霞区融媒体中心是一家体量中等、内部沟通顺畅的县级融媒体中心，始终把"融"字当头贯穿在内容生产的方方面面。一是打造融合平台，坚持内容为王。"云栖霞"是栖霞区融媒体中心的智慧融媒客户端，集新闻、政务、服务、商务于一体，依托广电优势资源，汇聚智慧政务、文明实践、栖霞好店、校园电视台、掌上电视、本地新闻、舌尖美食等板块栏目，以及栖小融甄选、枫·直播、枫·视频等精选频道，定向生产内容，多元整合服务，具有电视新闻、电视专题、专题报道、短视频、活动直播等丰富多彩的链接内容，具有发布内容样式多，分享方式涵盖广，实时更新速度快的特点。发布内容严格落实三审三校制度，坚持正确的政治方向、舆论导向、价值取向，管理运营规范有序，严格遵守国家法律法规和平台规定，利用 24 小时掌上电视和多板块的新闻动态，吸引来大量粉丝，打下了良好的群众基础。运用新媒体手段传递好党和政府的声音，通过策划内容鲜活的短视频，开展形式新颖的网络直播，切实做好"我为群众办实事"新闻宣传，架好"走好网上群众路线"的连心桥。除权威信息发布、政策解读及群众意见反馈外，还拓宽经营广度，深挖栖霞区在产业、教育、人文、旅游等方面的亮点，通过"云栖霞"客户端的"广电+"栖霞模式，应用各类互动、沉浸、体验式产品，打造栖霞区学生校外实践基地，服务地方经济产业的发展，逐渐形成深入基层、覆盖全区、辐射周边的智慧融媒平台。《以建设智慧融媒为路径赋能区域治理与发展的探索与思考——以南京市栖霞区融媒体中心为例》荣获2022年度全市网信系统优秀调研成果奖。目前，"云栖霞"客户端安装用户数约为10.5万人，全年发布图文视频资讯4500余篇，总阅读量近700万人次，举办全媒体5G直播近30场，总观看人数近300万人。二是深化融合创意，推广优质内容。以往，县级电视台的工作重点是围绕主题宣传及全区中心工作大局，加强主题宣传内容整体策划，不断提高新闻宣传质量和舆论引导能力，栖霞电视台全年可完成电视新闻播出近3000条，栏目制作播出260余期，全年累计制作播出新闻专题、简讯近200条。如今，栖霞区融媒体中心在此基础上，不断加强融媒创意策划，不断拓展内容生产的传播能力，如每年深秋，南京市民最关注枫叶何时变红。栖霞区融媒体中心聚焦民生关注热点，策划推出《枫情播报》精品短视频栏目，根据栖霞山红叶的生长状况和变化趋势，派遣融媒体记者每周打卡桃花涧、天街、明镜湖等最佳观赏点，利用"4K无人机+4K超清摄像机+全画幅数码单反相机"等器材，不间断采集拍摄枫叶渐红的形态和过程，对素材整理、精选、合成，剪辑成"日枫"和"夜枫"两种影像基调的短视频。2021年11月，中央广播电视总台江苏总站引用中心制作的《枫情播报》其中一期，在"央视频"客户端发布《江苏南京：栖霞山红叶迎来最佳观赏期》短视频，"我苏网"客户端和《人民日报》微博同步转发，全网总点击量近900万人次。三是推动融合传播，讲好栖霞故事。融媒体时代，内容生产需考虑阅读量、转发量、点赞量等传播效果和社会影响力，还需借助技术手段，通过建立数据库，进行数据分析来统筹考量。栖霞区融媒体中心在服务好区委、区政府中心工作的基础上，深入探索栏目协办、联办、媒体平台代运营、直播带货、工作室等多种经营模式，持续生成H5、绘图、VR、AR、MR等具有创造性的新媒体新闻产品，还根据分工、职责和贡献的不同，分门别类地制定评价标准和分值，评价时既考虑新闻产品数量、质量，也兼顾职责大小、台前幕后等，分值要向一线倾斜，相继出台《栖霞区融合传播矩阵影响力指数考核办法》《全媒体记者短视频制作月度考核办法》《新媒体运营推广月度考核办法》《"栖小融甄选"网络直播带货人员选拔及岗位考核办法》等，并建立"每日转发截图群"要求全体职工转发推广内容和产品。相关作品在 2023 年荣获全国级奖项 2 个，市级奖项 13 个，区级奖项 2 个。如国家级荣誉方面，《2022 年栖霞区全国科普日活动启动暨科普游线路云发布》获 2023 全国县级融媒体营销创新大赛暨乡村振兴公益作品征集大赛铜奖；《为民履职办实事——2022 年区级建议提案落地见效侧记》在中国广播电视大奖 2021—2022 年度广播电视节目奖初评中，荣获电视消息类三等推荐作品。市级荣誉方面，《2022 年栖霞区全国科普日活动启动暨科普游线路云发布》获首届南京传播奖（i 蓝鲸奖）融媒产品奖；《关爱听障人士，在栖霞电视台自制节目中增加 AI 手语节目时长》获首届南京传播奖（i 蓝鲸奖）创新案例奖；《小芮说新闻》栏目组获首届南京传播奖（i 蓝鲸奖）传播贡献奖；区融媒体中心在 2023 年度南京市"宁好"融媒先锋展示大赛中获"宁好"融媒技能展示赛团体奖；《我在南京·做瓷器》被评为"我在南京·365 人物故事"短视频大赛优秀作品。

三、人才激励

广电融媒要实现媒体产品供给侧结构性改革，就需要充分发挥考核的"指挥棒"作用。而优化考核激励需要存量资金和增量资金，成本的承受力往往是媒体改革需要考量的，平衡好传统媒体和新兴媒体内容生产的投入比重，才能有效破除考核机制的固化模式。

栖霞区融媒体中心始终坚持把社会效益放在首位、实现社会效益和经济效益相统一，按照"任务到岗、责任到人、绩效挂钩、百分计酬"的原则，将宣传管理岗、记者岗、编辑制作岗、播音岗、广告制作岗等全部纳入，实行以计分考核为基础的绩效考核机制，把绩效考核贯穿到新闻报道、联办栏目、新媒体运营、大型活动、技术后勤保障以及广告经营等各个方面，坚持"多劳多得、优绩优酬"，彻底打破"一刀切"的薪酬分配体系。一是抓住重点，指明方向。栖霞区融媒体中心在考核阶段进行引导把控，以明确的人才制度和激励机制，激发县级融媒体中心活力，充分发挥好考核"指挥棒"的作用，根据评价结果奖优罚劣，积极引导全体干部职工干事创业的航向，如 2021 年考核重点是栏目，

2022年考核重点是短视频，2023年考核重点是专题，2024年的考核重点是直播带货。二是分层分级，贯穿始终。栖霞区融媒体中心旨在将绩效考核贯穿工作流程的始终，综合工作态度和工作能力两个维度，判断职工是哪种类型，以便有的放矢地对不同职工进行奖励、惩罚、绩效辅导和技能培训，让绩效出色的员工承担更多的责任，让绩效较差的员工通过岗位调整，改善其绩效水平，最终实现人岗相适、人尽其才的效果。三是将个人职业成长和组织紧密结合。栖霞区融媒体中心的绩效考核通过打"工分"的方式，运用直观的分数来了解和掌握员工的工作行为和结果，借此发现职工的优势和不足，并通过与职工的有效沟通和讨论，了解职工的工作目标；职工也能够清楚了解自己的绩效水平，并通过制订长期的工作绩效改进计划和职业发展规划，明确自身的发展路径，实现个人成长。

除此之外，栖霞区融媒体中心将融媒体内容生产、技术开发、经营管理等紧缺人才，纳入区重点人才引进计划，对特殊的专业技术人才和重要岗位人才允许采取重点大学校招等招聘形式吸纳人才，缓解人才短缺问题。对采编播业务工作者进行系统培训，加强与省市媒体、各类高校的交流互动和现场实训，培养了一批善用现代传播手段的全媒体人才。

四、媒体技术

栖霞区融媒体中心现已建成融媒体指挥中心与舆情监测中心、全媒体直播室、虚拟演播室、播控中心和UPS机房、4K超清和高清混编的节目制作中心、全媒体4K新闻演播厅等功能区域。其中，整个融媒体中心范围内还实现了2.4G/5G双频无线、千兆有线网络覆盖，打通了手机和电脑共享平台，让云办公、云制作助力内容生产发布。

广电媒体要破圈发展，首要的是要破理念的桎梏，改变经营的模式，要把"我写你看""我播你看"的单向输出转变成强交互性的互联网传播方式，栖霞区融媒体中心通过"4K+5G+AI"技术赋能加快适配全媒体传播和融媒新产品的需求，逐步建成涵盖4K/高清电视新闻、AI摇臂机器人、AI手语数字人、"4K+5G"全媒体直播、智慧融媒客户端、融媒体传播矩阵等为一体的"广电+"智慧媒体生态系统，应用各类互动、沉浸、体验式产品，服务区域经济产业的发展，深入基层、覆盖全区、辐射周边，打造深化媒体融合发展的新样本。

一是着力打造 AI 手语主播。当下，人工智能 AI 技术引领时代发展潮流与趋势，为媒体融合发展提出了新课题。AI 手语主播的工作内容是使用国家通用手语对节目内容进行翻译，帮助广电融媒构建无障碍传播的媒介环境，让听障朋友们也能轻松看节目。中心本着"关注民生、服务残疾群体"的工作理念，将 AI 手语主播引入电视播报系统使用已有两年。目前，中心采用的第三代超写实的 AI 手语数字人的技术应用，以真人为模板进行人脸的扫描和识别，增加了表情和口型，手语动作更加流畅顺滑，做到 1:1 真实还原，进一步提升了媒体融合发展水平，也为广大市民提供更多样化的媒体服务和更高品质的产品。《关爱听障人士，在栖霞电视台自制节目中间增加 AI 手语节目时长》项目更是被正式列入 2023 年栖霞区民生实事项目之一。二是建成使用"4K+5G"融媒体直播车。直播车相当于一个可移动的小型"电视台"，集"网络＋广播"直播功能于一体，具备拍摄、制作、传输等各项功能，可实现随行车队广播，传输距离达 2 公里，既能满足中小型综艺节目、重大活动直播转播的使用需求，还具备随行车队移动广播的功能，同时具备电视节目录制和信号回传功能。车辆的使用标志着区融媒体中心"4K+5G"时代的到来，实现传统广电生产方式质的飞跃，标志着栖霞区融媒体中心向高清数字化、移动网络化平台专业化迈出了坚实步伐。2023 年 7 月，习近平总书记考察江苏后，南京市政府接待任务加重，直播车及技术团队配合保障市、区接待外省来宁调研考察工作，先后完成安徽省、黑龙江省、内蒙古自治区党政代表团来南京调研时的跟随车队广播保障任务。全年共完成仙林半程马拉松、首届仙林大学城音乐节、南京桦墅稻香生活艺术节等重大活动的直播保障工作近 20 次。以 2023 "大学·城市"仙林大学城艺术节为例，"4K+5G"融媒体直播车集"网络、广播"直播功能于一身，视音频系统以切换台和矩阵为基础，输入端支持 4K、高标清输入，从技术上实现了现场手机信号和全媒体直播的实时流畅。中心得益于"4K+5G"融媒体直播车的全方位技术支持，该直播车在现场相当于一个可移动的小型电视台，集合了拍摄、制作、传输等功能。中心策划生成的新闻、图文、短视频、宣传片、海报、H5 等融媒体综合报道得以及时发布和推广，活动总传播量达 300 万人次，全方面展现活力栖霞、魅力仙林的热闹场景，进一步提升了中心的传播力、引导力、影响力、公信力，也为栖霞全民艺术普及、增强区域文化软实力提供宣传舆论保障。

五、政务服务

栖霞区融媒体中心始终以"守正创新、融合发展"为目标，坚守宣传、舆论主阵地，做好党和政府喉舌，注重业务提升，抓好精品生产，创新高效完成各项宣传制作任务，切实发挥主流媒体作用。如"云栖霞"客户端"文明实践"掌上微平台项目，由栖霞区文明办牵头、栖霞区融媒体中心提供运维管理和技术支撑，依托"云栖霞"客户端的自主研发实力，建成了"文明实践"掌上微平台。自2020年6月20日起，开通了文明地图、文明榜样、志愿服务、招募志愿者、扫码计时等实用功能，及时呈现文明实践要求和志愿服务工作信息，将过去的"线下"工作搬到"掌上"，线上注册报名、线下参与服务，实现双线联动，也兼顾了宣传报道和成果展示功能。"文明实践"掌上微平台实现了技术应用赋能融合创新，既全景式、立体化展现了栖霞区新时代文明实践中心日常工作的方方面面，又在栖霞全区范围内互通联动、数字赋能，聚焦机制创新和服务升级，拓展媒体融合助力区域治理水平不断提升。截至目前，"文明实践"掌上微平台进驻了240个志愿团体、成立了130个文明实践组织，累计开展了8322个服务项目，吸纳了33105位志愿者登记在册。通过该微平台，栖霞区依次建立新时代文明实践中心、所、站三级网络，有效整合基层现有资源，运用群众喜闻乐见的形式开展各类志愿服务活动。一年以来，"云栖霞"客户端的"文明实践"掌上微平台拥有志愿品牌6个，共开展文明实践活动总场次3204场，平台入驻志愿者总量达31212名，各志愿服务队开展文明实践活动共计时长14122小时11分，所有志愿者参与文明实践活动共计时长1005276小时48分，文明实践平台总访问量117万人次，志愿服务惠及群众超过47万人次。

六、民生服务

一是面向街道与社区推出沉浸式打卡体验。栖霞区融媒体中心探索"栖小融"IP全链路营销模式，积极打造"栖小融"本土文化品牌，涉及广告宣传、视频制作、演出策划等项目以及旅游、培训、教育、文创、营销等文化产业服务。全链路营销策略在2023年度南京桦墅稻香生活艺术节活动中得到了检验，栖霞区融媒体中心的经济效应和社会效应得到双提升，品牌的影响力和知名度也得以扩大。本次活动除稻田音乐会、音乐下午茶等主体环节外，所涵盖的亲子研学、惊喜潮玩、拍照打卡、商家福利、非遗产品、绘画手工等多元文化活动在自媒体平台也产生了数据裂变、传播广泛，吸引了不少游客、媒体和投资者慕名而来，共赏桦墅美丽乡村建设和乡村产业振兴图景。二是面向学校和学生开展社会实践及研学游。近一年来，500多名师生先后走进栖霞区融媒体中心一起探秘电视节目的录制过程、探索聚光灯背后的故事。讲解员指着指挥中心大屏幕，用生动形象的语言向同学们介绍大屏幕不同画面板块的功能，讲解新闻采集和汇聚、选题策划、指挥调度、数据分析、内容审核、运行维护以及监测监管等功能。大家能够参观到虚拟演播室、全媒体直播室、4K新闻演播厅等区域，了解如何通过绿布抠像搭建不同场景、如何确保新闻如期播出等内容，并现场与AI摇臂机器互动，感受新闻生产过程中科技的力量。三是借助直播带货和产品推介实现销售转化。2017年10月，党的十九大提出乡村振兴战略，首次将"城乡融合发展"写入党的文献，标志着中国特色社会主义工农城乡关系进入新的历史时期。2022年10月，习近平总书记在党的二十大强调要"全面推进乡村振兴"。2023年2月13日，中共中央、国务院发布了一号文件《关于做好2023年乡村振兴重点工作的意见》。这说明了"三农"问题在全党工作中的重中之重，县级融媒体中心既是乡村振兴的重要组成部分，又是承载阐释传播乡村振兴产业融合发展三重逻辑的重要平台。近年来，随着全国乡村旅游不断发展壮大，智慧旅游成为乡村旅游的新亮点，食品产业作为乡村经济的重要支柱产业，也得到了广泛关注。鉴于栖霞区融媒体中心具有媒体传播、内容创作、平台运营等方面的专业能力，区农业农村局主动上门、建立合作，重点打造"乡约栖霞"小程序运营及"乡约栖霞"品牌农产品体验店建设项目，旨在打造一个集农产品展示、销售、文化体验于一体的线上线下融合平台，推动栖霞区农业产业转型升级。①"乡约栖霞"小程序运营：建成一个功能完善、用户友好的线上销售展示平台，通过小程序加快"乡约栖霞"品牌农产品在市场中的流通与销售，推动栖霞区农业产业向高品质、高附加值方向转型升级，提供高效的购物体验，提升农产品附加值，增加农民收入。②"乡约栖霞"线下展销体验店：通过线下体验店展示并推广栖霞区特色农产品，增强游客的参与感与体验感，使其能够看到、品尝并购买带走产品，从而促进农业与文旅融合发展，促进本地农产品品牌化、电商化发展。③"栖小融甄选"带货品牌：

以栖小融为视觉形象和品牌 IP 构建媒体 MCN 及自媒体联盟，连接政府、高校、企业，全年在抖音、视频号、客户端等平台开展全媒体助农直播，并通过体验式短视频、微信图文、微博推文、小红书分享、H5 页面等传播方式形成数字营销"组合拳"，助力乡村振兴，实现区域名优产品及服务得以销售转化。四是利用"掌上云社区"平台推送民生资讯。"掌上云社区"依托微信，以线下网格或小区楼栋为单位建群，让居民、基层党组织、社区工作人员、物业、社会组织、民警等多元主体共同入群，线上共在。截至目前，"掌上云社区"实现栖霞区 9 个街道、133 个社区全覆盖，建立 1700 多个微信群，入群人数超 40 万，占户籍人口比例超 70%，平均每月产生有效信息 80 万余条。

第三节 栖霞区融媒体中心舆论引导能力建设实证研究

一、解读党的理论路线方针政策及上级各级党委政府精神

栖霞区融媒体中心坚持以习近平新时代中国特色社会主义思想为指导，全面贯彻落实中央、省、市相关工作会议精神，衷心拥护"两个确立"、忠诚践行"两个维护"，按照市局及区委宣传部有关新闻宣传要求，扎实推进意识形态管理与新闻宣传管理工作，充分发挥融媒体自身优势，为区域发展唱响主旋律，营造良好舆论氛围。一是做好重要会议重要讲话精神宣传报道。在融媒体平台首页开设《学习》《学习贯彻习近平新时代中国特色社会主义思想主题教育》《牢记嘱托、感恩奋进、走在前列——深入学习贯彻习近平总书记考察江苏重要讲话精神》等专题专栏，深入宣传习近平新时代中国特色社会主义思想，及时转播、转发中央主要媒体的重要消息、社论、评论等，在首页置顶并推送弹窗群发，确保群众第一时间了解最新动态。安排专人实时关注会议进程，第一时间推送会议的各项决议、重要政策等关键信息。二是做好地方实践的宣传报道。建立"枫语同论"理论学习专题，聚焦党的二十大主题主线，深入阐释习近平新时代中国特色社会主义思想的科学内涵、理论精髓与实践要求，选取本区内先进事例、先锋模范、榜样力量、红色景点，以图文、短视频、微网课等新媒体形式通俗化解读、时代化表达、精准化传播，增强理论学习的鲜活性，拉近理论和实践

的距离感，推动党的创新理论和政府基层治理最新成果走进党员干部，推动党中央的声音深入人民群众。

二、讲好本地老百姓生产生活故事

随着移动互联网飞速发展，新闻传播方式也发生了根本性变革，网友的喜好和阅读习惯成为新闻内容创作的重要考量因素。如栖霞区融媒体中心推出的《在栖霞》《烈日下的坚守》系列短视频，深入挖掘身边普通人的故事，以精准呈现网友喜爱的细节要素的新闻报道，成功引发全网的关注和热议。其中，《在栖霞——我在南京·做瓷器》被评为2023年度南京市"宁好"融媒先锋展示大赛"我在南京·365人物故事"短视频大赛优秀作品，作品选择栖霞区摄山窑主理人王龙龙作为采访对象，通过记录和讲述展示王龙龙与摄山窑的故事，传达王龙龙对陶瓷和南京的热爱。在创作过程中，通过创新元素增加观众的兴趣和吸引力，慢动作、时间流逝等剪辑技巧和视觉效果的叠加让短片更具艺术效果，独特的陶瓷原声从另一个角度向观众呈现了陶瓷的魅力。而王龙龙本身也是一个具有代表性的新南京人，南京独特的魅力吸引了他，南京的包容开放让他有了更好的发展空间，经过两年的时间，他在南京汲取了无数文化灵感，创作出一件件独具南京特色的陶瓷作品，这些作品被喜爱它的人们带到全国各地，让喜爱陶瓷的人们从全新的角度认识南京，了解南京。

三、重大危机事件干预

新闻媒体需要在重大灾难事件发生后理智推进采访，坚持审慎、真实、客观报道，综合利用线上线下平台发布和传达信息，通过配合官方发布与体恤公众情绪的报道，及时疏通民间舆论，疏导公众不满情绪，促进社会和谐。如2022年10月，南京市栖霞区的"一区三街道"暴发疫情，辖区内生活物资保障工作迫在眉睫。栖霞区融媒体中心积极联系相关部门，组织栖霞融媒记者连夜赶赴江宁拍摄航拍镜头和地面画面，两天一夜的时间记录下3000余名志愿者保障物资供应的感人画面。拍摄结束后，记者当天连夜剪辑、精心制作，并收集加入多张栖霞各社区居民收到保障物资后的"感谢截图"，全景式展现生活物资保供的全链条、全流程，不仅展现了栖霞区政府积极保障民生工作得力以及栖霞江宁两地的深厚情谊，而且也极大地安抚了栖霞区封（管）控居民焦急不安的情绪，彰显了民生保障的正能量。该视频一经发布热度持续攀升，受到栖霞江宁两地人民群众广泛关注，纷纷点赞转发。短短几个小时时间，阅读量达"50万+"、点赞近1万、评论400余条、转载"2万+"、收藏"2万+"，后期数据仍在持续增长，形成良好的长尾效应。通过评论区留言可以感受到封（管）控区的居民对政府民生物资保障工作表示理解和支持，他们互相接力、互相打气、互赠祝福，静下来、慢下去，共同筑牢疫情防控防线。此外，栖霞区融媒体中心还在《栖霞新闻》中推出正能量新闻报道668条，"两微一端"发布1597篇，原创公益短视频8条，制作疫情防控短视频74个，制作H5页面10个，制作《栖霞主播说》新闻评论类栏目近30期，发稿总数达2332篇。又如防汛抗洪期间，栖霞区融媒体中心倾情策划了《防汛抗洪进行时》专栏，记者分组24小时驻点八卦洲、龙潭等重点街道，及时发回防汛抗洪一线有关及时处置险情、党员干部带领群众日夜巡逻、机关部门全情助力等大量内容丰富的鲜活报道。

四、外宣传播强化本区域公众认同形成凝聚力向心力

县级融媒体中心利用优势渠道和优势资源在对外宣传和网络宣传上发力，通过全媒体联动、专版专栏深度报道，形成区域一方的公众认同感。如2019年，栖霞区融媒体中心（时称栖霞区广播电视台）配合区文化和旅游局与《美丽中华行》栏目组共同制作了《一城江山　风雅栖霞》专题片，带着摄制组经过11天马不停蹄地拍摄，于4月12日在香港卫视播出，全方位展现栖霞的人文、历史、风光、产业升级和经济的飞速发展，网络总点击量达200万人次。如2022年9月17日，以"喜迎二十大　科普向未来"为主题的2022年南京市栖霞区"全国科普日"活动正式启动，首次以线上直播发布会、线下科普游相结合的形式开展。直播中，不仅有科学探索研学游、科技赋能科普体验游、乡村振兴科普生态游三条栖霞科普游线路（以短视频的形式）线上发布，配套《云览科普馆》专题报道在"栖霞融媒"微信公众号上线，还有吴培亨、赵淳生、陈洪渊3位中国科学院院士参与录制的《院士科普日寄语》系列视频在线播出。栖霞区"全国科普日"系列活动充分运用融媒体手段，以"云上"发布的形式开启主场活动，共11家省市媒体、1家行业媒体联合报道，新华日报交汇点、现代快报

ZAKER、云栖霞 App、"栖霞融媒"微信号、视频号等 4 个平台同步直播，在线观看总人数达 20 万人次。

第四节　融媒体中心舆论引导面临的问题与困境

一、经营创收不易，面临空前的生存压力

一是受新媒体冲击，客户日渐注重"成效"，急需眼见"数据"效果。二是受中央、省市媒体下沉挤压，分流了一部分宣传经费。三是受自媒体影响，自媒体转发主流媒体新闻资讯几乎零成本，其生产制作成本也远低于广电融媒。四是自身负担重，广电融媒的内容生产和技术保障需要投入大量人力、财力，但全面转型新媒体还背负着沉重的包袱，员工工资、养老保险等硬性开支逐年增加，且呈逐年扩大的趋势，生存压力大。

二、区域竞争激烈，县级融媒影响力有限

面对融合转型、新媒体冲击、用户分流、广告经营下滑等多种不利因素的叠加影响，加上一些局委办政务媒体及社交媒体的竞争、中央省市媒体将触角主动伸向县域，区县级媒体的传播生态环境已发生深刻变化，如何突围成为一个需正向思考的命题。

三、人力资源匮乏，融合发展的后劲不足

一是人才迭代更新慢、人力饱和，以保障传统媒体生产运营所需为主，适应于融合生产、运维和管理的全媒体人才仍在培养。二是人才转型遭遇瓶颈，知识储备老化，尤其对新兴技术接受程度不高；有的人面对融合改革，不是积极参与、主动拥抱；一些人只固守原有的工作领域，不敢大胆尝试新事物和新技术；一部分新入职的媒体人缺乏对职业的认同感和归属感。

第五节　提高融媒体中心舆论引导能力的路径与方法

一是县级融媒体中心要进一步聚焦落实重点、及时打通堵点、攻坚突破难点，发挥中心领导班子带头作用，组织好广大党员干部继续开展主题教育，持续加强对业务、技术、行业等方面的知识培训，提高员工的专业素养和综合素质。加强和属地创新型文化企业、高校之间的交流合作，探索联合运营融媒体培训项目的流程、模式和路径，解决地方媒体融合发展人才难题；加强垂直领域布局，构建多元化的内容生产和管理体系，为广大用户提供精准定位的内容服务；健全严格的质量管理和绩效考核体系，进一步提升媒体的竞争力和影响力；通过技术手段和业务模式的改革，提高融媒体内容生产的效率和水平，增强自身的竞争力和发展潜力。

二是县级融媒体中心应当以先进技术为引领，全力向智慧媒体转型升级，进一步掌握并熟练运用数字营销方法。首先，充分发挥策划与创意实力，积极拓展本地活动，增强与用户深度连接，进而通过增值服务来实现自我"造血"。其次，挖掘更多潜在的街区价值点，以网格思维对全区空间进行重新审视，量身打造全链路数字营销解决方案，努力通过创意活动嵌入实体机构从而激发商业变现。再次，树立品牌和版权意识，以数字人视觉形象和品牌IP构建媒体MCN及自媒体联盟，连接政府、高校、企业，通过"数字营销+优质短视频+网络直播"的形式，助力本地的名优产品拓宽销售渠道。最后，拓展"广电+文旅"，创新"数字文旅+视觉体验"营销模式，加快延伸影像、创意、文化、旅游等产业化互动联通，全面推进"AI+文旅"新业态项目落地。

三是县级融媒体中心应当以媒体客户端作为综合服务平台，通过互联网技术赋能，实现基于数据驱动来做精细化与智能化运营。随着移动互联网的普及，互联网流量多数被巨头把持，传统媒体的优势不在巨大流量，在于构建"新闻+政务+服务+商务"区域综合服务平台，客户端"聚用户，做服务"经营模式，本质是"服务变现"，经营逻辑是"用户为王"。如何在客户端上再造一个电视台，是媒体行业发展转型的关键，也是进一步提升融媒体中心舆论引导能力的题中之义。

四是县级融媒体中心应在掌握舆情监测技术（如栖霞区融媒体中心引进的

"新浪舆情通""铀媒—智能校对与新媒体管理平台")的基础上建立舆情监测系统，组建专门的高素质的舆情分析和管理团队，建立和完善舆情监测机制、舆情预警机制、舆情反馈机制和突发舆情应对机制，建立舆情应急响应预案，既能做好日常网络舆情的监测和研判，提供舆情服务和舆情反馈，也能为舆论热点和危机事件作出前瞻和预警，追踪舆论引导效果，适时调整引导策略和引导方向。

第二十八章　江西萍乡市湘东区融媒体中心能力建设研究报告

刘正华[①]

江西省萍乡市湘东区融媒体中心于2018年12月挂牌成立。现有微信公众号、视频号、抖音号、头条号、客户端、综合频道6个传播平台。近年来，湘东区融媒体中心全力推进媒体融合转型、强化传播能力建设，在做强新型主流媒体工作中取得一定成效。

第一节　萍乡市湘东区融媒体中心基本情况

1977年，湘东区人民广播站正式成立。1986年建成调频广播后，该站集广播、电视差转台、有线电视于一体。1997年，全国县区级播出机构改革，完成"三台合一"的改革要求，统称"湘东区广播电视台"呼号。2014年，湘东区广播电视台由隶属区文广新局变更为区人民政府管理，为区人民政府直属全额拨款事业单位，正科级建制，核定领导职数1正2副（台长兼总编辑1名、副台长2名）。2018年，湘东区融媒体中心正式挂牌，整合了湘东区广播电视台、"湘东发布"微信公众号、"湘东发布"微博、"湘东发布"抖音号、"每日湘见"手机客户端、江西湘东网新闻版块6个区属媒体平台，同时在全市率先实现电视采编播全高清化。2021年，根据《湘东区深化事业单位改革试点实施方案》

[①] 刘正华，江西省萍乡市湘东区融媒体中心主任。

的要求，整合区融媒体中心、区委新闻报道中心的相关职能，重新组建区融媒体中心，并增加总编辑岗位，形成两正两副的领导职数，保留区广播电视台牌子，归口区委宣传部管理。2022年，在萍乡市昌盛城市投资有限公司子公司萍实旅游发展有限公司名下注册融泰文化传媒有限公司，区融媒体中心全权管理。

一、平台建设

目前，湘东区融媒体中心为区委、区政府直属正科级公益一类事业单位，挂萍乡市湘东区广播电视台牌子，归口区委宣传部领导。现有员工29人，其中在编人员22人，融媒公司招聘7人，下设综合、新闻、新媒体、外联、专题、技术6个办公室，共有微信公众号、视频号、抖音号、头条号、客户端、综合频道6个传播平台。其中，新媒体包含1个自持平台（每日湘见App）、1个微信公众号（湘东发布）、1个今日头条号（湘东发布）、2个其他第三方平台号（抖音号湘东发布、微信视频号湘东发布），新媒体粉丝共计24.5万。电视开设《湘东新闻》《工业瓷都》等6档新闻和专题节目，日播时长18.5小时。

二、职能职责

负责宣传贯彻党的路线、方针、政策，把握正确的舆论导向。负责宣传贯彻省委省政府、市委市政府和区委区政府的重大决策部署，服务湘东经济社会发展。围绕区委、区政府中心工作，积极开展新闻网络内外宣传，落实全区新闻报道计划，完成上级下达的各项内外宣传和创优任务。承担全区新闻业务、对外通联等有关事务性工作，抓好全区新闻网络宣传阵地和人才队伍建设。协助配合上级媒体和新闻单位来区采访及其他工作，巩固壮大主流思想舆论；协助配合宣传部门维护区内意识形态安全和舆论安全。整合区内媒体资源，形成湘东区广播电视台、湘东政务网新闻版块、湘东发布（微信、微博、抖音）、每日湘见App手机移动客户端等为主体的融媒体矩阵，统一负责全区融媒体宣传的策划、采集、编辑、发布、评价、应用、运维等工作。完成区委、区政府和区委宣传部交办的其他任务。

第二节　湘东区融媒体中心发展亮点

一、体制机制

一是打破部门壁垒。进一步理顺各项职能分工，改革原有的组织架构，设置综合、新闻、新媒体、外联、广告专题、技术6个办公室，从而推动构建协同高效的管理体制，做到定岗定责、人尽其才、岗尽其责，使各级人员激发活力、协同运作，提升融媒体中心的整体运行效率，同时也为融媒体中心的可持续发展奠定坚实基础。

二是创新工作机制。重塑策、采、编、发流程，制定出台《湘东区融媒体中心新闻业务工作流程》，明确编委会策划选题，综合办具体调度，各平台编辑对记者自采、通讯员来稿进行加工，经平台负责人、分管领导、值班负责人审核后交由各平台分发的工作模式，实现一次采集、多产品生成、多媒体传播，进一步提升传播效能。

三是搭建全媒体传播矩阵。集中资源向移动端倾斜，将"湘东发布"的微信公众号、抖音号、视频号、"每日湘见"客户端、《湘东新闻》电视栏目等作为媒体融合发展的重要平台，集合机构、内容、渠道、平台、人员和受众等方面的资源，重点建设集"网、端、微、屏"等于一体的全媒体传播矩阵，发挥主流舆论阵地、综合服务平台、区域信息枢纽等三大功能，确保信息能够及时、准确、安全地发布，使新闻传播、理论宣讲、舆论监督、政务服务、生活资讯、交流互动、集中发布等多项功能得到落实，取得实效。

二、内容生产

作为全媒体传播体系深入基层的"神经末梢"，湘东区融媒体中心坚持以内容建设为根本，以精品输出为目标，借助多视角、多模态、多渠道的融媒体传播手段，推出诸多富有时代感、正能量、泥土味的优质内容作品，极大地丰富了主流价值传播的基层内容版图，在深入推进基层党建，在舆论阵地建设、红色文化宣传、基层精神文明建设方面成效显著，在创优创先方面亦呈现突围之势。

一是凝聚媒体力量，服务发展大局。通过各类新闻报道深入解读党中央对经济形势的重大判断，阐释党中央和国务院的系列决策部署，展现新时代湘东经济社会发展的潜力和活力。2024 年，推出《落实全会精神我来谈》《晒晒我们的成绩单》《聚焦两会》等专题专栏，报道各级各部门围绕党的二十届三中全会提出的新部署、新要求，立足职责定位，进一步全面深化改革，锐意进取、埋头苦干的风采，推动各项事业高质量发展。2023 年，举行"全面深入学习贯彻党的二十大精神"主题新闻发布会，回应人民群众对县域经济发展趋势、基础设施建设情况等方面的关切，增强群众干事创业的热情。2022 年，推出"学习贯彻党的二十大精神""书记工程书记谈""重塑工业辉煌""湘赣合作"等专题报道，形成梯次传播声势。2021 年，策划推出一批如《党史学习教育》《工业强区》《主抓项目》《乡村振兴》等重大专题栏目，为全区经济社会发展和党史学习教育营造良好舆论氛围。2020 年，在"湘东发布"微信公众号、"每日湘见"手机客户端、《湘东新闻》电视栏目等开设《学习贯彻党的十九届五中全会精神》《决战决胜脱贫攻坚》《扫黑除恶》《新跨越》《廉洁萍乡建设》《工业强区》《疫情防控》等专栏。2019 年，《主题教育》《大变样进行时》《最美湘东人》等子栏目通过实地探访、故事化讲述以及数据可视化等手段，以生动鲜明、易于理解的方式传达了国家的重要政策导向以及区委、区政府的决策规划，为我区推进重大项目、加强基层组织建设等工作营造了良好的舆论氛围。

　　二是深耕县域，筑牢基层舆论阵地。充分发挥职能作用，强化媒体阵地建设，围绕项目建设、产业发展、乡村振兴、基层治理等重点工作，深入挖掘本土新闻，大力开展宣传报道。派出记者走到基层一线，与党员干部、人民群众一起探民情、谈发展，记录湘东城乡变化和各行业发展成就。举旗帜、聚民心，把党的声音传达到最基层。2024 年，推出《致敬劳动者》《最美产业工人》专栏，展现各个企业、各个岗位上劳动者的风采，为重塑湘东工业辉煌积蓄力量。推出《社保每周问答》专栏，为群众解答疑惑、知晓政策，提升公众对社保制度的认识和理解。在"萍水相逢　湘东做东"第二届湘东区心动 520 主题活动周暨赣湘边龙舟邀请赛期间，推出"心动 520"专题，实现组合式宣传矩阵联动，提升宣传效果。2023 年，围绕内容建设提质增效，强化创意策划、传播推广能力，打造了《湘东区重塑工业辉煌　步履铿锵》《湘东区：景美人和产业兴》《那年，那月，那湘东》等一系列生动活泼的融媒体产品。2022 年，推出《书记工程书记谈》《重塑工业辉煌》《湘赣合作》《新时代文明实践》等专题报道，形成了梯次传播声势，同时，将优质创意与丰富新闻文体有机结合，"三比三看"勇争先、兴湘时评、战"疫"日记等一批产品项目形成良好效应。2021年，策划采编的一系列原创文化旅游类稿件，以清新的文风、实用的资讯、精美的图片、创意的视频，受到众多读者的喜爱，全媒体报道的辐射作用为本地一三产业融合拉动了人气，营造了氛围，带动了全域旅游的发展。

三、经营管理

一是实体化运营公司。于2022年成立湘东区融泰文化传媒有限公司，实行企业化管理、公司化运行，独立经营、自负盈亏。公司通过面向社会招聘和内部续聘的方式，补充了8名专业人才，积极探索建立公司职工激励制度，拟制定晋升机制，通过增设员工交通补贴和年度绩效、增加工会福利等方式，提升员工薪酬福利待遇，进而增强公司职工干事创业的热情，提高创作积极性，为公司开拓新业务、营收创造新增长提供更大空间。公司自成立以来，创收300余万元。

二是拓展多元业务。湘东区融媒体中心在做好新闻宣传工作的同时，积极开拓市场业务，联络各部门单位，洽谈合作，开展融媒助旅，联合办展，制作贺年节目、宣传片、专栏节目，信息网络传播视听节目客户端直播等服务，在丰富融媒体中心的服务内容的同时，实现业务营收盈利，提升社会影响力和经济效益。

四、人才激励

一是构建完善的人才激励机制。干部职工的绩效工资与奖金发放直接依据其岗位职责履行情况及工作业绩表现，对在工作中表现卓越的个人给予更多倾斜。结合年度综合考核与日常行为表现，评定年度岗位层级，以此全面发挥绩效考核在指引方向、激发潜能及规范行为方面的效能。坚决执行绩效考核相关政策，依托科学严谨的考核机制，推行按贡献分配、优质工作获得更高回报的激励机制，以提升职工自我提升的积极性与市场竞争的敏锐度。

二是注重青年人才的引进与培养。出台有吸引力和竞争力的人才引进和激励政策，拓宽优秀人才引进渠道，通过高层次人才引进、事业单位招聘、委托第三方机构招聘等形式引进专业人才，优化人才结构。同时，提升对内育才能力，盘活用好现有人才资源，通过组织单位职工参加江西省融媒体中心组织的"融媒大讲堂"培训、邀请"赣云"老师来中心开展业务培训、选派编辑前往宜春参与新媒体运营实战技能培训、选派记者前往南昌参与江西省互联网新闻信息服务单位内容管理从业人员培训、开展无人机专题培训等方式提升现有人才队伍新媒体业务能力。为拓宽员工视野，提升综合能力，还实施轮岗交流制度，除中层干部会安排轮任部门负责人之外，新员工入职后，也会安排在不同业务部门进行轮岗，熟悉各岗位工作要求，积累工作经验，帮助员工全面了解融媒体中心的运作模式，提升团队协作能力和工作效率。

三是营造良好的工作环境与氛围。中心领导高度重视人才，经常性了解员工的思想动态和工作需求，及时解决员工在工作中遇到的问题和困难。同时，通过成立职工之家、打造职工健身房、组织各类团建活动、定期开展全体干部职工大会进行职业道德教育等方式提升员工的团队协作能力和职业道德水平，增强团队的凝聚力和向心力。

五、媒体技术

一是进行硬件设施与高清化建设。先后投入1000万余元新建面积400余平方米的办公场所，采购更新了高清化的采、编、播等设备，在全市同级媒体中率先实现本地广播电视节目高清播出。利用高清化演播室、采编播系统推出的一系列高清节目如《湘东新闻》《工业瓷都》《湘东教育》《健康365》《平安湘东》等，显著提升了节目质量，给观众带来了更好的观看体验。

二是进行融合技术平台建设。依托省级"赣云"技术平台，融入"资源通融、内容兼融、宣传互融"的省内媒体融合生态圈。出品湘东区首个综合性手机客户端"每日湘见"，提供及时全面的本地新闻，融合国际国内最新时事热点，涵盖时政、民生、文化、旅游等领域，并有视频直播、节目点播、便民服务、在线商城等便捷功能，通过个性化的精准推荐为用户提供全面的城市生活资讯服务，实现"一端在手，掌握天下"。充分发挥"中央厨房"作为融媒体中心的"孵化器"作用，不断推动采编流程再造，在策、采、编、发各个环节充分体现移动属性，形成"一次采集、多元生成、多端发布"的全新采编播发体系，实现媒介资源、生产要素之间的有效整合。

三是积极应用新媒体技术。充分利用"新华智云"和"赣云"两个省级共享技术平台,技术赋能融媒作品,跳出技术"卡脖子"的困境,使融媒生产能力得到进一步提升。积极探索短视频传播模式,推出《主播说节气》《我为湘东代言》《小湘探企业》系列小视频,取得较好宣传效果。利用直播技术,开展多形态直播活动,启动"湘东做东"品牌发布会、全国飞盘邀请赛、龙舟文化节、赣湘边龙舟邀请赛直播等活动,向外宣传推介了本地特色文化符号,推动讲好湘东故事、传播好湘东声音。

六、政务服务

一是通过技术升级提升服务功能。在"每日湘见"App上设立"爆料""问政""我为群众办实事"等板块,链接"赣服通",更好地发挥融媒体中心问政舆论监督作用、服务职能以及在"我为群众办实事"宣传服务职能。重点打造《阳光问政》在线访谈问政栏目,收集群众意见,解决群众诉求。

二是及时进行政策宣传与解读。深入实施"新闻+政务",利用各平台及时发布政府政策信息,提高政策知晓率和执行力。开设"政务"板块,推出《学习贯彻党的二十大精神》《学习贯彻习近平新时代中国特色社会主义思想主题教育》等专栏10余个,对政策、信息进行解读和传播,发稿近5万篇,阅读量近千万。其中"东东说法"以丰富的内容、新颖的题材和创新的表达方式,让群众在趣味观看中学习法律知识,实现"寓教于乐"。

三是实施资源整合与信息共享。集合机构、内容、渠道、平台、人员和受众等方面的资源,重点建设集"网、端、微、屏"等于一体的全媒体传播矩阵,与区有关部门单位建立信息共享机制和区融媒体中心信息首发机制,提高政务服务的透明度和公正性,实现信息共享和数据开放。

七、民生服务

一是深入实施"新闻+服务"。开设"便民"板块,链接"赣服通""文明创建""税务"等10余个小程序,让群众"掌上办理"有关事务更加方便,全年提供医疗健康、生活服务、招聘就业等服务3万余人次,其中"云报名"小程序发布招聘信息3000余条,让群众足不出户、轻松求职。

二是持续探索"新闻+商务"。开设"企业之家"板块，提供直播电商、品牌宣传、内容营销等服务，当好企业贴心"管家"。特别是与区域品牌"湘东做东"深入合作，推出积分兑换、创卫知识竞赛、防溺水有奖问答等系列特色活动，吸引5万余人次参与，提高了品牌知晓率。

第三节　湘东区融媒体中心舆论引导能力建设实证研究

一、解读党的理论和路线方针政策及上级各级党委政府精神

湘东区融媒体中心坚持以习近平新时代中国特色社会主义思想为指导，围绕深入学习宣传贯彻党的二十届三中全会精神这条主线，把学习宣传贯彻习近平总书记考察江西重要讲话精神作为首要政治任务和头等大事，紧紧围绕区委、区政府中心工作安排部署，紧扣唱响主旋律、弘扬正能量工作主线，精心组织策划各类新闻报道，为全区"实施五大工程，重塑工业辉煌"营造良好的宣传舆论氛围。

一是强化理论武装。严格执行中心理论学习制度，引导党员干部读原著、学原文、悟原理，深刻领会丰富内涵、精神实质和实践要求，深入学习贯彻习近平新时代中国特色社会主义思想和党的二十届三中全会精神，深入学习党的政治理论、政策法规，开展"三严五整""五查五改"等警示教育，切实增强"四个意识"、坚定"四个自信"、做到"两个维护"。同时，以党建促业务，将党建工作与业务工作同谋划、同部署、同推进，设立党员示范岗，激励广大党员干部创先争优、担当作为。

二是强化宣讲阐释。抓实抓牢意识形态宣传引导工作，充分利用"湘东发布"微信公众号、抖音号、视频号和"每日湘见"客户端、"湘东广播电视台"综合频道等阵地，建设具有强大传播力、引导力、公信力的主流舆论，旗帜鲜明地站稳政治立场。坚持面向基层、面向群众，打造提升理论宣讲品牌，先后推出《学习贯彻党的二十届三中全会精神》《学习贯彻党的二十大精神》《党的十九届五中全会精神宣讲》《党史学习教育》《我为群众办实事》《新时代文明实践》等专题栏目，通过文艺宣讲团巡回演出、"学习伙伴"宣讲、理论

微宣讲比赛、"好人"宣讲巡讲、区领导宣讲调研等方式，采用多层次、多元化、全方位的宣传普及方式，生动讲述党的创新理论，把党的正面信息有效传递给群众，确保广大干部群众能够理解透彻、心领神会，并且能够在实际中加以贯彻执行。

三是进行反响报道。坚持以人民为中心的工作导向，尊重新闻传播规律，创新方法手段，结合重要时间节点和重大活动，组织好湘东基层党员干部群众对习近平总书记重要讲话、重要指示精神谈感想、谈感悟。如为深入学习贯彻党的二十届三中全会精神，"湘东发布"微信公众号推出《落实全会精神我来谈》专栏，报道各级各部门围绕党的二十届三中全会提出的新部署、新要求，立足职责定位，谈学习体会、谈改革思路、谈履职担当。为进一步掀起学习《习近平谈治国理政》第四卷热潮，教育引导全区广大党员群众深入学习贯彻习近平新时代中国特色社会主义思想，"湘东发布"公众号开设《习近平谈治国理政》第四卷心得体会专栏，择优刊登党员群众学习心得体会，引领广大党员把思想和行动统一到习近平总书记重要讲话精神上来，进一步汇聚起推动湘东区经济社会发展的磅礴力量。

二、讲好本地老百姓生产生活故事

一是深入挖掘本地好故事。遵循"本地人写、写本地事、给本地人看"的原则，通过走访基层、了解民情，聚焦普通群众群体，鲜活呈现本土好故事、好人物、好画面，引起观众的共鸣，提升内容可看性和吸引力，增强媒体的亲和力和公信力。打造"湘东好人"系列专题，多次报道"全国最美救护员"夏云剑多次成功抢救因车祸受伤、突发急病的群众，江西省"最美退役军人"赖仕清回乡积极投身新农村建设和矿山复绿美丽乡村建设，退役军人陈绍海积极投身建设家乡、奉献公益、宣传红色教育事业，退休干部袁接胜带领乡亲们发展农林产业并建校修路，累计献血303次的"献血达人"侯兵，牵头成立爱心志愿者协会、投身志愿服务40年的文兰英等接地气、有温度的好人代表的故事。开辟《我在基层》专栏，记录76岁老党员熊启东坚持40年造林1000余亩，解决许多疑难杂症、扎根基层20余载的"卫健人"文富生，21载奉献南繁事业的种业人文献，以爱育人的乡村教师张林，为群众答疑解难的驻村第一书记张勇等各行业典型人物事迹。

二是多形式展现增强传播力。注重运用多种媒介形式,如文字、图片、视频、直播、日记等,以生动直观的方式展现老百姓的生产生活场景,将老百姓的故事传递给更广泛的受众,增强传播效果,使观众更加深入地了解本地老百姓的生活状况。创作漫画《创城小漫画 展现大文明》生动展现全区携手创建全国爱国卫生城市的现场画面,发布访谈作品《走近艺术家丨欧阳冬华:偶然性的存在就是唯一的存在》带领广大群众走进艺术家的世界领略艺术与美,推出融合报道《青年力就是超能力》聚焦在区县、乡镇奋斗的年轻人,以家乡为舞台,践行新时代新征程新使命,用自己的青春为实现全面建设中国式现代化而奋斗。推出《村里有个"野"书记》《"斜杠青年"凌守富》《"90后"新农人何叶风:逐梦乡野奋发向"上"》等视频作品,讲述村支书们如何另辟蹊径发展村级集体经济带领乡村们发展致富服务乡村振兴的故事。2023年11月,湘东抗疫警报拉响,城乡按下"暂停键",中心搜集整理了老师、民警、护士、记者、退休党员等战疫一线工作者的日记,通过这些逆行者的亲身经历,记录一段特别的湘东历史,形成了梯次传播声势。

三是多方面提升服务效能。策划《百企百业百村百味》专题栏目,讲述陶瓷行业巨头创新升级焕发新活力,电子信息产业精密光学制造头部企业追光逐电的过去和未来,建筑产业绿色建筑向"现代化、智能化、绿色化"方向砥砺前行,包装行业"创意包装文化产业园"朝全国最大的包装产销基地迈进等工业故事。记录"全国文明村镇"美建村水墨画般的乡村风光,炉前村乡村振兴景美人和,江口村优质文旅资源扎根,麻山村积极探索"电子商务+直播带货+农田餐桌",善山村靠特色产业提升居民幸福度等乡村振兴典型故事。通过活动预热、现场直播、赛事回顾的方式对桐花季文旅主题活动、油菜花乡村旅游活动、湘赣边广寒寨杜鹃花文体旅活动等进行组合宣传,将"赏花经济"与全域旅游、民俗文化紧密结合,为农文体旅融合发展注入活力。特别推出报道介绍排上镇仙居山庄的翠冠梨、桥头村的咸鸭蛋、荷尧镇福溪村的"萍乡两头乌"、广寒寨乡糖溪蜜柚、老关镇登官村的"杜仲鸡"等特色农产品,助力农民增收致富。

三、重大危机事件干预

一是快速发布权威信息。通过多种传播渠道第一时间发布关于事件的准确信息，详细解读政府在危机事件中的各项政策和措施，让公众理解其背后的意义和目的。如 2019 年 7 月，湘东区遭遇 1954 年有水文记录以来最大洪灾，城区大面积受淹，交通、通讯、电力中断，多个乡镇出现多处险情。"湘东发布"公众号推出《致湘东人民的一封信》《【灾后重建·农业生产恢复】技术＋救灾种子 4 万斤、消毒液 5 吨、疫苗 20 万头份……》《【我在基层·灾后重建】自救不忘支援‖湘东"爱"在一起！》《【我在基层】湘东抗洪救灾转移 5 万多人，无一人伤亡！因为……》《【工业强区战略】洪魔退，施工进！湘东区召开重点项目调度会！》等系列报道，解读湘东区委、区政府带领广大党员干部群众积极投入到抗洪抢险中，安全转移 52771 名群众，夺取人员零伤亡、财产损失降到最低、群众生活安定有序的决定性胜利。又如 2022 年 11 月，湘东抗疫警报拉响，城乡按下"暂停键"，湘东区融媒体中心及时发布《萍乡市静态管理期间群众就医服务公告》《来（返）湘东人员请主动报备！（附报备须知）》《关于疫情期间湘东区开展"无接触配送"服务的通告》《众志成城、心理防"疫"！湘东区公益心理援助热线就在您身边》《关于进一步加强湘东区医疗服务保障的公告》《关于恢复常态化核酸检测服务的通告》等通知公告，配合卫生部门开展防控工作，引导公众理性应对，确保公众健康安全。

二是引导公众关注正能量事件和人物。报道在危机事件中涌现出的志愿者、救援人员的先进事迹，激发公众的社会责任感和凝聚力。在"7·9"特大洪灾中，湘东区融媒体中心推出作品《我家只不过是水淹而已，他们有生命危险，更重要！》，报道麻山镇桐田村党支部副书记易洪卫在洪水来袭险情出现时连夜奋战不顾危险转移受困群众，忙着救灾却顾不上受灾严重的自己家的无私故事。推出作品《【灾后重建·安置】在这里，我们蛮安心》，报道排上镇临时集中安置点受灾群众互相扶持、相互鼓劲、积极投入灾后重建的温暖故事。推出作品《【志愿服务】洪灾过后，有一种温暖叫"我在"》，报道各支志愿者队伍在湘东抗洪抢险和灾后重建一线的身影。推出作品《【抗洪救灾·平凡英雄】一人一舟救百人》，报道热心市民肖枫一人、一船、一竿，往返 30 多趟，7 个小时营救被困群众 100 多人的英雄事迹。在疫情防控严峻时期，推出《战"疫"日记》专栏，报道东桥镇草市村第二党小组长彭秧、湘东融媒体中心记者邬芳、东桥镇长塘村驻村第一书记罗忠烈、湘东公路中心老关道班公路养路工王新根、湘东区总医院李娇等战疫一线工作者的日记。推出融媒作品《湘东战"疫"

滞留的旅客，带上湘东的热情与祝福回家！》《湘东战"疫"｜86400秒！逆行者的昼与夜》《"疫"心守护"疫"散花开》《【兴湘时评】凝聚湘东人疫情防控的强大合力》，讲述湘东人民日夜轮转、全力以赴坚守奋战的故事，积极传递正能量，为全民攻克战"疫"难关提供信心。

三是积极开展知识普及。在日常工作中，通过制作宣传海报、短视频等形式，宣传普及火灾预防、疾病防控等危机预防知识，增强公众的防范意识。如积极转载上级官方媒体发布的《【防疫科普】蔬菜包如何消毒？》《"居家隔离"和"居家健康监测"，两种有何不同？》《8月，警惕这些灾害风险！》《受害者均为学生！多地警方紧急提醒》《多地感染增加！江西疾控紧急提醒》《紧急提醒！溺水事故高发期！请务必转给家长学生》等文章，科普安全知识，提高群众对各类灾害的知晓度以及急救自救意识，减少群众恐慌。

四、外宣传播强化本区域公众认同形成凝聚力向心力

一是精准定位明确外宣目标。县级融媒体中心肩负着塑造本地区形象和展示地方特色的重任，湘东区融媒体中心充分利用自身的新闻资源优势，报道本地在改革发展中取得的进步和成就，如经济建设成果、民生改善情况、社会进步变化等，围绕主题教育、产业转型升级、粮食安全、乡村振兴等主题，精心策划选题，加强沟通对接，积极向中央、省级主要媒体供稿，在宣传湘东形象、讲好湘东故事方面刊播了一批外宣稿件，通过积极的舆论宣传，提升了地方的整体形象和美誉度。2024年上半年在中央主要媒体刊播宣传湘东稿件25篇，2023年在中央广播电视总台主要新闻栏目上稿69条次，2022年在中央广播电视总台上稿46条次，2021年在央视刊播14条（其中《新闻联播》4条），2020年在中央广播电视总台用稿14条次，2019年在中央广播电视总台用稿28条次（其中央视《新闻联播》3条次），2018年在中央广播电视总台用稿38条次（其中央视《新闻联播》2条次）。

二是深挖本土特色打造特色品牌。深入挖掘本地区独特的人文历史、自然风光、民俗文化、特色产业、历史遗迹等独特资源，通过全媒体手段进行展示和传播，打造具有地方特色的媒体品牌，提升县级融媒体中心的知名度和影响力，进而强化公众对本地区的认同。如，央视频道《新闻直播间》栏目聚焦湘东万亩映山红，《江西日报》刊发文章《乡村小学的"科技范儿"》聚焦湘东

排上镇大路里小学开启科学教育放飞乡村儿童的科技梦想,《央视新闻》综合频道刊登湘东区依托龙舟赛,以赛为"媒"撬动区域品牌推介和经济社会事业发展,中央广播电视总台《新闻联播》和《新闻直播间》栏目都报道了湘东区江口村艺术赋能乡村振兴的发展之路。

三是创新传播方式拓宽传播渠道。利用短视频、直播、H5页面等新媒体形式宣传特色地方文化,增强传播的吸引力和互动性,同时通过系列特稿、专题报道等形式宣传,充分利用自有平台和上级媒体平台,按照"App要'快'、公众号要'优'、短视频要'精'"的标准,让"硬"内容"软"表达,同时兼顾TV、PC、MP等多屏,形成多渠道、立体化的传播格局,助推传播力大跃升。如《经济日报》视觉版块刊发图片文章《党旗在基层一线高高飘扬·冲锋在前保民生》报道湘东区党员志愿者,走近群众身边,服务基层群众。利用直播技术,开展多形态直播活动,启动"湘东做东"品牌发布会、全国飞盘邀请赛、龙舟文化节、赣湘边龙舟邀请赛直播等活动,在海外平台推出《萍乡湘东区:这个夏天我在江口等你》《我为湘东当导游》等一批双语外宣作品,向外宣传推介了本地特色文化符号。

四是强化正面宣传树立良好形象。积极报道本地区的经济、社会、文化等领域的成就和进步,展现地区发展的活力和潜力,提升公众对本地区的信心和期待。如,央视号每日优质稿件精选播发《危急时刻!他纵身一跃跳水救人》报道湘东区下埠镇村民吴相虎奋不顾身跳入水中勇救落水司机的感人故事,《经济日报》刊发文章《江西萍乡坚持"四个论英雄"——差别化激励促企转型》其中报道了湘东区正向激励促进企业转型发展,《朝闻天下》播发《江西:加强"枢纽"建设 基层中医药服务提质增效》报道了湘东区中医药综合改革示范区建设工作,《新华每日电讯》头版刊发党的二十届三中全会改革专稿《"通过改革给人民群众带来更多获得感"——新时代民生领域的改革故事》报道了湘东区推进萍水河治理有关举措和成效,《新华社》报道湘东"就业专车"服务工业企业用工需求,央视CCTV-13新闻频道聚焦报道湘东推广水稻绿色防控、科学管理促增收,央视《新闻直播间》《人民日报》《光明日报》等多家央媒相继关注报道湘东抗旱保生产工作。

第四节　湘东区融媒体中心舆论引导面临的问题与困境

一、基层联动不够，用户活跃度较低

在参与基层社会治理的过程中，与基层治理部门、社区组织、学校等之间的信息共享机制不健全，合作资源不足，限制了参与基层治理的广度和深度。同时，对基层群众需求的考量不足，没有切实从基层民众的角度审视，及时回应群众需求，导致平台用户活跃度不高，难以发挥县级融媒体的舆论引导力。

二、内容创新不足，传播效果不理想

在传达党和政府的政治导向、理论路径以及区域重大会议和活动信息时，由于内容和形式较为单一冗繁，导致基层群众特别是频繁使用网络的年轻群体兴趣不高，宣传效果因此受到影响。同时，新媒体策划与创作能力不足，制作的内容缺乏与新媒体环境相契合的"网络气息"。面临传播效果不显著的问题。在报道区域内各类社会民生新闻时，采编过程缺乏高效整合，报道内容与群众切身需求差距较大，传播形式和内容有待丰富，内容缺乏吸引力。

三、专业人才匮乏，队伍建设乏力

融媒体中心在薪酬待遇、职业发展等方面缺乏竞争力，且工作强度大、压力大，难以吸引高质量人才加入，导致中心具备专业背景的人才相对短缺。中心为公益一类事业单位，体制属性对于创收奖励和业务效益市场化衡量评价体系有所制约，奖励制度和绩效考核机制不够健全，在体制机制方面存在僵化、不灵活的问题，无法有效激发员工的积极性和创造力，队伍活力仍有待进一步激发。

四、自我造血功能不强，经营创收能力不足

中心作为地方新闻宣传的主阵地，日常新闻采编、深入报道、民生报道等多个方面报道要求投入较大人力，新闻报道任务重，同时缺乏具有专业知识和经验的经营人员，导致难以集中精力开展创收工作。在经济疲软的情况下，企

事业单位视频业务预算普遍缩减或外流，传统广告市场面临萎缩，中心新媒体广告业务起步较晚、发展不够成熟，在争取资源时面临更大竞争压力，限制了创收空间。

五、研发能力缺乏，技术力量不足

由于财政资金的限制，无法强化在媒体融合发展新技术上的运用，自身技术队伍建设滞后，在前后端开发、客户端开发、运维等基础技术方面过多依附第三方公司，客户端和公众号的开发运维通常通过采取购买服务来获得，在个性化设置和功能的提升上难以及时得到响应和有效实现。

第五节 提高融媒体中心舆论引导能力的路径与方法

一、履行主责主业，壮大基层主流舆论阵地

一是坚持正确政治方向和舆论导向。明确县级融媒体中心作为区域信息枢纽的功能定位，深入贯彻党的新闻宣传方针，及时准确地宣传党的路线、方针、政策，当好党和政府的喉舌，发挥好党和政府联系人民群众的桥梁、纽带作用，打通舆论传播和社会服务的"最后一公里"。严格落实意识形态工作责任制，牢牢把握正确舆论导向，确保宣传事业、媒体运营等工作规范有序进行，使自身建设更加紧密地贴合发展需求、基层期望和民心所向，持续强化并扩大基层主流舆论的影响力阵地，为县域经济社会发展营造良好舆论氛围。

二是聚焦基层社会治理。拓宽传播渠道，创新传播语言，通过深度报道、党群互动等形式传递主流价值观，积极回应民众关切，促使党的思想舆论宣传工作更加深入基层。深入挖掘本土特色内容，充分利用"地域特色与亲和力"这一显著优势，将宣传焦点对准本地热点话题与民生新闻，捕捉基层社区群众的鲜活声音，打造贴近本地群众生活、充满生活气息的民生新闻，展现基层生活的真实面貌。充分利用短视频、H5、图文直播、VR等多种形式，使新闻舆论引导的形式更加生动、鲜活、有趣，增加受众的参与度和互动性。

三是强化新闻舆论引导能力。加强新闻策划，提升新闻质量，确保新闻

报道的权威性、准确性和时效性。明确自身使命与职责，时刻关注民众疾苦，强化引领力，通过开设专题报道、专栏文章、权威访谈等方式，对相关问题进行透彻、全面、理性的分析和讨论，提供更具深度思考的内容，通过调查研究、举办活动、新闻发布等形式，提高新闻舆论引导或热点舆论引导的影响力、话语权的权威性。同时，在日常工作中，及时回复民众关注的问题，杜绝虚假新闻，以正确的新闻事实引导群众，避免错误信息产生负面舆论，从而有效提升公信力。

二、坚持守正创新，内容为王打造融媒爆品

一是深入挖掘本土特色，创作独特性内容。融合县域本土深厚的文化底蕴、独特的人文景观以及媒介特色，坚持打造与众不同、具有思想深度的原创内容，形成自身的独特竞争力。深挖本地新闻资源，讲好人民群众最关心的故事，打造有温度、有深度的新闻作品。选择本地最具代表性的文化符号，打造一批公信力高、影响力大、带动性强的精品力作。依托本地丰厚的人文积淀，打造富有地域气息的文化专栏、系列报道，向基层群众展示本地独特的地理风貌、历史演进、民俗节庆等，唤醒他们对家乡的记忆与情感，增强对乡土文化的认同。

二是加强内容创新，提升内容质量与深度。习近平总书记指出："对新闻媒体来说，内容创新、形式创新、手段创新都重要，但内容创新是根本的。"信息时代社会舆论瞬息万变，县级融媒体中心要肩负起舆论引导的中流砥柱职责，紧扣内容建设这个立身之本、立业之基，构建立体化、多元化的高质量内容体系，以满足基层群众不断增加的精神文化需求。积极开展专题采访等原创性强的工作，注重文化报道的深度与专业性，既挖掘有温度的文化大事件，又关注点点滴滴的细节，呈现立体丰富的文化。不断创新报道形式，加强选题策划，敢于突破常规，大胆使用短视频、直播、图表、图解、H5、VLOG等新兴传播载体，进一步增强新闻传播的丰富性、生动性和互动性，使报道更具现场感和时效性，让新闻更加贴近群众生活，为基层群众提供优质的精神文化食粮。

三是加强与受众互动，与基层群众建立紧密联系。构建畅通的反馈渠道和互动平台，使县级融媒体中心成为县域内最有权威的信息枢纽和互动平台。主动设置议题，利用各新媒体平台实现有效的线上服务，将与群众生活息息相关的服务内容作为特色模块推出，引导社会舆论走向。针对受众关心的热点问题

和社会关切事项，设立互动栏目，开通留言通道，及时回应关切、答疑释惑。加强与受众的互动交流，发挥短视频的优势，扩大新闻内容在年轻群体中的覆盖面和影响力，实现与新生代受众的有效互动，运用直播进行政策发布、民意收集、事件报道、舆论引导等，实现与群众的"面对面"沟通，强化亲民性，为县级融媒体舆论引导力的提升打下坚实基础。

三、强化技术支撑，赋能媒体融合传播效能

一是搭建融合媒体平台。把准政治方向与平台属性，借助移动互联网技术，以"媒体+政务""媒体+服务""媒体+电商"等为抓手，打造形成集多元化服务于一体的综合性服务平台，将传统广电与新媒体"两微一端"业务混合发展，通过平台和端口整合权威发布、便民服务、信息公开等业务，着力打造兼具新闻传播、政务沟通、民生服务、商务发展的全新立体传播矩阵。

二是提升平台数字化服务水平。以大数据技术为支撑，构建智慧媒体"中枢大脑"，形成集约高效的内容生产体系和全媒体传播链条，通过建立数字化的内容编辑系统、内容管理系统等，实现新闻采访、编辑、发布全流程的无缝衔接和高效运转。推进"媒体+政务服务商务"深度融合，做好政务传播，推进与企事业单位、社会资源的合作联动，充分发挥服务功能。充分利用新媒体平台，加强与用户的互动，利用社交媒体的评论区和在线直播间等，实时听取受众反馈，据此优化报道策略和内容制作，以更好地满足基层群众的信息需求。

三是拓宽新传播渠道。以内容多元化特点提升传播广度，借平台特性提升传播速度，拓宽内容输出形式，提升媒体影响力。利用大数据、云计算、人工智能等技术手段，提高新闻生产的效率和质量，借助短视频平台用户画像功能，了解不同地区、不同年龄受众的浏览需求。同时，加强对舆情信息的监测和分析，为舆论引导提供有力支持。

四、加强队伍建设，推动人才队伍转型升级

一是开辟绿色通道，广纳贤才。引进优秀人才。制定灵活且积极有效的人才引进制度，提供编制保障、畅通职业晋升通道，通过招聘、引进等方式吸引优秀复合型新闻人才加入融媒体中心队伍。针对高端、紧缺及专业人才，灵活

运用项目用工、外部协作、特聘特约等多元化、灵活的用人模式，以弥补特殊时期的人才空缺，为县级融媒体中心注入鲜活力量，优化其人才结构布局。

二是完善激励机制，激发潜能。细化考核体系，深化薪酬制度改革，构建以岗位贡献、绩效评估、动态管理为基础的薪酬管理制度，细化考核标准，确保多劳多得、优绩优酬的原则得以充分体现。同时，设立奖励基金、表彰先进，以此激发人才的工作热情和创新活力。

三是强化内部育才，提升能力。充分利用现有的人才资源，积极邀请上级媒体专家来中心传授专业技能，定期组织新闻采编、技术保障等方面的业务培训。在一线采编团队中，持续深化"脚力、眼力、脑力、笔力"教育实践，不断挖掘员工潜能，提升业务能力。除传统的外出培训、专家授课、参观学习等方式外，积极探索专业主播、全媒体运营等多元化人才培训体系，鼓励员工到改革先行单位实习，通过实践提升专业技能。同时，结合员工个人特点，开展有针对性的业务培训，帮助他们消除转型融合期的本领恐慌，推动人才队伍再造升级。

五、坚持多元经营，不断拓展融媒边界

一是跨行跨业整合资源。顺应国家区域一体化战略导向，整合区域内产业资源，运用市场化和企业化的运作方式，促进这些资源与融媒体业务的深度融合。在此基础上，构建区域产业融合平台，特别是在医疗、教育等垂直行业深入布局，利用平台优势与各行业携手共创价值。实现产业高效协同发展，从而推动县级融媒体中心在社会效益和经济效益上实现双重提升。

二是优化多元经营结构。积极发挥党媒在资源、人脉、争取政策等方面得天独厚的优势，聚焦城市建设、品牌创意、文旅融合、数字化等重点，调整经营策略，依托平台优势，以服务为核心寻求合作机遇，拓展"媒体+"产业链，构建多元化、跨领域的产业经营新生态，全面拓展媒体服务、公共服务、政务服务、增值服务、商务服务等方面综合业务，拓宽县级融媒体中心的经济收益渠道。

第二十九章 新疆库尔勒市融媒体中心能力建设研究报告

余小疆[①]

2019年6月26日，库尔勒市融媒体中心挂牌成立。经过近几年的发展，库尔勒市融媒体中心已形成广播、电视、"两微一端"、短视频等为一体的传统媒体和新兴媒体深度融合发展的全媒体矩阵平台。

第一节 新疆库尔勒市融媒体中心基本情况

1950年6月，国务院批准设立库尔勒县。1951年11月，库尔勒县收音站成立，每日收记中央和新疆人民广播电台新闻，除供县委、县人民政府有关部门领导参阅外，还油印转发各区、乡工作队学习。1953年，收音站在县委宣传部指导下办起油印小报《新闻广播》，主要转载广播记录新闻。1957年10月，库尔勒县人民广播站在县收音站的基础上建立。1979年6月，国务院批准设立库尔勒市。1984年4月，国务院批准撤销库尔勒县，并入库尔勒市。1986年底，经国家广电部批准，同意建立库尔勒人民广播电台，副科级建制事业单位，隶属于库尔勒市广播电视局领导。1988年1月1日，库尔勒人民广播电台试播。1990年1月1日，库尔勒人民广播电台正式播出。1992年9月，库尔勒市有线电视台成立。1999年2月，库尔勒人民广播电台与库尔勒市有线电视台合并，

[①] 余小疆，新疆库尔勒市融媒体中心主任。

成立库尔勒市广播电视台。合并后实行局台合一的管理体制，即库尔勒市广播电视局和库尔勒市广播电视台一套班子、两块牌子。2002年1月，巴州、库尔勒市两级广播电视网络并网运营。4月，库尔勒市人民广播电台与巴州经济广播电台整合，成立巴音郭楞人民广播电台。2003年8月，巴州整合州、市广播电视，统称为巴音郭楞人民广播电台、巴音郭楞电视台。随着库尔勒市经济社会快速健康发展，广播电视事业已成为城市宣传的主要抓手，为加强库尔勒市广播电视队伍力量，时隔12年后，经市人民政府批准，2015年5月，成立库尔勒市广播电视台，面向社会公开招聘57名事业性岗位，面向全疆公开选拔台长。

2015年9月，库尔勒广播电视台新招聘人员入职，部分跟随台长装修办公大楼，部分前往原巴州电视台学习业务技能。2016年6月，库尔勒市广播电视台汉、维两个频道正式开播。2016年12月，从市委宣传部即时通讯中心接管"文明梨城大家谈"和"孔雀河畔"微信公众平台。2018年5月，注册"库尔勒广播电视台"抖音账号，开始尝试"小屏"生产。2019年5月，从库尔勒市"访惠聚"办公室接管"库尔勒零距离"微信公众平台。2019年6月26日，库尔勒市融媒体中心挂牌成立。2019年9月2日，库尔勒市广播电台FM105.3梨城之声试播。2020年1月1日，库尔勒市广播电台FM105.3梨城之声正式开播。2020年1月，总投入223万元的融媒体指挥调度中心建成投用。2020年5月，自有客户端"库尔勒好地方"正式投用。至此，库尔勒市融媒体中心形成广播、电视、"两微一端"、短视频等为一体的传统媒体和新兴媒体深度融合发展的全媒体矩阵平台。

一、平台建设

库尔勒市融媒体中心作为库尔勒市人民政府直属科级事业单位，归口库尔勒市委宣传部领导，为公益二类。2019年被自治区确定为全疆县级融媒体试点单位，同年被中宣部确定为舆情信息直报点，为全疆唯一一个县级舆情直报点。

中心总面积5000平方米，下设综合办公室、策划创作部、信息采集部、编发部、技术部及1个文化传媒公司。现有干部职工70名，其中事业编18人，事业岗38人，自聘14人。单位职工平均年龄30岁，研究生9人，研究生率12%，本科49人，本科率65%。副高职称2人，中级职称11人，自治区"四个一批"文化产业领军人才1人。

中心包含1个客户端——"库尔勒好地方";2个电视频道——一套(汉语)和二套(维吾尔语);1个广播频率——FM105.3梨城之声,开设《早安梨城》《1053梨马办》《光影汇》《交通零距离》《1053旅行家》《大家帮》《音乐max》《下班万岁》《城市夜心情》9档直播节目;3个微信公众平台——文明梨城大家谈(用户12.84万)、库尔勒零距离(用户47.2万)、孔雀河畔(维吾尔语、用户82万);一个抖音账号——"库尔勒融媒",粉丝127.2万。此外,还入驻央视新闻+、新华社现场云、新浪微博、今日头条、微视、快手、梨视频等平台。

二、职能职责

1.新闻宣传与政策传达:负责全面、准确、及时地宣传党的路线、方针、政策,以及中央、区、州、市的总体规划和要求。通过广播电视、网络媒体等多种渠道,组织全局性重大宣传报道活动,确保政策信息能够广泛传播到基层群众中。

2.媒体资源整合与发展:负责实施媒体融合改革战略,构建"媒体+政务+服务"模式,通过科学规划、开发应用、申报评定和推广使用,推动媒体资源的优化配置和高效利用,提升县级媒体的传播力、引导力、影响力、公信力。

3.节目制作与播出:负责广播电视节目的制作、播出和对外宣传工作。这包括承担上级广播电视转播任务,以及地面数字电视业务的推广和覆盖工作。同时,还需要承担广播、电视等频率频道资源的报批、使用和管理工作。

4.技术保障与管理工作:承担广播电视重要技术设备的使用管理维护工作,确保广播电视节目安全播出。同时,还需要承担全市广播电视无线发射传输网络的建设管理工作,以及与广电网络的对接、协调工作。

5.资料收集与归档:负责库尔勒市图片库、音(视)频资料的收集归档工作,确保媒体资源的完整性和可追溯性。

6.对外通联与业务合作:负责新闻业务和对外通联工作,加强与上级媒体和兄弟单位的交流与合作,推动库尔勒市融媒体事业的持续发展。

7.网络互动平台建设:承担本地网络互动交流平台建设工作,为群众反映诉求、建言献策提供通道,同时搜集整理、分析研判本地平台舆情动态,为市委、政府决策提供参考。

8.为民服务与深度融合：通过组织开展各类群众性文化、教育、科普、公益等活动，丰富群众文化活动，强化为民服务功能。通过提供政务服务信息、参与社会治理等方式，拓展媒体服务的功能和范围，提升媒体服务的社会价值和影响力。

第二节　库尔勒市融媒体中心发展亮点

一、体制机制

一是争取上级政策支持。库尔勒市委高度重视市融媒体中心的建设与发展，市委主要领导多次调研并听取媒体融合发展情况汇报，专门研究解决人员编制、保障运转经费问题，在原有办公经费的基础上，每月再增加20万元财政支持，作为基本运转经费。批准所属的库广传媒有限责任公司创收收益，市财政及时全额返还，用于中心发展和干部职工绩效。给予特殊人才引进政策，在原有编制基础上增加10个事业编制，对20个自聘人员给予"随走随招"的政策。两年来共引进8名新闻专业研究生，为中心的改革与发展提供了强大支撑。二是创新制定运行方案。根据自治区党委办公厅、自治区人民政府办公厅印发的《自治区贯彻落实〈关于加快推进媒体深度融合发展的意见〉的实施方案》（新党办发〔2020〕28号）及《自治州党委宣传部关于自治州新闻单位薪酬制度改革实施方案》要求，制定《库尔勒市融媒体中心运行方案（试行）》，全体干部职工凭能力竞聘岗位，以岗定薪、以效取酬、多劳多得，形成了干部职工不甘落后、争先进位、比学赶超的良好氛围。三是整合采编力量，构筑立体矩阵。一支采编队伍服务多个平台，形成新闻信息内容的"一次采集、多种生成、多元发布"的宣传格局。中心编辑、记者划分包联单位，点对点进行指导，建立300余人的基层通讯员队伍，无死角覆盖全市各乡镇、街道、部门、单位。实现新闻线索向下找，新闻作品向上传的立体矩阵。

二、内容生产

一是海量内容持续输出，满足多元化信息需求。中心运行以来，始终坚持正面宣传为主，建立了一套贯穿"策、采、编、审、发"全流程的工作制度，确保内容生产的规范性和高效性。尤其是媒体融合以来，形成"一次采集、多种生成、多元发布"的工作模式，不仅降低了内部各平台的沟通协调成本，还有效提升了采编播发的生产效率。"库尔勒好地方"作为自有平台，平均每日发布稿件100条以上，3个微信平台每日发稿近30条，短视频每日发布近30条，不仅丰富了内容生态，也满足了用户的多样化需求。根据新疆石榴云自治区融媒体技术平台发布的《新疆县级融媒体中心传播力排行榜》显示：2024年1月1日至9月30日，库尔勒市融媒体中心发布原创稿件27071篇，在全疆84个县融好地方客户端原创发稿量排名第一；官微"库尔勒零距离"发布稿件获得了879.375万阅读数，位居全疆84个县融第一，排行榜第二位和第三位分别为460.336万和290.944万阅读数，以绝对优势拉开了差距。库尔勒融媒抖音号发布稿件获得49.567万点赞，位居第八。各平台以海量内容的持续输出，满足了受众多元化信息需求。二是精益求精打造精品，提升内容质量水准。中心运行以来，始终坚持正面宣传为主，建立了一套贯穿"策、采、编、审、发"全流程的工作制度，确保内容生产的规范性和高效性。紧紧围绕中央以及区、州、市的中心思想及重点工作，紧盯民生福祉、优化营商环境、乡村振兴等重点工作，做好重大主题宣传报道。开设《铸牢中华民族共同体意识》《新疆网络文化节》《关爱妇女儿童》《新时代文明实践在梨城》《梨城法治》等40多个专栏。汇聚最强力量到一线记者，深入基层、深入群众开展新闻策划与采集，创作出大量沾泥土、带露珠、冒热气的优秀作品，增强了新闻内容的贴近性和感染力。2024年上半年（截至6月10日），在人民日报、新华网、央视频等央级媒体上稿320条，新疆日报、新疆广播电视等自治区级媒体上稿91条，通过石榴云平台供稿279条，学习强国采用46条，其他媒体1000余条。各平台共发布短视频3484条，"百万+"作品30条。三是深度挖掘本土资源，打造特色原创内容。中心高度重视原创内容的创作和质量，打造以"创作团队+网红主播+正能量"为特色的原创短视频创作模式，发挥网红主播优势，策划拍摄大量原创剧情类、图文类及新闻出像类短视频，内容涉及社会主义核心价值观、文明城市创建、文旅特色推介等主题，如《拒绝浪费从点滴做起 从身边做起》《请尊重每一位劳动者》等作品，采用幽默喜剧的剧情手法，寓教于乐，传递正向价值观，深受粉丝喜爱，每部作品播放量均稳定在百万级别。具有本地特色的品牌专栏《梨城故事》《不文明行为曝光台》等，也深受市民喜爱。

三、经营管理

一是着力发展"新闻+商务"。成立库广文化传媒有限责任公司，积极探索多元化盈利模式，增强自身造血能力。将专题片制作、演播大厅使用、户外广告牌制作等纳入政府采购，在活动营销、企业宣传、直播带货等运营中拓展产业发展新路径，2023年实现营收近200万元。同时，中心打造网红直播间带货，积极邀请本地知名网红直播带货，助力库尔勒农产品销售，全年开展香梨直播带货85场次，带动库尔勒香梨销售500余吨。二是强化平台管理，提升传播效果。发挥中心平台核心影响力，围绕重要节庆活动以及商业活动开展新媒体直播，例如大年三十烟花秀、元宵节闹社火以及梨花节、端午节等，与企业达成商业合作，通过留言、抽奖等活动增强互动体验，增加用户黏性。电台每月组织一次观影活动，线上报名，线下观影，加强与听众粉丝的互动，及时收集和处理用户的反馈和建议，不断优化产品和服务。由中心策划并执行的2024库尔勒马拉松比赛直播活动，在线观看526万人次；库尔勒融媒抖音发布的《加强停车场环境　整治环境卫生秩序》浏览529.3万人次；库尔勒零距离微信公众号发布的《庆祝巴州成立70周年｜新老照片对比！带你来看巴州首府库尔勒的旧貌新颜》阅读量3.3万。

四、人才激励

一是加强绩效考核与激励措施。制定《库尔勒市融媒体中心内部运行机制》，进一步完善岗位管理考核制度，打破身份限制，按照"多劳多得、优劳优酬"原则进行岗位量化，形成能者上弱者下的良性运行机制，有效解决编内编外人员同岗不同责、同工不同酬等问题，缩小工资待遇差距，调动采编人员的积极性和主动性。二是通过"请进来走出去"培养人才。每周通过开展政治学习及业务培训，加强新闻队伍"四力"建设；严格新闻从业人员及记者证管理工作，采编人员落实持证上岗；用好人才引进的8名专业研究生，强化媒体融合建设研究；组织骨干人员赴北京、浙江、乌鲁木齐等地学习培训14人次，派出4人赴中国传媒大学进修1年；积极邀请石家庄广播电视台、自治区、自治州广播电视台资深记者进行培训，提升专业技能，全力打造复合型融媒体人才队伍。

五、媒体技术

一是平台搭建与融合。通过平台搭建完成全媒体矩阵建设，建成以广播、电视、两微一端、短视频为一体的全媒体平台，逐步建成融媒体指挥调度中心、融媒体演播大厅、电台直播间、电视新闻演播室、专业录音间、虚拟演播室、全媒体演播室等，不断探索新的传播方式和技术手段，实现传统媒体与新媒体的深度融合，构建强有力的线上线下、内外宣联动的主流舆论格局，提升融媒体中心的传播力和影响力。二是内容生产技术创新。打造全媒体演播室，集视频制作、直播、互动性和多媒体展示为一体，利用海报、长图、H5等技术手段丰富内容业态。2024年9月，中心以库尔勒市龙头产业——香梨产业为基础，通过长图、H5、短视频等形式创作原创AI儿童绘本"香梨宝宝三部曲"——《香梨宝宝诞生记》《香梨宝宝变形记》《香梨宝宝旅行记》，展示库尔勒香梨的历史、生长过程，以及销售和香梨文化等故事，取得较好反响。

六、政务服务

一是政务信息高效发布。搭建一体化信息发布平台，整合各类政务资源，畅通信息渠道，实现政务信息的及时、准确、全面发布。紧盯时事，紧跟热点，第一时间发布国家相关政策，如《一图读懂！延迟退休政策》《央行：近期降准！降低存量房贷利率！》等，便于群众及时了解政策动态、准确把握政策内涵，引导社会舆论。与各职能部门保持联系，聚焦本地，及时发布与群众息息相关的信息。如《注意绕行！库尔勒市这2个路段封闭施工》《事关库尔勒市学前教育！这份调查问卷邀您参与》《新疆这些列车到发站有变！乌鲁木齐至库尔勒间1对列车调整→》《霸屏朋友圈的醉美巴州胡杨林来啦！错过又等一年！》等涉及天气预警、大型赛事活动、封路管控、周边一日游等信息，利用客户端、微信公众号、广播电台等，实现信息的多渠道传播，为群众的出行安排和生产生活提供前瞻性指导。二是政务服务便捷化。中心协助职能部门从线下服务延展到线上服务，在库尔勒零距离微信公众号开设涉企网络侵权举报、新疆网络举报平台、本平台举报电话、今日辟谣等模块。在库尔勒好地方客户端开设政务服务和党建服务板块，其中政务服务板块包括国家政务服务平台、新疆公安微警务、新疆社保缴费等，党建服务板块包括新疆干部网络学院、新疆党员教育等，打造一站式政府服务平台，满足群众的多种需求。此外，制作政务服务类短视频《事关养老金！库尔勒市城乡居民基本养老保险可办理个人资助、社会资助》《库尔勒开办运输企业一件事可线上申请办理》等，用通俗易懂的解释和案例，帮助群众解读相关政策，不仅提高了政务信息的传播效率，还增强了群众对政务工作的了解和信任。

七、民生服务

一是畅通诉求渠道，回应民生诉求。"库尔勒好地方"客户端开通举报功能，电台开通新闻热线，开办民生栏目《梨马办》、服务栏目《大家帮大家》、民生访谈节目《百姓事　我来答》，32位部门单位局长走进直播间解答群众的教育、就业、医疗、停车、购房等难点热点问题，获得广大群众点赞。微信平台开通"库尔勒市曝光台"小程序，针对广大市民关注的乱堆乱放、垃圾清理不及时等不文明现象，通过群众举报，平台曝光，相关部门单位整改，平台发布对比图的模式，回应和解决民生诉求。二是提供精准信息服务。中心各平台以广泛的信息覆盖与深度，成为市民获取多元化资讯的首选窗口。从宏观的国家政策、政府公告，到微观的民生百态，如花开何处、果熟何方，乃至城市的文化娱乐活动如街角音乐会等，基本可以实现"一屏掌握全城动态"。例如大年三十烟花秀、元宵节闹社火、端午节赛龙舟等重大活动全网直播，总浏览量6000余万人次，让各族群众通过线上沉浸式感受中华传统文化的魅力。

第三节　库尔勒市融媒体中心舆论引导能力建设实证研究

一、解读党的理论路线方针政策及上级各级党委政府精神

各传播平台始终把中央、自治区、州、市最新方针政策和安排部署放在宣传第一位，及时向群众传递党的"好声音"。高举旗帜，持续推进习近平

新时代中国特色社会主义思想深入人心。始终把真信真学真用放在第一位，在学思践悟上下足功夫，努力把各级党员干部和群众的思想统一到习近平新时代中国特色社会主义思想上来，切实把武装头脑、指导实践、推动工作统一起来，持续增强"四个意识"、坚定"四个自信"、做到"两个维护"。围绕中心，服务大局。聚焦自治区、自治州党委，库尔勒市委工作部署和重大发展战略，开设专题专栏，讲好梨城故事，为库尔勒市经济社会高质量发展提供强大舆论保障。

库尔勒市融媒体中心在客户端、微信常态化开设《奋进新征程　建功新时代》《铸牢中华民族共同体意识》《牢记殷殷嘱托　建设美丽新疆》《文化润疆》《援疆进行时　同心绘"疆"来》《党纪学习教育》《梨城党建》等专栏，及时传播新政策、新思想，并挖掘本地新闻，讲述先进典型事迹。例如每年全国两会期间，各平台都会开设《学习贯彻全国两会精神》专栏，会前及时转发上级媒体相关信息，做好预告工作，采访报道本地各组群众的期待；会中做好实时报道工作，采访报道本地各族干部群众通过各种方式收听收看两会的反响稿件；会后积极转发上级对于会议精神的分析解读，采访报道全市上下认真学习贯彻会议精神的相关举措。各平台通过图文、短视频、海报等多种形式进行报道，开设《主播说两会》，通过汉、维双语口语化的讲解，让党的创新理论"飞入寻常百姓家"。

二、讲好本地老百姓生产生活故事

注重正面典型宣传。库尔勒作为西北地区第一座"全国文明城市"，多年来对于城市文明新风的培养十分重视，在此基础上，中心常年开设《学习身边的榜样　弘扬时代新风》《点赞梨城好人》等专栏，宣传梨城好人，以全国模范退役军人王成帮、石榴籽大叔卡得尔·克依木等道德模范、先进人物为主，讲述凡人善举的故事，弘扬梨城正能量。开设《梨城文苑》栏目，下设《梨城雏鹰文苑》《梨城少年文苑》《梨城青年文苑》等子栏目，面向广大文学爱好者广泛征集文学作品，为市民群众提供展示的平台。关注民生农时，采访报道大量乡村振兴系列稿件，例如《梨树下养毛驴　特色养殖助力增收》《乡村食品加工厂　实现就业"零距离"》《棉花丰收季　奏响机械化采收曲》《自动化生产线　开辟致富新"鸡"遇》等，展现了库尔勒市乡村发展的新风貌和"新农人"的风采。《惠及 3318 户居民！今年库尔勒计划完成 18 个老旧小区改造》《推进城市地下管网改造　提升城市排水防涝能力》《库尔勒市打通 5 条"断头路"，有你家门口吗？》等城市建设相关稿件，获得市民群众广泛关注。

三、重大危机事件干预

库尔勒市融媒体中心在本地重大事件和突发事件中第一时间发声，及时准确报道信息，提供公共信息服务。疫情期间，库尔勒市融媒体中心作为战"疫"信息发布"主阵地"，融合电视、广播电台、今日头条、微信、抖音等多个平台，及时发布《库尔勒市新型冠状病毒肺炎防控指挥部致市民的一封信》《@梨城市民　我市调整市内公共交通营运工作》《为什么要至少坚持到正月十五不出门》等相关工作安排、政策措施、通知通告、防疫知识、工作动态、辟谣信息等防疫信息，以最大的覆盖面向群众发布疫情相关信息。

同时，中心牢牢把握正确舆论导向，做好正面宣传，提供舆论支持和引导。采访报道了《库尔勒市 4 名医护人员启程援鄂　43 岁护士长：希望这个名额能让给我》《李加拉送的不是馕饼是深深的爱》等新闻作品，自编自导自演情景剧《社区干部 VS 居民》，通过诙谐幽默的表达，反映社区工作者以及一线抗疫人员的艰辛，呼吁大家扮演好自己的角色，共同战疫，为打赢疫情防控攻坚战营造了良好的舆论氛围。

此外，中心强化媒体舆论监督力度，成为解决问题的推动器。疫情初期，群众向库尔勒市融媒体中心反映，小区商店存在菜价上涨的现象。收到留言后，中心立即上报上级主管部门，并与市发改委、商经委、供销社、工商局以及农产品批发市场等多部门单位联合行动。蔬菜涨价的现象立即得到了有效制止，群众对政府高度赞扬，对于媒体的舆论监督也好评连连。

四、外宣传播强化本区域公众认同形成凝聚力向心力

紧紧围绕"塞外明珠　山水梨城"这一城市名片，通过拍摄本地特色美食、非遗传承文化等短视频，全方位展现梨城的魅力。以库尔勒香梨产业为宣传重点，从不同阶段、不同角度、贯穿全年推出系列报道。如《库尔勒：春季果园管护忙　确保香梨提质增效》《库尔勒：40.2 万亩梨花盛开　果农授粉忙》

《今日起试采摘！40余万亩库尔勒香梨陆续进入采摘期》《创历史新高 40余万亩库尔勒香梨迎来丰收》《库尔勒香梨飞出新疆 借"机"闯市场》《就是好喝！巴州可生产自己的库尔勒香梨NFC饮料啦！》等报道，加大力度传播库尔勒香梨品牌。与《人民日报》视频客户端"视界"联合全国多地发起"多彩中国'丰'景正好"2024中国农民丰收节主题联动直播。并在《人民日报》客户端、《人民日报》视频客户端"视界"、《人民日报》微博、视频号等新媒体渠道同步播出，获50余家媒体单位多平台转发，全网观看量超350万，微博直播话题#文化中国行看丰收之美#登上热搜第三位，通过全媒体联动形成了县域一方的公众认同感。

中心以铸牢中华民族共同体意识为主线，以民族团结进步为引领，有形有感有效促进铸牢中华民族共同体意识工作走深走实。围绕55岁的库尔勒市民阿力甫·买买提骑自行车去北京看升国旗一事，中心采访推出了《登上新闻联播！55岁的他骑行3000公里上北京看升国旗》《53天3000公里！阿力甫·买买提大叔的追梦之路圆满结束》《骑车上北京看升国旗的库尔勒大叔，把自行车捐了！》《厚植学生爱国情怀！库尔勒大叔阿力甫·买买提进校园演讲》《一人一车一故事！库尔勒大叔阿力甫·买买提进社区宣讲》等系列报道，讲好梨城故事，唱响库尔勒市各族群众铸牢中华民族共同体意识的最强音。

第四节 融媒体中心舆论引导面临的问题与困境

一、专业人才匮乏

现有干部职工中，缺乏精通舆情分析、运营、维护、5G技术、大数据方面的高端人才，缺乏既懂媒体又懂市场，既懂选题策划又懂新媒体技术的复合型管理、制作和推广人才。再加上受体制机制制约，无编制、待遇低、上升空间缺乏，编制外人员工龄、职称工资无法兑现，导致专业技术人员大量流失，近5年来先后有100余名业务骨干考走、辞职，严重制约媒体融合转型。

二、资金与技术短缺

中心目前还是依赖政府输血扶持，自身造血能力较弱。由于资金和技术限制，在内容生产、技术创新、设备更新等方面投入不足，在新技术应用上滞后，如舆情分析、数据库建立、智能化摄录设备管理系统、智能采编系统、智能化媒体资料管理系统等先进技术的引入和应用不足，限制了内容生产的效率和质量，影响传播效果。

三、内容生产与传播力有限

利用融合平台优势做融媒体作品的创新还不够，生产精品力作、拓展功能服务上存在差距。传播渠道、覆盖用户相对单一受限，如微信、微博、抖音等平台的影响力有限，且粉丝多为本地用户，导致内容传播范围受限；与受众的互动不足，缺乏有效的反馈机制，导致内容无法精准对接受众需求，影响传播效果。

第五节 提高融媒体中心舆论引导能力的路径与方法

一、坚持宣传抓导向

县级融媒体中心作为党的喉舌、舆论引导的主阵地，要牢牢把握舆论引导的主动权、话语权和领导权。坚持正能量是总要求，管得住是硬任务，用得好是真本事，从意识形态阵地安全、政治安全高度和角度加强组织领导。坚持正确政治方向、舆论导向和价值取向。牢牢扭住举旗帜、聚民心、育新人、兴文化、展形象的使命任务，弘扬主旋律，传播正能量，汇聚起梨城各族人民奋进新征程、建功新时代的强大力量。加强新闻策划和选题能力，关注社会热点和民生问题，为群众提供有价值的信息和观点。继续提升内容质量，注重新闻报道的深度和广度，争创精品力作。为库尔勒市经济社会高质量发展提供良好的舆论支持。

二、坚持媒体强融合

在融合过程中，不仅要注重形式上的融合，更要实现内容、技术、平台、管理等方面的深度融合，形成真正的融媒体生态。要加强内容创新与生产，要加大对原创内容的投入，鼓励记者编辑深入基层、深入生活，挖掘有价值的新闻线索和故事。要推动技术革新与应用，加大对人工智能等新技术的学习和应用力度，加强技术团队建设，提升技术人员的专业素养和创新能力。同时，加强与政府、企业、高校等机构的合作与交流，共同推动媒体融合事业的发展。

三、坚持服务惠民生

坚持"围绕中心工作抓原创、围绕社会民生抓爆款"，加强选题策划，深入挖掘本地特色文化和先进典型，灵活运用图文、短视频、直播、长图等多种形式，不断推出有思想、有温度、有品质的融媒体作品；以新闻报道出亮点，特色民生栏目为抓手，聚焦百姓关注的热点难点和民生需求整合民生服务功能，发挥好媒体的舆论监督作用，营造良好的舆论氛围。以互联网思维和用户思维开展服务功能融合，逐步实现政务服务、民生服务、党建服务和文化服务等功能，实现"媒体＋政务＋服务＋商务"。

四、坚持人才激活力

继续争取库尔勒人才引进政策，引进更多优秀的新媒体内容生产、技术运维、管理经营相关专业研究生。同时，强化人才培训，定期"补钙加油"，通过内部学习、请进来、走出去等手段，开阔从业人员视野、更新理念、提升技能；持续完善绩效考核机制，打破人员身份，以岗定薪、以效取酬、多劳多得，打造一支高素质、专业化、留得下的融媒体团队。

第三十章　广东南雄市融媒体中心能力建设研究报告

周济焕[①]

2018年12月，南雄市融媒体中心正式挂牌成立，融媒体中心与国投公司联合组建了南雄市天庚文化传媒公司。中心现有客户端、视频号、微信公众号、电视、广播等16个传播平台。接下来，中心将启动"5G智慧电台"建设项目，实现中心综合广播播出系统完全自主、安全可控，让中心在5G时代更好地承担起主流舆论阵地、综合服务平台和社区信息枢纽的功能。

第一节　广东南雄市融媒体中心基本情况

1983年，南雄市广播电视局成立；2005年5月，根据文化广播电视体制改革的文件精神，撤销南雄市广播电视局，将原南雄市广播电视局下属的四个机构（南雄人民广播电台、南雄电视台、南雄市有线电视台、南雄市微波发射中心）进行合并，重新建立了南雄市广播电视台。2015年5月，完成广电网络改革重组工作，实现台网分离，广电网络业务由省广播电视网络股份有限公司管理。2019年，南雄市被列入全国首批融媒体中心建设试点县，南雄市广播电视台转型升级为南雄市融媒体中心；融媒体中心与国投公司联合组建了南雄市天庚文化传媒公司。

[①] 周济焕，广东省南雄市融媒体中心总编辑。

一、平台建设

目前，南雄市融媒体中心是正科级公益一类事业单位，归口南雄市委宣传部管理。现有员工58人，其中在编人员46人，聘用人员12人，设主任1名（正科级）、总编1名（正科级）、副主任1名（副科级）、副总编3名（副科级）。内设机构：总编室、新闻部、编制部、栏目部、技术部、办公室。

南雄市融媒体中心共有新媒体、电视、广播等16个传播平台。现有平台包括：《南雄综合》电视频道、《南雄综合》广播频道（FM95.3）、"融媒南雄"客户端、南雄政府网（新闻版块）、应急广播、"南雄发布""南雄市融媒体中心"微信公众号、"融媒南雄"抖音号、"南雄发布""南雄市融媒体中心""一览雄州"腾讯视频号、"南雄市融媒体中心"微博号、"融媒南雄"快手号、"学习强国"客户端"南雄融媒号"、N视频客户端"融媒南雄号"、县闻荟萃客户端"融媒南雄号"。新媒体粉丝共计50余万。电视开设《南雄新闻》《健康在线》《宅基地制度改革》《乱占耕地建房整治》《法治在线》《吾家珠玑》《走进高新区》等栏目和专题节目，日播时长12小时。《南雄综合》广播频道（FM95.3）开设《南雄新闻》等节目。

二、职能职责

负责贯彻执行党的宣传思想工作方针政策，坚持党媒姓党、党管媒体，把握正确舆论导向，为全市经济社会发展提供舆论支持，更好地引导群众、服务群众。宣传本地党委、政府具体举措，传播本地政治和经济资讯，为群众提供丰富优质的新闻信息。按照市委安排部署，积极稳妥开展热点敏感问题舆论引导，及时有效开展突发事件舆情应对，引领主流舆论导向。建立综合服务平台，整合党政信息资源，面向群众开展政务信息服务，实现"新闻+政务""新闻+服务""新闻+文化""新闻+电商"的综合服务效能，为群众提供政务、文化、旅游、电商等全方位服务。负责建立南雄图片库、音（视）频库及其他数据库，服务智慧城市建设。负责完成上级下达的各项外宣、创优任务，做好通联工作。配合完成上级媒体和新闻单位来雄的重大采访采风活动及其他重要活动。

第二节　南雄市融媒体中心发展亮点

一、体制机制

南雄市委出台《南雄市融媒体中心建设工作方案》，在机构编制、管理机制、运营机制等方面予以充分保障，极大地激发了内生动力。一是升格机构编制。将原来的广播电视台公益二类事业单位升格为公益一类全额拨款事业单位，配齐配强了领导职数，共设领导职数6名，其中正科2名、副科4名；内设办公室、总编室、技术部、编制部、新闻部、栏目部等六大部门，建立了完善的运营机构。二是创新管理机制。创建形式多样、符合事业单位基层工作特点的薪酬分配激励机制。在坚持效率优先、重视公平、按劳分配、优质优酬的原则上，将干部职工的薪酬按照岗位职责、工作效率、工作成果等多方面进行分配，对一线工作岗位和在工作中有突出贡献的干部职工重点关注，同时结合年度考核与平时工作表现确定年度岗位评价等次，以进一步增强干部职工竞争意识和自我发展能力。三是创新运营机制。将广告部单独分离出来，与国投公司联合组建为"南雄市文化传媒公司"。2020年，公司成立第一年营业额便突破1000万元，经过几年的发展，公司运营更加稳定，影响力不断提升。

二、内容生产

一是着力打造平台"融媒南雄"App。依托"融媒南雄"App，初步实现"媒体+政务+服务"功能。自2019年3月上线运营以来，"融媒南雄"开设助农商城、玩转南雄、本地资讯、直播南雄、在线活动等特色栏目，推送本地资讯、开展生活服务、电商网购、提供云端教学、玩转社交互动，App累计下载量"14.3万+"，单条视频阅读量最高"78万+"，有效发挥了引导群众、服务群众的功能。全市18个镇（街）、133个市直单位入驻"融媒南雄"，第一时间发布政策动态、资讯解读等权威声音。日均发布信息30余条，阅读总量"310万+"。立足本乡本土，通过图文资讯、短视频、直播等传播手段，致力于展示南雄形象、宣传南雄文化、推广南雄风貌、弘扬南雄新风尚。

二是采编机制实现"流水线"生产。整合南雄广播电视、市政府网（新闻版块）、"南雄发布"公众号等县域公共媒体资源，打造"中央厨房"，达成统一办公、统一管理、统一运营；以电视台采编播人员为基础，以"中央厨房"为平台，将市委新闻秘书、韶关日报发行站、新闻编辑部成员进行整合，建立全媒体人才队伍；整合全市各镇（街）各单位政务信息网、"两微一端"，以全市新闻通讯员队伍为主体，形成新媒体宣传矩阵，完成一体策划、一次采集、多种生成、多元发布的模式。

三是媒体传播力不断提升。2019年以来，南雄市融媒体中心发布了5万多条新闻，新闻生产和上送工作持续走在韶关市各县（市、区）前列，2021年"融媒南雄"客户端入选广东"网络传播精品工程"，2023年获得"南方+传播力"奖。2023年，中心播出新闻1550条，上送韶关电视台243条；广播电台播出新闻1362条，上送韶关广播电台186条，上送上级台新闻工作继续走在韶关各县市（区）前列。2024年上半年，市融媒体中心精心策划、挖掘特色亮点，积极向上级电视媒体供稿，中央电视台、广东广播电视台、韶关电视台等播出南雄新闻超150条次。其中广东广播电视台《新闻联播》栏目播出南雄强镇富村案例；中央电视台《新闻联播》栏目播出雄信高速通车，新闻频道播出《在希望的田野上 南雄种植早稻18万亩长势良好》、九十九节龙闹新春等电视新闻。

三、人才激励

一是加强绩效考核。实行以分级设岗、按岗定酬、以绩计酬为核心的干部职工岗位绩效考核机制改革，对记者的供稿模式进行了升级，着力引导现有人员向融媒体记者转型，不断提升记者、编辑全媒体人员策划采编能力，促进采编人员实现"一专多能"。

二是建强中层干部队伍。实行中层干部淘汰制，让青年干部有更多的晋升机会和发展空间，不定期选拔既具备专业能力又富有创新精神的优秀年轻中层干部，鼓励其长期服务于融媒体事业，加强融媒体事业的高质量发展。

三是创新人才引进模式。为引进并留住专业技术人才，南雄市根据自身实际和需求，将新闻采编、新媒体运营和市场营销等实用型人才引进纳入市委人才管理范围，并在子女就读、住房医疗等方面给予人才优惠政策。2018年以来，融媒体中心共成功录用了8名本科学历的人才，主要包含新闻、采编等专业方向，进一步加强了一线采编播人员力量。

四、媒体技术

利用新技术加强自身能力建设。一是狠抓提质，完成"中央厨房"建设。依托省级技术平台，建设"中央厨房"信息采集平台，建立统一的全媒体数据库。通过搭建文字数据库、图片数据库、音频数据库、视频数据库、历史资料库和成品稿库等多媒体数据库，努力打造一个区域性、专业化、多媒体的数字信息服务平台，实现在一个平台上完成所有媒体新闻产品加工、生产和发布流程的目的。二是移动生产，打造精品。坚持以技术为支撑，推进媒体融合向智慧全媒体发展，落实"移动优先"的发布要求，实现新闻即采即编即发能力，提升新闻时效性。及时学习消化融媒体传播新技术新手段，综合运用图解、H5、动漫、短视频等形式，增强产品吸引力，创作出一批"有网气、接地气、聚人气"的精品力作。

下一步，南雄市融媒体中心将启动"5G智慧电台"建设项目，实现中心综合广播播出系统完全自主、安全可控，让中心在5G时代更好地承担起主流舆论阵地、综合服务平台和社区信息枢纽的功能。采购一批先进采编设备，包括无人机、运动相机、镜头、图传系统、无线麦克风等，进一步提升中心的新闻采编效率和质量。计划探索AI赋能媒体融合高质量发展，加强新媒体人才培养，学习利用AI剪辑、短视频自动生成、新媒体文案标题自动生成等功能，生产更多AI产品。引进秒鉴多媒体内容识别系统，实现AI校对文章中的用词错误、标点错误、常见错误，落马官员识别等功能，进一步巩固各媒体平台内容发布的安全屏障。

五、政务服务

利用"融媒南雄"App，搭建党员教育、社保服务、智慧旅游等平台，提供信息查询、申报审批、网络问政、税务办理、旅游攻略、在线学习等服务，包括智慧党建、社保公积金、粤省事、政务公开、网络问政等内容。一是强化独家权威优势。"融媒南雄"是南雄市委、市政府和各镇（街）各单位政府信息、工作动态、重大活动、重点工作等信息发布的独家权威渠道，全市党员、公职人员都积极下载使用客户端。二是志愿服务统计功能。"融媒南雄"组织120位名师名医、专家学者，成立17支百姓宣讲志愿服务队，录制精品示范课件，供群众点播。南雄市新时代文明实践中心、全市250个新时代文明实践所站及其志愿服务队4.8万名志愿者入驻"融媒南雄"，记录、统计志愿者服务时长，增强用户使用黏性。三是定时开展活动。"融媒南雄"定时举办群众喜欢参与的活动，如有奖竞猜、直播互动、线上教育课程、文明实践活动、志愿服务者活动、电商活动、问卷投票等。如联合市教育局及各中小学校举办"开学季"青少年安全知识有奖问答活动，吸引6.9万学生、家长参与。四是策划吸引人气的活动。2019年以来，"融媒南雄"策划承办南雄市"百歌颂中华"合唱大赛、孔江百岛湖首届捕鱼节、2020年云游韶关系列活动之大珠玑·红色南雄篇、中国（南雄）黄金香印葡萄采购大会暨消费扶贫展销等10多场大型活动，吸引2000多万网友关注。此外，开展春晚直播、阳光"查"餐厅直播、姓氏文化节直播、重走长征路直播等，直播总场次达130余场，全网观看总量达2000万人次，App直播观看总量达792.5万人次。其中，大珠玑·红色南雄篇直播打通"央视新闻+"、新华社现场云、"南方+"、抖音等10余个直播平台，累计吸引观众700万人次。

六、民生服务

坚持以公众需求为导向，以服务百姓为落脚点，着力打造"服务"板块和精品栏目。"融媒南雄"App上线至今共设立了35个服务项目，包括：公共服务（就业资讯、雄州停车、南雄随手拍、打车拼车、违章查询、电视缴费、实时公交、南雄天气、智慧旅游、助农商城、订电影票、点外卖等民生服务）；便民服务（开锁服务、家政服务、汽修服务等）；南雄码上服务（群众办事清单、乡村治理五项清单等，扫码即可直达了解办事详细流程）；在线活动（重走长征路答题冲关、网络安全科普知识问答、喜迎党的二十大答题活动、小学安全知识问答等活动）等。市民通过手机就可以时时查询公交、火车、天气、违章等信息，享受网络订票、预约、缴费等服务功能。

第三节　南雄市融媒体中心舆论引导能力建设实证研究

一、解读党的理论路线方针政策及上级各级党委政府精神

各传播平台始终把中央、省、市最新方针政策和安排部署放在宣传第一位，及时向群众传递党的声音。一是高举旗帜，持续推进习近平新时代中国特色社会主义思想深入人心。始终把真信真学真用放在第一位，在学思践悟上下足功夫，努力把各级党员干部和群众的思想统一到习近平新时代中国特色社会主义思想上来，切实把武装头脑、指导实践、推动工作统一起来。二是围绕中心，持续宣传省、市重要决策部署。围绕上级重要会议、重要文件精神等，开设专题专栏，从不同阶段、不同视觉、不同表达方式、不同渠道，策划推出新闻报道和融媒作品，营造浓厚舆论氛围。三是服务大局，持续为推动南雄经济社会高质量发展凝心聚魂。及时将市委想"干什么"、融媒体中心应该"讲什么"和群众想"听什么"贯通起来，将工作话语体系和大众话语体系融通起来，将线上和线下联动起来，将自身传播与借力借智结合起来，讲好南雄故事，传播南雄声音。如，2022年，为喜迎党的二十大胜利召开，中心开设了《奋进新征程　建功新时代》栏目，下设《喜迎二十大　奋进新征程》等子栏目，通过分领域分行业的采访报道，全方位多层次反映党的十八大以来南雄发展的非凡成就和宝贵经验，用可知可感可信的成就展示，进一步激发广大人民群众对党的衷心拥护和支持。2022年6—7月，南雄市融媒体中心与南雄市史志办公室、南雄市教育局联合开展"喜迎二十大　一起来答题"学习打卡活动，6期活动共吸引3万多人次参与答题。2024年，南雄市融媒体中心在"融媒南雄"App策划推出庆七一党史及科普知识有奖竞答活动，访问量14012次，参与人数6528人，传播量31497次。自党纪学习教育开展以来，开设《党纪学习教育每日一课》专栏，精选党纪条规、典型案例、政策解读等内容，帮助党员干部深刻理解党的纪律要求，增强对党纪国法的敬畏之心，引导党员干部通过学习自觉用党的纪律规矩约束自己，提高自我净化、自我完善、自我革新、自我提高的能力。

二、讲好本地老百姓生产生活故事

南雄市融媒体中心坚持"内容为王",尤其是坚持做最"土"的内容,关注本地新闻,讲述群众身边的故事。

一是加强典型宣传。如2020年初,新冠肺炎疫情来势汹汹,南雄市融媒体中心发布的一条长消息《战"疫"伉俪:你保卫武汉,我守护家乡》,感动和激励了广大干部群众。该篇报道选取了一对医护夫妻吴生华和王小莲作为抗疫典型人物,他们一个支援武汉,一个守护家乡,在关键时刻逆行而上,诠释了医护工作者救死扶伤的责任与担当。该作品播出后,受到了社会的广泛关注,既彰显了南雄医务工作者甘于奉献、救死扶伤的医者仁心,又从侧面反映了广大医务工作者在危难时刻,在国家和人民需要时站出来,守护人民群众的生命安全和身体健康的大爱精神。在万众一心抗击疫情的大背景下,该作品传递了温暖,凝聚了强大的正能量,让人民群众有了更多的安全感。作品获得了当年的广东省新闻奖二等奖、韶关市新闻奖一等奖,作品中的男主人公吴生华也被授予"广东省抗击新冠肺炎疫情先进个人"荣誉称号。

二是关注百姓生活变化。如2022年11月,南雄市融媒体中心推出的系列报道《信息技术赋能乡村振兴》,社会效果良好,为"信息消费助力乡村振兴"区县行活动第二站在南雄市举行营造了良好的舆论氛围。该篇报道聚焦信息技术给农村群众生产生活带来的变化,包括直播带货、网上购物、智慧农业等,客观反映了南雄农村信息技术建设取得的成效。近些年,南雄市持续加强农村公共基础设施建设工作,夯实农村边远地区4G网络信号,推进乡村5G网络覆盖,增进乡村振兴,成功入选了全国乡村振兴示范县,并先后竞得国家电子商务进农村综合示范县、全国建制镇示范试点。该作品通过系列报道,反映了在上级政策的支持下,当地百姓生活发生的喜人变化。

三、重大危机事件干预

融媒体中心在本市的信息传播途径中,一直扮演着主导者角色,尤其是在重大危机事件中及时响亮发声,做好正向舆论,避免危机事件导致的危害性扩大。如2023年8月24日,日本宣布启动福岛核污染水排海,引发全球广泛关注和热议,部分市场出现食盐抢购现象。"各大商店食盐抢购一空"的消息在朋友圈疯传，南雄市融媒体中心记者获悉这一情况后，迅速与有关部门取得联系进行核实后，通过"融媒南雄"抖音号等多个平台，发布《不要跟风！不必囤盐！韶关食盐储备粮充足，库存就够韶关人吃3个月》的短视频，迅速辟谣，全面传递市场食盐供应充足，市民完全不要担心，不必抢购囤货的信息。

又如，2021年10月25日，南雄市雄州大道中388—394号商铺发生火情。市民朋友拍摄的火情视频迅速传遍微信朋友圈和微信群，引起了市民的恐慌。接报后，南雄市委、市政府高度重视，即刻组织市应急管理局、消防救援大队等相关单位第一时间抵达现场进行灭火。南雄市融媒体中心在与相关单位核实信息后，迅速通过"融媒南雄"抖音号，发布了《火情通报 我市及时处置商铺火情，现场无人员伤亡！》的短视频，第一时间通过官方媒体通报火情，引导广大市民在日常生活中要注意用火安全，同时对火情不造谣、不信谣、不传谣。

四、外宣传播强化本区域公众认同形成凝聚力和向心力

南雄市融媒体中心不断强化对外宣传，充分展示南雄形象。自2018年开启全国首批县级融媒体中心试点建设以来，南雄市融媒体中心坚持"媒体＋政务＋服务"发展思路，不断创新体制机制改革，拓展便民服务功能，生产力、传播力、引导力、创造力和公信力持续提升，与群众粘连日益紧密。2020年"融媒南雄"客户端被省委宣传部推荐上报全国县级融媒体中心优秀客户端；2021年南雄市被评为广东省县级融媒体中心建设示范县。

一是积极向上级媒体供稿。以2024年上半年为例，南雄市融媒体中心精心策划、挖掘特色亮点，积极向上级电视媒体供稿，进一步突出了宣传特色亮点，提升了新闻对外传播效能。中央电视台、广东广播电视台、韶关电视台等播出南雄新闻超150条次。其中广东广播电视台《新闻联播》栏目播出南雄强镇富村案例；中央电视台《新闻联播》栏目播出雄信高速通车，新闻频道播出《在希望的田野上 南雄种植早稻18万亩长势良好》、九十九节龙闹新春等电视新闻。此外，还围绕中心服务大局，讲好南雄故事，聚焦"百千万工程"，为广东省"头号工程"营造良好舆论氛围。各平台持续推出《我为"百千万工程"建新功》《聚焦绿美乡村》专栏，上半年已推出珠玑、湖口、乌迳、邓坊等镇村77期《我为"百千万工程"建新功》，以及《聚焦绿美乡村》89期。

二是提前做好重要节点新闻策划。春节是中华民族最重要的传统节日。聚

焦这一重要节日，南雄市融媒体中心认真策划，派出记者深入到全市各镇（街）挖掘年味，对群众团聚、过年等丰富活动进行报道，营造浓浓的春节氛围。2024年春节前夕，举全中心之力精心策划了"广东巨龙游古巷　广府珠玑过大年——九十九节龙巡游大型直播活动"，大力弘扬中华民族优秀传统文化，丰富群众的节日生活。此次活动于2024年2月10日大年初一举行，网络直播吸引了上万名观众在线观看，当天的新闻视频被央视采用，生动形象地展现了广东巨龙通过云端走向全国、走向世界。

三是提升"学习强国"平台发稿质量。积极做好"学习强国"南雄融媒号的平台管理、建设、供稿工作。通过深入挖掘富有地方特色的素材，围绕县域发展、乡村振兴、民生实事、文旅融创等内容进行加工创作，编辑报送优质稿件到"学习强国"学习平台。2023年累计供稿1087条，签发稿件533条，其中广东平台用稿519条，总台用稿14条，在韶关各县（市、区）排名前列（第二）。其中，《广东南雄：国旗飘扬迎国庆》播放量达31.81万次，《广东南雄灵潭村：接续奋斗绘就乡村振兴新图景》播放量达11万次，优质高点击量稿件曝光度不断提升。

第四节　南雄市融媒体中心舆论引导面临的问题与困境

一、缺乏技术性、专业性人才

由于县级基层媒体薪资低，吸引力不足，策划类、技术类人才、记者人才引不进，留不住，人才流失大。2019至2022年期间，中心通过事业单位统一招考、人才引进等方式，共招聘专业技术人才9人（包括临聘人员6人）。同时，3年内共流失6人，其中6人都是专业技术成熟人才。

二、缺乏行之有效的激励机制

2020至2021年，南雄市委强力推进融媒体中心改革发展，允许我中心实施"一类事业单位，二类事业单位绩效"，中心自主实施绩效考核与奖励，大大激发了队伍干事创业的热情，各项事业突飞猛进，取得大突破。但2022年全省上下实施财政统发绩效奖励后，一线人员与行政人员同等绩效，严重挫伤了生产一线人员的积极性，一线记者内生动力难以调动，一定程度上影响了生产力和融媒体事业的健康发展。

三、技术设备更新困难

随着时代发展，新的传播形式不断涌现，要在媒体融合背景下做好舆论引导工作，还需不断加大设施投入，更新设施设备，以先进的技术设备给观众和用户呈现不一样的视觉效果和传播效果。媒体的深度融合，技术建设和内容建设摆在同等重要的位置，但是却缺乏足够的经费去支持需要不断更新的技术建设。比如升级改造摄像设备和非编系统、打造"5G智慧电台""4K""8K"节目制作等。

第五节 提高融媒体中心舆论引导能力的路径与方法

一、找准定位，壮大基层主流舆论阵地

坚持以习近平新时代中国特色社会主义思想为指导，确保舆论引导工作始终沿着正确方向推进。以"党媒姓党"的光荣感、使命感和责任感，围绕以省"百千万工程"典型县建设牵引南雄高质量发展的奋斗目标，及时将市委想"干什么"、融媒体中心应该"讲什么"和群众想"听什么"贯通起来，将工作话语体系和大众话语体系融通起来，线上和线下联动起来，为持续推动南雄经济社会高质量发展提供舆论支撑。坚持移动优先，以互联网思维优化资源配置，把优质内容、先进技术、专业人才等向移动端倾斜，打造自主可控、传播力强的新型网络传播平台，用高质量服务和个性化体验吸引更多用户，让主流媒体牢牢占据舆论引导制高点。充分发挥党建引领，严格落实意识形态工作责任制，对广播电视、新媒体平台刊发内容进行"三审三校"，高位推动中心常态化创新发展，不断提升融媒产品生产质量和水平。坚持创新形态，吸引百姓关注。生动形象地展示南雄的文明、发展、进步和群众生活，在媒体语言上、形式上、表达角度上进行转变和创新。比如，在对涉及民生类的新闻上，多采用百姓喜

闻乐见的方式，让群众能随时感受到身边的变化，不断增强群众的幸福感和获得感。敏锐捕捉社会热点，吸引百姓广泛关注，努力成为网络时代主流媒体的"流量"担当。

二、深度融合，进一步创优平台

随着互联网新技术新应用迅猛发展，县级融媒体中心更要以深化改革促深度融合。一是信息融合上，采用多元传播方式。可以在做优"两微一端一抖"新媒体信息平台外，持续整合各新媒体平台的力量，用"集约化"和"规模化"的传播方式，扩大信息的覆盖面和影响力，变信息"集散地"为"集中地"。具体而言，主要是完善客户端矩阵体系，整合镇（街）、部门信息发布平台，将其统一纳入App和微信公众号等平台，下沉基层、服务群众；将融媒体功能拓展到政务、服务、商务等各个领域，覆盖到经济社会建设发展的方方面面。二是探索事业单位、现代媒体、文化类企业三者融合发展的体制机制。包括对人事、财政、薪酬等方面的体制机制进一步完善，推动在平台、渠道、媒介、人员等方面的深度融合，激发人员干事热情和工作活力，等等。三是打造融媒体中心融合发展的升级版。继续发挥好新媒体及广播电视等平台的优势和作用，抓好自办栏目创新，积极探索"媒体+"传播服务新格局，搭建更优质的传播矩阵，实现同频共振，拓展宣传覆盖面，提升主流媒体影响力。

三、尊重人才，打造全媒体型人才队伍

从根源入手，进一步改进和完善中心的岗位晋升等级制度。特别是在优质人才引入、晋升渠道畅通、薪资报酬提升等根本问题上解决人才引不进和留不住的困难。要在一线采编队伍中广泛开展业务的交流和学习，不断激发员工潜能，鼓励记者深度转型，实现最大化产出。同时，选拔一批能干善干敢干的中层干部，激励年轻干部担当作为，开拓创新。此外，不断创新人才培养机制，加强中心干部职工的日常教育培训，持续深入开展增强"脚力、眼力、脑力、笔力"教育实践，有针对性地制订融媒体中心学习培训计划，强化对采编人员、专业技术人员的招引、教育和培训，并在现有人员中选出最优、最强、具有使命感和责任感的年轻人才放在一线锻炼，发挥年轻人对于新媒体的敏锐性和对

于新领域、新知识的快速接收能力。

四、强化监督，拓展渠道提升实效

面对复杂多变的舆情，县级融媒体中心新闻工作者需要主动发声，以正视听，回应社会关切，揭露事实真相，消除疑惑，把舆论引导做到最关键处、最急需处。一是加强党对新媒体、自媒体的领导。将自媒体平台、账号使用与监督相结合，建立健全机制。二是做好对突发事件的舆论引导。第一时间采制事实鲜活的高价值新闻，借用事实，感染群众，通过良好的舆论引导助力融媒体工作的进步和滋养群众正向的价值观。三是对负面新闻要直面问题。融媒体中心工作者要学会"负面事件正面做"，以负责任的态度、开放的心态，全流程做好应急预案，直面问题，及时辟谣，端正社会风气。

五、用好技术，做好"媒体+"

县级融媒体中心要形成集约高效的内容生产体系和全媒体传播链条，构建智慧媒体"中枢大脑"。一是提升平台数字化服务水平，建设综合服务型智慧媒体。以大数据技术为支撑，打造内容强大、响应迅捷的智慧媒资系统，为融合发展提供硬件、技术支撑。二是拓展"融媒体+"运营服务。推进"融媒体+政务/服务/商务"深度融合，做好政务传播，推进与部门、镇（街）、社会资源的合作联动。三是充分发挥服务功能，做好"媒体+"大文章，打造高效多维融媒体矩阵。联合中央级媒体与省、市级媒体，利用大平台做好地区经济社会发展的宣传工作；联动周边区县级融媒体中心，加强融合发展交流，取长补短，扩大媒体影响力；聚合部门、镇（街）和社会媒体，统筹全区资源，激发媒体活力，不断扩大媒体服务半径，既唱响主旋律，又当好服务员。四是改版升级媒体平台。把准政治方向与平台属性，明确传统媒体、移动媒体、户外媒体各媒体平台定位，有步骤地对各媒体平台进行升级改版，着力打造兼具新闻传播、政务沟通、民生服务、商务发展的全新立体传播矩阵，让整体内容布局更加立体化、合理化、时代化，整体设计更为简洁、便捷，为用户带来更加赏心悦目的视听体验和具有新时代特征的内容呈现。

第三十一章 福建德化县融媒体中心能力建设研究报告

郑兴丁[①]

2018年4月，德化县融媒体中心在全省县域率先挂牌成立。现有2个自持新媒体平台、1个微信公众号、1个微博、5个其他第三方平台号，共9个平台。中心始终聚焦主责主业，唱响主旋律、弘扬正能量，讲好德化故事，为加快打造幸福宜居的世界瓷都提供强有力的思想保证、舆论支撑和精神动力。

第一节 德化县融媒体中心基本情况

1954年，建立德化县人民广播收音站；1982年、1987年，分别设立观音岐转播台和九仙山转播台；1990年，成立德化县广播电视局；1992年，建立调频广播电台，呼号"德化县人民广播电台"；1994年，建立有线电视台，呼号"德化有线电视台"；1995年，原"德化有线电视台"的名称、台标呼号更名为"德化有线广播电视台"；1997年，德化县广播电视局改为德化县广播电视事业局，实行"局台合一"运行体制。

1994年，德化县委创办《德化报》机关报；1996年3月，《德化报》正式创刊；2003年，《德化报》更名为《瓷都德化》；2010年，《瓷都德化》获批侨刊乡讯刊号。2018年4月，德化县融媒体中心在全省县域率先挂牌成立；

[①] 郑兴丁，福建省德化县融媒体中心主任。

2019年，德化县委、县政府整合德化县广播电视事业局、德化县广播电视台、18个乡镇广播电视站、《瓷都德化》编辑中心，正式运营德化县融媒体中心。

一、平台建设

目前，泉州市德化县融媒体中心为县委直属正科级公益一类事业单位，对外保留县广播电视台牌子，归口县委宣传部管理。现有在编人员53人，下属单位德化广播影视文化传媒有限公司聘用人员41人，混合采编播岗位使用，作为新闻采编人员不足的补充。内设新闻部、编辑部、新媒体部、播音主持部、影视制作部等10个科室，拥有传统媒体广播、电视、报纸以及九仙山、观音岐2座高山转播台，新媒体有网站、公众号、移动客户端、视频号、抖音号等系列平台。

其中，广播FM96.3探索广播电台可视化直播改革，开设《中国白·德化瓷》直播栏目，2022年开播以来邀请全县近100名省级以上工艺美术大师讲述自己与德化瓷的故事，延伸各类宣传资讯1万多条次，移动终端总阅读量超1亿人次。电视开设《德化新闻》栏目，该栏目自1994年开播以来，以陶瓷文化为背景，以德化城市文化为主线，致力于为广大观众提供全面、及时、深入的新闻资讯。报纸《瓷都德化》对开四版，每周一出刊，发行量5700份。新媒体包含2个自持平台（瓷都德化App、瓷都德化新闻网）；1个微信公众号（瓷都德化）；1个微博（德化县融媒体中心）；5个其他第三方平台号（微信视频号瓷都德化、央视频号瓷都德化、抖音号德化县融媒体中心、今日头条号德化县融媒体中心、西瓜视频号德化县融媒体中心），共9个平台。

二、职能职责

贯彻执行党和国家有关新闻宣传、广播电视、报刊、网络管理等方面的方针政策和法律法规规章。根据国家、省、市的总体规划和要求，拟订德化县融媒体事业发展规划、计划，经批准后组织实施。全面、准确、及时宣传党的路线、方针、政策，充分发挥党和政府的喉舌作用，负责德化县广播、电视、报刊、网络宣传工作。研究新闻采编报道中的重大问题，组织全局性重大宣传报道活动，不断提高宣传质量，引导正确舆论导向。建设德化县主流舆论阵地，坚持移动优先,打造新型传播平台,推动媒体融合发展。建立健全舆情实时监测系统,整合舆情收集渠道,为德化县委、县政府新闻发布和网络舆情监测应对工作提供舆情信息服务保障。负责收集线上线下民众建议和意见,编写民生、舆情内参,构建舆情化解新渠道。建设综合服务平台,提供政务服务、生活服务、社交传播、教育培训等综合服务;建设社区信息枢纽,提供全方位、精准化、定制化的生活资讯。贯彻执行国家广播电视技术政策标准,负责德化县广播电视无线发射,传输网络的建设、运行、维护、管理工作,推动广播影视新媒体的发展。负责广播电视重要技术设备监管,加强安全防范,保障广播电视节目安全播出。负责广播、电视等频率频道资源的报批、使用和管理。管理摄录、制作、演播、发射等重要技术装备。负责高山转播台转播、管理工作;组织实施德化县有线广播应急预警系统运行、维护、管理工作。负责中央广播电视节无线覆盖工程运行、维护、管理工作。

第二节 德化县融媒体中心发展亮点

一、体制机制

一是抢机遇。2018年4月,率先在全省挂牌成立第一家县级融媒体中心,采取"1+3+N"融媒体发展模式,由"相加"起步,先行组建报纸、广播、电视、新媒体等一体化的全媒体矩阵。2019年底,出台"三定"方案,设立党支部、编委会、经委会等组织机构,以职能职责为中心把内部机构设定为8个部室,做到定岗、定人、定职、定责,形成责权清晰的领导体系和采编播一体化机制。泉州市委《侨区快讯》、福建省委宣传部《宣传思想工作》刊播德化建设经验,泉州市委书记等领导批示肯定;全市融媒体建设现场会在德化召开,全省县级融媒体中心建设推进会重点推介德化县推动媒体融合的做法、经验,省内20多个县市和5个省区的10多个县市同行先后到德化县融媒体中心参观学习。二是重实效。建设"中央厨房"平台、"瓷都德化"手机客户端、"瓷都德化"新闻网等,全省首批获得《互联网新闻信息服务许可证》。着力拓宽传播平台载体,创建媒体融合共享资源群,一线记者现场发回报道,第一时间发布新闻动态。入驻学习强国、央视频、今日头条、抖音等网络视讯平台，实现节目的一次采集、多级分发、多终端呈现，传统媒体与新兴媒体优势互补、此长彼长的态势日益凸显，实现媒体有效融合，德化新闻宣传工作焕然一新。三是强后劲。整合重组下属国有企业，实现事企分开，采编经营分开，专业从事影视制作、媒介策划、影视包装、媒体经营以及陶瓷、旅游文化推广等经营创收，通过一系列的改革创新，变"输血"为"造血"，反哺融媒体中心运行，增强融媒体发展后劲，推动融媒体进行深度融合。在全省县级媒体率先开展"瓷都热淘"主播直播带货活动，为德化农副产品打开市场、助力脱贫攻坚开启一扇新的大门。

二、内容生产

一是奏响融媒强音。自觉在思想上、政治上、行动上同以习近平同志为核心的党中央保持高度一致，坚持党媒姓党。2023年来，开设《深入学习宣传贯彻党的二十大精神》《奋进新征程　建功新时代》《百名书记谈体会·话发展》《学思想　强党性　重实践　建新功》等专栏，传递党的精神，汇聚前进的动力，确保主流媒体在引导舆论、引领思想、传承文化、服务人民方面始终占据主导地位。强化对外宣传，主动借助央媒、省媒等平台，在海外传播陶瓷文化，增强德化"世界瓷都"品牌曝光度，比如采编的《中国德化：万亩梨花打造生态"中国白"》等多次在CGTN财经频道刊播。二是壮大主流舆论。成立"飞阅德化"航拍工作室、"有山有水"短视频工作室、"德化美食"短视频工作室、"中国白　德化瓷"影视工作室、"24小时"创意策划工作室、瓷都AI融媒工作室等6个工作室，推出"世界瓷都　自在德化""德化风光""飞阅德化""食在德化""德化好村光"等文旅短视频宣传专栏，集中力量打造精品内容和品牌，助推把点击量变成游客量，推动文旅产业出圈；充分挖掘本土特色，开设《一城瓷器百馆游》《中国白·德化瓷》《德化白瓷》《世界瓷都　德化白瓷》等陶瓷文化类短视频栏目，提升陶瓷文化宣传质量和水平。例如，2023年5月，德化一登山爱好者带着一尊德化白瓷雕塑代表作《渡海观音》，登上珠穆朗玛峰，将白瓷置身在白雪皑皑之中。德化县融媒体中心策划了短视频《德化白瓷登顶珠峰　两个巅峰聚首》，选择了将挺立亿年的自然界巅峰与传承千年的瓷雕艺术巅峰的首次会面作为立意的点，这个立意《德化瓷雕登顶珠峰》刷爆了朋友圈。坚持以人民为中心的工作导向，"瓷都德化"客户端改版升级，建设"德化图像素材库"等，供客户端用户免费下载使用。统筹线上线下各类资源，围绕生肖瓷、围炉煮茶、马来西亚专题展、中国白·德化瓷陶瓷高质量发展五年行动、中国传统陶瓷艺术双年展、德化国际陶瓷文化周、中国白国家巡展、"中国白　德化白瓷展"国博展等重点主题和热点，策划推出系列融媒体爆款产品，做好本地以及向上的新闻宣传报道，营造陶瓷产业发展进军千亿产业的浓厚氛围。三是聚焦中心大局。坚持效果导向，围绕县域陶瓷主导产业，探索广播电台可视化直播改革，开设"中国白·德化瓷"常态化广播电台可视化陶瓷类直播专栏，提升内容传播效果，邀请全县 100 多名省级以上工艺美术大师讲述自己与德化瓷的故事，延伸的各类宣传资讯 1 万多条次，移动终端总阅读量超 1 亿人次，服务陶瓷产业发展。策划制作短视频《乡镇长带你玩转德化》融媒产品，18 个视频点击量"10 万+"10 个，平均点击量达 12 万 / 个，完播率最高达到 59.8%，引爆旅游热点。组建"中国白·德化瓷"品牌推介宣传中心，及时捕捉热点，融合策划报道，陶瓷类吉祥物"冰墩墩""雪容融"成为全民关注焦点，有关报道总点击量突破 10 亿人次；借力"2022 卡塔尔世界杯"等重大国际赛事推送宣传官方授权特许商品大咖杯与小蛮腰杯，德化白瓷闪耀世界舞台。注重生产短视频、公益广告、海报图片、有声新闻等产品，通过更多群众喜爱、刷屏热传的作品，展示城乡鲜活故事。例如，2023 年 5.18 国际博物馆日期间，德化在福州博物院举办《中国白　向世界》作品展，德化县融媒体中心相应策划《中国白　向世界》系列专题片和短视频，不仅展示了以瓷器为载体的中国传统文化，还描绘了中外互通的历史盛景，进一步提高德化陶瓷的曝光度、知名度和美誉度。

三、人才激励

一是深度推进队伍建设"专业化"。利用多种渠道，招募或引进具有全媒体制作专业背景或丰富经验的人才，包括全媒体摄影师、剪辑师、编剧等，为队伍注入新鲜血液。2022—2024 年，每年引进专业人才平均达 6 批次 10 人次。制定严格的选拔标准，组建专业团队，根据团队自身发展来优化现有队伍结构，确保入选人员在专业技能、创意能力和团队协作等方面具备较高水平。二是深度推进绩效考核"数据化"。及时优化薪酬方案，绩效考核向一线策采编播队伍倾斜，坚持以采编发稿数量、优秀稿件数量和阅读点击量等数据比对来作为绩效考核指标，坚持好稿高价、劣稿低价，用数据"说话"来为绩效考核定档，充分挖掘潜力，激活工作积极性，激励编辑记者多出片、出好片。同时设立长期奖励机制，对表现优秀的人员给予物质和精神奖励，打破编外限制任职中层管理人员。三是深度推进人才培养"持续化"。建设瓷都融媒讲坛，不定期邀请新媒体专家、短视频达人、高校教授前来传经送宝，开展智慧媒体系统、智能 AI 机器人的应用等内容培训，定期组织内部培训课程，涵盖全媒体各个环节，如陶瓷拍摄技巧、剪辑软件使用、脚本创作、音效处理等，积极引导从业人员发挥熟悉新闻的采编流程和报道方式等优势，解放思想，强化学习，在刷新思维方式的同时提升技能。2024 年来，共开展干部职工教育培训 11 场次，业务竞赛 8 场次。

四、媒体技术

一是载体平台由传统的媒介向移动优先转变。摆脱传统广播电视的框架，把目光和着力点放在移动终端，主动研究移动设备传播的规律和用户获取新闻信息的习惯偏好，及时调整策略，创新新闻采集、编辑、传播的方法、形式和内容。目前拥有传统媒体广播、电视、报纸以及九仙山、观音岐 2 座高山转播台，新媒体有《瓷都德化》新闻网、公众号、App、视频号、抖音号等系列平台。二是采编方式由传统向一体化转变。按照融媒体的建设规范要求，较早施行"一次采集、多次生成、多平台发布"的采编发布机制，既节省人力物力，同时还提升采编效率和传播合力，尽最大限度地调动人员参与量。三是传播形态由"+互联网"向"互联网+"转变。以网络主阵地为圆心，在办好传统的频道、频率、纸媒的基础上，辐射到各类型的新兴媒体的载体平台，"瓷都德化"把各种新闻资讯转向碎片化、系列化、现象化、话题化、可视化传播，从而产生更好的传播效果。

五、政务服务

一是打好融媒"策划"牌。坚持新闻主业，紧抓策采编发全环节，组建"中国白·德化瓷"宣传策划小组，专注策划宣传推介德化支柱产业德化瓷。2023

年来，宣传报道德化白瓷展 3 万篇（条），浏览量超 10 亿人次，"世界陶瓷之都·德化"的知名度与影响力持续提升。"国博白瓷展"宣传推文新华社视频号大号流量破千万，人民网话题关注度破千万，央视推文成为爆款，掀起了一股股德化白瓷热，《神话》《纸》等一件件白瓷精品火爆全网。成立文旅策划融媒工作室，策划制作旅游线路短视频，整合串联起德化县内富有特色的核心旅游资源，策划"四季说德化"，紧扣"春赏花、夏避暑、秋稻浪、冬雾凇"四季旅游效应。2023 年来，德化文旅宣传报道流量达到"100 万+"90 多条次，有效提高了宣传的精准性和舆论引导的时度性，助力德化旅游一年四季都是旺季。探索融媒服务乡镇、县直单位报道的模式，从策划、执行到呈现、评选全过程紧密协作。2023 年来，策划承办福建省"环戴云山"绿色经济产业区域联盟成立大会、全国名特优新农产品整体推进试点建设（德化）启动仪式、泉州市中国农民丰收节德化分会场暨农特产品展销会、世界瓷都人才峰会、德化县新春人才文旅活动、中国白·德化瓷中平台推介会（广交会）等活动 80 多场次，有效服务县域经济社会发展。二是打好融媒"效应"牌。大力实施新闻创优提质工程，积极生产有思想、有温度、有品质的优秀新闻作品，相应开设《深入学习宣传贯彻党的二十大精神》《党纪学习教育》《宣传贯彻党的二十届三中全会精神》《深化拓展"三争"行动》等专栏，全媒体刊发重点稿件 300 多篇（条），形成宣传声势，凝聚全县干部群众干事创业浓厚氛围。2023 年以来，聚焦"中国白·德化瓷"国际巡展活动在德国、阿联酋、马来西亚、菲律宾、美国、墨西哥、荷兰等国家举办，积极通联海内外 4000 多家媒体关注报道。

六、民生服务

一是助力城乡共建。发挥媒体监督职能，结合全国文明城市创建监督落实"一清二整三美化"成果，常态化开设"城乡共建""曝光台"等专题专栏，推进移风易俗，倡导文明新风。开设"飞阅德化"栏目，展示跨镇联建，做精做美小城镇成果，讲好德化故事，让游客愿意来、喜欢来、经常来。服务乡村振兴需求，组织编辑记者、主持人走进田间地头、企业车间，着力精耕细作乡村振兴时政新闻和深度报道，大力推介"三黑三黄三宝"等特色种养业，带动农民增收致富，助力打造乡村振兴"德化样板"。二是探索内容传播。投入 500 多万元，改造完成包括摄像、周边设备、舞美灯光、虚拟演播室系统及大屏等电视台高清演播室，进一步提升广播电视节目制播质量，大大改善了广大受众收听收视条件。强化人力、物力保障，建设中央广播电视节目无线数字化覆盖工程以及观音岐电视塔，全县城乡居民可免费收看18—30套中央、省、市、县电视节目，收听3套中央广播节目，进一步满足了城乡群众更多选择需求。推动"新闻+"服务工作，在微信公众号、App、新闻网以及广电网络云平台设置"服务""便民"板块，添加"车辆违章查询""移车服务"等便民服务功能，便利了广大人民群众生产生活需要。

第三节　德化县融媒体中心舆论引导能力建设实证研究

一、解读党的理论路线方针政策及上级各级党委政府精神

一是坚持正确政治方向。坚持以习近平新时代中国特色社会主义思想为指导，恪守党的领导原则，承担起社会责任，始终以政治家办新闻原则，准确把握各个媒体平台的宣传导向，宣传展示党中央和上级决策部署在德化落地生根的成效。二是坚持正确舆论导向。始终勇于维护主流声音，及时洞察、监测、把握网络舆论的走向，对重要新闻舆论的编发影响力、公信力作出评估，迅速捕捉舆论热点和有价值的选题，有的放矢地调整传播策略和内容，对公众进行快速有效引导，构建从发现到分析、跟踪、处理的舆论应对体系，有效地引导舆论，营造积极的正面效应。三是坚持正确价值取向。把传统媒体的内容原创、权威报道、深度解读、言论评论等优势向新兴媒体延伸，通过舆论引领，弘扬主旋律、传播正能量。紧密结合县委、县政府各时期重要工作以及民生热点，及时报道疫情防控、复工复产、脱贫攻坚、优化营商环境、陶瓷文化、全域旅游等宣传报道，推介陶瓷、黑鸡、德化梨、黄花菜等农特产品活动，扩大德化"朋友圈"，壮大"世界陶瓷之都"影响力。

二、讲好本地老百姓生产生活故事

一是正面宣传为主。坚持以团结、稳定、鼓舞人心的正面宣传为核心，注重宣传效果，推动传播方式从单向传播向互动传播、服务传播、场景传播转变，

引导网民由"感动"到"行动",提高正面宣传的覆盖面、阅读量和点赞数。围绕群众急难愁盼强化宣传,对于典型人物、先进事迹开展专门策划,以重大主题报道、深度报道、系列报道为引领,唱响主旋律,传播正能量。二是以人民为中心。坚持以人民为中心的工作导向,创作更受群众欢迎的内容,有效回应群众关心关切。将关注点放在人民群众的日常生活需求上,如衣食住行、生老病死,提供全面关注群众生活、回应社会关切的多媒体综合信息服务。三是讲好本地故事。持续开辟具有本土特色的专栏专题,特别策划系列融媒体产品,深入挖掘"福"文化、瓷文化和乡风民俗、民间文艺、乡村美食、宗祠传承、传说故事等山水人文内涵,以小切口明大主题、新视角看大变化,通过特色主题海报、短视频、图文注解、推文展现、可视化直播等形式挖掘梳理德化人民在长河中形成的先进发明、革命贡献、精湛技艺、非凡创造,增强海内外各界对世界陶瓷之都的山水人文印记和经济社会发展的感知认同、欣赏宣扬。

三、重大危机事件干预

德化县融媒体中心以人为本、以关爱生命为前提,做好各类突发事件的预防和处置,建立快速、有效的应急机制。在突发公共危机事件的报道中,深化正面报道和典型报道,引导舆论朝着有利于危机解决的方向发展。在重大危机事件中及时响亮发声,引导舆论向正确的方向发展,避免危机事件导致的危害性扩大。

比如,新冠肺炎疫情发生以来,全媒体发声、全矩阵发力,充分发挥党支部、广大党员干部和团员青年的战斗堡垒、先锋模范和生力军作用,为打赢疫情防控阻击战提供强有力的舆论支持。广播电视编播新闻800多条次,拍摄制作播出疫情防控宣传片20多部;报纸刊发《"疫"线传真》等专题报道近百篇次;微信公众号、微博、抖音等新媒体刊发(播)涉我县疫情防控宣传报道3000余篇(条)。同时广大编辑记者、主持人团结一心,克服困难,深入一线,有关防疫抗疫和复工复产的宣传报道在新华社、《人民日报》《福建日报》等各级媒体刊发(播)500多篇次。全县181个行政村有线广播"村村响"大喇叭多频次开展疫情防控宣传。特别是在全省县级媒体率先开展主播"直播带货"复工复产活动,获得各界好评。

又如,防抗台风时,启动新闻宣传应急预案,集结广播、电视、报纸、新媒体等多个平台的"采编播"力量，统一指挥、集中调度、协同作战，坚决打赢防汛防台风宣传战役。在防抗 2023 年"海葵"台风宣传中，24 小时不间断滚动播出防汛防台风预警信息，实时发布降雨、强对流天气、山洪等地质灾害预警、风险提示 4000 余条次；组建突击报道组，在《德化新闻》栏目播发权威信息及相关防汛抢险救灾重大决策部署，第一时间发回《我县召开防御"海葵"台风会商部署调度会》《台风"海葵"正在逼近我们该如何应对？》等消息，紧凑报道我县党和政府部署防汛救灾的应急举措和最新进展，回应广大群众关切，准确引导舆论；充分发挥全媒体矩阵优势，采用短视频、海报、图文消息等多种形态，在瓷都德化微信公众号、视频号、新闻网、App 中发布《德化预警升级！"海葵"逼近！狂风暴雨来袭……》《应急科普｜台风暴雨防御指南！！！》《紧急通知！德化调停课！》《刚刚，"海葵"登陆！》等防抗台风通告、最新资讯及防汛防台风科普知识图文消息及短视频 100 多条次，总浏览量达 220 多万人次，在瓷都德化视频号中开通全天候直播《防御"海葵"》特别报道，实时发布台风路径信息，累计观看上万人次，及时稳定了群众情绪、缓解了社会焦虑；充分发挥"村村响"阵地作用，制作播出闽南语、普通话等不同版本抗台防汛科普及宣传提示音频 2 条，向村（社区）居民推送我县防汛防台风安全提示信息和台风科普宣传等，把防汛防台风信息传递到每一个角落，以群众喜闻乐见的形式和亲切有味的播报方式提升宣传效果，打通台风防抗宣传"最后一公里"。

四、外宣传播强化本区域公众认同形成凝聚力向心力

一方面，提升国内"曝光度"。"攻大报、上头条"，在主流媒体多发声、多宣传、多推介。①强化头条建设。深化"头条"建设和"首页首屏首条"建设，聚焦重大主题、深度报道，发挥主流媒体舆论导向作用、筑牢新闻主阵地。②强化对接服务。坚持守正创新，挖掘有地方特色和现实意义的重大题材，采取灵活多样的宣传报道形式，加大对上级媒体供稿和报送力度，及时、真实、准确报道我县各项重点、亮点工作，提高我县的知名度、美誉度和影响力。③强化联动合作。借助人民日报社、新华社、中央电视台、学习强国等媒体渠道，不断提升德化瓷知名度、美誉度。其中，国博展"以为是纱，其实是瓷"话题一度霸榜各大媒体平台热搜，网络报道浏览量超 3 亿人次。另一方面，扩大国

际"覆盖率"。创新对外传播理念思路、措施办法，推介更多有吸引力、感染力的内容产品，提升对外宣传效果，讲好德化故事。①调整优化宣传布局。立足国际视野，及时策划制作陶瓷文化等专题，借助央视CGTN、新华社等国家级对外传播矩阵发声，扩大传播范围。联合新华社中国经济信息社，策划举办"中国白·德化瓷"国际巡展，被海内外4000多家媒体报道。策划制作的城市形象宣传片多次在美国纽约时报广场等国际平台播放，提升宣传效果。②拓宽海外宣传渠道。探索在脸书（Facebook）或推特（Twitter）等海外社交媒体平台开设德化国际账号，在境外社交平台推广德化、宣传德化；通联当地外媒，做好我县"出海拿单""中国白·德化瓷"境外专题展等境外商贸活动的宣传，让世界了解德化，让德化走向世界。③外籍网红来德采风。与省电视台《MoliMoli（中文：茉莉茉莉）》和《Leen的福建时间》栏目组对接合作推广德化，邀请外籍网红来德采风，进一步提升"世界瓷都"对外影响力。

第四节 融媒体中心舆论引导面临的问题与困境

一、队伍建设问题

队伍老龄化严重，中心在编人员50岁以上的占42.9%，专业知识相对缺乏，媒体融合意识不强，难以适应全媒体时代的岗位需求；专业人才缺乏，从事一线采编创作、新媒体运营的人员偏老偏少，新媒体运营、计算机网络维护、新闻采编、经营管理、技术保障方面专业技术人才匮乏，缺乏一专多能的全能型新媒体人才，专业人才梯队面临结构性断层。

二、经济管理问题

因编内人员队伍老化严重，不适应新媒体宣传需求，招收一批编外人员作为补充，临时人员偏多支出大；下属传媒公司没有指定固定业务板块，经营创收无法大幅度提升，无法反哺融媒体中心。

三、发挥"喉舌"作用还有较大空间

媒体深度融合发展成效不明显，未能全面构建"报、台、网、端、微"的全媒体矩阵，未能建立健全"策、采、编、审、发"一站式全媒体内容生产运行机制，综合服务平台和社区信息枢纽建设上存在形式化现象；内容生产上，缺乏优质原创内容，互动性、传播策略比较简单，满足不了个性化需求，难以黏住用户，受众少，宣传平台影响力和传播效果有限。

第五节 提高融媒体中心舆论引导能力的路径与方法

一、党媒姓党，把牢政治方向

坚持党性原则，确保党对宣传、意识形态和媒体工作的全面领导，坚持公益属性，承担社会责任，始终将社会效益放在首位，实现社会效益与经济效益的有机结合。重点聚焦用党的创新理论武装全党、教育人民的核心任务，用习近平新时代中国特色社会主义思想凝心铸魂，用好"学习强国"学习平台、融媒体全媒矩阵等宣传平台，进一步学深悟透习近平文化思想。

二、守正创新，壮大主流舆论

坚持围绕中心服务大局，持续推动融媒体中心建设提质增效，提升策划能力，以项目化思维策划制作系列宣传项目，采取广大群众喜闻乐见的形式和通俗易懂的语言，让习近平新时代中国特色社会主义思想在本地持续落地生根、开花结果。加强与各级各类媒体沟通联系，拓展国际传播渠道，增强对外宣传合力，壮大奋进新时代主流思想舆论。

三、以人为本，锻造过硬队伍

优化绩效考评，推动全媒体人才队伍建设，加强采编队伍特别是新媒体人才队伍建设，常态举办"融媒讲坛"等活动，鼓励采编人员参加融媒体新闻采编与政务短视频创作直播培训班、融媒体新技术应用直播培训班、广播电视节

目创新创优案例分享专题网络培训等,努力打造党和人民信赖、充满激情活力的新时代融媒体"强军"。

四、融合发展,服务主导产业

深化媒体融合改革,实施大部制改革,推动各宣传平台互联互动,做大做强新闻集群传播效应。聚焦本地产业特点和特色,传播权威主流新闻,做优质内容引领者,服务本地产业发展。通过碎片化"微叙事"内容生产,提升本地知名度、美誉度,逐步实现人流量转变为客流量。策划制作旅游线路短视频,整合串联起本地富有特色的核心旅游资源,展现本地文旅魅力。

五、拓展业务,增强自我造血机能

加强对下属传媒公司的管理,最大限度发挥官媒资源优势做大做强传媒公司,强化市场化竞争意识,依托官媒资源积极拓展市场业务,提升传媒公司创收能力,增强自我造血机能。发挥融媒体中心全媒宣传优势,从专题专版、定制活动、新媒代运营等方面,加强与县直部门、乡镇以及企业、团体的节目联办合作,通过"声、屏、报、网、微、端"等渠道扩大传播范围,构建融媒传播新生态,多层次、多角度、多形式开展好工作推进等动态宣传。

第三十二章　新疆布尔津县融媒体中心能力建设研究报告

张玉翠 [①]

2019年9月3日，新疆布尔津县融媒体中心正式挂牌成立。现有新媒体、电视、广播等9个传播平台。中心坚定不移深入推进媒体融合发展，在体制机制、内容生产、人才激励、媒体技术、政务服务等方面加快融合步伐，形成了"一支采编队伍同时服务新媒体、广播、电视等多个平台"的一体化运行机制。

第一节　新疆布尔津县融媒体中心基本情况

1953年9月，为了让布尔津县各族人民群众及时了解党的方针、政策，建立了广播收音站；1962年10月1日，正式建立布尔津县广播站；1984年6月7日，撤销布尔津县广播站，建立布尔津县广播电视局；1983年10月30日，成立布尔津县电视差转台；1985年12月6日，成立布尔津县卫星地面接收站；2007年10月，布尔津县电视差转台和卫星地面接收站合并为布尔津县广播电视台。2007年10月，更名为布尔津县广播电视网络传输中心（挂布尔津县贾登峪广播电视站牌子）。2009年12月，布尔津县广播电视网络传输中心（贾登峪广播电视站）更名为布尔津县广播站。2012年8月，撤销布尔津县广播站，将广播站职能划入布尔津县广播电视台。

---

① 张玉翠，新疆布尔津县融媒体中心主任。

1999年11月3日，成立布尔津县有线广播电视台。2019年，布尔津县委、县政府将布尔津县广播电视台与"布尔津县零距离""两微一端"进行整合，组建成立布尔津县融媒体中心。9月3日，布尔津县融媒体中心正式挂牌成立。

一、平台建设

目前，布尔津县融媒体中心加挂布尔津县广播电视台牌子，为布尔津县人民政府直属正科级公益二类事业单位，归口县委宣传部管理。现有员工35人，其中在编人员20人、聘用人员15人，下设综合办、总编办、新闻采访部、编辑制作部、播出技术部、网络运营部6个科室，共有新媒体、电视、广播等9个传播平台。

其中，新媒体包含1个客户端（布尔津好地方）、1个微信公众号（布尔津县零距离）、1个微博（童话融媒）、2个抖音号（童话边城布尔津、童话融媒）、1个微信视频号（布尔津县零距离）等6个平台，新媒体粉丝共计16万。开设2个电视频道，播放《布尔津新闻》汉、哈两种语言电视节目，每天分早、中、晚3时段播出，日播时长1.3小时。开设广播综合频道1个，播放《布尔津新闻》两种语言广播节目，每天分早、中、晚3时段播出，日播时长1.3小时。

二、职能职责

负责贯彻落实党和国家在新闻宣传、广电管理等领域的方针、政策、法规；按照国家、省、市的总体规划和要求，研究制定县级融媒体发展规划，并组织实施。对党的路线、方针、政策进行全面、准确、及时的宣传，充分发挥党和政府的喉舌作用，将舆论引导牢牢地掌握在自己的手中，对全县的广播电视和网络传媒进行宣传，对新闻采编和报道中的重要问题进行研究，组织全局性的重要宣传报道，不断提高宣传质量。承担县内广播、电视等的建设和管理工作，贯彻落实国家广播电视技术政策标准，推进广播影视新媒体的发展。对重点技术设备进行监督管理，提高安全防护水平，保证节目的安全播出。做好广播、电视等频率频道资源的报批、使用和管理工作，管好摄录、制作、演播、发射等重要技术装备。负责广播电视新技术的科学研究、开发应用、申报评定和推广应用；广播电视网络多功能综合业务的开发和应用。负责"布尔津县零距离""两微一端"等新兴媒体的开发、推广和运用；负责媒体的广告经营；负责规范"策、采、编、审、发"业务流程，形成"一支采编队伍同时服务新媒体、广播、电视等多个平台"的一体化运行机制。积极开展新闻网络内外宣传，完成上级下达的各项内外宣传任务；协助配合上级媒体和新闻单位来县采访及其他工作。负责各类媒体节目、作品的创新创优工作。完成上级交办的其他任务。

第二节 布尔津县融媒体中心发展亮点

一、体制机制

一是推进组织聚合，实现机构更精。按照"传统媒体+新媒体"的方式，将县广播电视、"零距离"微信公众号、官方抖音和微博、大喇叭等县域主流媒介进行合并，并将原有媒体的人、财、物全部归口于县融媒体中心统一管理，实现资源集中整合。二是推进业务整合，实现动力更强。结合新设置机构，通过融媒体中心指挥调度平台，将所有的采访和编辑力量整合起来统一调度，形成"一体策划、一次采集、多元生成、全媒分发"融媒体矩阵，传播载体实现"精细化"运营。三是推进功能融合，实现视野更宽。按照"新闻+政务服务商务"的模式，结合自媒体兴盛趋势，与新疆"石榴云"平台实现无缝对接，完成本地手机客户端"布尔津好地方"App设定，设置推荐、要闻、视频、旅游、专题等6大板块内容，实现掌上"新闻+政务服务商务"融合。

二、内容生产

坚持"围绕受众、抓好策划、做好内容、引领方向"理念，制定《布尔津县新闻通气会制度》，每日上午由县新闻办、融媒体中心联合召开一次新闻碰头会，每月月初围绕重大主题开展当月主题策划，共商新闻采集重点方向，并制订采访主题和采访计划，向全媒体记者下达任务指令，由全媒体记者结合实地采访、现场直播、短视频拍摄、"零距离"编发、"学习强国"投稿、专题片制作等要求，鼓励独自完成文字编撰、音视频、图片采集、网络作品、直等采编工作，同时定期邀请疆内外政策理论、摄影、编辑、新闻采写等专家来布尔津进行面对面理论和实践培训，着力提升新闻记者采编水平和新闻采编质量，特别是符合全媒体时代的微视频、海报、直播等端平块融媒产品的制作量和制作水平有了显著提升，作品点击量和观看量日益增长。

媒体融合方面取得显著成绩，阿勒泰地区融媒体中心、兄弟县市宣传部、融媒体中心、伊犁州电视台、新疆广播电视台、吉林通化市委宣传部、吉林通化融媒体中心等省内外融媒体中心先后前来考察学习，先后接待30余个调研、考察、学习团队。

三、人才激励

一是健全绩效考核。积极探索建立与全媒体时代相适应的绩效管理和绩效评价制度，健全遵循全媒体生产传播的考核、评价和激励机制，有效地对记者的供稿模式进行了升级，着力引导现有人员向融媒体记者转型，不断提升记者、编辑全媒体策划采编能力，采编人员实现"一专多能"。

二是强化人才培养机制。依托新疆报业、新疆县级融媒体中心"新闻＋服务"能力提升工程等，建立人才委培、外送、跟班调训等学习机制，提升采编人员素质；同时充分发挥业务骨干作用，强化一对一、一对多帮带机制，积极邀请本级资深新闻媒体工作者授课，零距离帮助记者、编辑强化优势、补齐短板。

三是强化实操提升。根据人才特点动态调整人员岗位，使人才更符合岗位需求，同时积极推行全域媒体人才培养计划，从运镜、配乐、剪辑、文案等方面强化媒体人才锻炼，力争将融媒体中心采编队伍全面打造成"一专多能"的策、采、编、发于一体的全融媒人才队伍；同时注重实操，中心承接重大宣传报道任务时，记者、编辑、制作全员参与、分工合作、深挖瞬间，确保每条专题外推稿件都配有一个精品短视频，实现有图有文有声有画，切实讲好布尔津故事、宣传好布尔津形象。在"我的阿勒泰·我们的节日"系列文旅活动、2024新疆布尔津·喀纳斯越野多日赛等报道中，抽调专业人员50余人次在节事活动现场办公，刊播相关短视频80余条。

四、媒体技术

一是强基础，推进"中央厨房"建设。为了贯彻落实自治区党委"一报一台一刊一网（云）"工作部署，依托自治区"石榴云"平台，完成"中央厨房"建设，实现"一体策划、一次采集、多种生成、多元发布"的全媒体传播体系。在客户端新闻板块开设推荐、要闻、视频、基层动态、旅游、专题栏目频道，以图文报道、短视频、移动直播等形式发布资讯。依托大数据平台技术，实现数据服务（数据汇聚、主题监控、媒体热点、用户热点、高级检索、专题分析、新闻快报、图片跟踪、高频点击）、报告服务（主题监控报告、专题分析报告）、数据可视化和数字人功能，打造集报道指挥、智能采编、传播分析、舆情监测、权威供稿、媒体监管等功能于一体的线上指挥调度平台。

二是扩容量，强化技术赋能。积极争取县财政资金支持2.5万元，开通广电云直播平台，与地区、兄弟县市媒体形成直播矩阵，通过数字化推进深度融合。以移动互联网技术为依托，建成以新媒体平台为传播主体，广播、电视为内容支撑的融媒体矩阵，构建网上网下一体、内宣外宣联动的主流舆论格局。同时，加强与乡镇、部门单位沟通协作，为合作单位提供新闻宣传、信息发布、数据共享等一对一精准服务。

三是增速度，拓宽新闻报道边界。利用AI技术，植入广播电视新闻播出、短视频制作，实现视频编辑提速10%—20%。下一步，县融媒体中心计划购买高清播出系统和编排系统等电视播出及制作设施设备，引入AI主播形象克隆和AI播音服务，以增强节目的互动性和观赏性；升级户外高清直播配套设施，确保直播画面清晰、流畅；申请购置高空作业车用于应急广播大喇叭的维护工作，以提高作业效率、降低人员成本并保障员工安全。

五、政务服务

按照"新闻+政务/服务/商务"的模式，结合自媒体兴盛趋势，与新疆"石榴云"平台实现无缝对接，完成本地手机客户端"布尔津好地方"App设定，设置推荐、要闻、视频、旅游、专题等6大板块内容，实现掌上"新闻+政务/服务/商务"初步融合。为进一步增强用户体验和吸引力，结合本地群众需求，借助官方微信公众号，将传统媒体广播、电视和《阿勒泰日报》嫁接植入公众号板块，进一步增添融媒资源，吸引受众。

第三节　布尔津县融媒体中心舆论引导能力建设实证研究

一、解读党的理论路线方针政策及上级各级党委政府精神

各传播平台始终把中央、自治区、地区最新方针政策和安排部署放在宣传第一位，及时向群众传递党的"好声音"。一是高举旗帜，持续推进习近平新时代中国特色社会主义思想深入人心。始终把真信真学真用放在第一位，在学思践悟上下足功夫，利用每日新闻宣传例会，组织采编人员深入学习和理解党的最新理论、路线、方针、政策以及上级党委政府的重要精神，确保新闻宣传报道始终体现党的意志，体现党的主张，维护党中央的权威，维护党的团结，使广大党员干部和人民群众的思想统一到习近平新时代中国特色社会主义思想上来，把自己的头脑、行动、工作有机结合，不断提高"四个意识"、坚定"四个自信"、做到"两个维护"。二是围绕中心，持续宣传自治区、地区重要决策部署。围绕自治区、地区重要会议、重要文件精神等，结合实际情况，开设《全面深入学习宣传贯彻党的二十大精神》《新思想引领新征程》《吹响项目建设冲锋号》《文化润疆》《铸牢中华民族共同体意识》《全面推进乡村振兴》《绿水青山就是金山银山》等专题专栏，对政策的实施情况进行持续跟进和报道，从不同阶段、不同视觉、不同表达方式、不同渠道营造强势舆论氛围，提高产品的吸引力和传播力。三是服务大局，持续为建设世界级旅游目的地凝聚意志力量。聚焦"两季繁荣、四季发展"，围绕"一湖两河一域七区"旅游发展思路，及时将县委想"干什么"、融媒体中心应该"讲什么"和群众想"听什么"贯通起来，将工作话语体系和大众话语体系融通起来，将线上和线下联动起来，将自身传播与借力借智结合起来，讲好新时代布尔津县高质量发展篇章。

二、讲述本地老百姓生产生活故事

布尔津县融媒体中心坚持"内容为王"，以清洁能源和现代旅游两大优势产业、现代农业和绿色矿业两大挖潜产业为主导，讲述布尔津县经济社会高质

量发展情况，同时及时关注群众身边的故事。

一是加强文化旅游方面的宣传。为充分传承、弘扬本土文旅禀赋，布尔津县融媒体中心以"融媒"作为"黏合剂"与"助推器"，通过"破圈"联动实现赋能转化，不断推动布尔津文旅产业高质量发展，擦亮布尔津文旅名片。多维度宣传推介，描绘文旅"全景图"。围绕文旅特点、热点和景点，设置《全域旅游·童话之旅》专栏，刊播《布尔津：雪花飘落　银花盛开　村民跟着"雪花"挣"银花"》《2024新疆布尔津·喀纳斯越野多日赛正式开赛》《我的阿勒泰布尔津礼物新品发布会暨产品展销会开幕》等优质稿件100余篇，先后筹备拍摄了县委书记、县文旅局局长、乡（镇）党委书记等旅游宣传推介短视频，打出文旅推介"组合拳"，奏好布尔津县宣传"交响曲"。同频次多头报道，奏响文旅"最强音"。为借助媒体融合之势，讲好文旅故事，让童话布尔津活力四射，外宣方面，加强与央视驻新疆站、新疆报业、新疆广播电视、地区融媒体中心等上级媒体以及各县市融媒体中心的日常对接联系，相互支持形成矩阵传播效应，确保在重大报道中，各级媒体平台一起部署，一起策划，一起发力，聚合报道，同步发声，使报道主题更加突出，种类更丰富，数量更充足，呈现更亮眼。内宣方面，依托"石榴云"融媒体技术平台，积极探索推行"融媒体中心+乡（镇）+部门（单位）通讯员+喀纳斯景区"联动机制，形成全县融媒传播矩阵，打通宣传引领服务群众"最后一公里"。截至目前，布尔津零距离刊发1879条，汉哈广播电视刊播2932条；客户端刊发12707条；抖音短视频1187条，海报43条，微博366条。"千万+"作品4部，"百万+"作品9部。广视角打卡引流，唱响文旅"大合唱"。为进一步加强文旅宣传，布尔津县借助电视剧《我的阿勒泰》刊播，通过马伊琍、董宇辉、阿尔法等大V、网红引流，先后制作刊发了《拍完我的阿勒泰后　马伊琍给大家推荐这样的布尔津　彩色的童话边城　前往喀纳斯的交通枢纽》《我的阿勒泰　相约布尔津》《烟花音乐季盛大开幕　活力无限的阿尔法嗨翻全场》《"与辉同行阅山河"新疆行直播活动走进布尔津县》等短视频、直播等形式，大力宣传推广本土农特产品、文创产品和旅游资源，吸引了更多游客走进童话布尔津，邂逅净土喀纳斯，细品布尔津烟火，切实助力布尔津文旅融合高质量发展。

二是关注民生、解决群众问题。民生无小事，枝叶总关情。布尔津县融媒体中心始终坚持以群众需求为导向，秉持"上连党心，下接民心，为民生服务"

的理念,策划先行,围绕农牧业生产,结合春夏秋冬季农事规律,唱响"四季歌",春有春羔生产、牲畜转场、农资储备、农耕,夏有农作物田间管理,秋有秋收、农畜产品销售、地膜回收,冬有牲畜安全越冬、农牧民培训,等等。围绕农牧民增收,积极与农业农村、市监等部门联系,策划刊发农资科普、农牧业种养植技术知识方面的宣传和普及。围绕农牧民转移就业,与人社部门联系,宣传推广惠农强农相关政策;围绕农牧民健康,及时与卫健委、医保局等相关部门联系,刊发医保政策、健康小常识、健康知识讲座等,提高广大农牧民群众的健康意识,养成良好的生活习惯,助力健康布尔津创建工作。

三、重大危机事件干预

布尔津县融媒体中心在县域信息传播途径中,始终发挥着主导作用,尤其是在重大危机时,能够及时发声,引导舆论导向向正确的方向发展,防止危机事件造成的危害进一步扩大。如,2023年1月初,布尔津县境内、喀纳斯景区出现大规模降雪天气,降雪范围大、持续时间长、积雪厚度深,给广大群众、游客出行造成重大影响。布尔津县融媒体中心立刻启动舆情预警,组织媒体矩阵各平台,分三个阶段,以多种形式进行信息发布、宣传报道。一是前期宣传,预警预报和道路抢通初期宣传阶段。主要侧重大风、暴雪、道路等极端天气预警预报和雪崩导致景区主干道路阻断,公路、公安等部门开展道路抢通工作的宣传报道。天气过程,启动舆情监测,加强与气象部门沟通会商,针对降雪及天气情况,及时制作和刊发防雪崩科普知识,确保广大群众及游客生命财产安全;加强与公安交警、交通运输、公路管理部门及喀纳斯景区公安等部门的对接联系,选派记者第一时间前往一线除雪作业现场了解掌握道路除雪保通情况,实时报道,积极回应社会关注。依托央视约稿的有利时机,充分运用中央广播电视台的传播力、影响力,抢抓在国家级媒体平台发声的机会,全力配合做好中央电视台宣传报道和相关数据、情况的收集和服务保障工作,真实、全面反映天气过程除雪作业一线情况,为开展除雪保畅指挥调度及决策提供有力参考,给广大受众带来最真实的视听内容,宣传报道在一些网络平台形成"刷屏"之势,在实现新闻功能的同时,在服务效益上取得新的突破。二是中期宣传,应急抢险救援集中宣传阶段。根据雪情变化,及时调整策划宣传报道,主要加大抢险保通、物质保障、游客安抚、电力维修等集中宣传,综合采用多种方式,全方位、整体布局，落实视频资料接收、整理、文案撰写、视频组织、集体会审等"一条龙"作业，确保动态有"料"、宣传有"势"、成果有"效"，切实满足受众获取最新天气资讯、掌握科学防雪崩避险知识、景区内实况、厘清虚假信息的诉求。对群众、游客关注高、传播不对称的信息进行及时报道。在微博、微信公众号、布尔津好地方客户端上用图文对最新雪情进行播报；在布尔津微信公众号、布尔津好地方客户端 App 用视频和文图的形式展现道路疏通、景区内游客服务安置等实况，让消息及时透明传播，让群众、游客安心。三是在雪情后阶段，典型宣传及后续宣传阶段。全平台联动，多种形式进行报道，提振士气，展现成果。在报刊、电视、新媒体等多平台进行动态报道，重点宣传参与此次抢险保通典型人物事迹、景区后续道路扩路除险以及景区内部群众生产生活秩序稳定等内容，彰显社会正能量。除此之外，有效聚合中央及地方主流媒体、优质自媒体账号等资源、优势，借助央视新闻、新华社等中央主流媒体和新疆日报、新疆广播电视等地方主流媒体的发布渠道，有力提升了报道内涵及传播覆盖面，扩大影响力；强化县域内、景区内自媒体的挖掘和联系，加强与优质自媒体的内容合作，拓展传播覆盖面，讴歌正面典型。

四、外宣传播强化本区域公众认同形成凝聚力向心力

布尔津县融媒体中心不断强化对外宣传，更好地展示布尔津县形象。

一是关注中心工作重点工作，挖掘报道布尔津做法。为了进一步宣传推广布尔津县旅游业，中心积极行动起来，精心采写与制作了一系列高质量的新闻报道，不仅在当地媒体上播出，还被《央视天下财经》、《新闻直播间》等栏目采用。其中《美如童话世界　来布尔津看雾凇吧》《新疆喀纳斯：银装素裹　童话世界》《冬日奇景6·雪境布尔津》等新闻，生动描绘了布尔津县及喀纳斯景区冬季独有的自然美景，也激发了疆内外游客对这片土地的向往。除了美丽的自然景色外，中心还积极加强与《地理·中国》栏目组合作，采写制作了《包尔萨克是哈萨克族人的特色美食》《雪中的木屋如何保暖》等节目，带领大家到冲乎尔镇探索哈萨克族悠久的饮食文化，更深入挖掘了其背后丰富的文化内涵和历史渊源，体验那份来自大自然的馈赠与民族的智慧结晶。以喀纳斯景区禾木村独特的小木屋为主角，深入探讨了图瓦人在极端寒冷的气候条件下，这些传统的木屋是如何通过各种巧妙的设计和建筑技巧来保持室内温暖

的，还讲述了当地居民利用自然资源进行取暖的智慧方法。

二是关注民生民情民意民事，提前做好新闻策划。春节是中华民族最重要的节日。聚焦这一重要节日，布尔津县融媒体中心认真策划，记者深入全县各乡（镇）及禾木村挖掘年味，对群众团聚、过年等丰富活动进行报道，营造浓浓的春节氛围。其中，对布尔津镇社火、杜来提乡"舞狮舞"民俗进行挖掘，对群众社火祈福、欢天喜地过新年的热闹氛围进行报道。为了能够及时、真实地通过镜头反映布尔津县远冬牧场牧民在去冬今春时期的生产与生活状况，中心记者深入偏远牧区进行蹲点报道。此次报道不仅关注了牧区广播电视信号接入情况以及4G基站建设进度，还详细记录了牲畜饲草料储备现状，并对新建的"幸福驿站"从建设到投入使用全过程进行了跟踪拍摄。此外，对于保障远冬牧场人畜安全饮水项目的具体落实情况也做了全面深入的了解和展示，通过这样一系列细致入微的报道，反映牧民的幸福指数。

三是多举措提升"学习强国"平台发稿量质。严格三审三校机制，建立健全"县委宣传部（新闻办）+融媒体中心（总编办、编辑制作室）+乡（镇）、喀纳斯景区"资源共享、联审联发的制度，从制度机制入手形成供稿"生态链"、平台需求入手保障备稿"提货仓"、资源优势入手培植稿源"活水源"、技术特点入手增添素材"生力军"、创新思路入手内容取胜"上稿率"等方面，不断增强"学习强国"平台的供稿量质，深入学习宣传贯彻习近平新时代中国特色社会主义思想，充分展示布尔津学习新思想、践行新理念的生动实践，展示布尔津形象、讲好布尔津故事。

第四节　布尔津县融媒体中心舆论引导面临的问题与困境

一、"新闻+"推进深度不够

对移动优先战略落实思想认识不到位。布尔津好地方客户端下载量、日活量、最高阅读量较低。虽然平台数量较多，一定程度上存在大而不全现象，精品缺少，分类意识不强。

二、专业人才队伍短缺

在县级层面，缺乏媒体融合的专业技术人才。一方面，高精尖人才无法被引入，即使被引入，也难以留住；另一方面，现有人才的知识、技能等能力还不能与融媒技术的标准与需求相适应，对媒体融合发展产生了一定的限制与影响。急需观念、行为转型，尤其是在如何创作现象级作品上，运营人才、短视频策划人才缺乏。

三、政务服务功能不完善

忽略了"综合服务平台、社区信息枢纽"功能建设，探索"新闻＋政务／服务／商务"运营模式的积极性不强。上线的政务服务功能相对较少，政务服务资源匮乏，个别政务服务功能用户互动性不强。

四、商务拓展难度较大

造血运营能力需要进一步提升。目前，县级融媒体中心的运作与发展主要依靠县财政的补助支持，存在着自身产业扩展能力不强、运行困难等问题。与此同时，县融媒体中心要面对地区、自治区甚至中央媒体的资源争夺，互联网企业、自媒体等也在加速抢占市场，与县级融媒体中心展开资源竞争，加大了产业发展和创收的难度。

第五节　提高融媒体中心舆论引导能力的路径与方法

一、突出内容为王、移动优先

持续加大融媒体产品的策划创作力度，围绕群众喜闻乐见的新媒体产品，下大力气谋划生产。开展名品牌平台栏目工作，以"布尔津好地方"客户端为基础，打造点击量、点赞量高的直播栏目、新闻栏目。加大现象级短视频的策划拍摄力度，做好全媒体平台建设，形成传播倍增效应，提升主流媒体的影响力。

二、坚实民生为要，不断提高服务能力

在"新闻+政务/服务/商务"工作中实现新突破，开设便民服务平台，针对群众生活息息相关的生活服务，逐步开通如水电暖、医疗、交通、就业、旅游、志愿者服务等。

三、完善安全措施，守好意识形态阵地

严格落实"三审三校"审查机制，加强舆情监管，落实网络安全措施。确保发布产品导向正确、内容严谨、质量优良。

四、加强"四力"型新媒体人才培养

要充分发挥绩效考评、评奖评优、职称评定等方面的导向作用，把更多的精力放在全媒型人才和融媒体作品上。开展全媒体理念和技能培训，通过请进来送出去、专题培训、观摩交流、业务研讨等方式，派出人员到县级融媒体中心企业化运营较为成功的地方学习。鼓励和推动编辑、记者、主持人、播音员等到新媒体平台发挥作用，补齐媒体融合方面的人才短板，使队伍结构更加科学、合理。

五、加大媒体造血功能，提升市场竞争能力

抓好传媒公司运营，解放思想，拓展经营渠道，利用自身优势，借助布尔津好地方客户端、抖音、快手等平台，开展网络直播招商活动，通过举办各类线上线下活动，增加经营收入。

参考文献

[1] 习近平. 加快推动媒体融合发展 构建全媒体传播格局[J]. 求是, 2019（6）.

[2] 中共中央办公厅 国务院办公厅印发《关于加快推进媒体深度融合发展的意见》[EB/OL].（2020-09-26）[2024-10-25]. https://www.gov.cn/zhengce/2020-09/26/content_5547310.htm.

[3] 中华人民共和国国民经济和社会发展第十四个五年规划和2035年远景目标纲要[EB/OL].（2021-03-13）[2024-10-25]. https://www.gov.cn/xinwen/2021-03/13/content_5592681.htm.

[4] 中共中央关于进一步全面深化改革、推进中国式现代化的决定[N]. 人民日报, 2024-07-22（1）.

[5] 罗鑫. 什么是"全媒体"[J]. 中国记者, 2010（3）.

[6] 崔士鑫, 王志锋. 为媒体融合发展提供有力保障[N]. 人民日报, 2020-01-17（13）.

[7] 刘广. 建设高质量全媒体传播体系[N]. 人民政协报, 2023-09-23（6）.

[8] 李鹏. 中国都市报全媒体转型的趋势与路径[J]. 传媒, 2011（2）.

[9] 吴齐强, 颜珂, 申智林, 等. 融合十年笃行致远[N]. 人民日报, 2023-07-15（4）.

[10] 中国日报网. 中国日报社会责任报告（2023年度）[EB/OL].（2024-05-31）[2024-10-27]. https://cn.chinadaily.com.cn/a/202405/31/WS665966b6a3109f7860de0431.html.

[11] 人民日报. 人民日报社会责任报告（2023年度）[EB/OL].（2024-05-31）[2024-10-27]. http://gongyi.people.com.cn/n1/2024/0531/c151132-40247952-3.html.

[12] 薛贵峰. 十年融合传播中的主流媒体创新发展[J]. 中国记者, 2023

（8）.

［13］王京，徐江旭.从三大央媒实践看主流媒体智能化发展趋势[J].传媒，2023（8）.

［14］刘启宇.南方报业构建"六维"全媒体传播体系，打造新型主流媒体[EB/OL].（2024-10-15）[2024-10-27].https://news.southcn.com/node_54a44f01a2/dfa9b7f9c6.shtml.

［15］赵洪松.全国"双亿级用户量"平台高质量发展的"融合逻辑"——湖北日报传媒集团媒体深度融合十年启示[J].青年记者，2023（19）.

［16］叶蓁蓁.2022—2023报业融合发展观察报告[J].传媒，2023（13）.

［17］张宏平.川报集团推进媒体深度融合的四个维度[J].传媒，2024（6）.

［18］央视网.中央广播电视总台社会责任报告（2023年度）[EB/OL].（2024-05-31）[2024-10-28].https://news.cctv.com/2024/05/31/ARTIYx8iopCYvaCSCHvEvcE9240530.shtml.

［19］央视网.总台召开"干部人才队伍建设全链条机制"调研座谈会[EB/OL].（2023-07-24）[2024-10-29].https://www.cctv.com/2023/07/24/ARTIulo0s2nJZOYF00i5V8yC230724.shtml.

［20］王羽.广电全媒体新闻宣传新态势[EB/OL].（2024-02-07）[2024-10-28].http://www.cm3721.com/m/view.php?aid=30481.

［21］毕媛媛.湖南广电董事长龚政文：传统广电已习惯过紧日子，但对精品大片生产要舍得投入[EB/OL].（2024-10-12）[2024-10-30].https://www.nbd.com.cn/articles/2024-10-12/3587873.html.

［22］程达壑."中场"来临！全国近半地级市融媒体中心已挂牌[EB/OL].（2024-07-09）[2024-10-30].https://mp.weixin.qq.com/s/s1vuT9bNcG-Ze9wWyaTFXg.

［23］郭全中，张金熠.自主平台建设：地市级媒体深度融合的关键点研究[J].南方传媒研究，2022（6）.

［24］人民网研究院.2022—2023区县融媒体发展观察报告[EB/OL].（2023-10-16）[2024-11-01].http://yjy.people.com.cn/n1/2023/1014/c244560-40095276.html.

［25］王海清.公益一类县级融媒体中心改革的尤溪探索[J].中国记者，

2024（2）.

［26］刘鲲翔.科技出版社如何构建多元化知识服务体系——以机械工业出版社为例［J］.出版广角，2022（21）.

［27］俞湘华.5G时代下主题出版的融合发展思考［J］.出版广角，2020（3）.

［28］靳艺昕，中国作家网.2023年，出版融合发展的创新点在哪里?［EB/OL］.（2023-01-29）[2024-11-01]. https://image.chinawriter.com.cn/n1/2023/0129/c403994-32613411.html.

［29］吴尚之.加快促进深度融合 推动期刊高质量发展［J］.中国期刊年鉴，2023（1）.

［30］陶华，刘蔚.基于"精益价值树"提升科技期刊融媒体知识服务能力［J］.编辑学报，2024，36（4）.

［31］刘建华.党的十八大以来媒体融合的遵循与逻辑［J］.传媒，2022（21）.

［32］陶德言."四位一体"打造《参考消息》全媒体生态圈［J］.中国记者，2023（8）.

［33］黄楚新，贺文文.推进主流媒体系统性变革的理论内涵和实践路径［J］.青年记者，2024（10）.

［34］经济日报社会责任报告（2023年度）. http://www.ce.cn/xwzx/gnsz/gdxw/202405/31/t20240531_39022575.shtml.

［35］郑庆东.牢记根与魂 担起两重任——关于落实意识形态责任、做好新闻舆论工作的央视网.中央广播电视总台社会责任报告（2023年度）[EB/OL].（2024-05-31）[2024-10-28]. https://news.cctv.com/2024/05/31/ARTIYx8iopCYvaCSCHvEvcE9240530.shtml.

［36］郑庆东.牢记嘱托 讲好中国经济高质量发展故事［J］.电视研究，2023（2）.

［37］经济日报社会责任报告（2023年度）[EB/OL].（2024-05-31）[2024-08-10]. http://www.ce.cn/xwzx/gnsz/gdxw/202405/31/t20240531_39022575.shtml.

［38］季正聚.聚焦主责主业，打造学习宣传研究习近平经济思想高地［J］.新闻战线，2022（18）.

［39］张曙红，王智，胡文鹏.经济日报政治站位高 经济特色浓 融合报道活［J］.中国记者，2023（4）.

［40］郭存举，周剑，温宝臣.经济日报"经济论坛"深化评论立报 增强舆论引导[J].中国记者，2023（12）.

［41］李潇莹.打造深融范式：经济日报社融合发展的实践经验[J].传媒，2021（14）.

［42］董庆森.深挖数据的潜在价值——经济日报数据版的实践与思考[J].新闻战线，2021（12）.

［43］张曙红.在文化强国建设中做强新型主流媒体——经济日报社的实践与思考[J].传媒，2021（10）.

［44］李潇莹.打造深融范式：经济日报社融合发展的实践经验[J].传媒，2021（14）.

［45］郑庆东.牢记嘱托 守正创新 努力做经济领域舆论宣传压舱石[J].传媒，2023（19）.

［46］孙萍，邱林川，于海青.平台作为方法：劳动、技术与传播[J].新闻与传播研究，2021，28（S1）.

［47］宋建武，宋梦茜.中国媒体融合一体化发展的目标与路径[J].中国编辑，2020（8）.

［48］喻国明.有的放矢：论未来媒体的核心价值逻辑——以内容服务为"本"，以关系构建为"矢"，以社会的媒介化为"的"[J].新闻界，2021（4）.

［49］谢新洲，石林.嵌入基层治理：县级融媒体中心与基层网络政务服务的融合发展[J].传媒，2021（8）.

［50］蔡雯，汪惠怡.发展新质生产力的中国媒体深度融合新命题——动态的专业边界调和与新闻资源配置[J].当代传播，2024（3）.

［51］徐勇."接点政治"：农村群体性事件的县域分析——一个分析框架及以若干个案为例[J].华中师范大学学报（人文社会科学版），2009（3）.

［52］郑亮，冯旭宏.县级融媒体与民族地区基层治理——以新疆库车为例[J].中国出版，2020（6）.

［53］周德仓，吴江霞，王清华.改革开放40年西藏新闻事业的发展和重塑[J].西藏民族大学学报（哲学社会科学版），2019，40（1）.

［54］吴冰，高启龙.立足区情，释放媒体融合发展最大合力——新舆论场下西藏日报探索融合发展的理论与实践[J].新闻战线，2016（4）.

[55] 吴冰. 融合发展与创新驱动 [N]. 西藏日报（汉），2016-08-23（7）.

[56] 高沁，吴冰，郝冠南. 掌握媒体融合发展的主动权——西藏日报社媒体融合现状和趋势研究 [J]. 中国传媒科技，2018（6）.

[57] 王萍，马娟娟. 西藏媒体的融合发展探索 [J]. 青年记者，2017（26）.

[58] 何宝霞，林敏. 媒体融合必须技术、人才、机制多点发力——以西藏日报为例谈媒体融合 [J]. 新闻研究导刊，2018，9（10）.

[59] 方园. 媒介融合环境下西藏新媒体发展现状及"包裹式"受众体验研究 [J]. 西藏民族大学学报（哲学社会科学版），2019，40（4）.

[60] 安思齐. 数字化、数据化、数智化：融媒体平台的转型探索——访湖北广播电视台（湖北长江广电传媒集团）党委委员、副台长郭小容 [J]. 广播电视信息，2024，31（2）.

[61] 广播电视信息编辑部. 湖北广播电视台融媒体新闻中心 [J]. 广播电视信息，2023，30（2）.

[62] 大象新闻. 河南台蝉联首位！2023年上半年省级台新闻融合传播指数出炉 [EB/OL]. （2023-07-12）[2024-07-13]. https://baijiahao.baidu.com/s?id=17711777709059589111&wfr=spider&for=pc.

[63] 曾培伦，朱春阳. 融媒十年考：中国媒体融合发展的逻辑转换与汇流 [J]. 新闻界，2023（11）.

[64] 曾祥敏，刘思琦. 媒体融合十年考：传播体系、社会治理与自主知识体系现代化的实践路径 [J]. 现代出版，2024（1）.

[65] 刘建华. 县级融媒体中心深度发展的几个关键问题 [J]. 学术探索，2024（6）.

[66] 王海涛. 定位演进・功能拓展・价值重构：我国媒体融合十年的三重意蕴和实践取向 [J]. 中国出版，2023（20）.

[67] 赵瑜，周江伟. 转型、整合与"新闻+"：中国媒体融合的三种在地化实践 [J]. 新闻界，2023（11）.

[68] 左灿，沙垚. 中国式现代化语境下的媒体融合 [J]. 新闻大学，2023（11）.

[69] 新闻创新实验室研究团队. 2023年全球新闻创新报告 [J]. 新闻记者，2024（1）.

[70] 胡文娟. "四新"路径：主流媒体加强全媒体传播体系建设的着力

点——以湖北广播电视台为例[J].新闻前哨,2023(22).

[71] 曾祥敏,刘思琦.媒体融合十年考:传播体系、社会治理与自主知识体系现代化的实践路径[J].现代出版,2024(1).

[72] 新闻创新实验室研究团队.2023年全球新闻创新报告[J].新闻记者,2024(1).

[73] 卢剑锋."四级媒体"融合发展的现状和特点[J].传媒,2023(20).

[74] 郭小容,赵轶.广连接 深联结 超链接——湖北广播电视台的媒体融合探索[J].中国记者,2023(8).

[75] 国家广电智库."融媒新品牌"湖北广电长江云平台:构建区域媒体融合新生态[EB/OL].(2023-01-14)[2024-08-02]. https://baijiahao.baidu.com/s?id=17549891777869325868&wfr=spider&for=pc.

[76] 胡文娟."四新"路径:主流媒体加强全媒体传播体系建设的着力点——以湖北广播电视台为例[J].新闻前哨,2023(22).

[77] 蔡斐,王啸洋.创新管理:加强全媒体传播体系建设的重点进路[J].中国出版,2023(23).

[78] 崔忠芳."POWER融媒大脑":推动媒体融合从"局部破圈"迈向"整体跃升"——专访湖北广播电视台总编室主任曹曦晴[J].中国广播电视,2022(6).

[79] 赵瑜,周江伟.转型、整合与"新闻+":中国媒体融合的三种在地化实践[J].新闻界,2023(11).

[80] 曾祥敏,刘思琦.媒体融合十年考:传播体系、社会治理与自主知识体系现代化的实践路径[J].现代出版,2024(1).

[81] 中央电视台.习近平主持召开中央全面深化改革委员会第三次会议[EB/OL].(2018-07-06)[2024-08-03]. https://www.wenming.cn/wmsjzx/gcdt/202112/t20211223_6273780.shtml.

[82] 朱春阳,刘波洋.媒体融合的中国进路:基于政策视角的系统性考察(2014—2023年)[J].新闻与写作,2023(11).

[83] [美]安妮塔·埃尔伯斯.爆款:如何打造超级IP[M].杨雨,译.北京:中信出版社,2016.

[84] 王聃,郑杨.媒体深度融合视角下中国文化IP建构逻辑与发展策略[J].中国出版,2023(21).

［85］袁鸣徽.大宣传战略下的县级融媒体中心实践研究 [J].新闻与传播研究,2023,30（7）.

［86］赵瑜,周江伟.转型、整合与"新闻+"：中国媒体融合的三种在地化实践 [J].新闻界,2023（11）.

［87］划重点！中共二十届三中全会公报中这些内容与媒体相关 [EB/OL].（2024-07-19）[2024-08-03]. http://www.acep.org.cn/sjgd/202407/19/t20240719_2673270.shtml.

［88］中国社会科学院召开2024年度工作会议暨科研工作会议 [EB/OL].（2024-01-25）[2024-08-03]. https://baijiahao.baidu.com/s?id=1789023182800171633&wfr=spider&for=pc.

［89］习近平.谈治国理政：第2卷 [M].北京：外文出版社,2017：380.

［90］2023年"中国最具国际影响力学术期刊"榜单发布,255本期刊入选 [EB/OL].（2023-11-01）[2024-08-03].

［91］汤代禄.媒体深度融合的新浪潮 [J].中国传媒科技,2024（4）.

［92］教育部关于印发《教育部哲学社会科学实验室建设与管理办法（试行）》的通知 [EB/OL].（2023-12-29）[2024-08-03]. http://www.moe.gov.cn/srcsite/A13/moe_2557/s3103/202402/t20240226_1116821.html.

［93］教育部关于印发《教育部哲学社会科学创新团队支持办法（试行）》的通知 [EB/OL].（2023-12-29）[2024-08-03]. http://www.moe.gov.cn/srcsite/A13/moe_2557/s3103/202402/t20240226_1116823.html.

［94］周文,许凌云.论新质生产力：内涵特征与重要着力点 [J].改革,2023（10）.

［95］政光景,吕鹏.生成式人工智能与哲学社会科学新范式的涌现 [J].江海学刊,2023（4）.

［96］学习笔记｜总书记频频提到的新质生产力是一种怎样的生产力？ [EB/OL].（2024-02-23）[2024-08-03]. https://baijiahao.baidu.com/s?id=17916789411359865577&wfr=spider&for=pc.

［97］习近平在中共中央政治局第十一次集体学习时强调：加快发展新质生产力 扎实推进高质量发展 [EB/OL].（2024-02-01）[2024-08-03]. https://www.gov.cn/yaowen/liebiao/202402/content_6929446.htm.

［98］段丹洁，张译心，刘越.肩负新的文化使命 推动期刊高质量发展《中国社会科学》第六届编委会2024年全体会议侧记[N].2024-02-05.

［99］王飞雨.《南风窗》新媒体营收激增原因分析[J].传媒，2023（8）.

［100］崔莹.我国新闻期刊的品牌构建研究[D].山东师范大学，2013.

［101］集团简介[DB/OL].贵州出版集团官方网站，http://www.gzpg.com.cn/jtjj/index.jhtml.

［102］贵州出版集团打赢"四场硬仗"推动高质量发展[J].中国人大，2022（7）.

［103］陈江南，吴蔚.书香致远向未来——从孔学堂图书博览会看贵州出版发展新趋势新亮点[N].贵州日报，2023-10-27（6）.

［104］红色记忆·贵州长征国家公园公共文化服务平台——创新数字化形式传承弘扬长征精神[N].中国出版传媒商报，2021-11-23（2）.

［105］赵相康.开启影像新时代"贵图云"上线[DB/OL].天眼新闻客户端，https://baijiahao.baidu.com/s?id=1767589494155717648&wfr=spider&for=pc.

［106］蔡光辉.贵州出版集团谱写高质量发展新篇章[N].中国出版传媒商报，2021-01-29（3）.

［107］国家新闻出版署：64种图书差错率超过万分之一，30天内收回[DB/OL].北京日报客户端，（2023-04-13）.https://finance.sina.com.cn/jjxw/2023-04-13/doc-imyqfsqe6857703.shtml?cref=cj.

［108］晋江文学城［关于我们］[DB/OL].https://www.jjwxc.net/.

［109］晋江文学城微信官方公众号.

［110］中国新闻网.文学网站这一年：责任·多元·创新（下）[DB/OL].（2018-02-14）.https://www.chinawriter.com.cn/n1/2018/0214/c403994-29823678.html.

［111］中国作家网.晋江文学城成立二十周年，累计向海外输出4500余部网文佳作[DB/OL].（2023-08-17）.https://www.chinawriter.com.cn/n1/2023/0807/c404023-40052054.html.

［112］南方都市报[DB/OL].（2021-10-21）.https://www.163.com/dy/article/GMS8VK2805129QAF.html.

［113］晋江文学城官方微博[DB/OL].（2021-11-09）.https://weibo.com/17

32420735/4701667733278195?sourceType=weixin&from=10E9295010&wm=9021_0002&featurecode=newtitle&s_channel=4&s_trans=3207880477_4701667733278195.

［114］史周嫚.从文学创作到版权出售：新媒体视域下晋江文学城的平台生态研究[J].新媒体研究，2021，7（5）.

［115］宋沈晓悦.晋江文学城网络文学出版经营策略探究[J].今传媒，2023，31（12）.

［116］中国互联网络信息中心.第 53 次中国互联网络发展状况统计报告[EB/OL].2024-3.

［117］李卫东.智能新媒体（微课版）[M].北京：人民邮电出版社，2021：1.

［118］吕尚彬，李雅岚，侯佳.智媒体建设的三重逻辑：数据驱动、平台打造与生态构建[J].新闻界，2022（12）.

［119］姚望.基于用户画像的新媒体精准营销研究[J].商场现代化，2022（8）.

［120］赵熠如.一季度总收入同比下降知乎何时能盈利[N].中国商报，2024-06-18（6）.

［121］苏沐晖.知乎：探索商业化变现之路[J].新产经，2019（11）.

［122］王昆.社会化问答社区用户的激励机制设计——以知乎为例[A]//中国管理现代化研究会，复旦管理学奖励基金会.第十六届（2021）中国管理学年会论文集[C].中山大学管理学，2021（5）.

［123］毕静.知乎社区的知识模式变迁与内容消费创新[J].传媒，2024(8).

［124］王珉.知识付费平台的传播特征与发展现状——以知乎为例[J].新闻前哨，2022（5）.

［125］胡正荣.媒体的未来发展方向：建构一个全媒体的生态系统[J].中国广播，2016（11）.

［126］吕尚彬，李雅岚，侯佳.智媒体建设的三重逻辑：数据驱动、平台打造与生态构建[J].新闻界，2022（12）.

［127］强月新，吕铠.生态思维视野下全媒体传播体系建设及其关键策略[J].当代传播，2021（5）.

［128］余明阳，朱纪达，肖俊崧.品牌传播学[M].上海：上海交通大学出版社，2005：13.

［129］中国报业新媒体（客户端）影响力前 100 名单发布[EB/OL].2023-

08-30.法周融,https://baijiahao.baidu.com/s?id=1775622292962506082&wfr=spider&for=pc.

[130] 匡文波.新媒体概论[M].北京:中国人民大学出版社,2012:10.

[131] 隋岩.强符号的国际传播途径研究[J].新闻与传播研究,2012(5).

[132] Eero Tarasti. Existential Semiotics[M]. Bloomington: Indiana University Press, 2000: 7-8.

[133] 常江,杨惠涵.从创新实践到价值标本:全球新闻客户端观察[J].南方传媒研究,2023(3).

[134] 吴航行,许楠,张月莹.全媒体传播体系下的县级媒体融合实践研究[J].传媒,2023(15).

[135] 黄晓新,刘建华,郝天韵.全国县级融媒体中心能力建设研究报告[J].传媒,2023(12).

[136] 刘千桂.县级融媒体中心新闻记者队伍建设与新优势塑造[J].传媒,2023(3).

[137] 舒敏,杨宾.县级融媒体中心2.0时代:发展模式、方向与路径[J].中国出版,2022(10).

[138] 黄楚新,李一凡,陈伊高.2021年县级融媒体中心建设发展报告[J].出版发行研究,2022(5).

[139] 黄楚新,刘美忆.2020年县级融媒体中心建设现状、问题及趋势[J].新闻与写作,2021(1).

[140] 茹晶晶.县级融媒体中心建设与高质量发展路径探究[J].今传媒,2024,32(6).

[141] 张君杰.县级融媒体提升舆论引导力的具体措施[J].中国报业,2023(15).

[142] 蒋从容.县级融媒体中心讲好地方故事的策略探析[J].新闻研究导刊,2023,14(19).

[143] 祁木兰.提高县级融媒体中心新闻舆论引导力的思考[J].社会主义论坛,2023(11).

[144] 陈东.县级融媒体中心提升基层舆论引导力的路径探索[J].西部广播电视,2024,45(3).

［145］雷海涛.全媒体语境下县级融媒体中心的发展路径[J].卫星电视与宽带多媒体，2024，21（9）.

［146］鲍亚颖.新媒体视角下融媒体中心精准化传播引导策略[J].记者摇篮，2024（7）.

［147］杨懿，廉倩文.文旅产业数字化转型：现实挑战与推进路径[J].湖湘论坛，2024，37（6）.

［148］新华社.政府工作报告[EB/OL].（2025-03-12）[2025-05-17].https://www.gov.cn/yaowen/liebiao/202503/content_7013163.htm.

［149］唐依.AIGC时代下新闻业务模式的转型与创新策略研究[J].传播与版权，2024（19）.

［150］姜蕊.浅谈传统媒体与新型媒体融合发展趋势及方案[J].记者摇篮，2018（8）.

［151］刘建华.县级融媒体中心深度发展的几个关键问题[J].学术探索，2024（6）.